〈政治思想研究　第20号〉

政治思想における知性と教養

政治思想学会 編

風行社

まえがき

『政治思想研究』第二〇号をお届けする。特集のテーマである「政治思想における知性と教養」は、二〇一九年五月二五日から二六日にかけて学習院大学・目白キャンパスで開催された研究大会の統一テーマである。

知性と教養は言うまでもなく、人格や内面の陶冶だけでなく、政治と思想の営みそのものに深く、そして古くから内在している。しかし、その一方で、とくに現代のデモクラシーや反知性主義の高まりのもとで、知性と教養は「歴史的な逆境」（小田川大典「二〇一九年度研究大会企画について」）に直面するようになった。このことを踏まえ、研究大会では「二〇世紀における教養と政治」「政治思想史における反知性主義」「啓蒙と公共圏」の三つのシンポジウムが設けられた。それらの内容は巻末の研究大会報告にも記されているが、本号の特集では、シンポジウムでの報告をもとにした五本の論稿を掲載することとなった。

研究大会の一日目にはまた、「帝国研究の新潮流」をテーマにした国際シンポジウムが開催され、ケンブリッジ大学のダンカン・ベル教授による「リベラリズムと殖民主義」と題した講演が行われた。本号の巻頭には、特別寄稿として、政治思想史研究における「帝国論的転回」の成果を示すとともに、リベラリズムと帝国との間に潜む問題を改めて提起する本講演の日本語訳を掲載した。翻訳を担当された馬路智仁会員による紹介と併せてご一読いただければ幸いである。

本号ではまた、韓国政治思想学会からの寄稿をいただいた。これは、七月六日にソウル大学で開催された日韓政治思想学会・共同学術会議（隔年開催）における報告原稿のうち韓国側の一本を選出し、日本語訳したものである。「東アジアと国際政治思想」を共通テーマとした報告のなかで、今回は、ソウル大学のキ・ユジョン氏の「冷戦初期の国際政治の地形をめぐる韓国知識人の論争と民族（主義／国家）論の亀裂」が掲載されることとなった。

公募論文については、これまでと同様に多数のエントリーと投稿があった。厳正な審査を経て掲載された七本の論文のうち、四本が政治思想学会研究奨励賞受賞作である。現代政治理論の分野の投稿が多いという近年の傾向は変わらないが、厳選された高い水準の論稿が揃ったことを喜びたい。

もっとも、その一方で、今回もかなり多くの会員の皆様に査読をお願いすることになった。依頼作業の量の多さに気が遠くなりかけたが、幸いにして、ほとんどの方が、この表には出ない重要な仕事を快く引き受けてくださった。貴重な時間を割いて丁寧かつ公正な審査をしていただいた会員の皆様に、改めて深く感謝申し上げたい。なお、査読については、その結果をより公平で適切なものにするために指針の改訂などを行ったが、それでも評価が分かれるケースが生じた。そのような場合にはとくに、これまでのように編集委員会で慎重な審議を重ね、最終的な判定を行った。他にも様々な義務と役割を担っていただいた編集委員の皆様にも改めて御礼申し上げたい。

本誌の書評は会員による学術的な単著で過去二年以内に出版された著作を対象とするが、本号では一一冊を取り上げた。今回はとくに西洋政治思想史関連の候補作が多く、次号に回さざるを得なかった作品もあった。また、対象が重なるために二冊をまとめた書評もある。限られた分量のなかで書評を執筆していただいた方々に心より感謝申し上げたい。

なお、前号から「論文公募のお知らせ」が改訂されている。次号への投稿を考えている方は、「論文公募のお知らせ」を熟読し、エントリーの手続きや原稿の様式・分量などで問題が生じないように注意されたい。

二年間の編集主任（と、その前の二年間の副主任）の任期が終わることになり、安堵している。この間に強く感じたのは、とくに論文の公募に際しての若い会員の活力である。二〇号に至る本誌の歴史は、このような新鮮な息吹に加え、多くの皆様からのご協力によって支えられてきた。風行社の犬塚満氏には、これまでと変わることのない、多大なご尽力を賜った。また、一般財団法人櫻田會からは、いつものように出版助成を戴いた。長年にわたるご支援に心より感謝申し上げたい。

編集主任　木村俊道

政治思想における知性と教養（『政治思想研究』第20号）〈目　次〉

【政治思想学会研究奨励賞受賞論文】

【書評】

【二〇一九年度学会研究大会報告】

ダンカン・ベル教授 政治思想学会講演について

馬路智仁（東京大学）

本講演は、二〇一九年五月二五日、二〇一九年度研究大会における国際シンポジウムとして行われたものである。講師はダンカン・ベル教授（Professor, 講演当時はReader）、シンポジウムは「帝国研究の新潮流」と題された。ベル教授はケンブリッジ大学政治・国際関係学部（Department of Politics and International Studies）において近代政治思想史、現代政治理論、国際関係論を複合的・横断的に研究する人物であり、特に帝国や国際関係をめぐる政治思想史・政治理論研究を世界的にリードする学者の一人である。四十代前半という若さであるが、すでにモノグラフや編著、トップジャーナル掲載の論文を数多く刊行し、複数の賞を受賞している。モノグラフや編著としては、*The Idea of Greater Britain: Empire and the Future of World Order, 1860-1900*（Princeton UP, 2007）、*Reordering the World: Essays on Liberalism and Empire*（Princeton UP, 2016）、（ed.）*Victorian Visions of Global Order: Empire and International Relations in Nineteenth-Century Political Thought*（Cambridge UP, 2007）、（ed.）*Political Thought and International Relations: Variations on a Realist Theme*（Oxford UP, 2009）、（ed.）*Ethics and World Politics*（Oxford UP, 2010）などがある。また、昨年刊行された（ed.）*Empire, Race and Global Justice*（Cambridge UP, 2019）は、世界国際関係学会（International Studies Association）の理論部門より受賞している。

本講演は、ベル教授の研究テーマの一つである近代リベラリズムと帝国の関係に焦点を当てたものである。具体的にそこではまず、一九九〇年代後半以降における政治思想史の「帝国論的転回」に重要な役割を果たした文献のいくつかが検討される。その後に、とりわけ十九世紀イギリスにおけるリベラリズムと殖民主義（settler colonialism）――訳語選択が難しいが、一般的に用いられる単なる「植民地主義（colonialism）」と区別する必要があるため、シンボリックな観点からも思い切って旧字体を用いてこのように訳した――の結びつきが重点的に論じられる。この殖民主義という主題の下でイギリスのリベラリズムを分析した邦語文献は寡少であるため、その点で講演原稿を翻訳することに重要な意義があると思われる（なお本稿は、ベル教授の著作の初の邦訳となる）。また、戦前の日本における植民論や植民政策学を鑑みると、講演内容は近代日本思想史研究に対しても示唆を与えるものとなろう。

ベル教授の招聘は、本学会の海外研究者招聘事業によるものである。シンポジウムでは、深貝保則会員（横浜国立大学）、佐藤空会員（東洋大学）より示唆に富むコメントが提供され、さらにフロアからも多くの質問が寄せられ活発な議論が行われた（なお大会プログラムに討論者として私の名前も挙げられていたが、私自身はベル教授の業績紹介という役を担当したのみである）。また、本講演の企画にあたっては、シンポジウムの司会も担当された川出良枝・代表理事（東京大学）、事務局担当・小畑俊太郎会員（甲南大学）による多大なご尽力があった。加えて、開催校である学習院大学の皆さまには、シンポジウムの運営にあたって不可欠なご支援をいただいた。これら各方面の皆さまに、深謝申し上げたい。

訳稿の凡例は次のとおりである。Settler colonialism を「殖民主義」、settler colony を「定住者植民地」と訳出した。Settler empire, また（文脈に応じて）colonial empire を「植民帝国」、dependent empire は「属領帝国」と訳出した。

リベラリズムと殖民主義

●――ダンカン・ベル（訳：馬路智仁）

一　はじめに

ここ二十年以上にわたって、リベラリズムと帝国の関係の分析が英語圏の政治思想史研究における中心課題の一つとなっている。こうした分析は、多数の業績を生み出し、多様な解釈枠組みを創造し、また入り組んだヨーロッパ思想史において鍵となる人物やテーマを理解し直す機会を作り出してきた。しかし依然として、この研究課題においても空白が見出される。それに対処するため、本論文は以下の三つの事がらを遂行する。第一に私は、このリベラリズムと帝国の関係という課題への一般的な接近方法について論ずる。特に、そこで提示される解釈枠組みにはいかなる問題が存在し、またそれらの問題に対してどのように応答しうるかに焦点を当てる。第二に私は、当該研究課題における複数の最も重要な著作を概観し、それらに対して論評を加える。そして最後に、本論文の後半部で、近代のリベラルな政治的想像力の中核的位置に殖民主義（*settler colonialism*）が存在することを論証する。このような論証に際し、私は長い十九世紀、すなわちフランス革命から第一次世界大戦までの時代におけるイギリスのリベラルな政治思想に焦点を合せる。(1)この時代のイギリスはリベラルな政治思想の要所であり、かつ優勢な世界権力であったが、私の中心的主張は、殖民主義こそが当該時代のリベラルな政治的想像力の核心的要素を成していたというものである。この時代のリベラルの多くにとって、殖民主義は帝国的支配の諸形態の中で最も重要な意味を持っていたのである。

二　リベラリズムと帝国

リベラリズムという潮流と帝国の関係をめぐる研究には、概念的、歴史的、意味論的な難しさがつきまとう。ＸとＹの関係について何かしら洞察力豊かなことを述べるためには、それらの意味に関して明確な認識を持たねばならない。しかし、「リベラリズム」と「帝国」はともに、近・現代の政治的概念の中で最も多義的な部類に属すものであり、その結果、両者の関係をめぐる論争は混乱をきたすことになる。すなわち、「リベラリズム」や「帝国」の意味および適用範囲についての明確な合意が存在しないために、それらの定義の選択、そして最終的に導き出される結論が、学者当人の感受性や他の専門領域との関わり合い、およびその当人の政治的コミットメントの間の曖昧な結びつきの産物となってしまう傾向がある。政治理論家による著作の多くは、妥当ではあるが相対的には狭い「帝国」の理解を用いている。たとえばジョン・プラムナッツが「異国人による支配」と呼んだところの、遠隔に住む異なった人々に対する支配と統治を挙げることができる。(2) このような定義上の選択が、問いと結論の大枠を決めることになる。

リベラルな政治理論と帝国をめぐる研究は、主として三つの争点を抱え込んでいる。第一に、リベラリズムと帝国の関係が排他的か、必然的か、あるいは偶然かをめぐって深刻な見解の相違がみられる。排他テーゼは、リベラリズムと帝国主義は互いに相容れず、真のリベラルは帝国主義者ではありえないと想定する。それとは対照的に必然テーゼは、帝国主義はリベラルな政治思想の不可分的要素であると論ずる。このテーゼによると、リベラルであることと帝国の正統性を擁護することはほとんど同義である（その帝国は畢竟、「リベラルな」帝国ということになる）。偶然テーゼに賛同する者は、リベラルな規範的言明は必ずしも帝国への支持を含意するとは限らないと主張する。彼らによれば、過去および現在におけるリベラルな理論家の帝国主義的思考は、その理論家が位置づけられる既に乗り越えられた歴史的条件の参照を通してか、あるいはリベラリズムの諸潮流を分解し、その中で帝国への誘惑に相対的に流され易かったリベラリズムを特定することで説明しうる。このような見解の相違（排他・必然・偶然）が提起する政治的、理論的な諸課題はおそらく容易に理解されよう。とりわけそれは、非帝国的なリベラリズムというものは果たして可能なのかという問題を惹起する。

リベラリズムと帝国をめぐる研究が抱える二つ目の争点は、歴史の中のリベラリズムがどの程度現代におけるリベラリズムを毀損するかというものである。これは第一の争点と重なるところもあるが、それとは別個の争点を成す。なぜなら、もし必然テーゼを否定したとしても、リベラルな想定や範疇、制度はそれらが歴史的起源において帝国と絡まり合っていたことから逃れられないとする主張が成り立ちうるからである。つまり、西洋による征服の歴史が現今秩序の形成にきわめて深く関与しているために、そうした帝国的過去が、現在にまで及ぶリベラルな政治思想と実践の中に、さらにはヨーロッパによる介入が長期間続いた場所におけるその思想・実践への理解の仕方の中に浸潤しているという主張である。そしてこの主張は、かかる問題に対していかなる規範的立場を採るかという争点を導く。論者の中には連続性を信奉し、帝国の歴史を今日における帝国的世界秩序の形成に資する豊潤な源と見なす者もいる。[3] 他方で、このように帝国の歴史を賛美しない反応もある。こうした論者も、今日のリベラルな政治思想の持つ根深い帝国的な歴史的起源を認めるが、しかしこの歴史的経緯それ自体によってその思想が無価値なものになるわけではないと論ずる。たとえばアンソニー・パグデンは、リベラルな思想の「系譜」が、「その思想を退ける根拠と見なされる」べきではないと主張する。[4] この立場を採る論者たちは、そのように見なすことは発生論の誤謬、すなわちあるものをもっぱらその起源の観点から評価するという誤りを犯すことになろうと非難する。ただし最も一般的に採られている立場は、〔より単純に〕リベラルは帝国の歴史の重荷から逃れることが可能であり、またそうすべきであると主張するものである。そうした論者によると、今日のリベラリズムは過去のそれとは根本的に異なる（または、異なりうる）と解される。

三つ目の争点は、リベラリズムの歴史的展開それ自体の解釈に関わる。この争点はリベラリズムの起源をめぐる長年の論争――初期近代、特に十七世紀のヨーロッパにその起源を求めるのか、あるいは、リベラリズムは十八世紀後半の所産と考えるべきと主張するのか（私自身は後者の立場である）――と結びつく傾向がある。かかる論争を背後に抱えつつ、ある一派はリベラルな政治思想の歴史は（概念的必然性からであれ何であれ）例外なく帝国的であり続けてきたと論ずる。また別の一派は、その歴史は重要な思想的変革や断裂によって特徴づけられると主張する。このような争点の中で最も一般的な見解――これについては次節で検討する――は、十八世紀末にリベラリズムの帝国像において重大な変化が生じたとする立場である。こうした見解に立つ者は、その変化はリベラリズムそのものの新たな展開を告げると言いうるほどの明確な方向転換であったと指摘する。ただし、そのような見解を共有しない者も存在する。そうした論者はまた別のリベラルな帝国像の歴史を叙述したり、他の思想的変革を特定したり、あるいは変革ではなく、リベラルな思想の長期的連続性に比重を置いたりする。

過去を振り返ると、リベラルな理論家が生粋の排他テーゼや必然テーゼを提示した例は稀であり、むしろ「弱い」排他テーゼに基づく理論を展開してきたと言える。たとえば十九世紀末頃のリベラルの間では、帝国主義（*imperialism*, リベラルにとって不正な攻撃的拡張主義を意味した）と帝国（*empire*, 潜在的に正統な政治秩序を意味した）を区別することが一般的であった。こうした分類は、ディズレーリによる帝国主義の堅持に対するグラッドストンの反論の中核を成していた[5]。帝国と帝国主義を区別するこのような論法に即すと、もし帝国が幅広い意味でのリベラルな理想によって基礎づけられ、リベラルな規範に従って機能するならば、それは正統な政治体ということになる。L・T・ホブハウスは、リベラリズムの「中心原理」は自治であり、反対に帝国主義者は「帝国に対する自治の従属」を称賛していると力説する。すなわち彼にとって、二つは相反するイデオロギー的立場であった。しかしながらホブハウスは、もし適切に理解されるならば――彼の場合、「一定の共通の絆によって結合された、対内的自立を享受している諸領域の大きな集合体」として理解されるならば――帝国の追求とリベラリズムは両立すると提起する[6]。

「弱い」排他テーゼを採る別の一群に、帝国主義は資本主義の普及によって最終的に時代遅れのものとなるであろうと主張する論者たちがいる。二十世紀においてこうした主張を最も影響力ある形で展開したのがヨーゼフ・シュンペーターである。彼はリベラリズムとレッセ・フェール資本主義を同一視し、最も純粋なリベラリズムは帝国主義に対して敵対的であると宣言した。シュンペーターの見解によれば、「自由貿易が浸透しているところでは、いかなる階級も力による拡張に関心を持たない」[7]。帝国主義は封建時代への先祖返りのような逆行である。このような主張は、未来のある時点においてポスト帝国的な、真のリベラルな政治秩序が出現するであろうことを示唆している。シュンペーターは、商業社会が興隆する条件をめぐる長年の議論の継承者であった。「征服の精神」に対する批判（バンジャマン・コンスタン）、産業社会の歴史社会学（ハーバート・スペンサー）、自由貿易の熱烈な推進（リチャード・コブデン）、帝国主義の金融的「主根」の分析（J・A・ホブスン）、経済的相互依存の世界における戦争の非合理性の論証（ノーマン・エンジェル）、これらはすべて、資本主義の発展によって最終的に帝国への意思は消滅するであろうと想定している[8]。しかしながら彼らは皆、あらゆる帝国形態を拒絶したわけではない。また、資本主義と帝国主義が徹頭徹尾対立すると考えたわけでもなかった。実際彼ら各々は、産業化時代に帝国主義がなぜ存続しているのか説明しようとする際、特定の資本主義形態を重要な要因に位置づけている。あくまで、未来におけるリベラルな資本主義秩序の完成によってのみ、帝国主義は歴史のゴミ箱へ追いやられるであろうということである。

リベラリズムと帝国をめぐる近年の歴史研究の多くは、種々の偶然テーゼを採用している。見解が分かれる主な点は、強調の置きどころであり、また、どの程度の連続性や変化をリベラリズムの歴史的展開の中に認めるかである。次節では、この論争に貢献してきた複数の枢要な著作を批評する。

三　リベラルな帝国主義の叙述

当該研究における近年の多くの分析の基礎条件を設定した著作は、ウダイ・シン・メータの『リベラリズムと帝国』（一九九九年）である。彼の洗練された分析は、倫理的観点と同時に認識論的観点に基づいている。主としてジョン・ロックとジョン・ステュアート・ミルの思想を手掛かりとして、メータはリベラリズムに内在する特定の歴史的発展像とそれを基盤とする予め定められた（他者への）反応を描き出す。彼によると、リベラリズムは根本的に異なった「未知なる者」を尊重する力を欠いている。その意味でそれは、「経験に対するきわめて貧弱な判断」によって特徴づけられる思潮である[9]。他者に直面したときリベラルたちは、（ほぼ）不可避的に、前もって固定された評価基準への参照を通じてそうした他者を判断した。そのような評価基準は、十全な人間とは何か、および／あるいは正統な社会とは何かをめぐるヨーロッパ中心主義的な観念に根差すものであった。つまり、リベラリズムは普遍主義――「理性のコスモポリタニズム」――の外套を要求する一方で、きわめて偏狭な思潮であった。リベラリズムは、「未知なる者を自らの期待に合致させる、あるいはそれに合うよう訓練する」ことを「容赦なく」追求したのである[10]。それゆえインド人たちは、普遍的な理性的行為の規範と称されるものに順応していないという理由で後進的な存在と描かれた。こうしたメータの解釈によると、脱身体的な理性（disembodied reason）というリベラルな理想は、未知なる者を合理性についての所与の地方的構造へ吸収するよう促す認識上のテクノロジーということになる。したがってこの解釈からは、リベラルな帝国というのは抽象的な普遍主義と他者の具体的な生活世界の間の不均衡な邂逅の所産という結論が導かれる。

　メータによると、十九世紀は帝国へのリベラルな「衝動」という重大な転換点を目撃した。それはリベラルたちが、過度に自明視された文明像や歴史的進歩像をロック的な理性観と融合させた事態を意味する。そのような融合がもたらしたのは、理性を所有し、それゆえ自治の能力を持つ人びと（「成人」とコード化される）と、十分な水準まで養育するための後見が求められる人びと（「子供」）へ世界を二分する発展論的な見方であった。換言するとリベラルたちは、ディペシュ・チャクラバーティが名づけたあの有名な「歴史の待合室」という観念、すなわち「十九世紀においてヨーロッパ人が非ヨーロッパ人へ『時期尚早』と告げる」特有な仕方へ帰依したのである[11]。「文明国標準」によって地理的空間と同時に、人間理性の度合いが階層化され、様々な人間集団の「改善」能力が差別的に認定されることとなった。メータの主張を背後から支えているのは、リベラリズムの歴史全体をめぐる彼自身の見解である。それによると、リベラリズムは十七世紀のヨーロッパで誕生して以来常に帝国的なイデオロギーであった。メータはこの思潮の二人の指導的人物――ロックとミル――が、多くのリベラルによる帝国の正当化の知的足場を提供することになったと論ずる。

メータの議論は理論上は説得力をもつ。しかしその射程——したがってその最終的な説得力——は不明瞭である。彼は、言うなれば、強い命題と弱い命題の間を揺れ動いている。リベラリズムがあたかも自己主体的なイデオロギーであるかのような「衝動」や「動機」といった擬人的言葉に着目すると、メータの立論は必然テーゼを支持していると解せられるだろう。実際彼は、リベラリズムの「政治的構想」にとって、帝国的衝動は「内在的な」ものであると強調する。[12] これまでメータの主張は、概ねこのような形で解釈されてきた。しかし、別の箇所でメータは自らの主張を制限している。「もちろん、衝動には心理的に抗することができる。リベラルたちは十分この抵抗力を持つことを示している。私がリベラリズムは必然的に帝国主義的であると主張せず、帝国への衝動がリベラリズムに内在している（internal）とのみ主張するのは、このような理由からである」。[13] この留保のための言明は、曖昧と言わざるをえない。もし〔帝国への〕「衝動」という言葉によってメータが、リベラルな思想は帝国の正当化のために利用されうる理論的資源を含んでいると意味するならば、反論する者はほとんどいないであろう。しかし、もし彼がその言葉を用いることで、①真のリベラルであれば帝国を必然的に支持する、あるいは②何らかの特別な意志や理論的慎重さが、リベラルが帝国主義者となるのを防ぐためには必要である——本書はこれを提起しているように思われるのだが——のいずれかを意味しているならば、そのような用法を弁護するのは難しい。それは就中、「衝動」という概念が不定義できわめて漠然としており、こうした機微を説明するのに十分ではないからである。つまり、結局この場合、リベラリズムは他の多くの「衝動」も含むこととなり、その中には帝国に対する批判の基底となりうる動機（たとえば、国家の強制力の危険性に対する懸念や個人の自由、寛容、自決、普遍的な道徳的平等への関心）も存在するであろう。それゆえにフレデリック・クーパーが、反帝国主義への「衝動」もまた、「リベラリズムに内在している」と即妙に応答したのである。[14] ここで重要なのは、そのような様々な衝動の語彙を整理し、概念的な布置を示すことである。メータは、それを行っておらず、帝国への衝動がリベラリズムの歴史を通じて、あるいはヴィクトリア朝期の広大なリベラルな思想の中で、一様に優先されていたと立証できていない。

さらに、メータがどのようにリベラリズムの内外に境界線を引いているのか、明確ではない。たとえば、彼は反帝国的なリベラリズムの流れが存在し、それもまた文明化の推進と共存していたと提起する。これを論証するために彼は、ヒューム、そしてとりわけバークによって顕示された「感情のコスモポリタニズム」を、「理性のコスモポリタニズム」に対置し、前者を「リベラリズムの別の伝統」の一部と規定する。またさらに混乱させることに、メータはバークを保守主義者とも呼んでいる[15]。しかし、もし我々がこの「別の伝統」というものを認めるならば、帝国への「衝動」なるものはリベラリズム全体に内在しているのではなく、リベラリズムの中の〔そうした「別の伝統」以外の〕特定の諸潮流に内在しているという結論になる。結局のところ、メータは強い命題と弱い命題の両者を抱え込んでおり、さらに、〔バークなど「別の伝統」以外の〕大方のリベラルたちが帝国主義者になるのを回避しうるのは、彼らが自らの基礎的な理論的構成要素を誤解するか、あるいはその中の幾つかに抗して、それらを抑えつけることを通してのみであると示唆しているように思われる。

シャンカル・ムトゥ、ジェニファー・ピッツ、カルーナ・マンテナそれぞれの重要な著作は、普遍主義と帝国プロジェクトの間の関係について別の説明を提供している[16]。『帝国に抗する啓蒙』においてムトゥは、十八世紀後半のヨーロッパにおける知的生活は帝国の拡大と共犯関係にある一枚岩のような「啓蒙プロジェクト」によって形作られていた、という広く流布する主張を標的とする。彼はカント、ディドロ、ヘルダーらに着目し、彼らは〔彼らの思想に見られる明らかな相違にもかかわらず〕ヨーロッパによる征服への徹底した批判を基底的に支える哲学的原理を共有していたと論ずる。ムトゥによると、こうした啓蒙思想家において反帝国主義が可能となる条件を成したのは、人間とは何かについての理解の根本的な変容であった。その変化によって、三つの哲学的主張の形成が促された。第一に、そして最も根本的なことに、その変化は基本的な道徳的平等の観念を基礎づけた。そうした平等の観念とは、あらゆる人間は人間であるという事実を共有しているがゆえに、「少なくとも幾ばくかの道徳的・政治的尊重に値する」という考えである。これは、人間は「根本から文化的存在である」、つまり愛着の複雑な網の目——その網の目の時間と場所における違いや特徴が人間の間に差異を生み出す——の中に埋め込まれた存在である、という二つ目の主張に接ぎ木された。三つ目にムトゥは、啓蒙の反帝国主義は「道徳的な通約不可能性と相対性」という確固たる見解に依拠していたと主張する。すなわち様々な個人や共同体は単一の価値尺度に従っては評価しえない、ということである[17]。ムトゥは（抽象的な）普遍性と（具体的な）特殊性を厳格に対比するメータに応酬して、文化の作用を基底に据えた普遍主義は、反帝国主義の有力な基盤を提供することとなったと提起する。「社会形態や道徳的価値観、政治的制度の還元不可能な多元性と部分的な通約不可能性に対する一層鋭敏な認識は、歴史的にも稀な、包括的な道徳的普遍主義を生み出した[18]」。ムトゥの鋭い哲学的分析は、歴史をめぐる解釈と固く結びついている。メータとは反対に、ムトゥによると、バークは決して「荒野における唯一の声」であったのではない。むしろ十八世紀後半のヨーロッパによる征服の不正義を攻撃した優れた思想家群の一人であった。しかしながら、この時期は「歴史的な例外」であった。なぜならムトゥが見るに、それ以前のヨーロッパ思想は、「高貴な未開人」という空想に囚われて彼らに基本的な平等を与えず、一方で後続の時代は、攻撃的な帝国的イデオロギーの勝利によって特徴づけられていたからである。「十九世紀の半ばまでには、反帝国主義的な政治思想は事実上、西ヨーロッパの知的論争から姿を消しており、哲学的に曖昧で政治的に周縁の人物を介してのみ、例外的に表に現れるに過ぎなかった[19]」。

ジェニファー・ピッツは十九世紀も分析の射程に含める。彼女の議論はメータの分析を説得的に修正するものと位置づけることができる。ピッツはまず、リベラリズムは「何らかの厳格な教義ではなく、その様々な具体例が互いに家族的類縁性を持つ複雑なイデオロギー」として最良に理解されると提起する[20]。彼女によると、リベラリズムは帝国に対抗する、あるいは帝国を正当化する、その両方のための資源を内包している。彼女もまた、啓蒙の反帝国主義という華麗なる時代とそれに続く顕著な「帝国への転回」を特定する。ただしムトゥと異なり、彼女はこの転回を明示的にリベラリズムの歴史の一部として語り、同時にリベラリズムを帝国批判の眩い時期に生まれたイデオロギーと描き直した。彼女の議論において帝国は、カロライナの植民地化におけるロックの共犯に例証されるような、リベラリズムにつきまとう原罪としてではなく、リベラリズムの初期の約束に対する悲劇的な裏切りとして措定される。ピッツはバーク、ベンサム、アダム・スミスを反帝国的人物と位置づけた上で、ジェームズ・ミルの著作に「帝国的リベラリズム」の台頭を探知し、その十全な実現をアレクシ・ド・トクヴィルとジョン・ステュアート・ミルの著作に見出す。彼女は自らの主張を、特にメータによる過度に還元的なリベラリズムの説明に対する応答として提示する。しかしながらメータの曖昧さを考慮すれば、ピッツの主張は『リベラリズムと帝国』において暗示された「弱い命題」——すなわち、帝国に抗するための諸主張を含むリベラリズムの別の伝統の承認——の繊細な肉づけと解することもできる。

巧みな論証によってピッツは、彼女が列挙するところの反帝国的リベラルがどのようにヨーロッパの拡張を拒否し、またどのように社会的・経済的発展の様々な段階にある諸社会に対し敬意を示したか解説する。彼女によると、たとえばスミスは商業社会の到来を説明するために発展段階論的な理論を用いるが、彼は異なった成長パターンの原因を他民族の内在的な欠陥ではなく、偶然の歴史的事情に求めた。ピッツは、「進歩の理論はより『先進的』でない民族に対する軽蔑的見方や、ヨーロッパ諸国による植民地拡大への支持を含意する必然性はない」と主張する[21]。しかしながら、彼女が続けるに、十八世紀後半の政治思想を特徴づける感情移入を伴う繊細な議論は十九世紀の間に、世界を文明／野蛮へ二元的に分割する粗雑な議論に取って代わられてしまった。この説明においては、ジョン・ステュアート・ミルがリベラル帝国主義の典型例として提示される。彼女の歴史解釈は、ムトゥのそれと調和する。十九世紀の半ばまでに、「西洋の諸帝国の正義に対し異議を唱える著名な政治思想家はヨーロッパに一切見いだせなくなってしまっている」[22]。

カルーナ・マンテナは異なる歴史的配列を主張する。すなわち、リベラルな「倫理的」構想がごく短期間繁栄した後に、それは十九世紀後半の間に帝国を正当化する他の言説に取って代わられたと論ずる。マンテナによると、「後年の帝国的イデオロギーと支配の正当化は、リベラルなプロジェクトに対立する、ある共通の保守主義的言説に基礎づけられていた」[23]。この説明に即すと、帝国を通した進歩——「文明化のための統治と自治という目標」に基づく——に対するリベラルたちの信頼は、一八五七年のセポイの反乱とそれに続く様々な抵抗によって浸食された[24]。著名な比較法学者ヘンリー・メインの影響の下、帝国的イデオローグたちは「文化主義的」解釈を採用し、植民地空間をリベラルな近代理念に即して変革することがきわめて困難なことを強調した[25]。したがって我々は、一八六〇年代以降に起こった「決定的な転換」、すなわちリベラルな主張から（新たに概念化された）「原住民共同体」の保護を強調する言説への転換を見る[26]。このとき政治哲学ではなく、社会理論が帝国的イデオロギーに対して新たな知的基礎を提供した。メインとその信奉者たちは、帝国の延命を次のような理由で擁護した。すなわち、帝国的介入によって伝統的共同体がきわめて弱体化してしまったために、もし撤退すれば破滅を招くであろうという理由である。「ここでは原住民社会は、口実と解決対象の双方として、つまり帝国という既成事実に対するアリバイとして機能したのである」[27]。マンテナはバークからミルにかけての系譜を再構成し、彼らを「倫理的」帝国主義の伝統の対極に位置する者というより、むしろその伝統の具現者と見なす。ミルは「きわめて重要な過渡期の人物」、つまりリベラルな帝国的イデオロギーの確かな最高点ではなく、一八三〇年代と四〇年代の強烈な楽観主義と後年の失望の時代の架け橋として提示される[28]。アリバイ理論への転換は、実践上の重要な帰結を伴っていた。それは、アフリカにおけるフレデリック・ルガードやエジプトにおけるクローマー伯爵（エヴリン・ベアリング）といったイギリス帝国行政官が実行した「間接統治」という慣行の形成を促した。さらにこれを通して、その転換は、国際連盟の委任統治システム（それは一九九〇年代以降の国際連合によるいわゆる新信託統治のモデルでもある）の知的足場を確立するものとなったのである[29]。

メータの議論が必然テーゼに最も近づくときでさえ、最終的には彼はそれを擁護することから後退する。そうすることで彼は、自らの主張の全体的な先鋭さを弱め、その理論的・政治的含意を不明確なままにしている。ムトゥとピッツはともに一種の偶然テーゼを擁護し、十八世紀後半における反帝国主義の煌めきがその後の圧倒的な帝国への転回に取って代わられたと論ずる。そうした議論が持つ今日への含意は明確である。すなわち、リベラリズムは本来的には帝国的ではないために、リベラルたちは十九世紀の前任者たちが辿った堕落した立場の反復を避けなければならないというものである。他方マンテナは、政治思想のカノンの外に踏み出し、別の歴史的配列を提示することで、これら一連の物語を複雑にする。つまり彼女はメータとは異なり、リベラルたちが共有した帝国への楽観は、リベラリズムの軌跡の当初よりそこに刻み込まれていたものではなく、またムトゥやピッツが示唆するほど、そうした楽観が十九世紀において浸透していたわけでもなかったと提起する。むしろその楽観主義は、インドにおける帝国の特定の歴史的展開と結びついた、短期間の例外的な挿話であったとマンテナは指摘する。私が先に概説した〔リベラリズムと帝国の研究が抱える〕三つの争点――概念的な構成、今日への遺産、そして歴史の解釈――をめぐって大きく異なるものの、これら力強い四つの議論は、長い十九世紀のリベラルな帝国論に関する論争の座標軸を設定するのに寄与してきた。しかしながら、これらのいずれも、殖民主義という問題と真剣に取り組んでいない。

四　殖民主義とは何か

ヴィクトリア朝期において「植民地（colony）」は、「母国」からの移民が要求するところの領土であり、そうした移民が、母国の重要な諸側面を具備する新しい永続的共同体の建設を追求する場、と一般的に定義されていた。このような共同体の建設は、本国の転写（mimetic transfer）――あるいは少なくとも、そうした転写を行っているという幻想――を意味していた。一八五八年グラッドストンは植民の目的について論じ、それは「オーストラリアやニュージーランド、北アメリカ、ケープ半島でなされているように、イングランドの似姿を再生産することであり、それを通し人類の全般的幸福に貢献することである」と明言した[30]。こうした主張は、母国と植民地は同型であるという想像に依拠している。すなわち、ある学者が述べたように、それら二つの領域は「まさに我々の血、我々の骨、我々の言語、法（の主たる部分）、そして習俗を共有する」人々によって構成されているという想像である[31]。このような想像に基づく定住者植民地を、第二次植民帝国（*second settler empire*）とも呼びうる。

十九世紀の半ば以降、定住者植民地と帝国内の他の領域との規範的・法的区別は、イギリスのエリート層が抱く政治的想像力の中に一層深く刻み込まれていった。定住者植民地は他の帝国空間とは根本的に異なるものとして――そして、しばしばより優れたものとして――提示されるとともに、支配の正当化や統治をめぐる様々なイデオロギーの不可欠な要素となった[32]。J・R・シーリーによると、「植民地とインドは全く対極の位置にある。一方によく当てはまる類の政治的な主義主張は、もう一方には全く当てはまらないのである」[33]。同様にG・P・グーチも、帝国と植民地の間の「決定的な区別」を強調した。「植民地から属領へ移動すると、我々は別世界に入ったかのようである。ここには、異なる諸原理が適用されなければならない」。

実際、我々は一方の世界においては昂揚するが、もう一方の世界ではそうした昂揚を一定程度自制せざるをえない。我々の国旗が意欲に溢れる臣民と自治組織の上に翻っている世界においては、豊富で強固な道徳的・物質的諸力を基にして統治を実行することができる。しかしそうでない世界では、統治の物質的基礎は存在するかもしれないが、道徳的基盤は脆弱であるか、あるいは完全に欠如している。[34]

この描写において、イギリス帝国は二股に分かれる形で想像されており、そこでは自治植民地は、統治と規範的判断について全く別の範疇が適用される領域と見なされているのである。

こうした植民帝国と他の種の外的統治の区分を支える重要な要素として、人種的同一性（*racial identity*）と自治（*self-government*）の二つが存在する。前者について言えば、植民帝国の擁護論において、植民者はすでに文明的な徳性を具備した人々として想像される。それは、彼らは母国民の複製（あるいはでき の良くない複製）という想定であり、さらに彼らが遭遇した他人種——特に彼らが侵入し、追放した者たち——とは根本的に異なる（加えて、そうした他人種よりも優れている）と確実に特徴づける一連の権利と義務を纏う人々という想定である。このような植民者と母国民の同一性の論理は、前者による自治を弁護する際の基盤となっていた。リベラルな歴史家C・P・ルーカスが述べたように、「自治の根拠は、植民地の人々は母国にいる人々と体格や知能において同じ水準にあるという点、また植民地にあって、彼らは自らの事がらに関し最良に対処する力を持つという点に見出される」[35]。対して、元々の住人はそのような能力が無く、理性と資質の双方を欠いた未熟な存在であり、それゆえ政治的・社会的平等に値しない者たちと描写された。したがって植民主義の論理は、人種内部（intra-racial）の平等主義と人種間（inter-racial）の排除の二つが密接に結びつくことで成立していた。イギリスの殖民主義は、哲学者チャールズ・ミルズが人種契約と呼ぶもの——政治的平等を白人に帰し、同時にその否定を非白人に帰すことに基づく「正しい」政治体の構想——の一つの型を実践した。その殖民主義は、いわば支配民族（*Herrenvolk*）の道徳を構築した。すなわち、植民社会を人種的に排他的な政治体として組み立てることを目的とした一種の規範体系を構築したのである[36]。先住民はそこから生ずるひどく有害な影響に苦しみ続けることになる。

イギリスの殖民主義であるかを問わず、近代における殖民主義は、先住民に対する暴力、日常的な恥辱、排除、さらに人種的隔離――その中には非公式なものもあれば、法によって認可されたものもある――に依拠している。パトリック・ヴォルフが主張するように、それは、「本国の中心から辺境の野営に至るまでの広範囲の媒介者を調節して先住民社会を消去することを意図する、領土中心的な包括的プロジェクトである」[37]。殖民主義による消去は、同化や強制移住、法による圧制、脅迫、破滅的な暴力の使用、さらにはジェノサイドといった多様な実践を含む[38]。その目的は領土を確保することであり、同時に先住民が持つ民族的集団としてのアイデンティティを破壊することである。これは、植民者や政治家、植民の擁護者、ロンドンを拠点とする役人たちが皆、殖民主義をそのような性格のものと考えていたと提起しているのではない。むしろ、彼らが意識的にそう考えていたと論ずるのは難しいであろう[39]。しかし、現実に殖民主義が含意したのはそのような消去の実践であった[40]。抹消の最も「穏和な」形と称されるものでさえ、破壊に帰着した。さらに殖民主義に基づく定住は、ポストコロニアルな国家形成に結びつくような土着民による共同体構築の契機ではなく、逆に公式帝国の時代の後もその土着民の生活世界を長く規定し続ける継続的な支配の過程を意味する。侵入は「一時の出来事ではなく、構造である」[41]。実際、殖民主義はパレスティナ人の絶望的なまでの苦境から、リベラル・デモクラシーを謳う政治体における先住民の権利といった喫緊の課題まで、今日の世界が直面する最も挑戦的な多くの諸問題を生み出してきた[42]。政治理論は、殖民主義が孕むそうした諸問題に対し現在ようやく取り組み始めたに過ぎない。

ヴィクトリア朝期、植民事業は多くの論争を引き起こした。その「文明化の」使命の名の下になされる浄化的な暴力を讃える者も、一方でそれを非難する者もいた。しかし、そのような暴力は自然なものとして解される傾向にあった。すなわち、より優れた民族と接触することになった「未開人」にとっての不可避的な運命――歴史の進歩における哀れな、しかし必然的な特徴――として想像された[43]。一方で、先住民保護団体が多く設立され、植民地の役人も最悪の暴力を抑えようと努めた。しかしながら、そのような運動が先住民共同体の根絶を防ぐことができた事例は稀であった。H・G・ウェルズは『宇宙戦争』（一八九八年）の中で、タスマニア人は「人間らしい外見をしていたにもかかわらず、ヨーロッパからの移民が仕掛けた絶滅戦争によって、わずか五〇年の期間で完全にその存在を抹消された」と記している。[44]また、それより半世紀以上前に、経済学者ハーマン・メリヴェールが殖民主義の帰結について同様に明確に論じている。「我々の目の前には荒廃が広がっている。文明化の足どりは、遅々としており、頼りなげである」。南アフリカ、ヴァン・ディーメンズ・ランド、ニューファンドランド、アメリカ合衆国の奥地、ニュージーランド…、これらすべての土地が「文明」人と「文明的」政府の「残忍さと欺瞞」によって特徴づけられている。[45]

歴史的不正義の修正をめぐる興味深くねじれた議論として、帝国を正当化するために、植民地における過度な暴力の存在を認めるという場合があった。ケンブリッジ大学の神学者かつ哲学者であったアルフレッド・コールデコットは、オーストラリアの「自然人」に対する暴力的な扱いを非難しながら、それゆえにこそイギリス人は帝国の教育的使命を継続する道徳的義務を有している、と主張した。〔その延長上に〕彼は、インドにおいてさえも帝国の維持を通して、「我々は過去を贖い得るであろう」と論ずる。[46]ギルバート・マリーも類似の主張を提示した。彼によれば、「もし仮に世界史がある義務をある国民に課しているとするならば、それは我々の従属民に対して我々が果たすべき大きな明白な義務である。すなわちそれは、力強く誠実な共感や正義、寛大さに基づいて我々の残忍な征服の刻印を取り除き、それによって我々の世界規模での簒奪を正しいものにするよう努力する義務である」。[47]将来の帝国のみが、過去の帝国の道徳的汚点を消去しうるのである。メリヴェールは、植民地における「残忍さと欺瞞」の改善可能性について楽観的であった。「我々は思考というよりは、遂行過程において誤ったのである」。[48]このような形で責任を特定する（あるいは屈折させる）ことで、メリヴェールや他の論者は暴力が浸潤しているという事実を否定し、荒廃の原因を少数のならず者植民者による過度で局地的な行動へ縮減するのである。

五　ヴィクトリア朝期のリベラリズムと殖民主義

リベラリズムと帝国をめぐる研究は、これまで過度なまでにリベラルな論者におけるインドに対する見方に焦点を当てきた。その結果、当該研究において殖民主義という主題が軽視されてきた（あるいは、欠如してきたとさえ言える）。十九世紀、二十世紀の間、植民帝国はイギリスの帝国イデオロギーにおいて根本的に重要な役割を果たした。とりわけそれは、リベラルたちが抱く世界秩序の構想にとって中心的な要素であった。実際イギリスのリベラルは、インドやアフリカ、アジアの帝国領域以上に定住者植民地を特権視する傾向が強く、そうした植民地をより正統的かつ永続性のあるものと見なしていた。これを等閑視すれば、十九世紀における（そしてその後の）リベラルな政治思想と帝国の関係についての要点の多くを見落としてしまうことになる。リベラルの多くはインドではなく定住者植民地にこそ、自分たちの理想を反映させる具体的な場所を見出していたのである。

私の主張に対して寄せられうる反論の一つは、たしかに十九世紀における殖民主義が見過ごされてきたかもしれないが、その主題自体はリベラリズムと帝国の関係をめぐる近年の研究の中で決して無視されてきたわけではない。なぜなら殖民主義は、ジョン・ロック研究において明示的ではなくとも一定の解釈上の土台を提供してきたから、というものである。[49]たしかに、ロックはしばしばリベラル帝国主義の先駆と位置づけられる。そして、彼は北アメリカにおけるイギリスの植民の正当化に関わり、また今日リベラリズムの創始者の一人として見なされているため、明らかに以下のような推論がなされるであろう。それは、メータが主張したような、「リベラルな論者によるイギリス帝国との関わり合いは、リベラリズムの展開それ自体と概ね時代を同じくする」[50]というものである。この説明によると、リベラリズムはそもそも帝国と結びつきながら誕生し、その共犯関係を築いたロックによって示されるリベラル帝国主義の思考様式が数世紀にもわたり、そして現在に至るまで反復されることになった。しかし私は、ロックを研究することでリベラルな帝国論について多くを理解することができるとは考えない。ロックは二十世紀に至るまで、リベラルな思想家と広く見なされていたわけではなかった。彼が政治思想のカノンへ組み込まれたのは、リベラリズムが政治的思考の明確な一つの纏まりとして登場してからさらに一世紀が経った後のことである。[51]我々はここで、「予期の神話」――つまり、ある出来事や思想家、テクストに対して遡及的に意義を帰することで、それらが歴史的なアクターに対し実際に意味していた事がらを不明瞭にしてしまう危険性――というクエンティン・スキナーの警告を想起することが適切であろう。実際スキナーは、ロックがリベラリズムの起源であるという考えがこの神話の典型的な例であると論ずる。スキナーは、ロックが後年そのように見なされるようになったという限りでは彼をリベラルな政治思想の創始者として描くのは妥当かもしれないが、ロック自身をリベラルと呼ぶのは間違いであろうと指摘する。[52] さらに、たとえロックを研究したとしても、十九世紀における帝国イデオロギーの理解に寄与するところは乏しいであろう。なぜならロックは、ヴィクトリア朝期の帝国主義者やその後継者たちによって引き合いに出されることはほとんど無く、また彼らが帝国や帝国主義を正当化する際、ロック的な理論的想定や主張に依拠することもあまり見られなかったからである。[53] 加えてロック的な主張は、それがベンガル地方における原住民の所有権を擁護するために用いられたときのように、反帝国的な目的に資する場合でも容易に利用されえた。[54] リベラルな帝国論や帝国主義論は十九世紀――リベラリズムが優位を誇り、西欧の帝国的野望が最高潮であった時代――に焦点を合わせることで、より確かな形で解明することができる。

十九世紀の間に提示された定住者植民地を擁護あるいは正当化する主張は、経済的、地政学的、社会的、人種的観点にまたがって数多く、また内容も多岐にわたる。しかしながら、植民帝国の捉え方についての全般的な変化を跡づけることは可能である。すなわち、植民帝国が本国人の意識にほとんど現れることのなかった時代から、彼らの政治的論争のまさに中心へ浮上した時代へという変化である。一八三〇年代と四〇年代、「植民を擁護する社会改良論者（colonial reformers）」の一群が、植民地を「母国」の掃き溜め、植民者を注目する価値も支援する価値もない不名誉な移民――さらに言えば、地平の彼方に見えなくなった犯罪者――と見なす経済学的通説の転覆に着手し始めた。このような植民に基づく社会改良運動は、植民地を経済成長のための生産空間、本国の社会的緊張を和らげるためのはけ口、文明社会を再生産するための資源豊かな処女地、さらにイギリス帝国の地球規模の安全保障機構における節点として再想像した。それに続く時代、とりわけ世紀半ばにカナダやオーストラリアにおける植民地に立憲的「責任」が容認された後、植民帝国は多くのイギリス思想家、そしてとりわけリベラルたちの政治構想において特権的な役割を担うこととなった。

そのような社会改良論者の議論の中で中心的な位置を占めていたのは、経済学の言説である。十八世紀後半から十九世紀前半にかけて、植民地は通常、過剰人口のごみ捨て場と見なされる傾向にあった。チャールズ・ブラーが述べたように、移民政策は「貧困者の最後の苦悶を見たり聞いたりして彼らより優れた者たちにショックを与えないようにするため、その死地へ彼らを放り入れるようなもの」と考えられていた[55]。しかしながら植民を擁護する社会改良論者は、イギリスの経済学の包括的な再検討に従事した。彼らはリカード的通説に挑戦し、イギリス経済の停滞を国内における過剰な資本と過剰な労働供給によるものであり、それが賃金や利潤の沈下を生み出していると診断した。彼らが処方した解決策は、「計画的植民（systematic colonization）」であった。彼らはこれによって資本や労働を輸出し、生産的に用いることが可能になるだろうと考えた[56]。一八六四年の地点から社会改良運動の初期の時代を振り返って、経済学者J・E・ケアンズは「歴史上初めて健全で完成された植民理論」を組み立てたとして、こうした一群の「先見の明ある人々」を称賛した。ケアンズによるとそうした植民理論は、「二重の利益が植民によってもたらされる」と想定している。すなわち「植民は本国から過剰人口の圧力を取り除き、さらに、使用されていない資本の活用場所を提供する。それと同時に植民は、新しい土地を切り開き、そこの資源を自由に利用できるようにすることで、本国の将来的な成長を抑制している限界を無限に拡げる[57]」。

ナッサウ・シーニアやロバート・トーレンズ、ハーマン・メリヴェールは皆、このような植民地開拓に基づく社会改良を推進するにおいて重要な役割を果たした人物である。しかし、かかる潮流において最も着目すべき人物は多彩な経歴を持つE・G・ウェイクフィールドであろう。彼は植民地における土地配分の調整に対し、政府が積極的に介入することを容認する野心的な計画を立案した。ウェイクフィールドの主張するところ、もし土地価格を人為的に高く設定すれば、そこから得られる利益をさらなる移民の支援のために用いることができる。それは文明の中心地としての都市の成長を促し、イギリスの階級制度の再現を目論むことができるであろう[58]。さらに彼は、これまでの慣行のようにではなく、植民者は開拓者としての適格性によって選ばれるべきであると力説した。また、特に彼や他の社会改良者が強調したのは、新たな植民地に対しては相当程度の自治権が与えられるべきという点であった[59]。ウェイクフィールドの議論の重要性や影響力を考慮すれば、マルクスが『資本論』で植民地主義について論評する際、その大半をウェイクフィールドの著作に焦点を当てていることも不思議ではない[60]。

ジョン・ステュアート・ミルは、そうした社会改良運動、とりわけウェイクフィールドの思想から大きな影響を受けていた。ミルは近年のリベラル帝国主義研究が考察の主たる焦点としてきた一人であり、特にインドにおける「専制」の正統性をめぐる彼の見解は詳細な検討の対象となっている。しかし一方で、その長い輝かしい経歴を通じて、ミルもまた殖民主義に深く関与していた点を認識することはきわめて重要である。[61] 彼が殖民主義を正当化する論法は時期によって変化している。一八三〇年代と四〇年代の間、ミルの主眼は移住や経済学的観点に置かれており、彼は植民を「社会問題」の解決策と見定めていた。一八三〇年、彼は移住を「まさに時宜に適った主題」と評し、それは「目下の貧困への圧力を取り除く唯一実行可能な方策である」と論じた。続く約一〇年間を通して、ミルはウェイクフィールドに倣い、国家が後援する形での南太平洋への計画的植民を推奨した。[62] 計画的植民をめぐる彼の最も包括的な議論は、一八四八年に初版が刊行された『経済学原理』の中に見出すことができる。

〔ウェイクフィールドの〕理論は次のような重要な原理に基づいている。すなわち、土地と労働の生産性の度合いは、両者の間にどのような適切な割合を保つかという点に依存している。もし新たな定住地域において少数の者が大規模な土地を占有しようとするならば、あるいは労働者各々があまりに早期に土地所有者となり耕作するならば、生産力の損失度合いが大きく、その植民地における富や文明の発展は大いに阻害されることになる。[63]

〔ミルが続けるに〕こうした明白な問題にもかかわらず、「本能的な土地所有欲」のために移民労働者は得てして土地をできる限り多く確保し、「一躍地主になろ」うと意図する。結果、労働者の数が余りに少なくなり、資本の投資を支えられなくなってしまうのである。計画的植民はこうした自滅的な過程にメスを入れ、土地所有者となる前に「個々の労働者が一定の年数、被雇用者として働く」よう誘導するものに他ならない。道路や運河、灌漑事業といった公共財の供給、そして都市生活の発展に向けた労働者の「永続的蓄え」を作り出すため、かかる計画が必要となるのである。ウェイクフィールドは土地価格の厳格な管理を通して、「時期尚早な土地所有」や都市の成長を損ないうる「人々の四散」

を阻止しようと企図した。その発想の根本は、「未占有地の価格をいずれも高く設定し」て売却し、「その収益を母国から移民労働者を送り出すための費用に用いるべき」という点にある。(64) そうした収入は植民地への移住のための財源となり、資本主義経済の拡大へ貢献するに適した賃金労働者の安定した流入を生み出すであろう。

晩年の約二十年間、ミルは自らの経済学的議論を他の広範な主張によって補強し、それを『代議制統治論』において展開した。彼はこの著作の中で、（入植者が同意する限りにおいて）植民帝国を維持すべき三つの理由を提示している。第一に、ミルが見るところ、植民帝国は「普遍的な平和と諸国民間の広範な友好的協力へ向かう」重要な一歩である。平和という観点について述べれば植民帝国は、「もしそれが存在していなければ独立しているであろう多くの共同体の間の戦争を不可能ならしめている」。さらにそうした帝国の存在は、その中の植民地のいずれかが「外国に吸収される」のを防ぎ、「いっそう専制的であるか、あるいは近い将来そうなりそうな対抗国――そのような国は必ずしもイギリス以上に野心的でないわけではなく、イギリス以上に平和愛好的であるとも限らない――の攻撃力の追加的要素になるという事態」も防止している。(65) このようにミルは、植民帝国を維持することで潜在的な敵国の台頭を抑えられ、イギリスの優位が保全され得るであろうと論じた。

第二の理由としてミルは、イギリス植民帝国内で自由貿易が行われていることの道徳的・経済的模範性を指摘する。すなわち植民地が存在することで、「それら様々な国の市場の相互開放が保持され、敵対的な関税による相互排除が防止されている」。「イギリスを別とすれば、いかなる大規模社会もそのような関税から未だ完全には卒業しきれていないのである」。イギリスはヨーロッパやアメリカ合衆国を席巻している保護主義に代わる、より優れた経済組織モデルを提供しうるということである。ミルが提示する第三の論拠は、自由に焦点を当てたものである。彼が論ずるに、植民帝国の植民地は

> …今日特に貴重な利点を有している。それは、世界中が見守る中で、あらゆる列強の中で自由を最もよく理解している強国〔イギリス〕の道徳的影響力と威信にあずかる、という利点である。しかもこの強国は、過去においてどの

ような誤りがあったにせよ、他の諸大国が可能と考える以上に、あるいは望ましいと認める以上に、外国人の処遇という点で高い水準の良心と道徳的原則を達成しているのである。(66)

このようなある種自惚れた主張は、この時期のイギリス政治思想における楔のようなものであった。イギリスの論者は頻繁に自国を自由の具現者と見なし、他国の人々にもそのように見られていると好んで考えていた。その結果、自分たちの諸制度がより広範囲に拡がるほど、より多くの利益を皆にもたらすであろうと論じた。イギリス社会の多くの側面に対して強く批判的であったミルでさえ、こうした主張を揺るぎない政治的信条として抱いていたのである。

一八七〇年から第一次世界大戦の勃発に至るまでの間、植民帝国はイギリスの政治的言説において決定的な役割を担った。ヴィクトリア朝後期には、植民帝国は帝国システム全体を支える死活的に重要な要素である反面、もし直ぐにでも何らかの措置をとらなければ、自治の論理と(定住者植民地における)ナショナリズムの発展によって間もなくその植民地は独立へと至るであろうと広く認識されていた。「帝国連邦」の提唱者は、イギリスとその定住者植民地の間の恒久的な結束を求め、大洋や大陸を跨ぐ巨大な人種的政治体――その一つの類型としてそうした地球規模での連邦国家さえ――を確立しようと試みた。この運動の指導的なイデオローグの多くは、その中で最も熱心かつ影響力を有したJ・R・シーリーを含めて、リベラルであった。(67)私は別の著作でこの主題を詳細に探究した。(68)そのような壮大な制度計画に反対した者であったとしても――「母国」との政治的な結合、あるいは独立、いずれを擁護するにせよ――定住者植民地の重要性を強調する傾向にあった。あらゆる論者がこうした植民帝国と本国の関係を本質的に重要な問題と考えた。たとえば、歴史家W・E・H・レッキーは次のような信念を表明した。「イングランド民族が向こう長期にわたって、可能な限り緊密に結びつくということが世界の将来」にとって「表現しがたいほど肝要」である。(69)こうした信念は彼一人のものというわけでは全くなく、ごくありふれたものであった。

このようにリベラルな思想家たちは、殖民主義とリベラルの基礎的な規範理念との両立を謳い、植民世界は「そうした理念に基づく」彼ら自身の子孫とも言うべきものであると主張した。彼らが誇らしげに論ずるに、リベラルこそが植民地へ自治をもたらしたのであり、これを通じて帝国を潜在的な解体から救い、将来におけるブリティッシュの偉大さの基礎を築いたのである。J・L・ハモンドによると、「このコモンウェルスを偉大かつ強固なものとなしたのは、まさにリベラリズムの成果である」[70]。ホブハウスも「今日存在する植民帝国は、本質的に従来のリベラリズムの創造物である」と論じてこれに同意した[71]。こうした議論は単に殖民主義がリベラルの知的伝統に依拠していると述べるにとどまらず、それに加えて、定住者植民地は属領帝国以上に重要かつ正統的であるという主張を含意していた。すなわち、定住者植民地における大きな自治権は、そうした植民地がより健全な道徳的・政治的基盤の上に立っていることの証左であるという主張である。ジョン・モーリーによると、

> 理解のより習熟した者は帝国主義（Imperialism）という言葉を、植民地との自由で非公式的な結合を指すものとして用いる――そのような植民地も熱帯地方の属領に対する良心的で寛容な統治に関与している。本質的にはこれが、リベラルな論者によってこれまで受け継がれていた帝国の観念であり、まさに今日の帝国主義の対極にあるものである。なぜなら後者の作動原理は、人種的優位を力によって確立し、維持するものだからである[72]。

このようにモーリーは、帝国と帝国主義の間の当時広く共有されていた区別を採用し、旧来の（尊重すべき、リベラルな）帝国主義と、新しい（堕落した、攻撃的な）帝国主義を対比したのである。

したがってリベラルたちの帝国論において、異質性は自らの側に引き込む対象ではなく、遠ざける対象であった。そこでは、本来的にきわめて異なる制度や住民を包含する帝国は根本的に不安定であり、またさらなる政治的統合の土台として機能しえないと見なされた。リベラルの中にインドからの即時撤退を唱えたり、イギリスがインドの人々の改善を促す「義務」を持つことを否定する者はほとんどいなかったが、一方で彼らは、その地が異質かつエキゾチックな別世界であり、たとえ自治の準備が完了する地点まで「文明化された」としても、以後もそのような別世界であり続けるだろうと認識していた。まさにその異質な特徴のために、インドをイギリス人の真の運命を演じる舞台として見なすこ

とが不可能なのであった。小説家でありリベラルな社会改良家であったウォルター・ベザントは、定住者植民地と本国の間の永続的な統一の確保を強調した後に、インドはその重要性にもかかわらず、「〔そうした本国・定住者植民地と〕統合することはできない」と論じた。彼によると、「〔インドにおいて〕我々は…現在と同様、強力かつ公正な支配を継続しなければならない。それは抑止的でありつつ指導的な、しかし外国人による支配である」。翻ってベザントは、ブリテンの将来の偉大さは「アングロ・サクソン人の」定住者植民地と共にあると主張した。(73) これは当時影響力を持った『イングランドの拡張』においてシーリーが提示した中核的な主張の一つと符合する。シーリーは、「将来のグレーター・ブリテンについて検討する際、我々はインド帝国よりも植民帝国のことを一層考慮すべきである」と宣言した。(74) ヴィクトリア朝期のリベラルな思想家たちの想像力を最も強く牽引していたのは、（政治意識において密接に絡まり合う）人種的、文化的、民族的な類似性の観念であった。彼らは空間的に拡張された人種的自己（racial Self）に対して、異質な他者よりも上位の、規範的な優越さを与えていたのである。

六　おわりに——帝国の別名？

殖民主義を包含するよう解釈の地平を拡げるならば、「反帝国主義」を啓蒙の特徴とする見方は必ずしも妥当とは言えなくなるであろう。ムトゥも認めるように、ディドロは植民地の価値を肯定した。また、バークは北アメリカにおける殖民主義の熱心な擁護者であった。(75) ベンサムもまた殖民主義と無縁ではなかった。世紀の転換期に彼は、植民の社会・経済的利益を賞賛し、加えて晩年には南オーストラリアにおける新しい植民地の建設に向けた未公刊の計画を執筆した。(76) さらに、最も辛辣な十九世紀の「反帝国主義者たち」の中にも殖民主義を支持する者がいた。たとえば『帝国主義論』においてJ・A・ホブスンは、「真の植民地主義」と「帝国主義」を峻別する。彼によると、前者は入植を通した文明の漸進的な伝播を意味するのに対し、後者は「専制の拡大」を指すものに過ぎない。彼はまた、一八八〇年代・九〇年代における「新帝国主義」の問題点の一つとして、それがイギリスとその定住者植民地の間の統合可能性を侵害してしまうことを論ずる[77]。すなわち、多くの自称反帝国主義者のように、ホブスンが標的としていたのは帝国の特定の形態であり、彼はあらゆる西洋の支配や拡張を批判したわけではなかった。このように殖民主義への着目は、十八世紀末以降の「帝国主義的」・「反帝国主義的」主張の理解の仕方を再構成することにつながる。

これまで見てきたように、多くのリベラルはそれら領域が実質的に政治的な自律性を持つゆえに、半ば独立した定住者植民地は「帝国的」空間ではないと主張した。すなわち、それらはもはや、イギリス帝国の一部を成すものではないということである。『リベラリズムと帝国』の著者たちは、帝国とはある国民による別の国民に対する支配のことであり、したがってその用語はインドには当てはまるが、「自由な」カナダやオーストラリアには当てはまらないと論じた。彼らによると、それら諸国は、「イングランドが征服者として勝ち取り、外国人による専制として保有しているすべての熱帯地方の領域以上に、イングランドの偉大さの立派な証であり、その強さの確固たる成分に他ならない[78]」。シーリーは、イギリス植民帝国は帝国というよりもむしろ「世界国家」を形成していると主張した。彼によると、帝国という名称は実際はインドにのみ相応しい。シーリーが論ずるに、帝国は「きわめて軍事的かつ専制的なものであるため、母国と定住者植民地の関係をその言葉で適切に捉えることはできないように思われる[79]」。J・L・ハモンドも同じ点を反復している。「『帝国』という表現は、リベラルたちがあまり好まない結合に対して帰せられている。そして彼らは、自治領を成している諸国の連合に対しては『コモンウェルス』という言葉を好んで用いる[80]」。このようなリベラルの観点からすると、殖民主義は別種の、またおそらくより高尚な、文明化の使命を意味するものであったと言えよう。すなわちそれは、ブリティッシュの自由と法という美徳を具備する模範的な新しい政治共同体を建設するという使命である。それは言い換えれば、直接的な指導に基づく「後進的な」原住民の文明化ではなく、ブリテンの制度や価値観を「未開拓の」領土に輸出し、またそれを通して社会的・政治的生活を最良に組織する輝かしい見本を提供することで、人類全体の文明化を促進しようとする使命である。リベラルたちの見方によると、「支配権（imperium）」と「自由（libertas）」を結合させるこうした様態の帝国は、衰退と滅亡の不可避性という過去のあらゆる帝国が辿った歴史的な運命を逃れる潜在力を有していた。そうした帝国は、インドやエジプト、カリブ海域諸島の一時の占領よりも長く持続するであろう。

さらにリベラルの中にはそれを、コスモポリタン的秩序の萌芽的形態と見なすものもいた。そうした一人であるホブハウスは、植民帝国を「共通の感情の自然な成り行き」として、また「自治の理念へのいかなる反撃も含まないより広い統一へ向かっての一歩」と理解した。彼は将来を展望して、それを来るべき「国際国家」の「モデル」と見なした。[81]

結論を述べると、リベラリズムと帝国の関係を包括的に理解するためには、これまで見過ごされる傾向のあった殖民主義により注意を払わなければならない。リベラルたちは定住者植民地の存在によって、対外的な征服をめぐる伝統的な悩み——すなわち、堕落という繰り返される帝国の力学——から解放された形で拡大や支配を称賛する術を身につけた。一方で、彼らがその植民地に対して抱いていたのは、既成の制度や共同体の存在しない未開拓な土地の占有についての安楽な空想であった。こうしたことの帰結は、動態的な新しい共同体の建設であると同時に、搾取や恐ろしい暴力の存続でもあった。そしてこのような暴力は、「リベラル・デモクラシー」の国々が今日に至るまで向き合っている（あるいは、向き合うのを拒否している）継承された難題に他ならない。

（1）本稿の内容をさらに展開したものとして、Duncan Bell, *Reordering the World: Essays on Liberalism and Empire* (Princeton, NJ: Princeton University Press, 2016), ch. 2, "The Dream Machine: On Liberalism and Empire." また、Duncan Bell ed., *Empire, Race and Global Justice* (Cambridge: Cambridge University Press, 2019) も参照。

（2）John Plamenatz, *On Alien Rule and Self-Government* (London: Longmans, 1960).

（3）有名な例として、Niall Ferguson, *Empire: How Britain Made the Modern World* (London: Penguin, 2003).

（4）Anthony Pagden, *The Burdens of Empire: 1539 to the Present* (Cambridge: Cambridge University Press, 2015), p. 37.

（5）Peter Cain, "Radicalism, Gladstone, and the Liberal Critique of Disraelian 'Imperialism,'" in Duncan Bell ed., *Victorian Visions of Global Order* (Cambridge: Cambridge University Press, 2007), pp. 215-39.「帝国主義」に対するリベラルの批判については、Miles Taylor, "Imperium et Libertas?" *Journal of Imperial and Commonwealth History* 19, no. 1 (1991), pp. 1-23も参照。

（6）L. T. Hobhouse, *Democracy and Reaction*, ed. Peter Clarke (Brighton: Harvester Press, 1972 [1904]), pp. 48, 154. またホブハ

ウスは、帝国主義を「人種的優越と領域的侵略の教義」と定義したことがある。Hobhouse, "The Growth of Imperialism," *Speaker*, 25 January 1902, p. 474.

（7）Joseph Schumpeter, *Imperialism and Social Classes: Two Essays*（New York: Meridian Books, 1955）, p. 75. Bernard Semmel, *The Liberal Ideal and the Demons of Empire: Theories of Imperialism from Adam Smith to Lenin*（Baltimore, MD: Johns Hopkins University Press, 1993）, pp. 167-76も参照。

（8）Benjamin Constant, "The Spirit of Conquest," in Constant, *Political Writings*, ed. Biancamaria Fontana（Cambridge: Cambridge University Press, 1988［1814］）, pp. 51-81; Norman Angell, *The Great Illusion: A Study of the Relation of Military Power in Nations to Their Economic and Social Advantage*（London: Heinemann, 1910）. Peter Cain, "Capitalism, Aristocracy and Empire," *Journal of Imperial and Commonwealth History* 35, no. 1（2007）, pp. 25-47も参照。

（9）Uday Singh Mehta, *Liberalism and Empire: A Study in Nineteenth-Century British Liberal Thought*（Chicago: The University of Chicago Press, 1999）, pp. 11, 23. なおメータは著者の意図ではなく、「基底的な関与」に関心を持つことを明らかにしている（Ibid., p. 47, note 1）。

（10）Ibid., p. 18.

（11）Dipesh Chakrabarty, *Provincializing Europe: Postcolonial Thought and Historical Difference*（Princeton, NJ: Princeton University Press, 2000）, p. 8.

（12）Mehta, *Liberalism and Empire*, p. 9.

（13）Ibid., p. 20（強調は原著のまま）.

（14）Frederick Cooper, *Colonialism in Question: Theory, Knowledge, History*（Berkeley, CA: University of California Press, 2005）, p. 235.

（15）Mehta, *Liberalism and Empire*, pp. 43, 50; Michael Bentley, "Review of Mehta, *Liberalism and Empire*," *Victorian Studies* 43, no. 4（2001）, p. 620.

（16）私がここでこれらの著作に焦点を当てるのは、主にそれらの影響力と歴史的分析の射程の広さのためである。ただし、イギリスの帝国的なリベラリズムについては他にも多くの興味深い研究がある。その中の幾つかを挙げれば、Peter Cain, "Empire and the Languages of Character and Virtue in Late Victorian and Edwardian Britain," *Modern Intellectual History* 4, issue

2（2007）, pp. 1-25; Cain, "Character, 'Ordered Liberty,' and the Mission to Civilise," *Journal of Imperial and Commonwealth History* 40, issue 2（2013）, pp. 557-78; Gregory Claeys, *Imperial Sceptics: British Critics of Empire, 1850-1920*（Cambridge: Cambridge University Press, 2010）; Daniel Gorman, *Imperial Citizenship: Empire and the Question of Belonging*（Manchester: Manchester University Press, 2007）; Jeanne Morefield, *Covenants Without Swords: Idealist Liberalism and the Spirit of Empire*（Princeton, NJ: Princeton University Press, 2005）; Morefield, *Empires Without Imperialism: Anglo-American Decline and the Politics of Deflection*（New York: Oxford University Press, 2014）; Nicholas Owen, *The British Left and India: Metropolitan Anti-Imperialism, 1885-1947*（Oxford: Oxford University Press, 2007）; Andrew Sartori, *Liberalism in Empire: An Alternative History*（Berkeley, CA: University of California Press, 2014）; Casper Sylvest, *British Liberal Internationalism, 1880-1930: Making Progress?*（Manchester: Manchester University Press, 2009）. 大陸ヨーロッパの状況については、Matthew Fitzpatrick ed., *Liberal Imperialism in Europe*（Basingstoke: Palgrave Macmillan, 2012）を参照。

（17）Muthu, *Enlightenment Against Empire*（Princeton, NJ: Princeton University Press, 2003）, pp. 268-9.

（18）Ibid., p. 282（強調は原著）.

（19）Ibid., pp. 4, 5（およびp. 258）（強調は本稿筆者が加えた）.

（20）Jennifer Pitts, "Political Theory of Empire and Imperialism," *Annual Review of Political Science* 13（2010）, p. 218.

（21）Pitts, *A Turn to Empire: The Rise of Imperial Liberalism in Britain and France*（Princeton, NJ: Princeton University Press, 2005）, p. 26. ヴィクトリア朝後期におけるスミス思想の興味深い余波については、Marc-William Palen, "Adam Smith as Advocate of Empire," *Historical Journal* 57, issue 1（2014）, pp. 179-98.

（22）Pitts, *A Turn to Empire*, p. 2（強調は本稿筆者が加えた）. ピッツはフランスのリベラリズムも十九世紀に似たような軌道を辿ったと主張する。すなわちそれは、コンスタンやアメデ・デジョベールを典型とする反帝国的な伝統と、アルジェリアをめぐるトクヴィルの著述に明確に現れる共和主義的な抑揚が付された帝国的リベラリズムに分裂した。

（23）Karuna Mantena, *Alibis of Empire: Henry Maine and the Ends of Liberal Imperialism*（Princeton, NJ: Princeton University Press, 2010）, p. 45（強調は本稿筆者が加えた）.

（24）Ibid., p. 48.

（25）メインの生涯と思想については、Alan Diamond ed., *The Victorian Achievement of Sir Henry Maine: A Centennial Reappraisal*

（Cambridge: Cambridge University Press, 2006）; Raymond Cocks, *Sir Henry Maine: A Study in Victorian Jurisprudence*（Cambridge: Cambridge University Press, 1988）も参照。

（26）Mantena, *Alibis of Empire*, pp. 1, 48.

（27）Ibid., p. 11（強調は原著）.

（28）Ibid., pp. 22-39. このように、ミルの普遍主義は様々な経験的要因によって強く制限されており、こうしたミルの帝国論に対してはより文脈化されたアプローチが求められる。

（29）これは、国際連盟や国際連合の帝国的起源を論じる近年の説明を補強するものとなる。そうした説明としてたとえば、Mark Mazower, *No Enchanted Palace: The End of Empire and the Ideological Origins of the United Nations*（Princeton, NJ: Princeton University Press, 2009）. 信託統治については、William Bain, *Between Anarchy and Society: Trusteeship and the Obligations of Power*（Oxford: Oxford University Press, 2003）を参照。

（30）John Darwin, *The Empire Project: The Rise and Fall of the British World-System, 1830-1970*（Cambridge: Cambridge University Press, 2009）, p. 146からの引用。

（31）Alfred Caldecott, *English Colonization and Empire*（London: J. Murray, 1891）, p. 11.

（32）こうした定住者植民地と他の帝国領域の区別は、ヴィクトリア朝期を通じ（またその後も）継続して措定された。George Cornewall Lewis, *An Essay on the Government of Dependencies*（London: John Murray, 1841）, pp. 169-79; Arthur Mills, *Colonial Constitutions*（London: John Murray, 1856）; John Stuart Mill, *Considerations on Representative Government*（London: John W. Parker, 1861）, ch. 18; Alpheus Todd, *On Parliamentary Government in the British Colonies*（London: Longmans, 1880）; Henry Jenkyns, *British Rule and Jurisdiction Beyond the Seas*（Oxford: Clarendon Press, 1902）, pp. 1-9.

（33）J. R. Seeley, *The Expansion of England: Two Cowses of Lectures*（London: Macmillan, 1883）, p. 244.

（34）G. P. Gooch, "Imperialism," in C. F. G. Masterman ed., *The Heart of Empire: Discussions of Problems of Modern City Life in England*（London: Fisher Unwin, 1901）, p. 310.

（35）C. P. Lucas, "Introduction," in G. Cornewall Lewis, *An Essay on the Government of Dependencies*, ed. C. P. Lucas（Oxford: Clarendon Press, 1891）, p. xxxiii.

（36）Charles Mills, *The Racial Contract*（Ithaca, NY: Cornell University Press, 1997）; Mills, "White Right," in *Blackness Visible:*

Essays on Philosophy and Race*（Ithaca, NY: Cornell University Press, 1998）.

（37）Patrick Wolfe, “Settler Colonialism and the Elimination of the Native,” *Journal of Genocide Research* 8, issue 4（2006）, p. 393（引用に際して強調を加えた）. 殖民主義の暴力については、Dirk Moses ed., *Genocide and Settler Society: Frontier Violence and Stolen Indigenous Children in Australian History*（Oxford: Berghahn Books, 2004）; Ann Curthoys, “Genocide in Tasmania,” in Dirk Moses ed., *Empire, Colony, Genocide: Conquest, Occupation and Subaltern Resistance in World History*（Oxford: Berghahn Books, 2008）, pp. 229-53.

（38）Wolfe, “Settler Colonialism and the Elimination of the Native.”

（39）人道主義的な統治性（governmentality）については、Alan Lester and Fae Dussart, *Colonization and the Origins of Humanitarian Governance: Protecting Aborigines Across the Nineteenth-Century British Empire*（Cambridge: Cambridge University Press, 2014）.

（40）植民地時代の最も被害の激しかった時期に、オーストラリア先住民の人口は七五万人以上から五万人以下にまで減少した。流刑植民地タスマニア（ヴァン・ディーメンズ・ランド）では強姦・拷問・病気・殺害などの長引く悪夢の結果、一八〇三年から一八五〇年の間に現地住民はほぼ根絶されてしまった。Benjamin Madley, “From Terror to Genocide: Britain’s Tasmanian Penal Colony and Australia’s History Wars,” *Journal of British Studies* 47, no.1（2008）, p. 77を参照。

（41）Wolfe, “Settler Colonialism and the Elimination of the Native,” p. 388.

（42）Duncan Ivison, Paul Patton and Will Sanders eds., *Political Theory and the Rights of Indigenous Peoples*（Cambridge: Cambridge University Press, 2001）; Mahmood Mamdani, “Settler Colonialism: Then and Now,” *Critical Inquiry* 41, no. 3（2015）; James Tully, *Strange Multiplicity: Constitutionalism in an Age of Diversity*（Cambridge: Cambridge University Press, 1995）.

（43）Patrick Brantlinger, *Dark Vanishings: Discourse on the Extinction of Primitive Races*（Ithaca, NY: Cornell University Press, 2003）.

（44）H. G. Wells, *The War of the Worlds*（London: Heinemann, 1898）, “The Eve of the War,” pp. 3-4（中村融訳『宇宙戦争 第5版』東京創元社、二〇一五年、一八頁）.

（45）Herman Merivale, *Lectures on Colonisation and Colonies*（London: Longmans, 1842）, Vol. II, p. 152.

（46）Caldecott, *English Colonization and Empire*, p. 234.

(47) Gilbert Murray, "The Exploitation of Inferior Races in Ancient and Modern Times," in Hirst, Murray, Hammond, *Liberalism and the Empire*, p. 157.

(48) Merivale, *Lectures on Colonies and Colonisation*, Vol. II, p. 152. メリヴェールは、オックスフォード大学で経済学教授を務めた――植民地に関する彼の名高い講義はその間に行われた――後、上級の帝国行政ポストを歴任し、最終的にはインド省事務次官に就任した。

(49) Barbara Arneil, *John Locke and America: The Defence of English Colonialism* (Oxford: Oxford University Press, 1996); Arneil, "Citizens, Wives, Latent Citizens and Non-Citizens in the Two Treatises," *Eighteenth-Century Thought* 3 (2007), pp. 209-22; James Farr, "Locke, Natural Law, and New World Slavery," *Political Theory* 36, issue 4 (2008), pp. 495-522; Duncan Ivison, "Locke, Liberalism and Empire," in Peter R. Anstey ed., *The Philosophy of John Locke: New Perspectives* (New York: Routledge, 2003), pp. 86-105; Jimmy Casas Klausen, "Room Enough: America, Natural Liberty, and Consent in Locke's *Second Treatise*," *Journal of Politics* 69, no. 3 (2007), pp. 760-69; Herman Lebovics, *Imperialism and the Corruption of Democracies* (Durham, NC: Duke University Press, 2006), ch. 5; James Tully, *An Approach to Political Philosophy: Locke in Contexts* (Cambridge: Cambridge University Press, 1993), pp. 137-76; Jack Turner, "John Locke, Christian Mission, and Colonial America," *Modern Intellectual History* 8, no. 2 (2011), pp. 267-97. ロックの帝国主義に関する修正的な懐疑主義 (qualified skepticism) については、David Armitage, *Foundations of Modern International Thought* (Cambridge: Cambridge University Press, 2013), chs. 6-7を見よ。

(50) Mehta, *Liberalism and Empire*, p. 4.

(51) Duncan Bell, "What Is Liberalism?" *Political Theory* 42, issue 6 (2014), pp. 682-715.

(52) Quentin Skinner, "Meaning and Understanding in the History of Ideas," in *Visions of Politics, Vol. 1: Regarding Method* (Cambridge: Cambridge University Press, 2002), pp. 73, 74.

(53) 本国エリートの言説においてロック的所有権論が顕著にも存在しないことについては、Andrew Fitzmaurice, *Sovereignty, Property, and Empire, 1500-2000* (Cambridge: Cambridge University Press, 2014), chs. 7-9. 初期近代の諸帝国に対し「リベラリズム」というカテゴリーを適用することが妥当でない点に関しては、Andrew Fitzmaurice, "Neither Neo-Roman Nor Liberal Empire," *Renaissance Studies* 26, issue 4 (2012), pp. 479-91を参照。

(54) Andrew Sartori, *Liberalism in Empire: An Alternative History* (Berkeley, CA: University of California Press, 2014).

（55）ブラーは「貧困者を放り入れる（shoveling out）」という言葉を、ロバート・ウィルモット・ホートンの移民計画を表現するために用いた。H. J. M. Johnson, *British Emigration Policy, 1815-1830*（Oxford: Clarendon Press, 1972）, p. 168. イギリスにおける移民に対する姿勢の「一八〇度の転換」については、James Belich, *Replenishing the Earth: The Settler Revolution and the Rise of the Anglo-World, 1783-1939*（Oxford: Oxford University Press, 2009）, pp. 145-52を参照。

（56）このような経済的論争については、Donald Winch, *Classical Political Economy and Colonies*（Cambridge, MA: Harvard University Press, 1965）で扱われている。

（57）J. E. Cairnes, "Colonization and Colonial Government," in *Political Essays*（London: Macmillan, 1873）, pp. 30, 33. 彼はさらに、「〔一八六四年という〕今日においては、その植民理論は歴史上の一時代的な価値を持つに過ぎない」と付け加えている（p. 30）。ケアンズが論ずる理論の最も成熟した形が、E. G. Wakefield, *A View of the Art of Colonization*（London: J. W. Parker, 1849）に見出される。同じくこの植民理論への他の貢献として、Nassau W. Senior, *Remarks on Emigration*（London: R. Clay, 1831）; Nassau Senior, *An Outline of a Science of Political Economy*（London: W. Clowes, 1836）; Robert Torrens, *Colonization of South Australia*（London: Longman, 1835）; Torrens, *Self-Supporting Colonization*（London: James Ridgway, 1847）; Merivale, *Lectures on Colonisation and Colonies*, 2 vols. また、Winch, *Classical Political Economy and Colonies*; Peter Burroughs, *Colonial Reformers and Canada, 1830-1849*（London: McClelland, 1969）; Tony Ballantyne, "Remaking the Empire from Newgate," in Antoinette Burton and Isabel Hofmeyr eds., *Ten Books That Shaped the British Empire*（Durham, NC: Duke University Press, 2014）, pp. 29-50も参照。

（58）当時、どの程度が「十分な」土地価格であるのかをめぐっては意見の相違があった。異なる見解について、Wakefield, *A View of the Art of Colonization*, pp. 338-69; Merivale, *Lectures on Colonisation and Colonies*, pp. 14-16; John Stuart Mill, *Principles of Political Economy* [1848], in *The Collected Works of John Stuart Mill*, ed. John Robson（Toronto: University of Toronto Press 1963-1991）, Vol. III, Book I, ch. 8.

（59）こうした主張の適切な描写については、Cairnes, "Colonization and Colonial Government," pp. 30-35を参照。

（60）Karl Marx, *Capital*, vol. I, in Marx and Engels, *Collected Works*（London: Lawrence and Wishart, 1975）, ch. 33. 実際マルクスはウェイクフィールドを、リカード以来の最も重要なブルジョワ経済学者と見なしていた。植民地開拓に基づく社会改良を唱える論者に対し、ヴィクトリア朝後期に現れた評価についてはたとえば、Caldecott, *English Colonization and Empire*, pp. 131-33; H. E.

Egerton, *A Short History of British Colonial Policy* (London: Methuen, 1897), p. 4. コールデコットはそのような社会改良論者を「ベンサム主義者」と呼んだ。エガートンはウェイクフィールドやその周りの社会改良運動を称賛する一方で、帝国について体系的に思索しようとする「非イングランド的」傾向を論じている。

(61) 詳細は、Duncan Bell, "John Stuart Mill on Colonies," *Political Theory* 38, no. 1 (2010), pp. 34-64.

(62) J. S. Mill, "The Labouring Agriculturalists," *Examiner*, December 19, 1830, in *The Collected Works of John Stuart Mill*, Vol. XXII, p. 218.

(63) Mill, *Principles of Political Economy*, p. 958（戸田正雄訳『経済学原理 第五篇』春秋社、一九六六年、二八二頁、ただし訳語は適宜改めた）。

(64) Ibid（『経済学原理 第五篇』、二八二―三頁）。

(65) Mill, *Considerations on Representative Government*, p. 565（関口正司訳『代議制統治論』岩波書店、二〇一九年、三〇六―七頁、ただし訳語は適宜改めた）。

(66) Ibid（『代議制統治論』、三〇七頁）。

(67) 帝国や帝国主義に対する自由党議員の支持については、H. C. G. Matthew, *The Liberal Imperialists: The Ideas and Policies of a Post-Gladstonian Elite* (Oxford: Oxford University Press, 1973) を参照。

(68) Duncan Bell, *The Idea of Greater Britain Empire and the Future of World Order, 1860-1900* (Princeton, NJ: Princeton University Press, 2007).

(69) W. E. H. Lecky, *The Empire: Its Value and Its Growth* (London: Longmans, 1893), p. 15.

(70) J. L. Hammond, "Colonial and Foreign Policy," in Francis W. Hirst, Gilbert Murray and Hammond, *Liberalism and the Empire: Three Essays* (London: R. Brimley Johnson, 1900), p. 207. Gooch, "Imperialism" も参照。ただし、リベラルの中にはこのような力点を受け入れられない者もいた。たとえばチャールズ・ディルクは、「インドが常に我々の思考のまず第一に来るべきである」と主張した。Charles Dilke, *The British Empire* (London: Chatto & Windus, 1899), p. 17.

(71) L. T. Hobhouse, *Liberalism*, ed. James Meadowcroft (Cambridge: Cambridge University Press, 1994 [1911]), p. 115（吉崎祥司監訳『自由主義――福祉国家への思想的転換』大月書店、二〇一〇年、一七七頁、ただし訳語は適宜改めた）。

(72) John Morley, "Democracy and Reaction" [1904], in Morley, *Critical Miscellanies* (London: Macmillan, 1908), Vol. 4, pp. 282-3.

彼は後年インド相を務めた（一九〇五年から一九一〇年）。

（73）Walter Besant, *The Rise of the Empire*（London: H. Marshall & Son, 1897）, p. 124.

（74）Seeley, *The Expansion of England*, p. 11.

（75）Muthu, *Enlightenment Against Empire*, p. 75.

（76）E. G. Wakefield, *England and America*（London: Richard Bentley, 1833）, II, p. 252n; Richard Mills, *The Colonization of Australia*（*1829-42*）［1915］（London: Sidgwick & Jackson, 1968）, pp. 152-3; Philip Schofield, *Utility and Democracy*（Oxford: Oxford University Press, 2006）, pp. 199-220.

（77）J. A. Hobson, *Imperialism: A Study*（London: J. Nisbet, 1902）, pp. 36, 27, 328-55. ただしホブスンは、植民がもたらす先住民への破滅的な危険を確かに認識していた（たとえばpp. 266-7）。また、彼は後に帝国連邦についての自らの考えを変化させた。

（78）Hirst, Murray and Hammond, *Liberalism and the Empire*, p. xv. Goldwin Smith, "The Hatred of England," *North American Review*, Vol. 150, No. 402（1890）, p. 558も参照。

（79）Seeley, *The Expansion of England*, p. 37. これによって彼が意味するところについてはDuncan Bell, "The Victorian Idea of a Global State," in Bell ed., *Victorian Visions of Global Order*, pp. 159-86を参照。

（80）Hammond, "Colonial and Foreign Policy," in *Liberalism and the Empire*, p. 207.

（81）Hobhouse, *Liberalism*, p. 116（『自由主義』、一七七頁）.

［謝辞］

本訳稿を作り上げるに際して、古田拓也（広島大学）、上村剛（学振特別研究員ＰＤ）の両氏より、内容の理解および翻訳表現の双方において非常に多くのことを教わった。記して深謝申し上げたい。なお両氏と私は現在、ダンカン・ベルの他の諸論文も翻訳するプロジェクトを進めている。本稿注（51）に登場するベルの"What Is Liberalism?"の共訳は、『思想』に掲載予定である。

「あたりまえのもの」としての「教養」
――レイモンド・ウィリアムズにおける「カルチャー」概念

●――高山智樹

多くの人々は、自らの職業や党派の信条を構成している一連の観念や判断を大衆に教え込もうとする。…［中略］…カルチャーの働きはそれとは異なる。…［中略］…それは、あらゆる階級を無くし、全ての人が優美さと英知の光を感じられるような環境で生きることを可能にし、それが思想を自由に用いるのと同じように、あらゆる人々が、思想に育まれながらも、束縛されずに、自由に思想を用いることができるように務めるのである。(1)（マシュー・アーノルド）

コミュニケーションやカルチャーについて議論しようとするのであれば、権力についての議論に行き当たらざるをえない。(2)（レイモンド・ウィリアムズ）

一　はじめに――「教養」を語る条件

制度としての「大学」の危機が喧伝され、人文系学問の意義が繰り返し問い直される時代にあって、「教養」という言葉もまた、かつてのような規範的な力を失ったという前提で、しばしばその「再生」が語られてきた。しかしその一方で、書店の棚を賑わす『一日一ページ読むだけで身につく世界の教養』『世界のビジネスエリートが身につける教養「世界美術史」』など、タイトルに「教養」を冠した書籍は絶えず出版されており、そこからは「教養」という言葉の有用性に対する強い信頼が窺える。

言うまでもなく、「教養」の「再生」を訴えるものの多くにとって、「教養」の濫用とも言えるような出版物の氾濫は、決して歓迎できるものではないだろう。しかしながら、それではどのような「教養」が「再生」されるべきなのかという点について、必ずしも論者の間で合意が見られる訳ではない。そして、もし「教養の再生」というものが、結局のところ「幅広い知識」の獲得を意味しているのであれば、その「知識」の内容がどうであれ、そこで言われる「教養」と上述したような書籍のタイトルにおける「教養」との間には、少なくとも定義の上では大きな違いはないのである。[3]

もちろん、「教養の再生」を唱える側にとっては、その「知識」の内容こそが問題であることは言うまでもないが、「教養」を語る上で本来真っ先に問題とするべきは、その「幅広い知識」としての「教養」に、どのような知識が含まれるかということではなく、その「知識」の選別がどのような根拠に則ってどのように行われているかということでなくてはならない。なぜなら、そうした「知識」としての「教養」は、常に「教養」とみなされるべき「知識」とそうではない「知識」との間のヒエラルキーを前提としているのであり、そのヒエラルキーは決して自明のものではないからだ。例えば「教養がある」「教養人」といった文脈で使われる「教養」が、多くの場合、ヨーロッパの知的伝統に棹さした「古典的教養」を意味していることは、「教養」という言葉の選別性を如実に表しているし、そうした「教養」が現在ではヨーロッパ中心主義の誹りを免れないのは言うまでもない。[4] また、その「教養がある」「教養人」といった言葉が示している通り、「教養」とは、それを持つ人間と持たない人間との間にもヒエラルキーを作り出す。阿部謹也が中世ドイツについて、「市民の都市的教養が都市文化の擡頭とともに教養のすべてを意味するようになって、市民的教養から排除されていた農民は無教養な存在として、人間的価値においても劣るものとみなされたのである」[5]と述べているように、「教養」とは常に、それによって人間を階層化するためのツールとして機能してきたのである。それはまた、日本における「教養主義」が、不十分な形ではあれ、「自己を今までとは違う方法で、たとえば哲学や文学への没頭によってエリート化・特権化する試み」であったことからも明らかであろう。[6]

また別の言い方をすれば、ある「知識」が「教養」とみなされるためには、その対極に、〝低俗〟な話題や〝無価値〟な情報といった、「教養」とは見なされ難い一群の「知識」が存在していなくてはならないのであって、その選別を行うための価値判断の根拠が問われない限りは、その「知識」の内容をいくら入れ替えたとしても、「教養」が依って立つヒエラルキー自体はさして影響を被ることなく、再生産されていくということだ。[7] 従って、「文化を身につけることによって人間性を高めていくこと」が「教養」であるとする、ともすればそうした選別的な性格を持たないように映る定義に対しても、[8] まずは「人間性を高める」とはいかなることなのかが問われなければならない（言うまでもなく、そこでは「高い人間性」を持った人間と、「低い人間性」を持った人間との区別が前提とされている）。そしてさらに言えば、そもそも、その定義で使われている「文化」という言葉は、「人間性を高める」という意味を持つ英語の「カルチャー」を訳したものであり、「カルチャー」という言葉が「教養」とも訳しうることを踏まえれば、[9]「文化を身につけることによって人間性を高めていくこと」が「教養」であるという定義は、同義反復にすぎず、ほぼ何も説明していないに等しい。すなわち、「教養」について論じようとすれば、その言葉の意味も含め、「教養」や「文化」といった言葉が、いかなる社会的役割を歴史的に果たしてきたかまでが問われる必要がある。

二　労働者階級と「カルチャー」

「カルチャー（教養／文化）」という概念について、それが持つこうした込み入った背景を踏まえながら検討しようとするときに参照すべき議論の一つが、イギリス・ウェールズ出身の思想家であるレイモンド・ウィリアムズの文化論であろう。レイモンド・ウィリアムズに対する「カルチュラル・スタディーズの父祖」という理解は、彼が労働者階級出身であるという事実と相まって、ウィリアムズがあたかも労働者階級文化の研究者であるような誤解を生み出しているが、彼が生涯をかけて取り組んだ課題は、「カルチャー」という言葉それ自体が持つ権力性をつぶさに明らかにすることであった。ウィリアムズにとって、「カルチャー」という言葉は決して無批判に称揚できるような言葉ではなく、むしろ「私はこのうんざりするような言葉を一度もきかずに済んでいればどれだけよかっただろうかと何度も考えた」[10]という言葉が示している通り、ウィリアムズにとってその言葉は、彼自身の苦悩と矛盾を体現するものですらあった。彼の代表作の一つである『文化と社会』について、その主要な目的は「カルチャーをめぐる思考の長い歴史が、今や決定的に反動的な立場になってしまったものに専有されていることへの対抗」[11]であったと、ウィリアムズ自身が語っていることにも、その言葉に対する彼の葛藤が窺えよう。一九五〇年代に『文化と社会』を執筆していた当時のウィリアムズにとって、「カルチャーという概念の現代的な用法」は「民主主義、社会主義、労働者階級教育ないしは民衆教育」に対立するものですらあったのだ[12]。

ウィリアムズのこうした発言の背景には、まずもって戦後イギリスにおける大衆文化論の隆盛と[13]、そこで交わされていた、「大衆」が「カルチャー」に及ぼす悪影響を非難する数々の言説があったことを確認しなくてはならない。終戦直後の新たな教育制度の導入によって、全ての子どもが中等教育過程に進学可能となると同時に高等教育への進学者も増加し、他方ではラジオとテレビという公共放送が拡大して、ペンギンブックスのような手軽なペーパーバックも市場に広く出回るようになったイギリスでは、「教育、放送、芸術」といった領域での「福祉」という新たなテーマが持ち上がり、「様々な実践を行う諸制度の複合体全てが、『カルチャー』として保護や、資金援助や、願望や批判の対象になったりならなかったりした」[14]。そこでは当然のように、保護や援助の対象となるような「カルチャー」とそうではないものが注意深くより分けられるとともに、しばしば公的に支援された「カルチャー」が、〝悪しき〟「大衆文化」の防波堤となることが期待されるようになっていた。すなわち、当時のイギリスにおける最大の関心事の一つは、「カルチャー」の質的・量的な拡大が社会にどのような変化をもたらすかという問いであり、更に言えば、その変化が「カルチャー」という言葉に込められた価値にいかなる影響を及ぼすかという問いであった。

そして、当時そうした問いに対する応答として圧倒的な影響力を誇っていたものの一つが、イギリスにおける「大衆文化」批判の急先鋒であり、ウィリアムズ自身も強い影響を受けていたF・R・リーヴィスの議論であった。彼は一九三〇年に出版された最初の著作『大衆文明と少数者文化』以来、「仕事、消費、余暇の新たな形式を伴った工業化」が、「カルチャー」の領域全体における「標準化」と「水準の低下」をもたらしていると主張し、それに対抗するためには、「文芸批評」を使った少数者のエリート教育によって、失われつつある価値を守ることが必要であると説いていた。[15] 彼のこうした考えを端的に示しているのが、グレシャムの法則をもじって「悪貨が良貨を駆逐するように、悪い文化が良い文化を駆逐する」とした主張であろう。[16] そこにおいて古くからのイングランドにおける伝統的な価値を体現するような「良い文化」を駆逐する「悪い文化」とされていたのが、まさしく新聞や雑誌、ラジオやテレビなどの新たなメディアに象徴される「大衆文化」であった。

これから見ていくように、ウィリアムズ自身はこうした議論に対して極めて批判的であったが、だからといってウィリアムズが、「大衆文化」の中に積極的な価値を見出すという、後のカルチュラル・スタディーズが示したような立場を取っていたわけではない。彼は、「カルチャー」のもう一つの意味として当時認識されるようになっていた、「生活の仕方の全体」を指す社会学的・人類学的な用法での「カルチャー」の重要性を認識しており、その用法によって「カルチャー」という概念を拡張できることも理解していたものの、そのことは、彼が「カルチャー」という言葉について一切の価値判断を行わないということを意味するものではなかった。実際ウィリアムズは、「疑いなく、数々の悪質な芸術が広く出回っており、極めて質の悪い新聞がもっとも広範囲に購入されていること」や「公的な場面での思考や文章のレベルは、民主主義にとっては危険なまでに低い」ことを認めていたのであり、[17]「カルチャー」のどの用法を採用するにせよ、それらを価値づけること自体は否定してはいなかった。[18] 彼が大衆文化論を批判していたのは、批判対象である「大衆文化」を擁護するためではなく、そうした議論が「大衆文化」の質の悪さを受け手の責任に帰することで、結果として「大衆」、すなわち労働者階級を貶めるものであったためである。

例えば当時の大衆文化論においては、教育機会の拡大によってリテラシーを獲得し、「カルチャー」の市場に参入してきた労働者階級が「カルチャー」の質を低下させ、その結果として生まれたのが「大衆文化」であるというのが共通の認識となっていた。とりわけイングランドにおいては、「十九世紀最後の十年間に行われ、初頭普通教育を導入した教育法の制定が決定的に重要」であり、これによってイングランドでは「読み書きできる公衆という存在が大規模に誕生し、その結果として印刷された文献の生産や流通のあらゆる側面が革命的な変化を被った」とされた(19)。そして、この変化こそ、現代の「大衆文化」を生み出した元凶とされたのだった。後にウィリアムズが詳細に説明しているように、一八九一年教育法を始めとする一連の教育立法が、「大衆文化」の代表とされるような新聞や雑誌を生み出したという主張に根拠はないのだが(20)、知識人の多くは、一九世紀末から二〇世紀にかけて、『デイリー・メイル』のような大量の出版部数を誇る一般向けの新聞の誕生を何よりの脅威と感じていたのである。「悪い文化が良い文化を駆逐する」というのは、まさしく知識人たちのこうした懸念の表現に他ならない。それはつまるところ、「大衆文化」を消費するようになった労働者階級が「良い文化」を駆逐しているということの言い換えであったのだ。

それに対してウィリアムズは、むしろ質の低い「大衆文化」が、少数の人間が市場を独占しているマスメディアによって、受け手である労働者階級に押し付けられているのであり、「広範囲に流通しているポピュラー文化」と「それを消費する人びとの精神や感情の状態、生活の本質」とを同一視するのは間違いであると主張する(21)。ウィリアムズのこうした信念は、彼自身が認めている通り、自分自身の「経験」に根ざしたものでもあった。熱心な組合活動家である鉄道労働者の長男として生まれた彼は、自分が生まれ育ったウェールズの農村における、「近隣関係の重視、相互の気遣い、そして共同での生活の改善(22)」といった労働者階級の共同体が実践している価値と、その中で育まれる人間としての豊かさを現実に経験してきた。そのため彼は、大衆文化論で想定されているような、無知で粗野な大衆などというものが実際に存在するとは到底信じられなかったのだ。「大衆は低俗でつまらない趣味や習慣の持ち主であると説明されるが、普通の人《オーディナリー・ピープル》はそうしたものに全く似ていない」というのは、まさしく彼の実感であった(23)。

また、大学卒業後に成人教育の教師として一〇年以上働いた経験も、「普通の人」が持つ感受性や判断力に対するウィリアムズの信頼を裏付けるものであった。成人教育のクラスを通じて「我々教師が生徒の側に立とうとすると、生徒たちの感受性やその深み、才知が、我々よりもずっと豊かになっているような場所が存在することを謙虚に認めざるをえない」ということを学んだ彼は、成人教育の教師は、「知的エリートを作り出すためにそこにいるわけではないし、狭隘な上昇志向を満たすような知性や情報を提供することを避けるよう細心の注意を払わなくてはいけない」ことを繰り返し確認する。[24] 成人教育においては、生徒にとって何が必要な知識であるかを教師が判断するのではなく、生徒自身が必要としているものを手に入れることを教師が手助けするべきだというのが、ウィリアムズの信念であった。

もともとイギリスには、成人教育がなすべきは大学教育の普及や職業教育だと考える流れと、成人教育では、労働者自身の要求に基づいた教育を行うべきだとする流れの二つが存在しており、その両者の対立は長く根深いものであった。前者は、「普通教育と、産業の繁栄を全ての社会階級に行き渡らせること」を通じた「民主化」を信じ、そのためには「部分的には国家が支援する学校を通じたカルチャーの普及」によって、「『下層階級』や『大衆』を上流階級の生活レベルにまで押し上げること」を目指した一九世紀のリベラル知識人の流れを汲んだものであり、[25] ウィリアムズはそうした知識人の努力を評価しつつも、「彼らは理解を人々に届けていると信じていた」かもしれないが、「理解の道具を届ける」ことはしなかったと考え、常に後者の流れに身を置こうとしていた。[26]「成人教育の生徒たちは議論の結論を欲しているのではない。自分たちなりの結論に到達することを欲しているのだ」という言葉も、ウィリアムズのそうした立場を如実に示すものだと言ってよいだろう。[27]

同時にウィリアムズは、やはり自らの経験から、まさにこうした考えが「カルチャー」という言葉によって否定されているということも深く理解していた。地元のグラマースクールに進学後、奨学金を得てケンブリッジ大学に入学した彼は、そこで、これまで自分が生きていた世界とは全く異なる世界に足を踏み入れ、労働者階級に向けられる敵意や侮蔑を目の当たりにするようになる。そして、彼がそうした敵意や侮蔑に直面したのは何よりも「カルチャー」の領域においてであった。ウィリアムズは「カルチャー」について、そこにおいて「労働者階級の家庭を出て高等教育に進学してきた人間が、不平等を経験する」ものであると説明しているが、[28] まさしく彼は、そうした微細な「カルチャー」の差異において、階級的な不平等を強く意識させられることになったのだ。ウィリアムズが、当時のケンブリッジ大学で「カルチャー」という言葉が使われるとき、それは「観念や学問や、金銭や社会的地位においてではなく、振る舞いに関わるようなより微妙な領域におけるある種の社会的優越」、そして「詩や小説を書いたり、映画や絵画を作ったり、劇場で働いたりすること」のどちらかを指す言葉として使われていたと説明しているように、[29] ケンブリッジでのウィリアムズは、「文化」を通じて示される「社会的優越」に取り囲まれていたと言ってよい。例えばケンブリッジ構内にあるティーショップは、まさに「特別な種類の人びと、すなわち教養《カルティベイティッド》ある人びとを示す、明確で力強いサイン」としての「カルチャー」であったし、彼が進学後に読んだ多くの作家の文章は「ある特定の物事をカルチャーと呼び、それをあたかも公園の壁を作るかのように、普通の人びと《オーディナリー・ピープル》や普通の仕事《オーディナリー・ワーク》から区別する」という態度で書かれたものであった。[30]

ウィリアムズはその後、こうした経験をふまえて、「カルチャー」という言葉の意味をめぐる歴史的な探求に取り掛かり、「カルチャー」という言葉がなぜこうした抑圧的な意味を持つようになったのかを突き止めようとする。その成果の一つとして一九五八年に発表されたのが、先にも触れた『文化と社会』であった。『文化と社会』は次のような書き出しで始まる。

> 一八世紀の最後の十年間と一九世紀前半に、現在では極めて重要となっている幾つかの言葉が、始めて一般的な英語で使用されるようになったり、既に使われていたものが新しく重要な意味を持つようになったりした。これらの言葉には、実のところ一般的な変化のパターンがあり、そのパターンは、言語におけるそうした変化が明らかに言及している生活や思想におけるより広範囲な変化を見直すための、ある種の特別な地図として利用することができる。[31]

ウィリアムズがそうした言葉の例として挙げているのが、「産業」「民主主義」「階級」「芸術」そして「文化」の五つであるが、この五つの言葉の関係はこれまでの説明からも既に明らかであろう。ウィリアムズがそれらの言葉の変化を探求することで明らかにしたのは、「産業と民主主義の進展によって、労働者階級が力を持った結果、大衆文化が勃興し、芸術に体現されているような文化の価値を貶めている」といった同時代の言説は、その五つの言葉が、一九世紀に入って大きく意味を変化させていった結果として作られたものであったということである。[32]

もちろん、その中でもとりわけて重要なのが「文化／カルチャー」という言葉の意味であるのは言うまでもない。一八世紀までの「カルチャー」という言葉は、「主に作物や動物といったものを育てるという過程」を指す名詞であり、そこから「涵養」や「陶冶」を意味する「人間の発展の過程」にも適用されるようになっていた。[33] 次第に強調は「人間の発展の過程」に置かれるようになっていったものの、依然として「カルチャー」（ないし「カルティベイション」）が意味するのは、「鍛錬という行為」であり、「そこで言及されているのは、常に一つの過程であって、決してそれ自体としての実在ではなかった」。[34] しかし一九世紀になると、「カルチャー」は「知的・道徳的諸活動」という意味を経て、「精神の一般的な状態や性質」「知的・道徳的活動の総体」といった「一つの抽象、一つの絶対性」を意味するようになる。[35]「カルチャー」という言葉における、こうした「一つの過程から一つの観念への発展」もしくは「鍛錬という行為から絶対的で保持すべき状態への発展」について、ウィリアムズは以下のように説明している。

コールリッジにとって、カルティベイションという考えは、現実の社会との関係を少なくともかろうじては残していた。…［中略］…ニューマンにとって、カルチャーは神聖な完全性の一つの要素として、経験の中に実在性を有していた。アーノルドはこうした把握に到達していたものの、彼のコミットメントは別のところにあった。そして、そうしたコミットメントにもかかわらず、彼は真実に近づくことすらできなかったと言ってよいだろう。カルチャーは過程であるが、彼はその過程を実現するための材料を、同時代の社会の中にも、また人間社会を超越した秩序の認識の中にも、確信を持って見出すことができなかった。その結果として、彼の当初の意志に反する形で、過程であったものがますます一つの抽象物になってしまったように思える。[36]

ここでウィリアムズが指摘しているのは、極めて世俗的な形で「カルチャー」を社会全体に拡張しようとしたマシュー・アーノルドが、そのためのいかなる手段も、いかなる担い手も見出せず、その結果として「カルチャー」という言葉が、具体的な「過程」としての意味を決定的に失い、抽象的な「状態」になったということである。それまでの社会においては、部分的にではあれ、「カルチャー」を実践として捉える余地が存在していた。しかし巨大な社会変化の中で、アーノルドに限らず多くの知識人・文人たちは、「カルチャー」が意味するものを実現する手立てを見失ってしまっていたのである。

もはや「カルチャー」は目指すべきものではなく、既に定まった「理想状態」として扱われるようになり、それ自体を基準として社会の質を評価するような道具となった。「芸術」がそうした意味での「カルチャー」の体現とみなされるようになる一方で、「産業」と「民主主義」の拡大によって力を持つようになった新たな「階級」が、「カルチャー」の担い手としてではなく、「カルチャー」に対する脅威として把握されるようになったのもこの頃であり、「カルチャー」はそうした把握や批判の道具ともなった。また、「カルチャー」がある種の固定された「理想状態」となったことは、それを「所有」している人間が、「カルチャー」を引き続き少数者に限定し続けることも、下層階級に普及させることもできるようになったことを意味する。そしてさらに言えば、ジョン・ケアリが一九世紀末の小説家であるジョージ・ギッシングを「大衆文化に反対する知識人の主張を定式化した最初のイングランド人作家」とした上で、「ギッシングにおいては、書物が教育をすることはない。書物はすでに教育を受けた人々に属しているのだ。教育を受けていないものはもう手の施しようがない」と述べているように[37]、「カルチャー」の固定化は、労働者階級、すなわち「大衆」が、「人間の発展の過程」としての「カルチャー」を実践する可能性をも否定したということでもあった。こうして「カルチャー」は、「人間同士を隔てている主要な分断であるところの階級という事実が、その姿を見せる一つの方法」となったのである[38]。

三 「文学」と「教養」

先にも触れた通り、「カルチャー」という言葉に「詩や小説を書いたり、映画や絵画を作ったり、劇場で働いたりすること」という意味があることもウィリアムズは早くから認識していたし、実際「知的な、そしてとりわけ芸術的な活動による作品や実践」、すなわち「音楽、文学、絵画、彫刻、演劇、映画」としての「カルチャー」という意味は、「もっとも広く利用されている」ものであると考えていた。(39) そしてウィリアムズは、そうした意味での「カルチャー」が、これまで述べてきたような意味での「カルチャー」とどのように関わるのかということについても、丹念な検討を行っている。

まず「知的・芸術的活動」としての「カルチャー」という意味は、先にも述べた通り、「カルチャー」のもう一つの意味である「知的・精神的・美的発展の一般的な過程」との関わりで生まれたものである。(40) すなわち、そうした「発展の過程」を体現するものが、「芸術」としての「カルチャー」ということである。そして、「カルチャー」という言葉が、「過程」ではなく次第に完成された「状態」を意味するようになるにつれ、「芸術」としての「カルチャー」も、社会の「完全性をはかる基準」や個人の「精神の理想的な状態」といった意味を持つようになっていく。(41) それはまた反対に、優れた芸術のような「カルチャー」の存在が、それを生み出した社会やそれを理解できる個人の「完全性」を意味するという考えも生み出し、そこから「大衆文化」の悪質さの中に社会の危機を見出すという大衆文化論の基本的な発想が生まれてくることになる。したがって、「芸術」としての「カルチャー」は必然的に「『高級な』芸術」を前提としており、「ポピュラーな芸術や娯楽」とは区別されざるを得ない。そうしたなかで、「知的・芸術的活動」を通じた「発展」という「カルチャー」の当初の意味は薄れていき、むしろある水準に到達した人間だけが理解できるものとしての「カルチャー」という意味合いが強くなっていった。ウィリアムズが、「教養のある人びとcultivated people」について、「その大多数は、とりたてて勉強をしているわけでもないし、芸術に携わっている人も少ない」けれども、それでも「彼らは芸術を所有していたし、自分たちが所有していると誇示していた」と述べているのは、おそらくそうした意味においてである。(42) つまり、「芸術」としての「カルチャー」を理解できるのは少数のエリートだけであり、「大衆」にはそうした意味での「カルチャー」を所有することは不可能だということだ。

ケアリは、「芸術」としての「カルチャー」と大衆との関係について、オルテガやニーチェ、T・S・エリオットらに代表される二〇世紀初頭の知識人が抱いていた考えを以下のようにまとめている。

大衆の価値観に対する反動の一つとして、知識人が生み出したのが前衛理論であった。この理論によれば、大衆は芸術と文学において常に間違っていることになる。芸術において真に優れたものは、少数者、すなわち知識人の特権と考えられ、この少数者が持つ意義とは、どれだけ大衆を憤激させ、困惑させられるかによると考えられるのである。前衛とは通常進歩的を旨とするものであるが、結局のところ常に反動的である。つまり、前衛は読み書き能力と教養とを大衆の手の届かないものにし、民主的な教育改革が持っている進歩的な意図に対抗するのである。(43)

ウィリアムズがケンブリッジにおいて始めて遭遇し、その後も折に触れて関わらなくてはいけなかったのも、まさしく「大衆」と「カルチャー」をめぐるこうした理解であった。そして一九六一年に教師としてケンブリッジに戻ってきたときも、彼はすぐさま同種の議論に直面することになる。それは、当時のケンブリッジで盛んに行われていた悲劇についての議論であった。パトリック・ブラントリンガーは、ギリシャ悲劇をめぐる西欧での長い議論の歴史において、「悲劇というものは、文化ないし文明において最も質が高く最も高貴なものの代喩となった」と指摘した上で、「言及される枠組みが最近のものになればなるほど、悲劇の対立項は『大衆文化』であるということにされがちであった」とも述べているが、(44)ウィリアムズがケンブリッジで出会ったものも、まさにそうした枠組みでの議論に他ならなかった。

その代表的なものが、ケンブリッジにウィリアムズと同時期に赴任した文芸評論家のジョージ・スタイナーの著作『悲劇の死』である。そこにおいてスタイナーは、近代において優れた悲劇作品が失われつつあることを嘆き、その原因を「人間存在の有り様は、教育における変化、そして人間を取り巻く社会的・物質的状況における変化によって、根源的に変革され、改良されうる」という考え、もしくは「人間の未来は、人間自身の手によって形作られる」という考えが広まったせいであるとする。(45)なぜなら、「我々人間の生活を形作り、また破壊するものは、理性や正義の範疇を超えたところにある力(46)」であるというのが本来的な悲劇の前提であり、したがって、「悲劇は取り返しがつかない(47)」からである。すなわち悲劇とは、人間にはコントロールできない力によって人間が破滅させられる様を描くものであり、当然のことながら人間の力によっては克服できないものなのである。スタイナーにとって、悲劇が成立するのは人間の力が制限されているからであり、もしその制限が人間の力によって乗り越えられるのであれば、もはや悲劇は成り立たないということになる。加えてスタイナーは、「平等」という観念も悲劇とは両立できないと主張する。人間の手が及ばないような力に向き合うことができるのは選ばれた人間だけであり、したがって「悲劇とはアウグスティヌスが言うところの選ばれた人間だけのものであり、悲劇という危険な恩寵に浴することができるのは、選ばれたわずかな人間だけ」なのである。(48)「悲劇というヴィジョンには、民主的なものなど何もないのだ」(49)。逆に言えば、人間の平等という考えからは、決して悲劇は生まれない。

こうしたスタイナーの議論もまた、形は多少異なるものの、選ばれた少数者によって守られてきた価値が、民主主義の伸長によって危機に瀕しているという、「大衆文化論」の基本的な枠組みを引き継いだものと言えるだろう。ウィリアムズはそうした悲劇論を念頭に起きながら、次のような指摘を行っている。

今世紀の苦しみと混乱の中で、過去から一群の作品を取り出してきて、現在を拒絶するためにそれらを利用しようという強い力が存在している。かつては悲劇が(もしくは騎士道や共同体が)存在したが、あれやこれやの信念や規範が失われてしまった結果、もはやそうしたものは不可能になっているといったものは、そうした種類のおなじみの応答である。(50)

なかでも、「悲劇というものは、明らかにこの[西欧文明という]文化的な連続性をもっとも単純かつもっとも力強く描き出したものの一つである」ために、「文明が脅かされているという感覚が広がっている今世紀において、無秩序な現代によって脅かされたり破壊されたりしている主要な伝統を定義する際に、悲劇という観念を使用することが、非常に明白なものになっている」(51)。すなわち、過去に存在したとされる、西欧文明のある種の理想を体現するものが悲劇作品であり、さらには「悲劇の死」という言葉に象徴されるような、文明が危機に直面しているという事態そのものも、一つの「悲劇」であるとみなされるのである。このようにして理想状態の喪失が嘆かれる一方で、そうした「悲劇」を引き起こしたものが「大衆文化」であり「民主主義」であるとされたのだ。ここでも「カルチャー」は「民主主義」や「民衆教育」と対立せざるをえない。

そして、この「悲劇の死」という危機は決して克服されえないものである。それは「大衆文化」や「民主主義」の拡大が、取り返しのつかない規模で進んでいるからだけではなく、スタイナーが明確に述べているように、「悲劇は取り返しがつかない」からである。悲劇というのは、それが克服できないからこそ悲劇であるとするこうした考えからは、当然のことながら、人々の共同の取り組みによって「悲劇」が克服されうるという発想が生まれることはない。そもそもスタイナーにとっての「悲劇」とは「個人」に起こるものであり、その「悲劇」は「そこにおいて英雄が破壊されるものでなくてはならなかったのだ」[52]。またウィリアムズが『近代の悲劇』などで明らかにした通り、スタイナーが批判するような近現代における主要な悲劇の大半もまた、実のところスタイナーの主張と同様の個人主義を共有していたのである。従って、近現代の悲劇作品において何らかの変化が描かれたとしても、それはあくまで「個人の行動」によるものであり、「変化が人々とともに起こることは決してない」[53]。

「悲劇」におけるこうした個人主義はさらに、「悲劇とは選ばれた人間だけのもの」というスタイナーのエリート主義とも相まって、「悲劇」という枠組みから数多くの人々の日常的な経験を排除していく。ウィリアムズはギリシャ悲劇にまで遡って、スタイナーによる悲劇の説明が唯一の悲劇のあり方ではないことを歴史的に明らかにしているが、それに対してスタイナーや彼が批判する近現代の悲劇作品は、身近な人の死という個人的なレベルでの経験にせよ、また「我々全てがそこをくぐり抜けて生きてきた戦争や革命といった、深刻な社会的危機」にせよ[54]、それらが共同の経験であるという理由において「悲劇」とはみなしてこなかったのであり、それゆえ悲劇という文学的な形式で描かれることもなかったのである。すなわちそうした評論や作品によって支えられた「悲劇」という観念は、ある特定の経験にのみ特別な意味を付与すると同時に、現実に生きる多くの人々の経験を無価値なものとして貶め、人々が悲劇という形式を利用して自分たちの経験に意味を与えることも拒否するのである。

こうして、悲劇という文学的形式は、過去のある時点における理想的な悲劇のあり方を絶対視することで、自らの「カルチャー」としての特権性を確保するとともに、多くの人々をそこから排除していった。これはもちろん、「カルチャー」という概念そのものが、「陶冶」の「過程」を意味する言葉から、特定の「理想」を示す「状態」に変化したことと同じ構造である。「カルチャー」が未来に達成すべきものではなく、既に達成され確立された「基準」とみなされるようになったことによって選別的な性格を獲得したように、ほぼ同じ時期に悲劇という文学形式もまた、人々の経験を判断する絶対的な枠組みとして確立され、多くの人々の経験をそこから排除するようになっていったのである。

そして実のところ、「カルチャー」の価値を体現するものとされ、悲劇もその一ジャンルであるところの「文学」という観念もまた、同様の変化を辿っていたのだった。ウィリアムズが説明しているように、「リテラチャー」という言葉は当初、「読書を通じた高尚な学識」を意味していたが、それが「印刷された書籍」と密接に関わっていることなどから、一八世紀頃から次第に「文章を書く実践や職業」、さらには「書籍や文章の全体」を意味するようになっていく。[55]「リテラチャー」という言葉が、「文章を書く」という実践に力点を置いて使用されているこの段階では、そこには価値判断はさほど含まれていない。しかし一八世紀から一九世紀にかけて、「文学的な質を定義する基準が『学識』から『嗜好』や『感受性』へとシフトしたこと」「国ごとの『伝統』という考え方の発達と、その結果としての『国民文学』のより実効的な規定」などの影響もあり、「リテラチャー」という言葉は、「書く」という主体的な側面よりも、「印刷された作品で特定の質を有したもの」という客体的な側面が強調されるようになり、その結果「『創造的』ないし『想像的』な作品」こそが「リテラチャー」であるとされ、意味がより限定されるようになっていく。[56]この時点で既に、特定の作品について「この作品は文学になった、文学である、これは文学としての達成である、それは文学的特質を持つ」といった現在にまで続くような表現が可能になっており、[57]またそうしたことを一部の人間が判断する仕組みもほぼ出来上がっていた。何より、もともとは「あら探し」「非難」を意味していた「クリティシズム」という言葉が「文学」の質を判断する「批評」という意味を獲得し、その根拠が「教養《カルティベーション》や学識」といった「階級の、後には専門職としての自信」に置かれるようになったのも、まさにこの時代なのである。[58]そして「カルチャー」という言葉が、一九世紀後半以降、次第に社会変化に抗して守るべき「価値」であるとみなされるようになったのと同様、「リテラチャー」も「防衛的で保護的」な性格を強めていき、「芸術や文学において、初期の頃には『拡張される』ものだった本質的で例外的な人間性が、後には『保存される』ものとなった」。すなわち、「文学」の質を定めるための基準も過去に置かれ、その固定された基準によって現代が判断されるようになると同時に、「文学」は未来において達成されるべき「実践」という意味をほぼ完全に失って、「もはや不可能になった著述の形式」として慎重に保護されるべきものとなったのである。[59]

一九世紀のイングランドにおいては、こうして「カルチャー」や「リテラチャー」が、自らの特権性を守るために選別的な価値を標榜するようになり、また「悲劇」や「批評」といった様々な形式を利用して、自身の立場を正当化しようと努めていた。そのことを強く意識するようになったウィリアムズは、そこからさらに進んで、同様の構造を持つもう一つの極めて重要な文学的形式の批判にも取り掛かる。その形式とは、「農村」の美化である。ウィリアムズが指摘する通り、「田舎、そして農村という観念に対するイングランド人の態度は強力な力をもって維持されており、社会が圧倒的に都市化した後も、ある世代までのイングランド文学は農村的なもので占められていた」のであり、[60]とりわけ二〇世紀に入って、「現実に機能している農村経済の相対的な重要性」をはるかに凌駕する形で、「農村という観念の文化的重要性」が高まったのだった。[61]その一つの表れが知識人による「農民崇拝」であり、ケアリが説明している通り、「大衆文化」を嫌悪した二〇世紀前半の知識人たちは、とりわけイングランドにおいては、「近代産業文明の影響を被っていない大衆」を探し求め、「農民」を「素朴で健全で有機的な生活を体現している」存在としてもてはやした。[62]同時に彼らは、そうした「農民」の生活を破壊したとして、当時急激に増加していた郊外住宅地とそこに住む「大衆」を徹底的に攻撃していた。

この時期のイングランド人作家たちは、一般的に言って教育を受けた生活にゆとりのある層の出身だったため、その多くが古くからの緑が多い郊外のはずれで成長した。そうした地域が後に住宅開発によって損なわれたのであ

る。破壊された子ども時代の楽園というのが、作家たちの伝記や自伝で繰り返されるテーマとなった。(63)

また同じく二〇世紀前半のF・R・リーヴィスも、一八世紀頃までのイングランドには、農村経済に根ざした「諸個人の利害と全体の利害とが、共通規範と価値観によって調整され」、「洗練された実践も民衆的な実践も互いに豊かにしあうことで利益を得ている」ような、「有機的共同体」が残っていたが、産業革命以来の社会変化がそうした共同体を破壊したことで現代の文化水準が低下したとも主張していた。(64) ウィリアムズも、「過去には農業を主としたイングランドがあり、そこには偉大な価値を有する伝統的文化があった」というリーヴィスの議論に出会った当初は、「それは、[マルクス主義とは異なり]私の父や祖父が無知な賃金奴隷だとは言っていなかった」として共感を寄せていたというが、(65) ケンブリッジで学生として過ごす間に、「都会の人間や大学人から、田舎の生活や田舎を扱った文学が本当のところ何を意味しているのかについての影響力のある説明を聞かされ」、(66) さらには「重要な農村文化と思われるものの中で育った私が、私が生まれる以前に重要な農村文化は消滅したと教えられる」という経験を通じて、(67)「農村の秩序と古いイングランドを、工業化によってもたらされた無秩序と近代世界とに対置させるという約束事」に対して深い疑問を抱くようになっていた。(68)

そしてウィリアムズが、文学におけるこうした農村賛美の一つの典型として批判の対象に選んだのが、一七世紀のイングランドで流行した「カントリーハウス・ポエム」と呼ばれる一連の詩であった。「カントリーハウス・ポエム」とは、農村の地主が住むカントリー・ハウスを題材に、その屋敷や庭の壮麗さ、さらにはその屋敷に住む領主と小作人や自然との関係全体を、調和のとれた共同体として描き出すものだったが、一九六〇年代頃までは、それらが「カントリーハウスの、したがってイングランドの有機的な農村社会がかつてそうであった姿の、そして後になって資本主義によって破壊されてしまった真の文明の形についての記録」とみなされていたのである。(69)

それに対してウィリアムズは、「カントリー・ハウス・ポエム」で描かれている農村の状況が現実のものとはかけ離れていたことを指摘すると同時に、そこで行われているような「田園賛美」が、抑圧されてきた農業労働者の現実を意図的に覆い隠し、農村共同体の崩壊に対する地主の責任を曖昧にするものだと批判する。また同時に彼は、過去の農村が美化されることで、それと対比される都市の経験が過剰なまでに画一的なものとして捉えられるようになり、その結果として、都市の民衆が「非人間的な怪物のような姿」で描かれるようになったことも問題視する。(70) なぜならこれこそ、二〇世紀前半の知識人がしばしば表明していた都市や郊外の「大衆」に対する侮蔑を生み出した一つの大きな要因であるからだ。そして以上のような過程の末に、農村であれ都市であれ、労働者や民衆による抵抗や運動を通じた社会形成の営みは不可視化され、そうした人々こそが、むしろ農村の荒廃や都市の画一化に抗ってきた人々であるという事実が隠蔽されていく。すなわち「農村」の経験を描くとされる文学作品の多くが行ってきたことは、労働者を搾取しその文化を否定してきた側の人間が、理想化された「農民」を利用することで、都市の矛盾を工業労働者に押し付けることであったのだ。そして更に言えば、このような役割を「文学」が果たすことで、「教養」としての「リテラチャー」は、都市の「大衆」による「カルチャー」の破壊に抗する防波堤とみなされるようになり。それ自体もまた守られていくのである。

四　教養と民主主義

ウィリアムズが「大衆文化」に触れて、「公的な場面での思考や文章のレベルは、民主主義にとっては危険なまでに低い」と評するとき、そこでは言うまでもなく、民主主義における「カルチャー」の重要性が前提とされていた。例えばウィリアムズは、民主主義社会における出版物の役割について以下のように述べている。

民主主義社会は、決断がなされるべき数々の複雑な公的課題を、その構成員が理解し、判断を下すことを前提としている。そしてこうしたことに関して、個人的に把握するには距離がありすぎ、また一般的すぎるような問題についての信頼できる情報というものが絶対的に必要である。ニュースを集める進んだテクニックと、そのニュースを迅速かつ広範囲に拡散させる力を持った新聞というものは、こうした民主主義の根源的なはたらきにおける主要なメディアである。ラジオ放送やテレビは、より迅速な、実質的には即座の拡散を可能にしたが、複雑さを持ったいかなる課題においても、永続性のある印刷された言葉というものは、再読や緻密な考察を可能にするという強みを持っている。詳細な種類のニュースという点では、出版物に代わるものはない。

また幅広い見解や議論が、やはり永続性のある形で利用できるというのも、個人の意見を形作るための助けとしては必要不可欠である。日刊新聞から専門的な雑誌までの広い意味での出版物は、こうした機能においても明らかに欠かすことができないものである。民主主義を求める闘争の歴史を通じて、自由な出版物が先導的な役割を果たすと同時にしばしば希望の象徴となってきたのは偶然ではない。[71]

ウィリアムズが悪質な「大衆文化」の存在を認めていたことは先にも述べたが、彼はそうしたものが産業社会に必然的に伴うものだとは考えていなかったし、「産業社会の価値を明示的にであれ暗示的にであれ否定するようなものは、どんなものであれ文化についての説明としては全くもって不適切である」という言葉にもはっきり示されているように、「大衆文化」を流通させる多様なテクノロジーの存在も一切否定していなかった。[72] 同時代の批評家の多くが、産業社会というものを、非人間的で「カルチャー」にとって敵対的なものだと考えていたが、ウィリアムズはそうした考えが農村賛美の一形態であり、「カルチャー」を一部の人間に限定するための言説であることを見抜いていたし、何より彼は、上述の引用にも窺える通り、産業社会が生み出した数々のテクノロジーは、「カルチャー」にまつわる様々な格差や分断を解消させ、民主主義を促進させうるものだとすら考えていたのである。

もちろん、現代社会においてテクノロジーがそうした形で利用されていないのは確かであるが、ウィリアムズにとって、それはテクノロジー自体に内在する問題ではなく、そのテクノロジーを利用する「工業生産システム内部での社会関係の問題」であった。[73] 例えば彼にとっては、テレビやラジオの放送、新聞・雑誌などの出版物といった広い意味でのコミュニケーション産業における最大の問題は、まずもって「コミュニケーションの手段に対する実質的なコントロール」が、「主に、必要な資本を有しているか提供できるかということ（それだけではないが）によってコントロールの資格を得た個人やグループ」という「社会全体を全く代表しておらず、むしろ社会の中では少数者」であるような人々の手に渡っていることであった[74]。そこで行われる「コミュニケーション」とは、少数の送り手から「マス」とみなされた受け手に対して一方的に行われるものであり、受け手がその過程に主体的に関わる余地はほとんど認められていない。つまり「コミュニケーションにおける改良、とりわけニュースやエンターテイメントを伝達する多様な形式における改良は、送り手と受け手との間に越えがたい分断を作り出しており、そのことによって受け手は再び誰ともわからない大衆とみなされるのである」[75]。自分たちの手の届かない所で作られた「カルチャー」を一方的に押し付けられ、その質の低さに対する責任までも押し付けられる受け手の側は、そうした「コミュニケーション」のあり方には一切口を挟むこともできず、ましてやそのテクノロジーを、自らが新たな「カルチャー」を作り出す手段として利用することなど全く許されていないのである。

そもそもこれまで見てきたように、「教養」としての「カルチャー」概念を前提とした「大衆文化」批判においては、「大衆／マス」として一括りにされた人々が真に優れた「カルチャー」を作り出すことができるという発想自体が否定されていた。そこにおいては、「特定の文化的形式が、社会的な区別を行う方法として利用されてきたのであり、また新たな形式を徹底的に貶めることは、大衆と若者という、その（低い位置に置かれた）持ち場に押し込められてきた二つの集団の劣等性を示す方法とされてきたのである」[76]。真の「カルチャー」とは、少数の人間によって既に評価を定められたものであり、その「カルチャー」から排除された大多数の「大衆」が、新たな価値ある「カルチャー」の担い手となれる筈もないというのが、ウィリアムズが批判してきた「カルチャー」概念の大前提だったのである。

こうした、まさしく「決定的に反動的な立場」を取る「カルチャー」をめぐる議論に対してウィリアムズが試みるのは、まずもって「カルチャー」から排除されてきた人々に、「人間性の涵養」としての「カルチャー」の過程を保障しようとすることであった[77]。そのために彼は、例えば劇場や映画館を公的な所有とし、多くの人々がその施設を自由に使って作品の製作や発表ができるようにすることや、独立系出版社への支援などを通じて「新たな形式を作り出そうとしていたり、伝統的な形式の中で意義のある作品を作り出そうとしたりしている真剣なアーティストを最大限支援すること」[78]や、新聞や広告のあり方について議論する開かれた委員会を設けて「オープンで対等な継続的議論」を通じた様々な問題についての「開かれた公的な解決」を探ることなど[79]、できるだけ多くの人々が、これからの「カルチャー」を形成する過程に参加することを可能にする、大小様々な規模の政策提言を行っている。

もちろん、そうした過程に参加するためのスキルを得る機会も全ての人々に与えられるべきであり、そのためには「社会の全ての人々に対する完全なリベラルエデュケーション」と「我々が生活において作り出したいものによって生計を立てるための完全な専門的訓練」が必要である[80]。そこには、ウィリアムズが成人教育で行っていたような実践も含まれるだろう。ウィリアムズが、労働組合の活動家たちに対してメモのとり方やスピーチの仕方などを教える授業を成人教育の場で行ったことを振り返り、「労働者はたいていの場合、自分が何を言いたくて何を書きたいのか非常によくわかっているが、しばしばそれを表現する手段を身に着けていない」と述べているように[81]、そうした教育において教えられるべきは、既に定まった解答や解釈ではなく、自ら解答や解釈を生み出しうるようなスキルでなくてはならないし、さらに言えば、そうした解答や解釈を共同で検討しうるような場を提供するのも教育の役目である[82]。

そのような作業を通じて、これまで閉じられていた「カルチャー」の領域に様々な人々が参入し、それを作り変えていくことになる。先に述べた「新たな形式」を持った作品製作の支援とは、従来の悲劇がそうであったような選別的な芸術形式ではなく、より多くの人々の経験を含み込むことができるような芸術形式を生み出すことにもつながりうるものなのだ。「我々は、我々自身のカルチャーのための悲劇の構造を探している」というウィリアムズの言葉は[83]、人々の経験を描くための新たな「悲劇」の形式が必要とされているということであり、それは単に物理的な意味での「カルチャー」への参加だけではなく、送り手と受け手の双方が、新たな芸術形式を通じて、自分たちの経験を新しい形で意味づけられるような「カルチャー」への参加の必要性をも説いたものである。

そして、そうした意味での「カルチャー」への参加を全体として保障するのが、「コモン・カルチャー」という概念であった。『文化と社会』の結論部で最初に使用されたこの概念は、しばしば誤解され、批判の対象ともなってきたが、最初に確認するべきは、ここで使用されている「カルチャー」という言葉が、「状態」ではなく「過程」を意味しているということだ。「コモン・カルチャー」というのは、まずもって「共同で行う人間性の発展」の「過程」と読み替えられなくてはならない。またそれが「共同」である以上、ウィリアムズが「コモンという言葉を意味づけるに際しての重要な点は、それがアクセスと参加に基づいた活発な共同体を示唆しているということだ」と述べているように[84]、上述したような、「カルチャー」に関わるあらゆる活動への平等なアクセスと積極的な参加を保障することも「コモン・カルチャー」の重要な条件である。つまり、「人間性の発展」という「カルチャー」の初期の意味を保持しながら、そうした「発展」が、社会の全ての成員が参加した形での過程となりうるような社会関係の実現を要求するのが、この「コモン・カルチャー」という概念なのである。

従ってそれは、既存の「カルチャー」を社会全体に行き渡らせることなどでは決してない。むしろウィリアムズにとって、「コモン・カルチャー」とは「カルチャー」の新しいあり方を模索するための場でなくてはならなかった。ウィリアムズは教育の更なる普及を要求するなかで、「我々は既存のカルチャーを暗愚な大衆にまで広げるということを目指すべきではない。我々の文化を拡張しようとすれば、それを変化させなければいけないということを、我々は率直に受け入れるべきだ」と述べているが[85]、これは教育以外の全ての場においても適用されるべきことであろう。新しい悲劇作品を作るためには新たな形式が必要とされるように、そしてマス・コミュニケーションにおいて作り手と受け手との関係を変えるためにはコミュニケーション手段の所有関係そのものを変えなくてはいけないように、現在の極めて排他的な「カルチャー」を全体として変革しようとするのであれば、その結果として生まれる「コモン・カルチャー」は全く新しいものにならざるを得ない。そして、新たなテクノロジーを含めた「カルチャー」を作り出すためのあらゆる資源は、そうした「コモン・カルチャー」のために利用されなければならないのである。「来るべき半世紀における我々の社会にとっての中心的問題は、我々が持つ新たな資源を、良質のコモン・カルチャーを作るために役立てることである」というウィリアムズの言葉は、まさにそうしたことを示している[86]。

ここでもう一つ重要なのは、そうした「コモン・カルチャー」が取るべき姿を、前もって具体的に描き出すことはできないと、ウィリアムズが繰り返し強調していることである。なぜなら「カルチャーというものは、本質的に計画することができない」からだ。「我々は、生活のための手段、そしてコミュニティを作るための手段を保障する必要があるが、しかしそうした後に、それらの手段によってどのような生活が送られることになるのかについて、我々には何もわからないし、言うべきこともない」[87]。逆に言えば、あるべき「コモン・カルチャー」の姿を明確に思い浮かべ、そこを目指すことは、「カルチャー」を特定の人間の手に委ねることであり、同時に「カルチャー」という概念を、「過程」から再び「理想状態」に戻してしまうことであった。「カルチャー」を取り巻く条件が、真に開かれた民主的なものになれば、そこにおいてどのような「コモン・カルチャー」が形成されるかというのは、その形成に関わる人々全てに委ねられているのであり、その結果を見通すことは誰にもできないのである。

一つのカルチャーは、それが生きられたものである以上、常に部分的には理解することができず、部分的には実現していないものである。コミュニティを作り出すというのは、常に探求である。なぜなら、意識というものは創造に先立つことはできないからだ。そして、未だ知ることができない経験についての枠組みというものは存在しない。そのため、優れたコミュニティ、生きた文化というものは、共通のニーズとなるような、意識における前進に貢献することができる全ての人が活動できる余地を作るだけでなく、そうした人を誰であれ積極的に励ます。我々がどこから始めようとも、別の場所から始めた他の人々の声を聞かなければならない。我々はあらゆる方向性について、あらゆる価値について、関心を集中させて考察しなくてはいけない。なぜなら、我々には未来を知ることができないのだから、何が我々を豊かにするか確信することは決してできないからである。今の我々にできるのは、何であれ提供されたものに耳を傾け、検討を加え、そして可能なものを何であれ取り上げてみることなのだ[88]。

そして、おそらくはこうした「過程」の先に、これまで誰も思いつかなかったような形で、思いもかけなかったような人々の「人間性の発展」を可能にするような、「共通の教養」としての「コモン・カルチャー」が見いだされるのである。

（1）Matthew Arnold, *Culture and Anarchy and other writings*, Stefan Collini ed., Cambridge: Cambridge University Press, p. 79（マシュー・アーノルド『教養と無秩序』多田英次訳 岩波文庫、八八頁）.

（2）Raymond Williams, 'Communications and Community' in *Resources of Hope: Culture, Democracy, Socialism*, London and New York: Verso, 1989, p. 19（レイモンド・ウィリアムズ「コミュニケーションとコミュニティ」川端康雄訳、レイモンド・ウィリアムズ『共通文化にむけて 文化研究Ⅰ』川端康雄編訳、みすず書房、二〇一三年、四四頁）.

（3）「世界の物事に対する幅広い知識」という意味でのこうした「教養」理解は、おそらく日本における「教養教育」と「教養」概念の混同とも相まって、広範囲に共有されているが、そうした「教養」理解は、元々の「教養」概念のごく（しかも相対的に小さな）一部でしかない。そもそも「教養教育」と「教養」概念は、どちらも日本語では同じ「教養」という単語を使っているものの、それぞれのルーツは大きく異なるのであって、「教養教育」が「リベラル・アーツ」及びアメリカの「リベラル・エデュケーション」が由来であるのに対し、日本における「教養」概念は、ドイツ語の“Bildung”“Kultur”や、英語の“Culture”といった概念から構成されている。したがって、「教養教育」とは「教養」を教えるものではない。「『リベラルアーツ』と『教養』と『一般教育』は、それぞれ微妙に異なる概念なのですが、多くの場合、これらは区別されないまま論じられています」（吉見俊哉『「文系学部廃止」の衝撃』、集英社新書、二〇一六年、七八頁）という吉見の指摘も参照。彼が説明する通り、旧来の「教養」概念が人文系に限定されているのに対し、「リベラル・アーツ」は、人文系に限定されていないにもかかわらず、後者にルーツを持つ大学の「教養教育」（ないし「一般教育」）は人文系学問のイメージで語られがちであるという混乱も存在する。なお、日本語の「一般教養」の意味にもっとも近い英語表現は“General Knowledge”であろう。

（4）後に述べるように、英語の「カルチャー」が日本語の「教養」に対応する意味を持つことを踏まえれば、一九八〇年代にアメリカの大学で展開された「文化戦争」とは、「カノン」にどのようなテキストを含めるべきかを巡って争われた、「教養戦争」だったとも言えるだろう。

（5）阿部謹也『中世を旅する人びと―ヨーロッパ庶民生活点描』ちくま学芸文庫、二〇〇八年、七六頁。

（6）高田里恵子『文学部をめぐる病い―教養主義・ナチス・旧制高校』ちくま文庫、二〇〇六年、一一二頁。

(7) 例えば「教養としてのマンガ」のように、一見すると「教養」が前提する価値序列に挑戦しているかのように見える表現も、実のところは、その価値序列を維持したまま、その内容に少し手を加えているにすぎない。

(8) 筒井清忠『新しい教養を求めて』中央公論新社、二〇〇〇年、三五頁。

(9)「[岩波書店に代表される知識人たちの]そうした人格主義の思想潮流を通じて、人格陶冶の営みを意味するドイツ語の Bildung、あるいは英語の culture の訳語としての『教養』の合言葉がしだいに広まっていった」という苅部の指摘（苅部直『日本の〈現代〉5　移りゆく「教養」』ＮＴＴ出版、二〇〇七年、五一頁）や、「私どもを支配したのはかえってあの『教養』という思想である。そしてそれは政治というものを軽蔑して文化を重んじるという、反政治的ないし非政治的傾向をもっていた。それは文化主義的な考え方のものであった。あの『教養』という思想は文学的・哲学的であった」という三木の指摘（三木清「読書遍歴」）からも明らかなように、「教養」という概念が日本で成立する際、それはドイツ語の"Bildung"だけではなく、英語の"Culture"という概念にも強い影響を受けてきた。また、マシュー・アーノルドの *Culture and Anarchy* が今もなお『教養と無秩序』と訳されていることから窺えるように、現代においても「教養」に対応する英語は、まずもって「カルチャー」である。なお、日本語の「文化」概念については、他にも柳父章『一語の辞典　文化』（三省堂、一九九五年）や、今井道兒『文化の光景―概念とその思想の小史』（同学社、一九九六年）などの著作が歴史的検討を行っているが、必ずしも「教養」概念への言及や"Culture"との関連についての詳細な説明がなされているわけではない。

(10) Raymond Williams, *Politics and Letters: Interviews with New Left Review*, London and New York: Verso, 2015, p. 154.

(11) Ibid., p. 97.

(12) Ibid., p. 98.

(13)「大衆文化論」は、主にアドルノやマルクーゼからの多大な影響を受けた一九四〇年代から五〇年代にかけてのアメリカ左派知識人によって展開された。Henry T. Blanke 'The Mass Culture Debate: Left Perspective' in *Progressive Librarian* 6/7, Winter/Spring 1993, p. 34.

(14) Francis Mulhern, *Culture/Metaculture*, London and New York, 2000, p. 49.

(15) Ibid., p. 16.

(16) ウィリアムズはまた、この「文化」における「グレシャムの法則」を「今では新聞や雑誌や講演報告などで度々目にするし、貴族院の演説でそれを見たときは、とうとうエスタブリッシュメントにまで入り込んだように思えた」とも述べている。

Raymond Williams, 'A Kind of Gresham's Law' in John McIlroy and Sallie Westwood eds. *Border Country: Raymond Williams in Adult Education*, London: NIACE, 1993, p. 84, p. 85.

（17）Raymond Williams, 'A Kind of Gresham's Law', p. 85.

（18）彼はまた、「ロンドンに立ち寄って地下鉄の広告や夕刊紙を目にするたびに、ひどい頭痛に襲われた」とも述懐している。Raymond Williams, 'Culture is Ordinary' in *Resources of Hope: Culture, Democracy, Socialism*, London and New York: Verso, 1989, p. 9（レイモンド・ウィリアムズ「文化とはふつうのもの」川端康雄訳、レイモンド・ウィリアムズ『共通文化にむけて 文化研究Ⅰ』川端康雄編訳、みすず書房、二〇一三年、一八頁）。

（19）John Carey, *The Intellectuals and the Masses: Pride and Prejudice among the Literary Intelligentsia, 1880-1939*, London: Faber and Faber, p. 5（ジョン・ケアリ『知識人と大衆―文人インテリゲンチャにおける高慢と偏見 1880-1939年』東郷秀光訳、大月書店、二〇〇〇年、九頁）。

（20）Raymond Williams, *The Long Revolution*, Harmondsworth: Penguin Books, 1965 に収録されたエッセイ 'The Growth of the Popular Press' などを参照。

（21）Raymond Williams, 'Culture is Ordinary', p. 12（レイモンド・ウィリアムズ「文化とはふつうのもの」、二三頁）。

（22）Ibid., p. 8（前掲、一六頁）。

（23）Ibid., p. 11（前掲、二一頁）。

（24）Raymond Williams, 'Some Notes on Aim and Method in University Tutorial Classes' in John McIlroy and Sallie Westwood eds. *Border Country: Raymond Williams in Adult Education*, London: NIACE, 1993, p. 137.

（25）Patrick Brantlinger, *Bread and Circuses: Theories of Mass Culture As Social Decay*, New York: Cornell University Press, pp. 31-2（P・ブラントリンガー『パンとサーカス―社会衰退としてのマス・カルチュア論』小池和子訳、勁草書房、二四頁）。

（26）Raymond Williams, 'Adult Education and Social Change' in Raymond Williams, *What I Came to Say*, London: Hutchinson Radius, 1989, p. 160（レイモンド・ウィリアムズ「成人教育と社会変化」山田雄三訳、レイモンド・ウィリアムズ『想像力の時制 文化研究Ⅱ』川端康雄編訳、みすず書房、二三四頁）。

（27）Ibid., p. 164（前掲、二四二頁）。

（28）Raymond Williams, 'Culture and Revolution: a comment' in Terry Eagleton and Brian Wicker eds. *From Culture to Revolution:*

The Slant Symposium 1967, London and Sydney: Shed and Wheed, 1968, p. 24（レイモンド・ウィリアムズ「共通文化の理念」河野真太郎訳、レイモンド・ウィリアムズ『共通文化にむけて 文化研究Ⅰ』川端康雄編訳、みすず書房、六五頁）。

(29) Raymond Williams, *Keywords: A vocabulary of culture and society*, London: Fontana Press, p. 12（レイモンド・ウィリアムズ『完訳 キーワード辞典』椎名美智・武田ちあき・越智博美・松井優子訳、平凡社、二〇〇二年、一二頁）。

(30) Raymond Williams 'Culture is Ordinary', p. 5（レイモンド・ウィリアムズ「文化とはふつうのもの」、一二頁）。

(31) Raymond Williams, *Culture and Society: Coleridge to Orwell*, London: The Hogarth Press, 1993, p. xiii.

(32) ウィリアムズは、この五つ以外にも多数の言葉の歴史を調べ上げ、その中から選んだ六〇個についての小論を書き『文化と社会』に補遺として収録するつもりでいたが、出版社から『文化と社会』の分量を減らすよう言われ、またその間も歴史を調べた言葉の数は増えていく一方だったため、最終的に一九七六年に*Keywords*と題した一冊の本として出版することになった。Raymond Williams, *Keywords*, p. 14（レイモンド・ウィリアムズ『完訳 キーワード辞典』、一四頁）。

(33) Ibid., p. 87（前掲、八四頁）。

(34) Raymond Williams, 'The Idea of Culture' in John McIlroy and Sallie Westwood eds. *Border Country: Raymond Williams in Adult Education*, London: NIACE, 1993, p. 59.

(35) Raymond Williams, *Culture and Society*, p. xviii.

(36) Ibid., p. 127.

(37) John Carey, *The Intellectuals and the Masses*, pp. 93-94（ジョン・ケアリ『知識人と大衆』、一二一―一二二頁）。

(38) Raymond Williams, 'Culture and Revolution', p. 24（レイモンド・ウィリアムズ「共通文化の理念」、六五頁）。

(39) Raymond Williams, *Keywords*, p. 90（レイモンド・ウィリアムズ『完訳 キーワード辞典』、八七頁）。

(40) Ibid., p. 90（前掲、八七頁）。

(41) Raymond Williams, 'The Idea of Culture', p. 58.

(42) Raymond Williams, 'Culture is Ordinary', p. 5（レイモンド・ウィリアムズ「文化とはふつうのもの」、一一頁）。

(43) John Carey, *The Intellectuals and the Masses*, p. 18（ジョン・ケアリ『知識人と大衆』、二五頁）。

(44) Patrick Brantlinger, *Bread and Circuse*, pp. 63-64（P・ブラントリンガー『パンとサーカス』、六一―六二頁）。

(45) George Steiner, *The Death of Tragedy*, London: Faber and Faber, p. 124（ジョージ・スタイナー『悲劇の死』喜志哲雄・蜂谷

昭雄訳 ちくま学芸文庫、一三五頁).
(46) Ibid., p. 6（前掲、二一頁）.
(47) Ibid., p. 8（前掲、二三頁）.
(48) Ibid., p. 19（前掲、三七頁）.
(49) Ibid., p. 241（前掲、二八七頁）.
(50) Raymond Williams, *Modern Tragedy*, California: Stanford University Press, p. 45.
(51) Ibid., p. 16.
(52) Ibid., p. 54.
(53) Ibid., p. 101.
(54) Ibid., p. 62.
(55) Raymond Williams, *Keywords*, pp. 184-5（レイモンド・ウィリアムズ『完訳 キーワード辞典』、一八二―一八三頁）.
(56) Raymond Williams, *Marxism and Literature*, Oxford and New York: Oxford University Press, p. 48.
(57) Raymond Williams, 'Literature in Society' in Hilda Schiff ed. *Contemporary Approach to English Studies*, London: Heneman Education Book Ltd, pp. 26-7.
(58) Raymond Williams, *Keywords*, p. 85-6（レイモンド・ウィリアムズ『完訳 キーワード辞典』、八二頁）.
(59) Raymond Williams, 'Literature in Society', p. 27.
(60) Raymond Williams, *The Country and The City*, New York: Oxford University Press, 1975, p. 2.
(61) Ibid., p. 248.
(62) John Carey, *The Intellectuals and the Masses*, p. 36（ジョン・ケアリ『知識人と大衆』、四七頁）.
(63) Ibid., p. 47（前掲、六二頁）.
(64) Francis Mulhern, *Culture/Metaculture*, p. 15.
(65) Raymond Williams, 'Culture is Ordinary', p. 9（レイモンド・ウィリアムズ「文化とはふつうのもの」、一八頁）. なお、ウィリアムズの祖父も父も鉄道労働者になる以前は農業労働者であった。
(66) Raymond Williams, *The Country and The City*, p. 6.

(67) Raymond Williams, 'Cambridge English, Past and Present' in *Writing in Society*, London and New York: Verso, p. 177.

(68) Raymond Williams, 'Literature and Rural Society', *The Listener*, 16 November 1967, p. 632. ウィリアムズはまた、リーヴィスの盟友であるL・C・ナイツがケンブリッジで講演を行い、「堕落した機械文明においては、隣人などというものは存在しないので、誰もシェイクスピア作品における隣人の意味を理解できない」と述べたときに、「私はウェールズでの経験から、隣人というものがどういうものか完全に理解できる」と反論したという（Raymond Williams, *Politics and Letters*, p. 67）。

(69) Ibid., p. 304.

(70) Raymond Williams, *The Country and The City*, p. 216.

(71) Raymond Williams, 'The Press and Popular Culture' in John McIlroy and Sallie Westwood eds. *Border Country: Raymond Williams in Adult Education*, London: NIACE, 1993, p. 121.

(72) Raymond Williams, 'Culture is Ordinary', p. 10（レイモンド・ウィリアムズ「文化とはふつうのもの」、二一〇頁）.

(73) Raymond Williams, *Culture and Society*, p. 296. なおウィリアムズのこうした主張は、その後のマクルーハン批判（例えば、Raymond Williams, *Television: Technology and Cultural Form*, Lodon and New York: Routledge を参照）などに受け継がれることになる。

(74) Raymond Williams, *Communications*, Harmondsworth: Penguin Books, 1968, p. 119.

(75) Raymond Williams, 'Culture is Ordinary', p. 11（レイモンド・ウィリアムズ「文化とはふつうのもの」、二一一頁）.

(76) Raymond Williams, *The Long Revolution*, p. 364.

(77) 吉見は「『教養』はきわめて国民国家的な概念」であると述べているが（吉見俊哉『「文系学部廃止」の衝撃』、八三頁）、そもそも'Culture'にせよ、'Kultur'にせよ、ナショナリズムと非常に親和的な概念である。従って、「『カルチャー』から排除されてきた人々」というとき、本来であればイギリス国内の様々な民族集団や、イギリス帝国における被植民者などにも目を向けるべきであろう。実際、ウィリアムズにおけるナショナリズムと文化の関係というのは、未だ充分な研究がなされておらず詳細な検討が必要な問題であるが、ここでは論じる余裕がない。さしあたりウィリアムズとナショナリズムについての簡潔なまとめとして、Raymond Williams, *Who Speaks for Wales?*, Cardiff: University of Wales Press に収められた、編者Daniel Williams による'The Return of the Native'を参照。

(78) Raymond Williams, *The Long Revolution*, pp. 364-5.

（79）Raymond Williams, *Communications*, p. 149.

（80）Raymond Williams, 'Culture is Ordinary', p. 15（レイモンド・ウィリアムズ「文化とはふつうのもの」、二七頁）.

（81）Raymond Williams, 'The Teaching of Public Expression' in John McIlroy and Sallie Westwood eds. *Border Country: Raymond Williams in Adult Education*, London: NIACE, 1993, p. 182.

（82）ここに挙げた提言は、全て『長い革命』や『コミュニケーションズ』などの一九六〇年代初頭に出版された書籍や論文におけるものであり、その後のウィリアムズはここまで詳細な政策提言を行っていない。しかし最晩年の一九八三年に出版された *The Year 2000*（イギリス版のタイトルは *Towards 2000*）に、そうした具体的な提言が収められた『長い革命』所収のエッセイ'Britain in the 60s'が再録されていることからも分かるように、ウィリアムズの基本的な展望にはさして変化がないとみなすことができる。

（83）Raymond Williams, *Modern Tragedy*, p. 62.

（84）Raymond Williams, 'Culture and Revolution: A Response' in Terry Eagleton and Brian Wicker eds. *From Culture to Revolution: The Slant Symposium 1967*, London and Sydney: Shed and Wheed, 1968, p. 289.

（85）Raymond Williams, 'Culture is Ordinary', p. 16（レイモンド・ウィリアムズ「文化とはふつうのもの」、二九頁）.

（86）Ibid., p. 10（前掲、二〇頁）.

（87）Raymond Williams, *Culture and Society*, p. 335.

（88）Ibid., pp. 334-5.

近代日本の反知性主義
――信仰・運動・屈折

●――植村和秀

一　はじめに

近代日本の反知性主義を検討するに際して、まずは「反知性主義」という言葉の整理を行ないたい。この言葉は、リチャード・ホーフスタッター（一九一六～一九七〇）が一九六三年に刊行した『アメリカの反知性主義』（原題は、Anti-Intellectualism in American Life）に由来する。ホーフスタッターは、一九五〇年代アメリカでの政治的経験を踏まえて、以下のように、アメリカ史上に現れた心性の共通点を要約している。

私が反知性主義と呼ぶ心的姿勢と理念の共通の特徴は、知的な生き方およびそれを代表するとされる人びとにたいする憤りと疑惑である。そしてそのような生き方の価値をつねに矮小化しようとする傾向である。(1)

ホーフスタッターは、反知性の立場が「ある架空の、まったく抽象的な敵意」に基づくものであり、(2)五〇年代アメリカの知識人が一方的に、専門職またはイデオローグとして、社会の深刻かつ重大な脅威と認定されたことに注目している。「専門職はつねに、操縦されていると感じる人民の憤激を煽り、イデオローグは社会を転覆されるという恐怖をかきたて、近代化にともなうあらゆる暗鬱な心理的ストレスを高め」たのである。(3)

その背景について、ホーフスタッターは、アメリカ史には「憎悪を一種の信条へと上昇させてしまうある精神類型」が存在し、そのため「集団憎悪が他の近代社会の階級闘争と似たかたちで政治に登場する」と指摘する。(4) さらにまた、二〇世紀の世界的変動によるアメリカ社会の深い動揺も指摘する。(5) そのうえで、「アメリカの反知性主義の強さと浸透力の大半は、その宗教生活の特異性に由来する」とし、(6)「人民が代々受け継いできたふたつの基本的な敬虔さ――福音主義的信仰とポピュリズム的民主主義――を併せもった平信徒」の心性に注目するのである。(7)

知識人がアメリカ社会の上または外に立って、アメリカ社会を支えるキリスト教と民主主義を破壊しようとしている、という想定に基づけば、知識人への攻撃は社会を守るための防衛行動となる。これは宗教的には、信徒間の平等への傾斜と聖職者制度への批判につながりやすく、政治的には、有権者間の平等への傾斜と高等教育への批判につながりやすい。ホーフスタッターによれば、これらを正当化する確信の根拠は、以下のようなものとなる。

人民民主主義《ポピュラー・デモクラシー》が力と自信を増すにつれ、生来直観力に秀でた民衆の英知は、知識階級や富裕階級の、教養高く過度に洗練された自己中心的知識より優れているという世間一般の信念が強くなっていった。福音主義者が心の英知や神との直接の交わりを大切にし、学問としての宗教や形式的に制度化された聖職者制度を否定したように、平等主義の政治を唱導する者も、ふつうの人間が生来備えている実際的感覚と真理との直接の交わりを大切にし、教育を受けた者たちのリーダーシップを不要にすることを提唱した。この一般庶民の英知を重視する傾向は、民主主義的信条を過激に述べるなかで、人民による一種の戦闘的な反知性主義となって花開いていったのである。(8)

ホーフスタッターの著作を踏まえて、森本あんりは『反知性主義――アメリカが生んだ「熱病」の正体』で、アメリカの反知性主義が「単なる知性への軽蔑と同義ではない」ことに注意を喚起している。森本は、反知性主義が社会の健全さを示す指標でもあったと指摘し[9]、アメリカ人の心性に根強い反権威志向として、「個々人の自尊心を高め、アメリカの民主主義的な精神の基盤を形成する」方向にも、「独善的で自己中心的な世界観に立て籠もる」方向にも進みうることを強調している[10]。

「それは、知性が権威と結びつくことに対する反発であり、何事も自分自身で判断し直すことを求める態度」であって、「この世で一般的に「権威」とされるものに、たとえ一人でも相対して立つ、という覚悟」を必要とし、「だからこそ反知性主義は、宗教的な確信を背景にして育つ」とする[11]。この指摘は、反知性主義の対立項が知性主義のみならず、権威主義でもありうることを示すものであろう[12]。

その際、森本はホーフスタッターとともに、知性（intellect）と知能（intelligence）を区別する。ホーフスタッターは、知性とは「頭脳の批判的、創造的、思索的側面」であるとし[13]、森本は、知性とは自らを振り返る能力であるとして[14]、二人とも、知能の高さと知性とは必ずしも連動しない、としている。

そして、ホーフスタッターが知識人と権力の関係を柔軟に考えていく方向性を提示したのに対し[15]、森本は『異端の時代──正統のかたちを求めて』で、反知性主義の未来への憂慮を表明する方向へと進んでいく。守るべきとする社会そのものが弱体化しているにもかかわらず、むしろそれゆえに、現在、「知性と権力の固定的な結びつきに対する反発」がより気軽に、「社会の全体的なバランスを突き崩す」ほどの危険性を持って政治化している、とするからである[16]。

森本はまた、ポピュリズムが反知性主義とともに「既成の権力や体制派のエリートに対する大衆の反逆を梃子《てこ》に」して、「常識的な抑制や均衡」に反発し、その反発は往々にして「一体になって表現される」とも指摘している[17]。ただ、本稿では反知性主義に焦点を絞って、検討を進めていきたい。

二 「反知性主義」は近代日本の政治思想にどのように適用可能か

それでは、「反知性主義」という言葉を近代日本の政治思想にどのように適用すればよいであろうか。この言葉を用いるに際して要点を再整理すると、以下のようになるのではないか。

1　信仰と敵

反知性主義は、それを裏打ちする宗教的な信仰の共鳴度に左右される。その実例がアメリカである。もしもそうであれば、近代日本の宗教的な信仰として、どのようなものを想定すべきか、という問題が生じる。なお、この信仰が宗教を自称する必要はなく、伝来の宗教的感覚や道徳感覚とのつながりも一様ではないであろう。有力な反知性主義を検討するに際しては、それと共鳴する信仰のようなものの存在を想定しうる、ということである。

その際、その信仰が何を敵とするのか、という視点が重要となる。反知性主義がつねに敵を想定し、敵との闘争を第一とするからである。ただ、その敵は日本語で、「知性」と呼ぶべきものだろうか。むしろ、「知的な生き方」と呼んだ方がいいのではないか。何かを知的に学んで、それによって得た知識を重んじて生きること、その知識を用いて、知的な探究を行なって学びながら生きることは、いずれもこの生き方であろう。反知性主義という言葉を用いるに際しては、人間の生において知識と探究が果たす価値に反発する根拠を、信仰がどのように与えるのかに注目すべきである。

つまり反知性主義とは、学んで知ることによって人間が賢さに至ろうとする知的な生き方を拒絶する心性なのではないか。もちろん、学んで知るだけで賢さに至れると言い切れる人は少なく、どちらかと言えば、人生の経験の積み重ねによって賢さに至る、と考える方が一般的であろう。いずれにせよ、どちらの道を進むのもよいとか、どちらの道も進むのがよいといった考え方は、反知性主義とは呼ばれない。知的な生き方を拒絶する確信が、「反知性」という言葉を誘発してくるのである。[18]

知的な生き方を敵視する論理の把握は、各地域の事例の比較研究の出発点となるはずである。とりわけ、東アジアでもっとも強烈であった中国の文化大革命期の運動、東南アジアでもっとも強烈であったカンボジアのクメール・ルージュの運動、それぞれの反知性主義の論理は、アメリカや日本との比較研究に有益であると思われる。[19]

2　思想運動と勝利

反知性主義を支える信仰は、信仰の敵が眼前に存在することを容認できず、敵との闘争を後押しするはずである。その際、闘争は個人と個人との知的な論争ではなく、反知性主義的な思想運動の展開へと傾斜し、敵の殲滅へと先鋭化することとなる。つまり、反知性主義の思想は思想運動として、知的な対話ではなく社会的な優位を目指し、必要なら政治化もして勝利を目指すように動いていくのではないだろうか。

その際、知的な生き方への敵意は、知的な生き方をする人間への敵意と直結するはずである。もちろん、知的な生き方を自称する人間が、本当に知的に生きているとは限らない。学んで得た知識に執着したり、知的な探究を怠っていたりしても、知的な生き方を自称することはできる。また、生計を立てるため、あるいは何らかの力を得るために、知的な生き方を自称しておくこともある。

それゆえ、反知性主義が思想運動として勝利を目指すのであれば、知識と探究が人間の生に有害であると告発するだけでなく、知的な生き方をする人間の害悪を、その利害や偽善とひとまとめに有害告発することが有効である。エスタブリッシュメントを敵とするポピュリズムの政治運動と、ここで連携することも可能であろう。[20]

ただ、知的に生きようとせずに告発を行なうのであれば、その告発は独断的となり、社会の改善に資することは期待しがたい。いずれにせよ、運動として勝利を目指すのであれば、なんらかの属性によって敵を一括し、真実かどうかはさておいて、あらゆる手段を用いて、概括的かつ一方的に告発するのが簡便である。勝利を目指す運動の論理は、思想を便宜的に活用することも辞さないはずである。政治思想史の研究として、反知性主義を検討するに際して慎重であるべき事情である。

それでは近代日本において、反知性主義の思想運動はどの程度の強さを持ったのであろうか。近世以来の出版産業の隆盛と学校熱、明治以来の修養主義や教養主義の広まりと持続は、帝国大学を頂点とする教育制度の整備に支えられて、日本社会の気風を主導したように思われる。筒井清忠は『日本型「教養」の運命――歴史社会学的考察』で、「近代日本のエリートは、大衆と十分な分離を見せず、「脆弱」で権威が少なかったが、その分だけ大衆の内面的支持に支えられ易かった」と指摘し、(21) 竹内洋は『教養主義の没落——変わりゆくエリート学生文化』で、「江戸時代中期から民衆の間に形成された勤勉や倹約を徳目とする通俗道徳的生活規律などをパン種にし、明治後期から庶民を中心にひろがった」修練主義に対して、「教養主義は西洋文化の崇拝を核にしたからバタ臭くはあったが、修養主義と同じく勤勉を底礎にした鍛錬主義」であったと指摘している。(22)

梅棹忠夫が一九六九年に刊行した『知的生産の技術』は現在まで売れ続けているし、知的な生き方への好意は、なお広く強いのではないか。大学のあり方への批判は別として、教育や学習、読書そのものの拒絶は、日本ではそれほど根深くないように思われる。(23)

3 屈折

反知性主義を支える信仰が敵を求め、反知性主義の思想運動が勝利を求めるとして、そこにはつねに、現実を直視しない屈折が認められる。知識と探究が人間の生に有害であるとの告発は、彼岸的な魂の救済についてはともかく、此岸的な生において現実の根拠を示すことは難しく、知的な生き方をする人間の虚偽や利害、あるいは偽善の告発は、現実を建設していくことと直結しない。

現実を直視して理解しようとすることは、知性の働きなのではないか。いわゆる原理主義が知性の働きを拒絶し、現実への理解を拒絶することと、ここで反知性主義は通じ合えるのであろう。ただ、原理主義は第一に宗教運動であり、信仰の敵をその生き方に関係なく殲滅の対象とする点が、反知性主義とは異なっている。とはいえ、反知性主義と原理主義の境界線は、アメリカの事例においても分明でないところである。(24)

いずれにせよ、知性の働きを拒絶するということは、人間の生き方をアンバランスにしてしまうことになる。反知性主義的な生き方はネガティヴな生き方であり、敵を攻撃し続けなければ、バランスを崩して自らが倒れてしまう生き方である。それではなぜ、そこまで無理に屈折して、必死に現実を直視しようとしないのであろうか。あるいは、反知性主義者はなぜ沈黙を守れないのか。知的な生き方をする人びとを敵認定し、必死に鎮圧しようとする理由は何なのか。それは、公共圏への参入意欲のためなのではないか。

佐藤卓己は『ファシスト的公共性――総力戦体制のメディア学』で、「ナチズムは大衆に政治的公共圏への参加感覚を与えたのであり、この参加感覚こそ、その時々の民主主義理解」なのであって、ヒトラー時代のドイツに限らず、「何を決めたかよりも、決定プロセスに自ら参加したと感じる度合いこそが民主主義にとっては決定的に重要である」と指摘している(25)。

つまり、公共の問題を論じるに際して、自分が参加している実感を得ることが民主主義の実際なのであって、そこでは、他者と議論することは重要でない。むしろ、複雑そうな知識を提示し、知的に探究しつつ議論する人間は、他の人間の参加を阻害する民主主義の敵、公共圏の攪乱者であり、沈黙させられねばならないという正義感を、自分の参加を妨害されたと感じる人間のなかにかき立てる。ここに、民主主義と専門家、公共圏とメディアの関係といった問題が関連する。

公共圏への参加意欲の高い人間が、そこから排除されたという被害者意識を持ち、排除の原因が、自分の言動にではなく他者の存在にあるとの感覚を持ったとき、その他者の排除はその人間にとって、公共の課題となり公的な責務となる。その際、他者の存在の根拠が知性にあると感じられるならば、反知性主義の情熱は燃え上がり、公的な運動化への熱意が高まっていく。それゆえ、反知性主義を考察するに際しては、その舞台が重要となる。それは、公共の意見が形成される主流の場所の近くにあるのではないだろうか(26)。

4　日本版反知性主義における他者の否定

最後に確認しておきたい。反知性主義を一方的に断罪することは、場合によっては知識人の権威への盲従を求めることになりかねない。的確な知識人批判を否定することは、むしろ反知性的な振舞いであるし、いわゆる知識人が社会に害悪を及ぼすこともよくある。しかも、真に知的に生きているかどうかは、自称や他称によっては判別しえない。

反知性主義は、他者の生き方を一方的に有害認定し、その存在を否定し、公共圏から排除せんとする。近代日本の政治思想において、批判は否定となりがちであり、知性的な批判は反知性的な否定に呑み込まれがちだったことに鑑みれば、日本版反知性主義の重点は、知性の拒絶以上に、他者の否定にあるのかもしれない。他者への理解を拒絶し、他者の存在を否定する心性に、「反知性」という日本語は適合的だからである。

三　近代日本の反知性主義の典型として、原理日本社の思想運動を検証する

1　原理日本社の宣言と綱領

原理日本社は昭和戦前期において、強烈な存在感を発揮した思想結社である。結社の同人たちは、自発的な言論糾弾の結社として、公論からの公敵の排除と殲滅に取り組み、帝国大学の教授たちを沈黙へと追い詰めていった。その中心にいた三井甲之（一八八三〜一九五三）は、正岡子規に連なる歌人であり、明治期には『アカネ』、大正期には『人生と表現』『親鸞と祖国』誌を拠点とした。実務の中心となった蓑田胸喜（一八九四〜一九四六）は一九一九年に三井と出会い、一九二五年に『原理日本』誌を共同で創刊することとなったのである。

創刊号の表紙には、「社会・歴史・精神・文化科学的研究・批判」「知識は世界に・情意は祖国に」「凝固革命思想対不断思想学術改革機関雑誌」とあり、新聞紙法による発行となった第三二号（一九二八年一〇月発行）には「政治思想芸術的国防戦線」とある。創刊号には原理日本社の「宣言」と「綱領」が掲載され、第二二号（一九二七年一一月発行）で綱領の改訂版が公表されている。(27)

「宣言」によれば、日本は「その発祥地と経由地とに於ては既に滅び将に滅びんとしつつある東洋文明の伝統と理想との現実的支持者としての自主国家であり、その内部より没落破滅が叫ばれつつある西洋文明をも総摂しつつあるところの、東西洋文明の集中融合地点として既に確立せられたる無極生成の『世界文化単位』」であって、それゆえ日本は

「われらの人生価値批判の綜合的基準――『原理日本』であり、宗教的礼拝の現実的対象――『永久生命』である」、とのことである。[28]

さらに創刊号の「綱領」では、「われらの人類思想生活史上に於ける迷信打破事業としての不断思想学術改革を実行して、現在及将来の国際国民生活経営としての政治・外交・社会・経済的制度政策の不断改革に進展せしめんとする」との決意を表明し[29]、打破すべき迷信として、以下を列挙している。

ここにわれらは旧来の神仏といふ如き実体概念に固執する東西の神話・神学的宗教、その近代的変形としての旧式形而上学乃至冥想先験理智主義哲学、またそれらに脈をひくところの地上天国を夢想する喜劇的人生観を以てして、凶暴残忍の過激突発革命を宣伝実行せんとする「現世利益的宗教の最後の余効」たる無政府・共産主義、其他の空漠世界・人道・国際・平和主義、また一般思想態度としての個人主義、それを基礎とする限り資本主義・党派主義、名目だけの偽善的国家主義乃至外来思想に原理を仰ぐ日本主義等をも含めて、凡そ日本国民の思想的素質とその綜合生成的伝統生命の無極開展を、即ち『原理日本』を信ぜず認めざる内外一切の思想運動に対して不断連続の永久思想戦を宣言する。[30]

こうして始まった「迷信打破事業」は、瀧川幸辰、美濃部達吉、河合栄治郎、津田左右吉の失脚の大きな原動力となり、末弘厳太郎、田中耕太郎、西田幾多郎、河上肇、大川周明、権藤成卿、北一輝、三木清、田邊元、マルクス主義、昭和研究会、国家社会主義への糾弾となり、帝大に対する批判や改革提言へと展開していった。それは第一八五号(一九四四年一月号)で『原理日本』の発行が途絶して、ようやく止まったのである。[31]

2 原理日本社の信仰と運動

原理日本社の主要同人は高等教育を受けた社会的地位の高い人びとであった。三井は子規直系と目された歌人であり、蓑田は慶應義塾大学・国士舘専門学校教授を歴任した。英語学者の松田福松は正則英語学校・東京電機高等工業学校教員、地質学者の河村幹雄は九州帝国大学教授、憲法学者の井上孚麿は法政大学・台北帝国大学教授を経て国民精神文化研究所所員、井上右近は真宗大谷派の僧侶、木村卯之は日本郵船勤務である。総じて、東京帝国大学の卒業生と慶應義塾大学の関係者が多い結社であった(32)。

三井と蓑田を中心とする彼らは、信仰の友であった。三井が一九二八年に刊行した『明治天皇御集研究』には、一九二三年執筆の「祖国礼拝国民宗教経典明治天皇御集拝誦宣言」が序論として掲載され、芸術を通じて信仰を固めることが求められている(33)。さらに同年に公表され一九四三年刊行の『親鸞研究』に収録された「親鸞の宗教より開展すべき今日の宗教」では、「われらの帰命すべき総体意志」は「日本意志」であり、「現日本の日本人にとっては反覆すべき名号は「祖国日本」であり、「われらの宗教は祖国礼拝である」としている(34)。祖国日本を礼拝する国民宗教こそは、原理日本社の信仰なのである。

それでは信仰の敵とはだれか。それはまず第一に、原理日本への信を体験せず、信仰告白しない日本人である。そのような日本人が要路に巣くい、国民同胞の上または外に立ち、日本を破壊しようとしているため、現在の日本には課題が山積している、とするのである。それではなぜ、敵は要路に巣くっているのか。それは大学、とりわけ帝国大学の法学部文学部に信のない教員が巣くい、信のない卒業生を再生産しているからである、となる。

> 見よ、今日の政党首領、内閣閣僚、官界、実業界教育思想言論界——全日本の枢要地位を占むるものらは、その中世的淫祠邪宗門『帝国大学』の出身者ではないか!(35)

蓑田は一九三三年刊行の『学術維新原理日本』でこう絶叫し、政治経済外交などの諸問題は、制度改革ではなく信仰告白によって打開すべきことを主張する。信仰の体験なくして学問もなく、批判もなく、改革もない。このような論理に沿って、原理日本社の思想運動は、学術維新を目標に設定する。大学改革によって敵を殲滅し、信仰の友を社会に輩出して昭和維新を実現せんとするのである。

蓑田は一九三八年刊行の『国家と大学』で、「大学の学風は直接間接に学校教育並にジアナリズムを通じて、官吏軍人をも含めて全国民の思想趨向社会風潮を支配する」と指摘し、「特に我が帝国大学は日本国防の精神的参謀本部ともいふべきものである」とする。[36] しかし、信仰なき教員の知識は無用か有害であり、その知性は破壊的で、國體防護という意味での「国防」は危機に瀕しているとする。そして、東京帝国大学法学部の美濃部達吉と京都帝国大学文学部の西田幾多郎を生命なき知性の代表と決めつけ、同様の帝大教授たちの公的生活からの追放に向けて動き続けるのである。

3　原理日本社の屈折と公論

蓑田は『学術維新原理日本』のはしがきで、「大学院にも在籍した東大法文学部の学風よりは原理的に殆ど何物をも得るところ」なく、人生観と学術的信念は同信の友から得たと述懐している。[37] 昭和戦前期の日本知識人の仇敵と目されてきた蓑田たちは、この学風の転換を目指し、権力に連なる帝大教授たちにひるむことなく闘争を実践しているはずであった。彼らからすれば、帝大教授は大学官僚であり、大学の自治や学問の自由といった空言で高級官僚としての横暴を極め、各界の権力者と新特権階級を形成し、明治維新を裏切っていた。知性と権力の結びつきが日本の脅威となっているがゆえに、われわれは必死の覚悟で権力者と相対している、と彼らは信じていたのである。

蓑田たちの大学と大学教育への期待は、単に反知性主義と呼ぶにはあまりに大きい。むしろ、大きすぎるがゆえに批判は激しく、大学を改革すれば昭和維新が成就すると信じるほどである。しかし、諸悪の根源は帝大の学風にあり、学風を一新すれば問題は解決する、というのはアンバランスな論理である。一方的かつ独断的に、彼らは原因と結果を設定し、他者の内心を判定して敵認定を行ない、論破する。彼らは日本の「総体意志」の執行者なのであり、一切の対話や異議申し立ては却下処理されるのである。

ただ、大学教員の論壇での当時の権威に鑑みれば、学風一新が公共圏のヘゲモニー奪取につながるとの運動目標は的確であろう。大学の卒業生が記者や編集者として、新聞や雑誌、出版業に携わることも含めて、大学と論壇は地続きであった。一九三九年公表の「知識階級再教育論」で、蓑田は、共産主義運動や二・二六事件などの不祥事続発を指摘し、「大学とジャーナリズム」の弊風への年来の批判を繰り返している。[38]

そこで蓑田は、五箇条の御誓文に言及し、公論とは「断じて臣民各個人の「私見」の単なる集積としての「輿論」とか「総意」とかを意味するものではない」と力説する。[39] 私見は公論の妨害であり、私見を公表する者は公敵であり、公敵は殲滅されなければならない、とするのである。

公論は、原理日本の信仰告白者が独占する。彼らは日本の生命に直接し、彼らの声は日本の生命の声だからである。知的な生き方には、信仰なくして価値はなく、信仰なき者は公論から排除しなければならない。そう確信する同人たちに、知的な対話は原理的になく、その前提となる他者の存在もない。彼らが他者に求めるのは、自己批判による信仰告白であり、他者であることの否定である。

なお、私見は禁忌とされるため、共産主義や自由主義のみならず、国家社会主義や日本主義の立場からの私見も許されない。また、学術維新が先決課題であるので、制度改革や運営改善は優先事項ではない。さらに、同人たちも実際上、私見を公表できないため、結局、他者を否定することしかできない。つまり、原理日本社の「不断連続の永久思想戦」は、他者を否定し続けることによってのみ動き、現実には、どこにも行けないのである。[40]

四　おわりに

日本版反知性主義の簡易版として、最後に、『読書人』第三巻第七号（一九四三年七月発行）を紹介しておこう。本誌は東京堂が発行する書評雑誌であり、『新刊図書雑誌月報』（一九一四〜二七）、『東京堂月報』（一九二七〜四一）の後継誌である。この号の特集は「哲学書批判」と銘打たれ、西田幾多郎や京都学派が総攻撃を受けている。著者名と表題、誌面での著者紹介は下記である。[41]

佐藤通次〔国民精神文化研究所員〕「見るものから聴くものへ　哲学の根本問題につき西田博士の教を乞ふ」
田中忠雄〔評論家〕「文化類型学批判　蛆たかる哲学的頭脳」
紀平正美「「無」概念の弄び」
三井甲之「「西田哲学」に就いて警戒すべき諸点」
前田隆一〔文部省督学官〕「下村寅太郎著「科学史の哲学」」
浅野晃〔評論家〕「西田幾多郎著「日本文化の問題」」
阿部仁三〔陸軍省報道部〕「「世界史的立場」論」
吉田三郎〔国民精神文化研究所員〕「「世界史的立場と日本」」
志村陸城「総力戦と哲学と史観――「世界史的立場と日本」批判」
森本忠〔評論家〕「非国民教育論の一例――木村素衛著「形成的自覚」」
蓮田善明「柳田謙十郎著「歴史的形成の論理」所見」
豊川昇〔学習院教授〕「西谷啓治著「世界観と国家観」」
下島連「嗤ふべき論文」〔高坂正顕「思想戦の形而上学的根拠」批判――引用者註〕
小沼洋次〔文部省教学官〕「雑誌月評「中央公論」六月号」

執筆者は東京帝国大学と京都帝国大学の文学部卒業生が大半である。発行元の東京堂は、三井の『明治天皇御集研究』（一九二八年）、『親鸞研究』（一九四三年）、蓑田の『国防哲学』（一九四三年）を刊行しており、原理日本社同人とは長年親密な関係にあった。森本忠によれば、編集部に「原理日本社系統の若い者」がいたそうであるが、森本への企画説明と原稿依頼は田中忠雄が行なっている。(42) そして、この企画は「非常な反響をまき起こした」と森本は証言している。(43)

京都学派への集中攻撃は、原理日本社同人の宿願であるものの、執筆者は三井のみである。田中をはじめ、他の執筆者はおそらく、原理日本社の信仰の友ではない。彼らはみな、京都学派の知的な生き方に反発し、それぞれの信仰を確認して断罪を行なっている[44]。しかし、それぞれの信仰であるがゆえに、京都学派への憤りと疑惑は共有できても、連帯はできない。この総攻撃もあって京都学派は沈黙へと追いやられるが、だからと言って、この批判によってどこかに行けたわけではない。執筆者相互においても、相互否定の無限闘争に陥る危険性は高く、決して安心して連帯などできないのである。

読書人を読者層とする『読書人』が、このような特集を自主的に組んだことは、反知性主義の政治思想とまでは言えないにせよ、反知性主義的な気分は表わしてのことであろう。執筆者に関しても、それぞれの信仰と言うよりも、信念と呼んだ方が適切なのかもしれない。原理日本社ほどには根の深い執念ではなく、それだけに、執筆者はより大きな広がりを有していたのである。なお、『読書人』は第四巻第四号（一九四四年四月発行）限りで日本出版会から廃刊を命じられ、戦後の復刊も短期間で終刊した。執筆者の多くは、昭和戦後期にも知的な職業で活躍している[45]。

日本版反知性主義を問いなおすことは、日本における「批判」のあり方を問いなおすことになるのではないか。原理日本社同人や『読書人』執筆者、彼らは、批評や批判をしていると思っていたのである[46]。

（1）リチャード・ホーフスタッター、田村哲夫訳『アメリカの反知性主義』、みすず書房、二〇〇三年、六頁。本書への書評で、竹内洋は、アメリカのような強力な反知性主義を経験してこなかった日本では「知性主義も練磨され」ず「脆《もろ》い」のではないか、と指摘している。竹内洋『大衆の幻像』、中央公論新社、二〇一四年、六六頁。
（2）同、四一頁。
（3）同、三一頁。
（4）同、三三頁。
（5）同、三八頁。
（6）同、四九頁。

(7) 同、一一一頁。
(8) 同、一三五〜一三六頁。
(9) 森本あんり『反知性主義——アメリカが生んだ「熱病」の正体』、新潮選書、二〇一五年、四頁。
(10) 同、一五一頁。
(11) 同、一七七頁。
(12) ただしもちろん、何が「一般的に「権威」とされる」と考えるか、それが本当に「権威」を持っているのか、という問題がここに付随する。
(13) ホーフスタッター『アメリカの反知性主義』、二一一頁。
(14) 森本『反知性主義』、二六〇頁。
(15) ホーフスタッター『アメリカの反知性主義』、三七八頁。
(16) 森本あんり『異端の時代——正統のかたちを求めて』、岩波新書、二〇一八年、八〜九頁。
(17) 同、二二六〜二二七頁。
(18) 反知性主義を知的な生き方を拒絶する心性とする場合、その政治的立場は多様に現れうるであろう。ただ、どのような立場であれ、その政治的主張は、公式主義的あるいは教条主義的な硬直化や、表面的あるいは反射的な反発といった特徴を示すものになりがちであると思われる。ここに、反知性主義を政治思想として研究する際の困難さと課題がある。ちなみに、倉橋耕平は安田浩一との対談で、「「現在の右派の特徴は言葉が軽い」という認識を共有した」と記している。安田浩一・倉橋耕平『歪む社会——歴史修正主義の台頭と虚妄の愛国に抗う』、論創社、二〇一九年、四頁。
(19) なお、現代の政治状況を踏まえて、ポピュリズム、原理主義、ナショナリズム、排外主義、歴史修正主義など、さまざまな視角からの検討が思想的なものにも及んでいる。日本の事例に関して言えば、日本政治思想の歴史的検討において、以下のような諸研究との相互参照を可能としていくことが課題の一つとなるのではないだろうか。山崎望編『奇妙なナショナリズムの時代——排外主義に抗して』、岩波書店、二〇一五年。樽本英樹編『排外主義の国際比較——先進諸国における外国人移民の実態』、ミネルヴァ書房、二〇一八年。樋口直人『日本型排外主義——在特会・外国人参政権・東アジア地政学』、名古屋大学出版会、二〇一四年。倉橋耕平『歴史修正主義とサブカルチャー——九〇年代保守言説のメディア文化』、青弓社、二〇一八年。
(20) ポピュリズムについてヤン＝ヴェルナー・ミュラーは、エリート批判はポピュリストの「必要条件ではあるが十分条件ではない」として、ポピュリストは「自分たちが、それも自分たちだけが、人民を代表していると主張」し、道徳的優位を自分たちで独占する、としている。ヤン＝ヴェルナー・ミュラー、板橋拓己訳『ポピュリズムとは何か』、岩波書店、二〇一七年、四頁。

(21) 筒井清忠『日本型「教養」の運命――歴史社会学的考察』、岩波書店、一九九五年、三四頁。

(22) 竹内洋『教養主義の没落――変わりゆくエリート学生文化』、中公新書、二〇〇三年、一七一～一七二頁。

(23) しかしこれは、教員やマスコミへの好意を保証するものではないし、どのような本を熱心に読み、それをどのように読むかも人それぞれであろう。

(24) 鵜飼哲は、「宗教原理主義に特有とされてきた特徴のいくつかが、狭義の宗教現象以外の領域にも不気味な浸透を開始していることを私たちは確認した」とし、「その特徴のひとつに討論を拒否ないし回避する傾向があげられるのではないか」と指摘している。西谷修・鵜飼哲・港千尋『原理主義とは何か』、河出書房新社、一九九六年、二二一頁。鵜飼は、「自らの中にある他者を肯定する流儀や作法がそれぞれの宗教の中からいつか失われていく」ことに注意を喚起するとともに（一七六頁）、「宗教と呼ばれる何ものかと討論しなくてはならない」と呼びかけている（二二八頁）。これは、宗教と宗教原理主義について、開かれた知性の働きによって探究し、それらと同時代の生を生きていこうという呼びかけのように私には思われる。

(25) 佐藤卓己『ファシスト的公共性――総力戦体制のメディア学』、岩波書店、二〇一八年、五八頁。

(26) インターネットの出現は、この文脈でも画期的な変化をもたらしたのではないだろうか。日本にもたらしたその政治的変化について、以下が優れた分析を詳細かつ整序的に行っている。伊藤昌亮『ネット右派の歴史社会学――アンダーグラウンド平成史一九九〇―二〇〇〇年代』、青弓社、二〇一九年。

(27) 『原理日本』については、『蓑田胸喜全集』第七巻、柏書房、二〇〇四年収録の佐藤卓己による解題を参照されたい。同全集は七巻で構成され、編者は竹内洋・佐藤卓己・井上義和・福間良明・今田絵里香と植村である。

(28) 同、六八五頁。

(29) 同、六八六頁。

(30) 同、六八六頁。改訂版の綱領では、語句が若干修正・削除されている。同、六八七頁参照。

(31) 原理日本社関連の研究を一部ではあるが列挙する。竹内洋・佐藤卓己編『日本主義的教養の時代――大学批判の古層』、柏書房、二〇〇六年。片山杜秀『近代日本の右翼思想』、講談社選書メチエ、二〇〇七年。植村和秀『「日本」への問いをめぐる闘争――京都学派と原理日本社』、柏書房、二〇〇七年。中島岳志『親鸞と日本主義』、新潮選書、二〇一七年。木下宏一『国文学とナショナリズム――沼波瓊音、三井甲之、久松潜一、政治的文学者たちの学問と思想』、三元社、二〇一八年。昆野伸幸『増補改訂　近代日本の国体論――〈皇国史観〉再考』、ぺりかん社、二〇一九年。論文としては、塩出環「帝大粛正運動と原理日本社」、『日本文化論年報』第四号、二〇〇一年。石井公成「親鸞を讃仰した超国家主義者たち（一）――原理日本社の三井甲之の思想」、『駒沢短期大学仏教論集』第八号、二〇〇二年。石井公成「親鸞を讃仰した超国家主義者たち（二）――木村卯之の道元・親鸞比較論」、『駒沢短期大学研究紀要』第三四号、二〇〇六年。横川翔「雑誌「アカネ」の再検討――三井甲之研究の緒論として」、『史境』第七五号、二〇一八年。

(32) ここでは、同人の中心的な人物に限定して列挙した。なお、木村松治郎編『原理日本の信と学術』、しきしまのみち会大阪支部、一九八〇年、三一頁は、主たる「共鳴協力者」としてさらに以下の名前を列挙している。宮田武義、田代順一、田代二見、細貝正直、高橋鴻助、高橋龍雄、福村忠男、水野竜介、大塚英雄、滝口堯、宮崎五郎、上領一郎、斉藤隆而。同書は、『原理日本』創刊五十五周年を記念して、道統を継ぐ関係者が編集発行したものである。

(33) 三井甲之『明治天皇御集研究』、東京堂出版、一九二八年、一頁。明治天皇の歌を拝誦して国民的一体化を実現するという三井の主張については、片山杜秀『近代日本の右翼思想』、二〇四頁参照。なお片山は、三井の考える天皇は「何か国民を導くための展望や理想を有しているわけでも、仮託されているわけでもない」とし、天皇も「不可測な日本の現実に「随順」し、歌を詠み」、日本人と「共感共苦の共同体」をなすのみであると指摘している。片山「写生・随順・拝誦――三井甲之の思想圏」『日本主義的教養の時代』、一二〇頁。国民的一体化がたとえ実現したとしても、誰もどこにも行けない、ということである。

(34) 三井甲之『親鸞研究』、東京堂出版、一九四三年、五七頁。三井の親鸞受容については、中島岳志『親鸞と日本主義』、木下宏一『国文学とナショナリズム』、石井公成「親鸞を讃仰した超国家主義者たち（一）」参照。

(35) 『蓑田胸喜全集』第三巻、柏書房、二〇〇四年、一四〇頁。

(36) 『蓑田胸喜全集』第五巻、柏書房、二〇〇四年、四四頁。全集に収録されたのは一九四一年刊行の改訂版であるが、引用部分に変更はない。

(37) 『蓑田胸喜全集』第三巻、二七頁。

(38) 『蓑田胸喜全集』第五巻、一一四五頁。

(39) 同、一一六四頁。

(40) 原理日本社の批判の「論理」については、拙著『「日本」への問いをめぐる闘争』第四章、片山杜秀『近代日本の右翼思想』、九三～九四頁参照。

(41)紀平正美は哲学者で学習院教授・国民精神文化研究所員、志村は元陸軍中尉、下島は『文藝春秋』編集部員である。

(42)森本忠『僕の詩と真実』、日本談義社、一九六八年、一六八頁。

(43)同、一六九頁。

(44)京都学派の政治関与は戦争方針の軌道修正につながらず、このような攻撃を受けて、彼らは沈黙せざるをえなくなった。一九八七年の回顧談のなかで、船山信一は、「「大東亜戦争」が始まってからは協同主義の「国民協同体」・「東亜協同体」は敬遠されて、京都学派の「世界史の哲学」が取り上げられ、それもまた「日本主義」にしりぞけられる」と語っている。『季報・唯物論研究』編集部編『証言・唯物論研究会事件と天皇制』、新泉社、一九八九年、一四四頁。もとより、知的な生き方は政治的判断力の高さを保証するものではなく、京都学派の政治関与が今日、政治的に評価されているわけでない。ここで取り上げたのは、さまざまな政治的立場の知的な人々が、次々と沈黙を強制されるなかで、彼らが遅くまで残り、一斉攻撃の焦点となったためである。

(45)『読書人』誌上での京都学派攻撃については、拙著『「日本」への問いをめぐる闘争』、二七〇～二七四頁参照。

(46)芝正身は、天皇機関説事件を「反知性主義」的現象の一九三〇年代における象徴的なできごとと捉え、近年の「反知性主義」的現象との共通点として、「明治以来輸入されてきた西洋文化の基本原理、すなわち「啓蒙主義」」への敵視がある、と指摘している。芝によれば、「日本型「反知性主義」」とは、「日本近代以来の「知」の本流であり、権威であった「日本的啓蒙主義」」に対抗する、特異な精神のあり方」なのである。芝正身『近現代日本の「反知性主義」——天皇機関説事件からネット右翼まで』、明石書店、二〇一九年、五頁。学会後に公刊された書籍のため当日参照できなかったが、この指摘は大変重要であると考える。そしてその上で、啓蒙主義にとって大切な「批判」が、日本でどのように屈折したかを今後も検討してきたい。

＊引用に際して敬称を省略させていただき、引用文は一部現代風の表記に改めている。

＊本稿は、政治思想学会第二六回（二〇一九年度）研究大会シンポジウムⅡ「政治思想史における反知性主義」での報告「近代日本の反知性主義——信仰・運動・屈折」を基礎としたものである。本文については若干の修正のみとし、報告原稿の内容に大きな変更がないようにした。これに対して註には大幅な追記を行った。司会の鏑木政彦、討論者の田澤晴子、共同報告者の堀田新五郎、宇野重規の諸氏、また、会場の質問者の方々から貴重な検討課題と示唆を賜ったことに御礼申し上げたい。本稿では質問にまだ十分に答えられておらず、今後の研究活動のなかで探究していきたく思う。

＊本稿は、日本学術振興会科学研究費１９Ｋ０１４５９の助成を受けた研究成果の一部である。

知性と反知性——ソクラテスとサルトルを起点に

●——堀田新五郎

一　はじめに

真・善・美と、その対語との間に明確な境界を引くことは難しい。ある地平における真が別の地平では偽となり、善を求める先に悪が待つ事態は往々に見られよう。『マクベス』の魔女が語る「きれいは汚い、汚いはきれい」が説得力を持つ所以である。ことは、知性と反知性においても同様であろう。両者を明確に区別することは可能なのか。数年前論壇をにぎわした「反知性主義」という言葉についても、当時から、それを言い放つ者がそれに陥るという逆説が指摘されていた。真・善・美、そして知性という根源的価値をめぐっては、その本質を画定する形而上学的野望は捨て、個々の現象における具体的判断に徹するべきかもしれない。

この小稿の目的は、しかし、知性と反知性の境界を開示するところにある。この作業が成功するとすれば、知性が反知性へと落下する臨界について、また反知性の標が、知性の証へと反転する閾について明かすこととなろう。考察を進めるにあたって、property（固有性・所有・財）という概念を導入したい。以下、まずはプラトンの対話篇を参照項として、知性とpropertyの相反性について論じ、次にサルトルのユダヤ人論に依拠しつつ、反知性とpropertyの親和性について考察したい。propertyを軸に、ソクラテスと反ユダヤ主義を、知性の祖型／反知性の典型として対称させるのである。これにより、反知性とは「propertyの魔術的肯定」であると定式化される。

この作業の後、議論はその方向をターンさせる。それまでソクラテスとサルトルに即しつつ、知性とその外部を論じてきたが、ここで両者への疑問が提出される。知性の核心にlogosがあるとして、logosはその原義上、不条理を肯定することはできない。しかし他方、実存主義が解いたように、実存の第一の特性は不条理なのである。ならば、logosとしての知性は、実存への暴力とはならないか？　ロゴス中心主義批判を逃れるために、知性は次の問いに答えなければならない。「知性は自らを維持したまま、propertyの不条理な肯定が可能か？」　むろん、propertyの合理的肯定は近代市民社会の要件であり、知性と相反することはない。だが、非合理的・不条理な肯定は如何か？　それは反知性、すなわち「propertyの魔術的肯定」ではないのか？　とすれば知性は、logosの暴力と反知性の魔術、この双方から逃れる道をどこに見出すべきか？　本稿は、これら一連の問いを吟味することによって、知性と反知性の境界について思考したい。

二　知性の祖型――ソクラテスの無敵(1)

「私は知的である」という言表は可能か。無論、物理的には可能であるが、しかし意味の次元においてであれば微妙である。「私は知的である」と発した瞬間、その人間はマヌケの相の下に現れることとなる。間尺が合わない。間が抜けている。というのも知的な人は、普通(2)「私は知的である」などといわないからである。何故か。知性は運動であり、更新であり、モノの如き不活性な惰性態ではない。よって知的な人は、常に知性を求め続け、ネガティヴに語るであろう。「私は知的ではない。知的でありたい」。逆にいえば、「私は知的である」という言表は、知性を所有可能な財（property）として、モノの如く捉えているのである。これは、知の所有者ソフィスト、知を商品として売り捌くソフィストのあり方に他ならない。

ゆえに、ソクラテスは戸惑っていた。カレイフォンがデルフォイの神託「ソクラテス以上に賢い人はいない」を伝えたからである。ソクラテスの知性は、これを肯んじ得ない。「いや、私は自分が無知なることを知っている。私は知者ではない。知を有してはいない」。ここから彼のライフワークが始まる。了解し得ない神託の意味を探るべく、自称他称の知者たちと対話を行い、自分以上に賢い人間を見出そうと試みるのである。結果、彼は神託の真なる意義を知る。賢明の誉れ高き人びともまた、ソクラテスと同じく、究極の問い（「徳とは何か？」「善とは何か？」）に対し無知であることが、対話において暴かれるのである。ソクラテスより賢い者はいない。人間の知は所詮無に等しいが、ただソクラテスのみ、その無を知るからである（無知の知）。ソクラテスは、人間の知性を運動として、あくなき探究として提示した最初期の人であり、知性の祖型といいうるのではないか。

以下、ソフィストとソクラテスの対話を検討し、何故議論においてソクラテスが無敵であったのか、その理由を探ることとしよう。それにより、ソクラテスが範を示した知性の有り様も明らかとなる。

俎上に載せる対話者は、一九世紀社会思想の遠い祖ともいうべきトラシュマコス、カリクレスである。[3] ラスコーリニコフやニーチェの超人思想、あるいは社会ダーウィニズムを思わせる彼らの主張は、ピュシス（physis）とノモス（nomos）の二元論から出発する。ピュシスもノモスも人間の規範として存在するが、前者が自然の本来性、普遍性、不変性を表すのに対し、後者はポリスにおける法や慣習であり、各ポリスによって異なっている。この二元論を前提に、彼らソフィストは、プロタゴラスとともに相対主義を宣言する。「人間が万物の尺度である。有るものについては有るということ、無いものについては無いということの尺度である」。注意すべきは、「万物の尺度としての人間」の意味合いであろう。それは「人類」ではなく「個々人」を指す。ゆえにプロタゴラスの言葉は、価値相対主義のマニフェストとなるのである。

さて、トラシュマコス、カリクレスは以上を背景に、以下のように主張する。《ピュシスは普遍的であるが、ノモスは可変的・人為的・恣意的なものに過ぎない。だとすれば、何故そんなものに従う必要があろう。各個人が万物の尺度

ならば、ノモスによる強制は、自由への圧制というべきではないか?》

彼らは、ピュシスへの回帰を説く。万物の尺度が個々人に帰された今、唯一普遍的に妥当するのはピュシスの原理である。ならばピュシスに従うことこそ、人々の指針であり知であろう。ソフィストたちによれば、ピュシスの原理とは以下のような普遍的事実である。《人間は畢竟、快を求め、苦を避ける動物に過ぎない。道徳的善悪から麗しい衣を剥ぎ取れば、赤裸々な実相が現れる。それが生理的快苦なのだ。各人の快が、各人の善なのである》。善悪が快苦に還元され、価値相対主義が自然化するとき、その帰結は社会ダーウィニズム以外ではあるまい。各人が各人の快を求め闘争するホッブズ的自然状態では、優勝劣敗と適者生存が社会の掟となる。よって、トラシュマコスは「法は正義ではなく、強者の利益である」と主張し、カリクレスは「法は正義ではなく、強者の利益の侵害である」と唱える。一見相反する両者のテーゼは、時間軸の導入により、同一の論理と判明しよう。既存の法は、古い強者の利益を表す。よってそれは、新しい強者の利益を侵害しているのである。ならば、ラスコーリニコフが夢想したように、新たな時代を創る英雄は法に縛られてはならない。彼は、法制定権力として法外の存在だからである。強者の前に法はなく、強者の後に法が続くならば、法のレゾン・デートルは寿歌に求められよう。ただ事後的に、英雄を言祝ぐのである。

以上、ソフィストの主張を要約した。以下『国家』において、ソクラテスがトラシュマコスを論破する様を確認する。焦点は、何故議論においてソクラテスが無敵なのか、その構造的秘密を解明するところにある。

次の長い引用は、ソクラテスとトラシュマコスが実質的な対話をスタートさせる場面である。命題「法は強者の利益である」について、まずはトラシュマコス(「彼」)が持論を展開し、これを受けてソクラテス(「ぼく」)が、その吟味を宣言する。この出発点で、何が生じているのか?

「まったく虫の好かぬ男だよ、あなたは、ソクラテス」と彼は言った、「できるだけひとの説をぶちこわすような仕方で解釈しようとする」

「いやいや、けっしてそんなつもりではない、すぐれた友よ」とぼくは言った、

「ただ願わくば、君の言うことをもう少しはっきりと説明してくれたまえ」

「よろしいそれならたずねるが」と彼は言った、「もろもろの国家のなかには、僭主独裁制の政治が行われている国もあり、民主制の政治が行われている国もあり、貴族制の政治が行われている国もあるということを、あなたは知らないのかね？」

「むろん、知っているとも」

「それぞれの国で権力をにぎっているのは、ほかならぬその支配者ではないか？」

「たしかに」

「しかるに支配階級というものは、それぞれ自分の利益に合わせて法律を制定する。たとえば、民主制の場合ならば民衆中心の法律を制定し、僭主独裁制の場合ならば独裁僭主中心の法律を制定し、その他の政治形態の場合もこれと同様である。そしてそういうふうに法律を制定したうえで、この、自分たちの利益になることこそが被支配者たちにとって〈正しいこと〉なのだと宣言し、これを踏みはずした者を法律違反者、不正な犯罪人として懲罰する。


さあ、これでお分かりかね？　私の言うのはこのように、〈正しいこと〉とはすべての国において同一の事柄を意味している、すなわちそれは、現存する支配階級の利益になることにほかならない、ということなのだ。しかるに支配階級とは、権力のある強い者のことだ。したがって、正しく推論するならば、強い者の利益になることこそが、いずこにおいても同じように〈正しいこと〉なのだ、という結論になる」

「これで」とぼくは言った、「君の言葉の意味はわかった。つぎにわかろうと努めなければならないのは、それが真実かどうかということだ。（中略）

つまり、〈正しいこと〉が利益になることだという点は、このぼくも賛成するが、君はそれにつけ加えて、その利益というのは強い者の利益のことである、と主張している。この点が、ぼくにはわからない。だからしらべてみなければならない」

「しらべるがよい」と彼は言った。

（『国家』338D～339B　傍点原文）

一見したところ、トラシュマコスの見解は、現実社会の一側面を鋭く切り取っている。国家とその法体系を「支配階級の執行委員会」と捉えたマルクス主義と同じ批判的知性が、ここには見出しうるのである。これに対しソクラテスは、特に意味あることを述べているわけではない。ただ、トラシュマコスの主張を繰り返し、これからその真偽を確かめようと宣言したに過ぎない。しかし実際には、両者の対話がスタートしたこの時点で、すでにソクラテスの勝利が定められたように思われる。トラシュマコスは何も気づいてはいない。自信にあふれ「しらべるがよい」という。だが、早くも回転が始まってはいないか。議論の土俵が、トラシュマコスのそれからソクラテスのそれへと、すなわち現実社会の一側面から、理念の領域へと回り始めてはいないか。以下、具体的に検討する。

トラシュマコスはいう。「強い者の利益が、〈正しいこと〉である」。ソクラテスは確認する。「君の言葉の意味はわかった。〈正しいこと〉は、強い者の利益だということだね」。この主語の逆転を看過すべきではない。というのも、トラシュマコスにおける述語としての〈正しいこと〉は、〈正しいことそのもの〉ではなく、法によって〈正しいとされていること〉であり、現実の一側面を表している。これに対し、〈正しいこと〉が主語の位置におかれるとき、命題はにわかに理念的色彩を帯び始めよう。ソクラテスが、「〈正しいこと〉は、強者の利益である」という命題を吟味するとき、焦点となるのは、「〈正しいこと〉とは何か？」という理念的問いに他ならない。ソクラテスは常に、議論を現実から理念へと移動させるのである。

実際、トラシュマコスは、自身の立場を現実から遊離させていく。ソクラテスの問いに答える中で、彼は次の二つの命題を承認する。①被支配者にとって、支配者の定めた法に従うことが〈正しいこと〉である。②支配者もときには誤りをおかし、自己の不利益となる法を制定することもある。トラシュマコスの承認を確認したソクラテスは、彼に自己矛盾を指摘する。命題①②の帰結は、「支配者の利益が〈正しいこと〉であるのみならず、支配者の不利益もまた〈正しいこと〉になる」（339D）からである。ソクラテスのいうとおり、形式論理上、トラシュマコスの命題「支配者の利益が〈正しいこと〉である」は破綻する。しかしすぐ分かるように、それは形式論理上の破綻にすぎない。かつ、彼の命題は、形式上の自己矛盾が致命傷となる論理命題ではない。その主張の生き死には、現実社会を総体で捉えた際に説得力をもつか否かにかかっている。ブルジョワ階級が自己の利益とは異なる法を制定する場合も、つまり形式上自己矛盾を犯す場合も、現実においては十分にあり得よう。しかし、資本主義社会を総体として捉えた場合、その法体系はブルジョワジーの利益を表現するものではないか。マルキストとともに、トラシュマコスはこう返答すべきだったのである。

しかし、議論は別様に進んでいく。指摘された自己矛盾を避けるため、トラシュマコスは「最も厳密な意味における支配者」(341B)、「支配者であるかぎりにおいて、誤ることがない支配者」(341A)、つまりidealな支配者を掲げ、対話を進めていくのである。これにより、現実から理念への移行は完了し、ソクラテスの勝利が確定する。

以下、簡単に議論の収束を確認しよう。土俵が理念の領域に移行した以上、idealな支配者はどういう存在かが吟味される。ソクラテスは尋ねる。「厳密な意味での医者」は、金儲けが仕事か、病人の治療が仕事か。無論、後者だとトラシュマコスは答える。ならば、idealな医者の技術は、自らの利益（金儲け）のために存在するのではなく、対象者（病人）の利益に奉仕するものではないか。同じくidealな船長は、単なる船乗りではなく、船の支配者であり、その技術は船の利益のために存在するのではないか。こうした問いかけに首肯するトラシュマコスは、ソクラテスの結論もまた受け入れざるを得ない。「技術とは、それが働きかける対象を支配し、優越した力をもつものだ。（中略）いやしくも支配者である限りは、決して自分のための利益を考えることも命じることもなく、支配される側のもの、自分の仕事が働きかける対象であるものの利益になる事柄をこそ、考察し命令するのだ」(342C-E)。

以上、トラシュマコスは見事に論破された。その見事さは彼の愚かさを主因とするが、しかし、ソクラテスを論破できなかったことの理由を愚かさに帰してはならない。ソクラテスは無敵である。トラシュマコスが英明であったにせよ[4]、論破の不可能は、論理構成上対話に先行して確定されている。ソクラテスは、対話者と同じ土俵には存在しないからである。彼の無敵とは、文字通り敵の非在に他ならない。この点につき、ソクラテスの立ち位置を、トラシュマコス&カリクレスの根本命題と対比させて考察しよう。

ソフィストたちの主張とは、自然化された価値相対主義であり、社会ダーウィニズムであった。「人間は快を求め、苦を避ける動物にすぎない。道徳的善悪とは生理的快苦であり、欲動こそが人間の動因である。優勝劣敗という自然の真理を見据え、永遠の闘争状態を生き抜く強者たれ！」ソクラテスの立場は、これと鋭く対立する。「生きることではなく、善く生きること」を唱え、人生の究極目標としての「幸福」を、「徳」すなわち魂の陶冶に見出し、それは「知」において与えられるとするからである（知＝徳＝幸福）。

ゆえにソクラテスは、ソフィストたちにこう問うことができよう。「ソフィストたちよ、我々は今、何が正しい生き方であるか、現に対話（ダイアロゴスlogosの交換）してきたではないか？ どちらが説得力のある、理に適った（logosに適した）生き方であるか、吟味してきたではないか？」ソフィストたちが、何かしらの「価値」（徳、勇気、正義など）をめぐってソクラテスと対話する限り、ソクラテスの言い分は事実判断として正しい。対話者はlogosを分有し、logosによって対話しているのである。ここから、ソクラテスの根本命題が導出される。ソクラテスが発するあらゆる主張は、次の命題へと収斂しよう。〈《logosに導かれるのが善である》（命題P）については、対話者は全員一致する〉（命題Q）。

この二つの命題はともに、ソフィストが発する諸命題とは位相を異にする。ソフィストは、徳や勇気や正義について様々に語るだろう。彼らは、或るドクサ（doxa見解 ex.「法は正義である」）に対し、別のドクサ（「法は強者の利益である」）を対抗させ、説得を試みる。つまり同じ土俵上、オブジェクトレベルで闘うのである。これに対し、ソクラテスの根本命題はメタレベルに位置する。彼はただ、「ドクサは不確かだから吟味すべき」と語り（命題P）、「一緒にやろうね」（命題Q）と誘うのである。確かに疑おうと思えば、命題P自体が、或る共同体において刷り込まれた共同のドクサ（endoxa）にすぎぬといい得るかもしれない。だが、命題P《logosに導かれるが善である》に反対する理由（logos）は、論理的に（logosに適いつつ）はあり得ない。反対は、logosの自己矛盾である。よってソフィストたちも、彼らが対話者である限り全員、命題Pを承認しなければならない（＝命題Qの立証）。ならばソクラテスは、愚かならざるトラシュマコスに対してもこう主張できるだろう。「ところで、君が承認した命題Pには、人間を動物的領域、生理的欲動から解き放ち、事実ではなく価値、現実ではなく理念を志向する契機が含まれている。したがって、〈優勝劣敗の自然〉ではなく、

〈logosを探究する共同体〉が、人間の住処とならねばならない」。こうしてトラシュマコスは、自身の愚かさとは無関係に敗れ去るのである。

以上、ソクラテスの無敵について考察した。対話が、その名の通りlogosの交換である限り、ソクラテスの根本命題が揺らぐことはない。ゆえに彼は、しばしば対話者が真剣に偽りなく自身の考えを述べていることを確認し、[5] logosの地平を確保するのである。この地平にある限り、彼は無敵である。というのも、ソクラテスが提示するオブジェクトレベルでの倫理命題（ex.「法は弱者の利益である」）が誰かに反駁されたとしても、それは彼の敗北ではなく、メタ次元での勝利だからである。ソクラテスはいう。

ところで、そういうわたしとは、どんな人間であるかといえば、もし私の言っていることに何か間違いでもあれば、こころよく反駁を受けるし、他方また、ひとの言っていることに何か本当でない点があれば、よろこんで反駁するような、とはいっても、反駁を受けることが、反駁することに比べて、少しも不愉快にはならないような、そういう人間なのです。なぜなら、反駁を受けることの方が、より大きな善であるとわたしは考えているからです。

（『ゴルギアス』458A）

自己の提示した倫理命題が反駁される、これは自己の狭さが明かされ、命題がより真なるものへと更新されることを意味しよう。ソクラテスの根本命題（命題P）とは、知性の斯様な歩みの肯定に他ならない。よって、本稿のこれまでの表現には、一部修正の要がある。ソクラテスとソフィストの論争において、「勝利」「敗北」という語を用いることは、ソフィストの観点に与するに等しいからである。ソフィストは知の所有者、知の闘技者を自認する。彼らに対し、「財」と「勝敗」は相応しい言葉であるが、ソクラテスの場合、対話とはlogosに導かれた知性の自己更新以外ではない。命題は誰かの所有物ではなく、論争は誰かが勝利するものでもない。そこでは、propertyもproper nameも意味をなさないのである。ソクラテスはカリクレスに、ソクラテスの抹消を打ち明けている。「ねえ君、ここだけの話だけれども、君がいまぼくから聞いていることは、実は哲学〔philosophia＝知への愛〕が話しているのだからね」（『ゴルギアス』482A）。対話篇においてソクラテスが示したのは、知とpropertyとの対照性、知の公共性だったのではなかろうか。知は個人の属性ではない。人々の間を動く。彼が知の祖型を現すかぎり、「ソクラテス」という名前は、ダイアロゴスという場所、知への愛という運動を表しているのである。(6)

さて、これまでの考察から、知性は反駁を歓迎すること、それは永続的な吟味の連鎖によって真知（epistêmê）を目指す運動であることが確認された。よって、次のキーワードが知性の指標となる。《運動・更新・間・非property》。では、反知性とは何か？　キーワードを逆転させれば《惰性態・完了形・閉域・property》という語群が浮かび上がってこよう。以下、サルトルが描く反ユダヤ主義者を例に、反知性について考察する。

三　反知性の典型――反ユダヤ主義者

まず簡単に、サルトルの所謂「無神論的実存主義」の立場を確認しよう。一九四六年サルトルは講演記録『実存主義とは何か』を公刊した。そこでは、サルトルの倫理的メッセージとして広く知られるテーゼ、《選択し、責任を取れ》という主張が繰り広げられている。各人は自らの責任で、ゼロから己の価値尺度を選ばなければならない。この場合、共同体が培ってきた伝統的価値体系は、各人の選択に際し何らの支えにもならず、その責任を何ら軽減するものでもない。サルトルにとって価値とは来るべきもの、実現されるべきものであり、投企による未来からの光において現れる。(7)ゆえにサルトルは次のように論じるのである。「慣習的な諸々の善について。それらは決して善ではない。というのも、それらは慣習的であるから」。(8)

ここでまず、ソクラテスの時代との決定的な違いが認められる。近代は神を殺し、存在の階層的秩序を破壊した。神なき時代、もはや所与の価値体系に安住することは許されず、たとえ共同体の伝統的価値を承認するとしても、それは自らの決断と責任において、新たに選び出されたものでなければならない。選択し責任を取ること、これがサルトルの決断主義的モラルであるとすれば、倫理の場とは、各人が無からの決断において選んだ諸々の善たちがぶつかり合う、アナーキーな空間とならざるを得まい。「自由なアンガージュマンの次元であるならば、人はすべてを選びうる」[9]からである。この極端な価値相対主義のゆえに、サルトルの実存主義には、ニヒリズムないしアナーキズムの批判が浴びせられたのである[10]。

では次いで、『ユダヤ人問題についての考察』（四六年、以下『ユダヤ人』[11]）を吟味する。

今、誰か一人の男が自分の不幸の全部、あるいは一部を、共同体におけるユダヤ分子の存在に帰したとする。あるいは更に、その不幸な状態を改善するには、ユダヤ人達から、かくかくの権利を取り上げるとか、かくかくの経済的・社会的地位から遠ざけるとか、領土から追放するとか、あるいは皆殺しにすべきだとか提案したとする。すると人々は、この男が反ユダヤ的意見（opinions）の持ち主だというであろう。（p.7、一頁　強調原文）

こう書き出されたサルトルの『ユダヤ人』は、反ユダヤ主義がひとつの「意見」でありうるのかと問う。人はワインの味について、チェロの響きについて、ピカソの青について様々な「意見」を持つ。趣味好悪は人それぞれであり、したがってどんな「意見」を持とうが許される。すべての「意見」は同じ価値を有するのである。「かくして、民主主義的機構の名において、また言論の自由（liberté d'opinion）の名において、反ユダヤ主義者は、反ユダヤ十字軍の必要性を、いたる所で説きまわることを当然の権利と心得る」（p.8、二頁）。

先に見たように、サルトルの存在論は、あらゆる価値を主体による選択に帰し、価値相対主義を徹底させるものであった。主体による無根拠な決断以外には、価値尺度の根拠などありえないのならば、価値判断とは、畢竟趣味判断に、つまりは美意識に過ぎないのではないか。神の死以降、真・善・美はその伝統的ポジションを喪失し、「世界は美的現象としてのみ是認される」とニーチェはいう。ならば、反ユダヤ主義もまた主体の選択として、一つの美意識として、そのほか様々な見解と同じ価値を有するのであろうか。

否。サルトルの答えは否である。「直ちに特定の個人を対象とし、その権利を剥奪したり、その生存を脅かしたりしかねない一主義を、意見などと呼ぶことは、私にはできない。（…）反ユダヤ主義は、言論の自由という権利によって保障されるべき思想の範疇には入らないのである」（p. 10、四頁）。ここでサルトルは明らかに、何かしら普遍的価値の存在を前提に議論している。しかし、その詳細については別の機会に譲り[12]、ここでは議論を進めよう。

サルトルは、反ユダヤ主義を「意見」として認めることを退けた。反ユダヤ主義は、「人類全体に対して、歴史と社会に対して、その人のとる一つの綜合的な態度であり、それは同時に情熱でも世界観でもある」（p. 18-9、一四頁）と、サルトルは規定する。反ユダヤ主義者は、経験や歴史的与件から出発して、論理的思考（logos）の結果、反ユダヤ主義を導き出したのではない。知性の理路とは逆に、彼らはまず「ユダヤ人という観念」から出発し、それに基づいて、経験や歴史的与件を意味づけているのである。サルトルは書いている。

> 第一、それは、思想とは全然別物である。むしろ、情熱である。たしかに、それは、論理的な形をとってあらわれることもできる。「穏健」な反ユダヤ主義者とは、落ち着き払った調子でこんなことを言える物腰の柔らかい男でもあろう。
> 「わたしは、なにも、ユダヤ人を毛嫌いしているわけではありません。ただ、かくかくの理由により、国家活動における彼らの領域が、制限された方がいいと思うだけなのです。」しかし、彼はそのすぐあとで、こちらが信用出来そうだと思えば、更に打ち解けた調子でつけ加えるだろう。
> 「おわかりでしょう。ユダヤ人には、『何かが』ありますよ。だから、わたしには生理的に堪えられないのです。」
> こうした理屈を聞くのは一度や二度ではないのだから、よく検討してみる必要があるだろう。先ず、これは、感情的な論理から出発している。なぜかといえば、まさか、「トマトの中には、きっと『何かが』あるんですよ。だから、わたしは、あれを食べるのが大嫌いだ」などと、真面目に言う人があるとは、とても考えられないではないか。
> （p. 10-1、五頁　強調原文）

ある若い女は、私に言った。『わたくし、ある毛皮屋にひどい目にあわされましたのよ、預けておいた毛皮に焼きこがしを拵えられて。ところがどう、そのお店の人はみんなユダヤ人だったんですの。』

しかし何故この女は、毛皮屋を憎まないで、ユダヤ人を憎みたがるのだろう。何故、そのユダヤ人、その毛皮屋を憎まないで、ユダヤ人なるものを憎みたがるのだろう。それは彼女が、反ユダヤ主義の傾向を、それ以前から具えていたからである。

（p. 12-3、七頁　強調原文）

これらの例から分かるように、サルトルによれば、反ユダヤ主義者たちが嫌悪の対象としているのは「邪悪なるユダヤ人」であり、固定化されカタマリとなった観念である。同様の諸例をあげた後、サルトルはこう結論付ける。「経験がユダヤ人という観念を生むというのは、とんでもない話で、逆に、その観念が経験に色をつけるのである」（p. 14、九頁）。これは、「若い女」の例から明らかであろう。女が憎むのは、具体的な行為や行為者から離れ、「邪悪なるユダヤ人」へと向かう。固定観念が、経験の意味を決定づけるのである。

とはいえ、あらゆる観念の始まりに経験が存在することは確かであり、この点、トマトの例に即してサルトルの議論を補っておこう。次のようなことは考えられないか。子どもの頃、トマトを食べて吐き出した。青虫がいたからである。それ以来私はトマトが食べられない。「トマトの中には、きっと『何かが』ある」。こういう人間の存在もありえよう。その場合「私」は、トマトの中におぞましさのカタマリを見出しているのではないか。具体的青虫から出発した「おぞましさ」という観念が、次第に具体性から離れ、曰く言い難い「モノ」としてトマトに内在し始める。「邪悪なるユダヤ人」という観念もまた、これと同種のカタマリだとサルトルは論じるであろう。虫がついたトマトを吐き出すのは理にかなっている。だが、おぞましさがトマトに内在していくとき、以後の経験は観念によって規定され、あらゆるトマトが邪悪に赤く染まって見えよう。反トマト主義者の誕生である。

では、反ユダヤ主義者の場合、如何なる理由から「邪悪なるユダヤ人」という観念に固執しているのか。サルトルは、「もしユダヤ人が存在しなければ、反ユダヤ主義は、ユダヤ人を作り出さずにはおかないだろう」と言い切る（p.

14、九頁)。彼らは何故、惰性態としての観念を必要とするのか。「人間には、不浸透性(imperméabilité)に対する郷愁が見られる」(p. 20、一六頁)からだと、サルトルはいう。ここには、『存在と無』の中で執拗に追求された、自己欺瞞(mauvaise foi)の問題系が現れている。自己欺瞞とは、意識としての対自を、モノとしての即自と見なすことであった。簡単に説明すれば、現実存在(existence)するものは、何の意味もなく、ただ純粋偶然として、余計もの(de trop)としてのみ現実存在するが、モノとしての即自が、余計ものであることにも自己充足するのに対し、意味づける意識としての対自は、無意味であること、純粋偶然であることには耐えられない。ゆえに、自己を何らか本質規定し、そこに充足せんとする誘惑が、対自には常に付き纏うこととなるのである。モノである灰皿は、灰皿であることに自己充足し、自己を疑う術を知らない。そのとき灰皿は、現実存在の偶然性を逃れ、「灰皿」という確固たる意味・役割を具現化した揺るぎないカタマリとしてそこに存在(être)するように思われる。これが即自の有する「不浸透性」であろう。意識としての対自は、ここに惹かれるのである。ゆえに例えば、「社長であること」「父であること」等、自己の地位・役割を自らの本質として捉え、そこに安住しようと試みるのである。この防衛機制が、自己欺瞞に他ならない。反ユダヤ主義の根底に、「不浸透性に対する郷愁」を認めたサルトルは、これと同じ精神的メカニズムを看取しているのである。

実際サルトルは、反ユダヤ主義者を、「石のような不変性に惹かれる人々」と見なしている。彼らは、自己の最終規定が不可能であり、「自らの現実存在が、常に執行猶予の状態に置かれ」ざるを得ないという「真理」から目を背ける、臆病者にすぎない。反ユダヤ主義者は、「一気に、しかも今すぐ、完全に現実存在しようとする」情熱の虜なのである(p. 21、一六—一七頁)。かくして反ユダヤ主義者は、ユダヤ人に「ユダヤ根性」なる永遠の本質(essence)をカタマリとして投影する。というのも、それによって自らが、「真正なるフランス人」という神秘的本質を、カタマリとして受肉することが可能となるからである。サルトルは、反ユダヤ主義のうちに、「真正なるフランス人」という生得的かつ排他的観念以外に拠り所を持たない、集団的凡庸性を看取している。

反ユダヤ主義者が、自分は個人的にユダヤ人より優れていると主張した例は聞かない。しかし、このとるに足らないということを、彼が恥じていると思ってはならない。それどころか、それが大いに気に入っているのである。いや、そうなることを選んだといえよう。彼はあらゆる種類の孤独を嫌う。天才の孤独も、暗殺者の孤独もともに恐れる。彼は、群衆の中の一人なのである。（…）『私はユダヤ人が嫌いだ』という言葉は、集団を作っていわれる言葉である。（…）そこには、凡庸人の情熱的な傲慢がある。（…）例えば反ユダヤ主義者にとって、知性はユダヤ的なものである。したがって、安心してそれを軽蔑することができる。（…）

自分の土地に、自分の故国に根を下ろし、二千年の伝統に支えられ、祖先伝来の叡智を受け、試練を経た慣習に導かれる真正な〈フランス人〉には、知性など必要がない。彼の美徳を根拠づけているのは、自分の周りにある事物の上に、幾代もの労働によって築かれた長所、すなわち財（propriété）と一体化することなのである。その財産も、いうまでもなく相続された所有物で、買われたものであってはならない。金銭とか、債権などの近代的所有の種々形態は、反ユダヤ主義者には原則的に不可解なのである。それらは抽象であり、理性の産物であって、ユダヤ人の抽象的知性と結びついたものである。

（p. 25-7、二一―二三頁　傍点原文、下線引用者）

ここには、前節で確認した知性とproperty の対照性が、サルトルによって裏側から確認されている。反ユダヤ主義者は、知性の陰画に他ならない。

先祖伝来の財を相続すること、これはただ自己の「存在」（être）、すなわち「～家の～である」ということだけで事が完結する。二千年来の伝統を考慮するならば、土地を担保に金融市場に参入するリスクなど冒すべきではない。何もしない惰性態が、むしろ望ましいのである。金融商品はすべて、いや貨幣からしてすでに擬制であり、土地から遊離している。それらは高利貸しのユダヤ人、自らの土地を持たず、何も生産せず、ただ錬金術に長けた邪悪なユダヤ人にこそ相応しい。真正なフランス人には、二千年来の土地がもたらす財がある。それは勝ち取るものではなく、所与としてそこに存在するのだ。これが、反ユダヤ主義者の心性であるとすれば、彼らの時間は二千年間停止している。むろん、停止しているのは彼らの内的な時間であり、現実の時間は進行し、時々刻々新しい事態が出来する。彼らの内的な努力にもかかわらず、その閉じられた時空は脅かされ続けるのである。

あるいは、事の真相は逆だというべきだろうか。常に脅かされているからこそ、彼らは無時間的な伝統を遡行的に構成したのかもしれない。いずれ、脅威は外部に投影され実体化される。われわれの伝統、われわれの土地をユダヤ人が狙っている。ディアスポラの者どもは策を弄し、邪悪な知性で土地に寄生するのだ。この世界に与えられた、われわれの場所が脅かされている。これが、サルトルの描く反ユダヤ主義者の内面ではなかろうか。

サルトルはまた、反ユダヤ主義の内に、排外的ナショナリズムによく見られる魔術的本質主義の構制を捉え、次のように批判する。

> 反ユダヤ主義の原則とは、ある特異な事物の具体的な所有が、魔術的に、その事物に意味を与えるということにある。モラスは断言した。ユダヤ人は、次のラシーヌの詩を理解することは決してないだろうと。『荒れ果てしオリエントに、わが憂い、いかにやつのる』。だが、なぜ凡庸な自分が、最も鋭い知性さえ掴むことのできないものを、理解することができるのであろうか。それは、自分がラシーヌを所有しているからである。ラシーヌと、自分の言葉と、自分の土地を所有しているからである。ユダヤ人は自分より純粋なフランス語を喋るかもしれない。文体も文法も自分より優れているかもしれない。作家ですらあるかもしれない。しかし、そんなことは問題ではない。その言葉を、ユダヤ人は、やっと二〇年来話しているにすぎない。自分のほうは、千年も前から喋っている。彼の文体の正確さは、抽象的なもの、学び取られたものにすぎない。自分のほうは、たとえフランス語の誤りを犯しても、この言葉の精髄に与しているのだ。
>
> (p. 27-8、二三―二四頁　傍点原文、下線引用者)

ここでもまた、反知性の特性が浮き彫りにされている。フランス語には精髄があり、それを血肉化した者すなわち真正なフランス人にしか、国民詩人ラシーヌの精髄を掴むことはできない。斯様な本質主義、排外主義の根底には何があるのか。思うに、時間が流れること、すべてが移ろい行くことに対する恐怖がある。われわれは皆、大切なものを移ろわせたくはない。愛の対象であれ、自己自身であれ、時間を超越して「存在」させたいのである。ゆえに、「本質」(essentia)が必要となるのではないか。そのものの「様態」(modus)であれば、時に従い、場に合わせて変化しよう。だが、本質はそうではない。時間に侵されないことが、本質という概念の本質である。時間の超越を希求する人間の性が「本質」を思念し、それを「存在」と結合させるのではないか。

いずれ、時間を恐れるフランス人はラシーヌに本質があると考え始める。すると、ラシーヌもカタマリ始める。永続的な特性(property)が誕生し、私の財(property)として所有可能とされるのである。国民詩人にせよ母国語にせよ、ひとたび本質が認められたならば、それを「よそ者」「外人」に触れさせてはならない。外部との接触はモノの凝集力を奪うからである。他者に開かれることは、時間に開かれることであり、ゆえに真正なフランス人は、時空の「閉域」を求めざるをえない。無菌室でラシーヌとフランス語の冷凍保存を試みるのである。しかしもちろん、ラシーヌもフランス語もモノではなく、また時間を凍結する装置はない。現実世界での物理的不可能性、これは必然的に魔術的解決を招くこととなる。本質主義はすべからく魔術を必要とするのである。

だが、そもそも「真正なフランス人」は、サルトルの定義からすれば、何らの「価値」でもありはしない。生粋の「フランス人である」こと、ここに「価値」を認める者は、「~である」という「存在」の不浸透性に逃避しているのである。「生得的価値」とは形容矛盾にすぎない。先に触れたように「価値」は、自己の責任において選び出され、創り出されるものだからである。しかし、「反ユダヤ主義者は、この責任ということも、自己認識と同様に回避する。そして、自己というものに永遠の不変性を選んだ如く、自らのモラルにも石のような価値尺度を選んでしまうこととなるのである」(p. 31、二七頁)。

かくしてサルトルは、反ユダヤ主義を、「人間の条件を前にした恐怖」(p. 64、六二頁)と規定する。神なき時代、すなわち善悪・正邪を計る尺度がもはや所与ではありえなくなった時代、人間の条件とは、自らの選択において価値を選ぶこと、その責任に耐えることである。まさしく「人間は、自由であるべく呪われている[13]」のだといえよう。だが、反ユダヤ主義者は、「ただ上官に従う戦争中の兵士のような、完全な責任回避を選ぶ。しかも、彼には上官などいない。彼が選ぶのはまた、何も得ようとせず、何物にも値しようとせず、しかも、何から何まで生まれつき、自分に与えられているという境遇である。（…）彼は、善がすでに出来上がっており、疑問視されることなく、傷つけられることのない立場」〔《完了形》〕に安心立命を求めているのである。

（p. 63、六一頁　下線および〔　〕内引用者）

以上、本節ではサルトルが描く反ユダヤ主義者を確認した。その特性は《惰性態・完了形・閉域・property》であり、前節で確認した知性の特性《運動・更新・間・非property》の逆転に等しい。反ユダヤ主義こそ、反知性の典型ではなかろうか。知識・財・権力・名誉を得ること、これは、生きる上で生じた一つの存在的事象に過ぎない。人の生きる存在論的条件を変えうるものではない。にもかかわらず、それらの所有が人間の条件を超えて、所有者に「本質＝存在」をもたらすと思念するとき、魔術が働き始めるのである。反知性とは、「propertyの魔術的肯定」に他ならない[14]。

propertyの語源は、pro（～のために）＋privus（自分の）であり、「自分の持っていること」がこの語の幹となる。つまりは、明確に境界を描きその内部を占有すること、私の閉域・排他性がpropertyの核心といえよう。ゆえに、時間と他者に開かれ、常なる不安を生の条件とする人間が、propertyを頼みにこの条件の克服を図るのも必然ではないか。脱魔術化された世界において、しかし再魔術化への欲望は蠢き続けるのである。

さて本稿では、これまでソクラテスとサルトルに依拠しつつ、知性・反知性とpropertyの関係について論じてきた。次節以降、考察の方向をターンさせ、ソクラテスとサルトルへの批判から新たな問題提起へと進んでいきたい。

四　問題提起――知性は自らを維持したまま、propertyの不条理な肯定が可能か？

知性の核心にはlogosがあるとして、しかしlogosは個々の実存者の単独性を消し去らないか。実存とは、意味や理（logos）に回収しえない不条理（absurd）である。例えば、今この原稿を書いている「この私」は、「男」であり、「父」であり、「日本人」であり、「奈良市民」である。だが、こうした意味規定「～である」を無限に連ねたところで、「この私」はそこからはみ出る「余計モノ」(de trop) である他はない。「奈良県立大学政治学担当教員」は、この世で私独りだが、私が明日死ねば、来年の今頃は別人が代わっていよう。その意味規定も、「この私」の単独性を表してはいない。唯一、固有名proper nameだけが、「この私」をマルゴト捉まえているのではないか。[15]「この私」は、「ホッタシンゴロウ」である。よって、実存の肯定とは固有名に対する理屈(logos)抜きの、不条理な肯定とならざるをえない。

スコラ哲学に「不可識別者相同の原理」という考えがある。識別できないものは相等しい。そしてそれは存在しない。逆にいえば、存在するものはすべて個別化され、単独者としてのみ存在する(個体化の原理)。「この私」は否応なしに排他的に、「この私」という閉域に固められたマルゴトとして、すなわちproperty(＝自分のためのもの)として存在せざるをえないのである。

しかし、これまで確認した限りでは、ソクラテスとサルトルの論理は固有名の解消、propertyの開放を明かしている。[16]ならば、それも一つの暴力とはならないか。先ずソクラテスの場合、logosが提示するidealなポリスにおいて、各人はidealな技術者として存在しよう。そこにハミダシモノやマヌケが生息する余地はありそうもない。いずれ除去されるノイズとして、理想への途上でのみ、マヌケの存在が許されるのであれば、こうした論理は実存への暴力となろう。人はすべて、マヌケに実存しているからである。所謂logos中心主義批判に対し、知性は如何に返答すべきか。

次いでサルトルについて。周知の様に、サルトルの『ユダヤ人』は、特にユダヤ系の論者から多くの批判を浴びてきた。ユダヤ共同体にポジティヴな紐帯を認めず、「ユダヤ人とは、他の人々がユダヤ人と考えている人間である。(…)反ユダヤ主義者が、ユダヤ人を作るのだ」(p. 83-4、八二頁　強調原文) と規定する論理は、「ユダヤ」にとってのproperな歴史とproperな苦しみを蔑ろにする暴力と受け止められたのである〔アーレント(1972: ix)、Walzer(1995)〕。この暴力を回避するためには、知性は「ユダヤ」というproper nameを肯定しなければならないが、それは同時に、「約束の地」をユダヤ人のpropertyとして、パレスティナに認めることに繋がりはしないか。

以上、ソクラテスとサルトルのlogosに対して、それが固有名の抹消を伴う点を批判することは容易い。だが他方で、実存ないし固有名の不条理な肯定とは如何なる事態をさすのか。それは、property の魔術的肯定、つまりは反知性と同義ではないのか。この問いを吟味するために、あらゆる理を超えた、実存に対する不条理な肯定について考察しよう。通常それは「愛」と呼ばれる事態であり、文学史上最も有名なその例は、バルコニーのジュリエットによって表現されている。

「ああ、ロミオ、ロミオ、どうしてあなたはロミオなの?」この言葉は何も意味してはいない。ロミオ=ロミオという無意味な同語反復のみである。にもかかわらず、「ロミオの無限の肯定」という、意味の手前の意味を訴えかけてくるのである。(17) ジュリエットの言葉は、キャピュレット家(教皇派 Guelphs)とモンタギュー家(皇帝派 Ghibellines)の恩讐を超え、意味世界を脱落させて、「あの男が現実存在する」ことを嘆ずるものといえよう。(18) アーレントは、アウグスティヌスにおける愛を考察し、次のように結論づけている。「私は愛する、すなわち、あなたが存在するように意志する(Amo:Volo ut sis)と言うこと以上に大きな肯定は存在しない」(アーレント:1994下 127)。私があなたを愛するとき、それは無条件である。あなたが何かをしてくれるから、その対価として愛する訳ではない。あなたが何か(what)——ex. 職・地位・出自・性格 etc. ——であるから、それを理由として愛するわけでもない。あなたは誰(who)なのか。あなたはあなたである。この不条理な同語反復において、ただその存在マルゴトを欲すること——これが愛ではないか。

この世界は、意味の網の目として織り込まれた関係性の世界、相対的世界である。よって、愛が意味世界を脱落させた肯定である以上、それは「絶対」の肯定であり、世界超越としての奇跡という他はない。日常茶飯ではあれ、愛はそのたびごとに一つの奇跡である。であれば、知性と愛の関係をどう捉えたらよいのか。「愛は盲目」といわれるように、「愛」とは「反知性」の別名なのか。(19) 両者はともに、実存とそのマルゴト(=property)に対する logos を超えた肯定ではあろう。ならば、「愛=有り難き奇跡」と「反知性=有り勝ちな魔術」を区別する手立てはないのか。

以上、本節の問題提起は次のようにまとめられる。

【問題提起】

① 知性は自らを維持したまま、property の不条理な肯定が可能か?

（property の合理的肯定は近代市民社会の要件である。）
知性が実存を肯定するとき、それはlogos を超えた不条理な肯定にならざるをえない。
そのとき知性は、反知性に陥りはしないか？
② 知性とlogos の境とは？ 知性であり、かつlogos の外部とは？
③ 「有り難き奇跡」と「有り勝ちな魔術」は、どうやって区別すべきか？

五 若干の展望——政治的決断主義（＝反知性）とは別の仕方で

思うに問題は、意味世界が脱落した場での条理を超えた肯定が、翻って意味世界の中で、如何なる作用をもたらすかにある。意味世界、我々が生きるこの日常世界は、様々な価値がせめぎあい、妥協が必要な相対的世界である。教皇派にも皇帝派にもそれぞれの歴史と正義があり、様々な感情が堆積されている。それらすべてが脱げ落ちるとき、ロミオに対する無限の肯定が現れる。デリダがキルケゴールを援用しつつ強調するように、「決断の瞬間は狂気」であり、「言語によっても、理性によっても捉えることはできない」（デリダ 2004 :136-7）。ジュリエットは何故、「ロミオと共に」を決断するのか。理由はない。ただ、ロミオへと落下したのである。しかし、それが同時に、ジュリエットの主体的決断であり、彼女はその全責任を負う。これが、実存主義的解釈における決断のトポスであろう。

思うに問題は、この決断が、日常世界に何をもたらすかである。相対的世界を超えた場での無限の肯定は、相対的世界での絶対的な行動原理を導きはしないか。だがそれこそが、政治的決断主義の危険ではないのか。以下、実存主義の一つの政治的表現としての決断主義を吟味しよう。実存主義から政治的決断主義に至る過程は、知性が反知性へと落下する好例と思われるからである。

では、実存主義とは何であり、どのように政治的決断主義を導くのか。[20] 実存主義を簡潔に定式化すれば、「日常性への頽落→不安→非根拠の露呈→絶望→決断＝脱意味世界→本来的生」となる。まずは「社長である私」等、既存の地位・

役割に安住する私（＝日常性への頽落）がある。このいわば必然的な安住は、しかし必然的に脅かされる。人間の条件が不安という形でつきまとい、不条理＝非根拠が露呈されるからである。既存の価値体系が瓦解する絶望の中で、無根拠に決断するとき、はじめて本来的な生が開かれるという。だが、この定式化は空しい。というのも、決断を導く「他なるものへの無限の肯定」が欠けているからである。非根拠の決断は何故可能なのか。すべてが選択可能であり、従って等価であるならば、何故選択が可能なのか――実存主義を考察する場合、思考すべきはこのアポリアである。これに端的に答えるならば、ジュリエットの場合と同じく、実存者は決断したというより落下したのであり、しかし同時に、それが実存者の決断に他ならないとする論理が、論理ならざる論理が働いているのである。意味世界が脱落し無限が語られるとき、通常のlogosは沈黙せざるをえない。決断を可能にする「他なるもの」、これが実存主義の核心であり、それが何であるかによって、各思想家の政治思想も規定されるのである。

例えば、『存在と時間』に実存主義的解釈を施すならば、本来性へと導く「他なるもの」は「良心の呼び声」であり、それは共同体の来歴、民族の共同運命として現実化される。ゆえに、頽落した現状を滅却し、民族の本来性へと跳躍する保守革命の思想が必然化するのである。またサルトルの場合、決断を促す「他なるもの」とは苦しむ「他者のまなざし」に他ならない。よって、鉄鎖以外に何も持たないプロレタリアートのまなざしとともに自己をアンガージュすることが必然化し、マルクス主義の革命理論を弁証するのである。これらは、脱意味世界での無限の肯定が、意味世界における絶対的な行動原理（ナチズムおよびウルトラ・ボルシェヴィズム）を導く政治的決断主義の典型である。

既存の価値体系から脱し、無根拠という人間の条件を直視する動きはまさしく知性の理路といえよう。しかし、脱世界において、「ドイツ」という固有名を無限に肯定すること、「苦しむ他者のまなざし」にアンガージュされること、これが翻って意味世界における絶対の行動原理を導くとき、知性は反知性へと落下するのである。意味世界は、有限な存在者が際限なく絡み合う相対世界である。その場における「絶対」の主張は、自らの閉域を魔術的に維持しようとする反知性以外ではない。こうした動きは、本質主義や原理主義にも多々見られよう。ユダヤの固有名マルゴトを肯定すること、「教典」の一字一句を奇跡の証として崇めること、これらは無限の開示かもしれない。だが、翻ってその「無限」

を、有限な世界の中で具現化しようとするとき、彼らは「絶対」の所有を標榜する決断主義者に等しい。「無限・絶対・奇跡」は、脱世界において現れる。それを、意味世界で具現化しようと試みてはならない。

だが、そもそも決断主義者は「無限」や「奇跡」に触れたのであろうか。「有り難き奇跡」が「有り勝ちな魔術」に堕したのではなく、最初から奇跡が偽装されていただけなのではないか。最後にこの疑問を考察し、この小稿を閉じたい。というのも、この問いを考察することによって、「神秘」と「魔術」の差異が明らかとなり、また反知性の標が、知性の証へと反転する様を捉えることができようからである。

決断主義者や原理主義者が、意味世界の脱落において「無限・絶対」と触れ合ったとしたら、それはジュリエットの場合と同じく、奇跡として肯定すべきことであろう。だが、もしそれが本当に奇跡として感得されていたのであれば、「事後」はどうなるであろうか。そこに「無限・絶対」が存在してしまっている。この私が奇跡に触れてしまっている。この「完了形」を感得した者にとって、「事後」はただボーナスゲームとして、第二義的な意味しかもちようがないのではないか。「無限・絶対」は究極であり、それを越えて、さらなる目的地が目指されるわけではない。ならば、「無限・絶対」に触れた後、究極の真剣さにおいて、それを意味世界で具現化しようと試みる者は、実は、「無限・絶対」を知らぬ者ではないのか。ジュリエットの愛はすでにバルコニーで成就されている。意味世界の偶然が、その後ロミオとの邂逅を邪魔し続けたとしても、二人が別のパートナーと暮らす別の生が、この世に存在することはありえない。運命が弄べるのは、世界内部の相対的事象にすぎず、他方、二人の愛は世界の外に「無限・絶対」として存するからである。死すなわち世界外からの力が、二人を結びつけるであろう。

ならば、シオニストについては如何。彼らが、ボーナスゲームとしてではなく、究極の真剣さで「約束の地」にユダヤ国家の樹立を目指すのであれば、それは彼らが、ヤハウェもイスラエルも信じていないことの証とはならないか。奇跡に触れるとは、たとえ脱世界においてであれ、イスラエルの完了形に触れることではないのか。決断主義者や原理主義者は、彼らが触れた「絶対」の実現を試みる。「絶対」の実現？　今は未然形？　だが、「絶対」とは完了形でしかありえまい。相対世界において、究極の真剣さで「絶対」の実現を試みる者は、相対世界に縛られている。政治的決断主義や、政治的原理主義は、「絶対」に触れ「絶対」を反復していくのではなく、この世界への不満から出発し不満に囚われ続けているのではないか。

結論を下そう。前節で挙げた諸問題に答える。愛は、脱世界における固有名の不条理な肯定であり、property マルゴトの肯定である。知性とは、閉域ではなく「外」へと開かれるものであり、またその中心に logos があるとすれば、知性は logos の外部にこそ開かれ、それを肯定しなければなるまい。logos の外部、すなわち「不条理」の肯定である。愛が「不条理な実存への不条理な肯定」であるならば、知性は愛を肯定するものではないか。ただし、脱世界において。ユダヤという固有名をマルゴト肯定する奇跡がありえたならば、シオニストは、すでに完成されたイスラエルの建設を、意味世界において反復すべきではないか。ただし、究極から二番目の真剣さにおいて。以上が、問①、問②への回答である。

また、問③「神秘」と「魔術」の差異についても、すでに論じた感はある。ここでは、「完了形」というキーワードの反転を確認するにとどめよう。第三節で反ユダヤ主義者を取り上げたとき、「完了形」は反知性の標であった。しかし愛が導入されたとき、それは魔術ではなく奇跡の証となる。人はみなマヌケに実存する。そのマヌケをマルゴト肯定する愛というマヌケがありえたのである。「無限・絶対」が完了しているならば、相対世界に対し優しくなれはしないだろうか。知性による愛の肯定は、この世の様々な苦難に耐える力とはならないか。自己のおかれた状況に埋没しない軽さ、間が抜けハズレてあること、それが同時に、知性の証となる場合もありえよう[21]。知性とはまた、浮力だからである。

逆に、反知性としての政治的決断主義は、日常世界における煩雑さや妥協や凡庸の連鎖に耐えきれず、相対世界に絶対を導入する。絶対が完了していることを知らないからである。日々の耐久力、これが知性と反知性を分かつ一つの目安ではなかろうか。

（1）本稿は、古代ギリシア思想の門外漢による試論である。厳密なテキストクリティークは無論、ソクラテスをめぐる解釈史についても詳らかではない。ただ、知性の祖型としてのソクラテスを素描するに過ぎない。
（2）ここで「普通」に傍点を振ったわけは、ニーチェの『この人を見よ』を念頭に置いているからである。そこでニーチェは、明らかにソクラテスを意識しつつ、「何故私はこんなに賢明なのか」「何故私はこんなに利発なのか」というタイトルの下、知性の証としてのマヌケをこれ見よがしに楽しんでいる。これについては後述する。
（3）トラシュマコス、カリクレスによる以下の主張は、『国家』『ゴルギアス』における叙述の核心を筆者が要約したものである。また、カリクレスはソフィストではなく政治家であるが、ここではソフィストと同列に扱う。
（4）実際、『ゴルギアス』に登場するカリクレスは、トラシュマコスほど愚かではない。
（5）ソクラテスは、対話の場が真正なlogosの交換であることに拘らざるを得ない。対話が、その名に値するダイアロゴスから外れるとき、そのときにのみ、ソクラテスの根本命題が揺らぐからである。「友情の神ゼウスの名にかけて、カリクレスよ、どうか、君自身としても、ぼくに対して冗談半分の態度をとるべきではないと考えてくれたまえ。また、その場その場の思いつきを、心にもないのに、答えるようなこともしないでくれ。さらにまた、ぼくの側から話すことも、これを冗談のつもりで受け取ってもらっては困るのだ」（『ゴルギアス』500B-C）。ソクラテスによる同様の言及は、『国家』346A.349A『ゴルギアス』495Aなどにも見られる。
（6）よく知られているように、『パイドロス』においてソクラテスは、「対話の言葉」を称賛し「書物の言葉」を批判した。前者が生きた運動であるのに対し、固定化された後者は、著者のpropertyと化してしまうからである。
（7）CM p. 173, p. 430
（8）CM p. 12
（9）EH pp. 88-9:78
（10）たとえば、R. Bernstein（1971）を参照。また同様の観点から、サルトルにおける「根源的選択」を批判するものとして、Taylor（1985:chp. 1）がある。
（11）なお、本書からの引用については、本文中に参照頁を記すこととする。また、ショアーに関する記述が欠如している点等、サルトルの『ユダヤ人』についての全般的評価は、Galster（2005）を参照。

（12）これについては、拙稿（堀田 2008）を参照。我々は、『ユダヤ人』と『倫理学ノート』（執筆 47-8年）を関係させて、サルトルにおける普遍的価値の問題を考察した。

（13）EN p. 612（III273）

（14）魔術とは、超自然的な力によって、自らの意思を現実化する業と規定できよう。よって魔術を考察する際には、「現実とは何か」「何がリアリティを構成し、意味づけているか」が焦点となる。人は「意味」に憑かれた動物だからである。こうした「意味の呪縛」については例えば、いかなる肉体的苦役よりも、意味の欠如した労働――土の山を一つの場所から他の場所に移し、またそれをもとに戻すという労働――の方が、囚人にとってよほど過酷であるとドストエフスキーはいう。無意味は耐え難い。人は、物理的・生理的次元以上に、意味の次元を生きているからである。ゆえに、魔術が有効であるか否かは、ひとえにその世界におけるリアリティの構成如何だといえよう。魔術的世界において、魔術は効力を発揮する。平安貴族社会では、加持・修法は事実災いを消し去るのである。というのも、災い自体が魔術的に意味づけられているからである。よって、人間の条件に恐怖する時、人は同好の士による閉じた共同体を求める。皆が同じ呪文を唱え続け、リアリティを魔術化しなければならない。時が流れ、すべてが移ろうこと、これも一つの意味である。ならば、意味世界の魔術的構成に成功すれば、時間の停止も可能となり、人間の存在論的条件も克服できるであろう。サルトルがいうように、「自由であるべく呪われている」ことが人間の条件であれば、この存在論的呪縛を解くために魔術的呪いに頼るのも必然ではないか。呪いは呪いを生み、魔術は常に人間を魅惑し続ける。

（15）ゆえにデリダが強調する様に、固有名とは原暴力といえよう。しかし、その不条理な原暴力なしに、実存者は存在の全体からレリーフされ、境界を描かれ、実存しうるであろうか。

（16）もちろん、ソクラテスやサルトルの思想全体の中で、固有名への不条理な肯定が存在するか否かは、別に検討すべき課題である。ここでの議論は、本稿で考察した範囲内に限定される。

（17）レヴィナスは「コンテクストなく意味することの可能性」つまりは固有名の可能性を捉えていた。そしてその際には、「全体性を踏み越えた存在が、無限なものと関係する」という（レヴィナス 2005:19）。普通、意味とコンテクストは切り離しえない。文脈においてのみ意味が規定され、交換され、文脈の集積として「意味の網の目としての世界」が現れる。したがって、レヴィナスが「コンテクストなく意味する」という場合の「意味」とは、意味の手前の意味、「前・意味」というべきかもしれない。固有名とはそれであろう。

（18）ただし以上の解釈は、シェイクスピアのターミノロジーを超えて、シェイクスピアの主張を先鋭化させたものである。シェイクスピア自身は、「名前」を意味世界に内属させ、よって「名前」の脱落において実存者の肯定が為されると見なしている。戯曲の文脈でジュリエットは、「ロミオ＝モンタギュー家の名前」を捨て、「ジュリエット＝キャピュレット家の名前」を捨てれば、すなわち、駆け落ちすれば愛が成就するという「条理」を語っている。しかし、「ロミオ、ロミオ、どうしてあなたはロミオなの？」というセリフの魅力は、そうした「条理」の彼方にあるのではないか。

（19）ただし、「愛は盲目」という言葉に依拠して「愛＝反知性」と短絡すれば、これは、知性を視覚に代表させた上で、視覚の欠如を愛と同定する議論であり、愛からも知性からも、その視覚中心主義を批判されよう。

（20）このテーマについては、拙稿（堀田2014）参照。

（21）先に注の2において、ソクラテスとニーチェを対比させ、ニーチェが「知性の証としてのマヌケ」をこれ見よがしに楽しんでいることを確認した。ここで詳述する余裕はないが、ニーチェvsソクラテスを論じるとき、「無限・絶対」との関係における両者の対照が焦点となるように思われる。ソクラテスは常に人間的である。「絶対」との無限の距離を埋めるべく、永続的な努力の更新が求められるのである。これに対し、ニーチェは超人的である。「絶対」との距離を否定し、無限の受肉を、すなわちこの私におけるその完了を感得するのである。「何故私はこんなに賢明なのか」「何故私はこんなに利発なのか」「この人を見よ」、この一連の戯言は、自分自身に対する苦笑ではなかろうか。この私が絶対に触れるとは、苦笑すべき事柄に思えるのである。

【参考文献】

＊報告で直接言及した文献に限定する。

Bernstein, R.（1971）*Praxis & Action : Contemporary Philosophies of Human Action*, University of Pennsylvania Press

Galster, I.（sous la direction de）（2005）*Sartre et les juifs*, La Découverte

Sartre, J-P.（1943）EN : *L'être et le néan : essai d'ontologie phénoménologique*, Gallimard（Collection Tel）〔松波信三郎訳『存在と無』、人文書院サルトル全集第18―20巻、一九五六―六〇年〕

――（1983）CM : *Cahiers pour une molale*, Gallimard

――（1954）*Réflexions sur la question juive*, Gallimard（Collection Folio）〔安堂信也訳『ユダヤ人』岩波新書、一九五六年〕

――（1964）EH : *L'existentialisme est un humanisme*, Nagel（Collection Pensées）〔伊吹武彦訳『実存主義とは何か』人文書院

（新装版）、一九九六年）
ただし、サルトルの著作について訳文を変更したところも多く、訳文の責任は筆者にある。

Taylor, C. (1985) *Human Agency and Language: Philosophical Papers 1*, Cambridge University Press

Walzer, M. (1995) "Preface to J. P. Sartre, *Anti - Semite and Jew*", Schocken Books

アーレント（1994）『精神の生活』（佐藤和夫訳）岩波書店

――（1972-4）『全体主義の起原』（大久保和郎、大島通義、大島かおり訳）みすず書房

デリダ（2004）『死を与える』（廣瀬浩司、林好雄訳）ちくま学芸文庫

ニーチェ（1969）『この人を見よ』（手塚富雄訳）岩波文庫

プラトン（1979）『国家』（藤沢令夫訳）岩波文庫

――（1967）『ゴルギアス』（加来彰俊訳）岩波文庫

――（1967）『パイドロス』（藤沢令夫訳）岩波文庫

堀田新五郎（2008）「『存在と無』の倫理的可能性――非・主体的決断」『奈良県立大学研究季報第19巻第1号』所収

――（2015）「サルトル／カミュ　実存と20世紀の政治」『岩波講座政治哲学5』所収

レヴィナス（2005）『全体性と無限（上）』熊野純彦訳、岩波文庫

熱狂と理性

――カント哲学における観衆の公共圏の位置づけをめぐって

●――金　慧

一　問題の所在

I・カントが啓蒙について論じた論文『啓蒙とは何か』では、啓蒙とは自らの理性を用いることを避けようとする「未成年状態」からの脱出であると定義されている。そのために必要とされるのは、ただ「理性の公的使用」のみである(1)。カントが生きる時代においてすでに、人びとは少なくとも自らが未成年状態にあることを意識しつつあるはずであり、それゆえにカントはこの時代を「啓蒙の時代」と呼んだ。カントがここで理性の公的使用と呼ぶのは、いかなる規則や法に対してであれ、それらに対する批判的な意見を読書する公衆に対して広く提起することである。こうした意見と批判のネットワークがますます多くの人びとのあいだに広がり、それにつれて漸進的に自己立法を原理とする共和制に接近するというのがカントの啓蒙観であったといえるだろう。この意味で、啓蒙には、他者の指示を仰がずにはいられない他律的人間像から自らの判断を形成し表明する自律的人間像への転換と、専制から共和制への移行という二重の変革が含意されている。

こうした変革を促す原動力となるのは、書物をつうじた、あるいは誌上で論争を行う「識者」の言論である。市民はこうした言論の受容をつうじて自らの意見を形成することが期待されているのである。理性の公的使用は価値観や意見を異にする他者への語りかけを意味しており、これが可能となるための条件が読書する公衆からなる空間、すなわち公共圏の存在である。したがって啓蒙は、どの意見がより説得力のある論拠を有するのかを判定する公衆によって構成された公共圏によって支えられているといえる。J・ハーバーマスが「市民的公共性」の理念型をカントの議論のなかに求めたのは、こうした公衆の公共圏が政府に対する意見表明と批判的監視において果たす重要な役割を、カントの「理性の公的使用」や「公開性」をめぐる議論のなかに読み取ることができたためである(2)。

本稿で注目したいのは、こうした意見を媒介とする言論型の公共圏とは区別された、もう一つの公共圏のあり方である。そこでは、公共圏を構成するのは、公衆のあいだで流通する言論ではなく、公衆が表明する情動である。以下で見るように、カントは、公衆によって「公的」に表明された一定の情動こそが人類の進歩を表していると考えた。つまり、公衆が集合として示す情動の意味に注意を促したのである。しかしながら、情動の表明は、理性の行使にほかならない意見の表明とは対極にあるように見える。そうだとすれば、公衆の情動がいかにして公共圏を構成しうるのだろうか。さらに、感情や欲望に対する理性の優位を前提にしたカントの哲学のなかで情動はどのような役割を果たしうるのだろうか。以下ではこれらの問題について考察することにしたい。

二　革命への熱狂

カントが公衆の情動に触れているのが、『諸学部の争い』(一七九八年)の第二部「哲学部と法学部との争い」である。カントはここで、「人類はより善い方向へ絶えず進歩しているか」という問いを掲げる。そもそも、どのようにすればこの問いに対する答えを知ることができるのだろうか。カントはまずこうした予言のような言明が可能であるのかどうかについて考察している。それによれば、予言する者がその予言どおりの出来事を「自ら作り出し演出するならば可能である」。ここでカントの念頭にあるのは政治家であり、かれらは次のように将来を見通している。すなわち、人民を人間についての理想的なイメージにしたがって扱ってはならない。そうしたイメージにしたがって統治の手綱を緩めれば、必ずや人民の「反抗的傾向」が無秩序をもたらすがゆえに、人民の自己支配は不可能である。しかしカントにいわせれば、人民の「反抗的傾向」は統治の「不当な強制」によって生み出されたものである。つまり、反抗的傾向を理由として人民自身による自己支配が不可能であるといえるとしても、それは人民にそうした傾向を抱かせた統治のあり方が理由であり、その意味で政治家は強権的な統治が必要となる条件を自らが作り出しているのである（SF 80）。こうした人民への蔑視にもとづくいわば自己成就的な予言のあり方とはまったく異なり、むしろカントは人民自身が提示するある振る舞いにこそ人類の進歩を証立てる能力が現われていると考えるのである。[3]

とはいえ、人間にそなわる何らかの性質あるいは能力が原因となって道徳的な進歩を引き起こしうるとしても、それがいつ、どのようなかたちで生じるのかを経験的に予言することは不可能である。しかし、人間にそのような能力がそなわっているという事実を経験のなかから探し求めることは不可能ではない、とカントはいう。その事実とは、「出来事として、人類にはある性質および能力が、つまり、より善い方向へ人類が前進することの原因であり、さらに（この前進は自由を賦与された存在者の行いであるべきだから）この前進の創始者であるという性質および能力がそなわっていることを、指し示すような経験である」（SF 84）。

人類が前進する「原因」はあくまで人間の性質および能力であり、この能力が現象において現われたのが「出来事」である。したがって、こうした出来事そのものは進歩の原因ではなく、人類全体の傾向をそこから読み取ることができる「歴史の徴候」（Geschichtszeichen）、すなわち「追憶的記号、明示的記号、予知的記号」（signum rememorativum, demonstrativum, prognostikon）とみなされなくてはならない（SF 84）。もしそうした性質および能力の発現としての出来事を見いだすことができれば、それは過去の人間にもそうした能力がそなわっていたことを示し（追憶的記号）、また現在の人間がそうした能力によって進歩しつつあることを示し（明示的記号）、そして将来の人間に対して同様の想定が可能であることを示すはずである（予知的記号）。

このように、カントによれば、人間の性質および能力が原因となって人類の進歩をもたらすとすれば、実際に、この能力が人間にそなわっていることを示す出来事が「徴候」として生じなければならない。あえて病気の比喩を用いれば、人間の性質および能力が病因であり、出来事はその症状である。それゆえ、症状を介して病因の存在を推し量ることができるのである。カントはこうした出来事について以下のように論じている。

こうした出来事は、決して人間によってなされた重大な行いあるいは悪行にあるのではない。つまり、人間のあいだで、偉大だったものを卑小なものにしたり、卑小だったものを偉大なものにしたりするような、そしてあたかも魔法によるかのように、古くからの輝かしい国家組織が消滅し、そのかわりに別の国家組織がまるで地の底から出現するかのような、そのような行いあるいは悪行にあるのではない。断じてそういったものではない。それはたんに観衆の思考様式（Denkungsart der Zuschauer）、こうした大転換劇に際して、思わず公的に現われ、非常に普遍的ではあるけれども非利己的な共感（Teilnehmung）を劇の一方の役者に寄せて他方の役者には反感をもつということを、そうした党派性が自分にとって大きな不利益になりかねないという危険を冒してまでも表明する、観衆の思考様式でしかない。このように、この思考様式は（普遍性のゆえに）人類全体の性格を証明すると同時に、（非利己性のゆえに）人類の道徳的性格を、少なくとも素質において証明するのである。（SF 85）

ここで述べられている「大転換劇」がフランス革命を指しているという点で解釈者の見解は一致している。興味深いのは、歴史的な徴候としての出来事が、革命そのものではなく、革命に関与していない「観衆の思考様式」にこそあると述べられている点である。この観衆は、フランスの市民ではなく、「革命の舞台から百マイル以上も離れた国」（SF 86）、すなわちプロイセンの市民のことを指している。進歩の原因となる人間の性質および能力は、革命を遂行する行為者の具体的な行為や資質に求められるべきではなく、さらに革命の成否もここではまったく重要ではない（SF 85）。

そうした能力は、革命という「劇」の一方の「役者」に対する観衆の「共感」にこそ現われている。しかもこの共感は、たんに観衆の心のなかに生じた感情ではなく、危険を冒してまでも「公的に」表明された「思考様式」である。理性の公的使用という語の使われ方からわかるように、「公的」という語には、必ずしも共通の価値観や考え方を期待しえない他者への呼びかけという意味が含まれている。そうだとすれば、革命の一方の当事者への共感の表明は、閉じられた空間における感情の表明ではありえず、それゆえに危険を孕んだ態度表明にならざるをえない。

このように、カントが進歩の「徴候」とみなす出来事は、観衆が革命に対して向けた共感の表明である。この市民は、カントによれば、自身の危険を招く可能性があるにもかかわらずフランス革命に対する共感を表明している。それゆえに、この思考様式が利己的であるとは考えられないだろう。しかしながら、この共感は非利己的であるにとどまらず、「人類全体の性格」を示す「普遍性」をも有するというのである。では、そもそもなぜ特定の対象に対する「共感」が普遍的でありうるのだろうか。

カントによれば、観衆が示す「共感」は「熱狂」(Enthusiasm)と「紙一重」であり、熱狂は「理想的なもの」に向けられた「情動」(Affekt)であるという。

この革命はすべての観衆(自分たち自身は共演者としてこの劇に巻き込まれていない)の心のなかに、熱狂と紙一重の、願望としての参加を、つまり共感を得るのであり、またこの共感を表明することそのものが危険をともなっていたのであるから、この共感の原因は人類のうちなる道徳的素質以外にはありえないのである。

〔……〕それゆえ、こうしたことや情動をともなう善への共感(Teilnehmung am Guten mit Affekt)、つまり熱狂は、たしかにあらゆる情動はそのものとしては非難に値するから、完全に是認することはできないとしても、それでもこの歴史を介して、人間学にとって重要な所見を述べるきっかけとなる。すなわち、真の熱狂は常に理想的なものにのみ、しかも、法概念がそうであるような純粋に道徳的なものにのみ向かうのであって、利己心に接ぎ木されることなどありえないのである。(SF 86-87)

カントによれば、公衆が革命に対して熱狂に近い共感を示したのは、隣国の革命が自国に有利にはたらくからでもなければ、かれらの破壊願望を充足させるからでもない。それが端的に「善」ないしは「理想的なもの」の実現だったから、というのである。カントはこうした共感の「原因」を二つ挙げている。一つは、「法」にかんする原因で、「ある国民が自分たち自身に善いと思われる市民的体制を自らに与えることは他の勢力によって妨害されてはならない」というものである。もう一つは、「目的」にかんする原因で、「国民の体制としてそれ自体において法的にも道徳的にも善いのは、〔……〕原則として侵略戦争を回避する」体制であり、「そのような体制は少なくとも理念上は共和制以外にはありえない」（SF 85-86）。

すなわち、革命は、国民自身による共和制の創設という理念の現実化として公衆には感じられたのである。つまり、共感を生じさせると同時にその対象でもあるのは、理念の現実化にほかならない。そうだとすれば、共感あるいは熱狂が生じる条件の一つは、公衆が理念を思い浮かべる能力、つまり理性を持つということである。対象をきっかけにして理念を生み出すのは理性の能力であり、フランス革命によって触発された理性のはたらきは、人間の感性にも影響を及ぼさずにはいない。つまり、理念の定立を媒介にして理性と感性という二つの能力が接触し、その結果として共感あるいは熱狂という特異な情動が生じるのである。このように考えれば、共感あるいは熱狂は理性によって引き起こされた感情であり、フランス革命に対する共感が普遍的な性格を有しているとされるのは、それが理性の生み出した感情と考えられるからである。

とはいえ、カントは上記の引用文のなかで、情動は「そのものとしては非難に値するから、完全には是認できない」とも述べている。たしかに、一般的な理解にしたがえば、熱狂は非理性的かつ昂揚した心の状態を意味する。実際にカントもまた、熱狂を病気にも比せられるべき状態として記述している。「情動としての熱狂は、きわめて健全な悟性を時として襲う一時的な発作である」（KU 275）。さらに、情動はそれと類似した心の状態である「激情」（Leidenschaft）とともに次のように述べられている。「情動であれ激情であれ、それに支配されることはどちらも理性の主権を排除するため、たしかにいうまでもなく心の病である」（Anthr 251. 強調引用者）。

情動としての熱狂は、悟性を襲う「一時的な発作」であり、理性による統制を拒む「心の病」である。こうした記述は、熱狂は進歩の原因である人間の能力の現われであるという上述の引用文とは明らかにそぐわない。むしろ熱狂は、「一時的な発作」あるいは「心の病」という語が示すように非理性的であるばかりか、「理性の主権を排除する」点で反理性的ですらある。果たして熱狂は、理性の理念が引き起こす感情なのか、それとも理性の主権を排除する病的な感情なのだろうか。次節では、「熱狂」とそれに類似した現象である「狂信」という語がカント以前にどのように用いられてきたのかを辿りながら、熱狂の両義性が何を意味しているのかを明らかにしたい。

三　熱狂と狂信

「熱狂」（Enthusiasmus/enthusiasm）は、古典ギリシア語で「神に憑かれた状態」（enthousiasmos）という意味の語に由来し、やがて啓示や霊感を受けた状態を意味する語として用いられた。これに類似する語として「狂信」（Schwärmerei/fanaticism）がある。これはもともと、「群がる」（schwärmen）という語に由来し、蜂のように群れを形成しようとする欲望をもつことが狂信者の特徴とされた[4]。一六世紀の宗教改革期には、ルターが自らとは異なる宗教上の立場に対する侮蔑語として広範に使用したという[5]。当時においては、熱狂と狂信は、どちらも神からの啓示を受けたという虚偽の信念を指し示す言葉として否定的な意味で用いられた。

一七世紀に入ると、熱狂は啓示や霊感といった宗教的経験を指すだけでなく、医学的見地からも論じられるようになる[6]。たとえば、医師でもあったJ・ロックは、熱狂を理性の正常な働きを阻害する病理的現象とみなしている。「本来の熱狂（enthusiasm）は、理性にも神的啓示にももとづかず、過熱した、あるいは中庸を失した脳の自惚れから生じる[7]」。理性による吟味を拒絶した独断的な状態に陥った人びとは、「他者に命令する権威をまとい、進んで他者の意見に指図しようとする[8]」。ここには、熱狂に対する病理的観点が見られるだけでなく、その政治的な効果というさらに別の論点が現われてもいる。熱狂者は、批判的思考の能力が奪われると同時に、他者に対して自らの信念を押し付けることのできる権威が付与されたと信じるようになる。さらに、「これに対応するように、大衆の無批判な熱狂的気質によって、こうした暴君の独断的な熱情に対してかれらはより脆弱な状態におかれるのである」[9]。

ここに示されている熱狂と専制支配との緊密な関係は、熱狂にかんするD・ヒュームの議論（「迷信と熱狂について」）にも現われている。ただし、二つの関係について、ヒュームはロックとは正反対の評価を下している。ヒュームによれば、「熱狂」（enthusiasm）と「迷信」（superstition）はいずれも「真の宗教の腐敗」であるが[10]、それら二つの政治や社会への影響の仕方には大きな違いがある。すなわち、「迷信」は「恐れ」や「悲しみ」に起因するため、迷信に頼る者は自分よりも神の恩寵を受けている人間の助力を得ようとする。その結果、「迷信は聖職者の権力にとって有利である」。これに反して「熱狂」は、「僭越な誇りと自信」から生じるため、熱狂的信者は何らかの仲介者なしに神に接近できると考える。その結果、「熱狂は、健全な理性や哲学におとらず、あるいはそれ以上に聖職者の権力に対立的である」[11]。ここからさらにヒュームはもう一つの帰結を引き出す。迷信は「人びとを従順で卑屈にし、かれらを奴隷状態に適合させる」ため、「政治的自由の敵」である。他方で熱狂は、「大胆で野心的な気質の疾患であるから、おのずから自由の精神をともなう」。それゆえ、「政治的自由の友」である[12]。

たしかに、ヒュームは熱狂と迷信はともに堕落した宗教の産物であると考えた。しかし、聖職者の権力を補強し、政治的自由の拡大を阻むのは、熱狂ではなく迷信のほうである。むしろ熱狂は、既存の秩序や権威に対抗し、これらを変革する潜在力を持ちうる「気質」あるいは「疾患」とみなされているのである[13]。このように熱狂は、一方ではロックの議論に見られるように、専制支配に適合的な病的状態とみなされるが、他方ではヒュームにおけるように、迷信から区別され、道徳的かつ政治的に肯定的な意味が付与されることもあった。

さらに、一七七〇年代から熱狂は肯定的な意味で使用されることが増えていき、それまで同義に用いられてきた他の用語から差別化されていくようになる[14]。そうしたなか、作家であるC・M・ヴィーラントが一七七五年に「熱狂と狂信」（Enthusiasmus und Schwärmerei）を発表する。冒頭でヴィーラントは、これまで同じ意味で用いられてきた狂信と熱狂を区別することの必要性を唱えている。かれによれば、「狂信」とは「自然のなかにまったく存在しないか、あるいは少なくとも陶酔した魂が見ていると思っているのとは異なる対象による魂の過熱」であり、一言でいえば「魂の病」である。[15] これに対して「狂信ではないもう一つの魂の過熱が存在する。これは自然とその鏡である私たちの内奥のなかに、美や善、完全性や神的なものを直接に見て取ることの効果」であり、「魂の真の生命」である。[16]

このようにヴィーラントは、一方における思い込みや病としての「狂信」と、他方におけるインスピレーションや創造性としての「熱狂」を区別し、これら二つに対して対照的な評価を下した。狂信が宗教的な領域における誤った信念あるいは病的な状態という従来の意味内容を維持する一方で、熱狂が美的あるいは道徳的に肯定的な事態を指す言葉として用いられるようになるのである。こうした文脈のなかでカントもまた、熱狂と狂信を異なる現象として区別し、『諸学部の争い』では熱狂についての議論を政治の領域で展開するのである。[17]

そもそもカントによる熱狂と狂信の区別は、初期の著作『美と崇高の感情にかんする観察』（一七六四年）にまで遡ることができる。そこでは以下のように二つの概念が区別されている。「狂信は熱狂とつねに区別しなければならない。前者はより高次の存在との直接で異常な交流を感じると信じるが、後者は愛国的徳の格率であれ、友情や宗教の格率であれ、心がある原則によってふさわしい程度以上に熱している心の状態を意味し、この場合、超自然的な交流の空想が何かを作り出す必要はないのである」（Beobachtungen 251）。すでにこの時点で、熱狂に対する肯定的な評価がはっきりと表明され、「この熱狂がなければこの世界において偉大なことは何ひとつとして遂行されなかった」（Beobachtungen 267）とまで述べられている。

カントによれば、熱狂と狂信は質的に異なる心の状態であり、熱狂が「情動」（Affekt）であるのに対して、狂信は「欲求能力」（Begehrungsvermögen）の一つに数えられる「激情」（Leidenschaft）である。[18] いずれも快・不快の感情をともなうことに変わりはない。しかし、「激情」は、先行する何らかの快・不快の感情が特定の対象に対する欲求を生み出し、これが習慣化かつ永続化した場合に生じるとされる。カントはその一例として「憎しみ」を挙げている（TL 408）。これに対して「情動」においては、快・不快の感情が原因となって情動が生じるのではなく、情動の結果として快・不快の感情が生じるのである。つまり、激情の場合は、先行する感情が原因となって対象へのはたらきかけが生じるのに対して、情動としての熱狂の原因となるのは、快・不快の感情ではなく、理性なのである。[19] カントの分類にしたがえば、理性によって引き起こされる一群の感情があり、「尊敬」(Achtung)と並んで熱狂はそうした感情の一つである。[20]

では、理性によって引き起こされる情動が、なぜ「理性の主権を排除する」といわれるのだろうか。一見すると矛盾したこうした事態を『判断力批判』における「崇高」についての議論を参考にまとめれば以下のようになる。たしかに、理性が生み出す理念によって熱狂が生じる。しかしその際、構想力は理念に対応する対象を心のなかに描き出すことが困難なため、理性によっては制御できない状態に陥る。カントはこうした状態を「盲目」であるとか「心の動揺」とも呼ぶ。理念によって構想力は不可能な課題を課されるのであり、その結果として「諸力の緊張」を強いられる。こうして主体は、自らの行為についての理性的な熟慮が妨げられる状況におかれるのである(KU 272)。[21]

すなわち、情動が「理性の主権を排除する」という記述は、理念の描出という困難な課題を前にして、構想力が理性によって「制御できない」(KU 275)状態に陥るという事態を指している。構想力は不可能な課題を前にして動揺をこうむるのであり、これが理性の支配からの一時的な逸脱というかたちをとるのである。こうした理性による理念の定立と構想力によるその描出の試みが、感性に対する刺激となって現われたのが熱狂であるといえる。

ところで、こうした情動の「盲目」的な動きに対して、カントは以下のような意義を見いだしている。

にもかかわらず自然がわれわれのうちに情動の素質を植え付けたのは自然の知恵だったのであって、それは理性が相応の強さに達するまでのあいだ暫定的に手綱を操るためだったのであり、いい換えれば、善への道徳的な動機に添えてそれを鼓舞するために、理性の一時的な代用物としての情熱的な(感性的な)刺激という動機をさらに付け加えるためだったのである。(Anthr 253)

カントによれば、情動は理性に代わって、あるいは理性を補うかのようにして、善への動機づけを与える。それはあたかも、道徳的な行為へと主体を駆り立てるために、理性は自らが占める座を一時的に情動に譲るかのようである。[22] とはいえ、それは暫定的なものに過ぎず、理性は決して情動につないだ手綱を手放そうとはしない、という。

そうだとすれば、情動としての熱狂には行為への動機づけという役割が与えられていることになる。「この熱狂がなければこの世界において偉大なことは何ひとつとして遂行されなかった」という初期のカントの見解はその後も一貫していたとみるべきだろう。[23] このように考えると、革命への観衆の共感は熱狂とはわずかに異なることがわかる。フランス革命における「一方の役者」への観衆の共感は明らかにかれらの「党派性」を示しているが、この観衆に「協力しようという意図は少しもない」(SF 87)。これらの観衆を特徴づけるのは強い「党派性」と、協力への意図の不在である。観衆の共感はあくまで「願望としての参加」であり、それゆえに熱狂と「紙一重」なのである。観衆の共感が他者の感情への共鳴である以上、厳密にいえば、観衆は革命における行為者の心の「昂揚状態」、すなわち熱狂に共感しているのである。[24]

つまり、革命の当事者が抱く熱狂こそが「情動をともなう善への共感」であり、その熱狂は、「人間の自然の権利と合致した体制の理念、すなわち法に服従する者は同時に、統合され、立法を行う者でもあるべきだという理念」(SF 91)に向けられている。さらに、革命の当事者が抱く情動に対して、観衆もまた熱狂に近い共感を寄せている。こうした「善」あるいは「理念」へと向かう情動の連鎖の一端に観衆は位置している。もちろん、革命に参加する行為者のなかには、理念へと向かう熱狂とは異なるさまざまな動機を持つものがいることは否定できない。だからこそカントには、革命に巻き込まれていない観衆の共感こそがより純粋に人類の「道徳的性格」を示しているように見えたのであろう。

以上のように、狂信が「超自然的な交流」によって生じるとすれば、熱狂は経験のなかにその対象を持つ。つまり、観衆による情動の表明は、革命が理念の現実化であるという認知的評価にもとづいている。こうした評価が「公的に」表明されることによって、理性の公的使用によって構成される公共圏とは異なる性格の公共圏が成立するように思われる。

四　観衆の公共圏

冒頭でも述べたように、『啓蒙とは何か』で描かれた啓蒙のあゆみは、読書する公衆に向けた識者の意見表明をつうじて、徐々に理性の公的使用が公衆のあいだにおいても広まり、これが各人の思考様式の変容につながっていくというものであった。これと比べると、『諸学部の争い』においてはやや異なる角度から公衆が描かれていることになる。そこでは、公衆が「観衆」(Zuschauer) として、フランス革命という「大転換劇」を注視し、「一方の役者」に熱狂に近い共感を寄せている。まさにこの点に注目したのが、H・アーレントである。[25]アーレントは、眼前で繰り広げられる出来事や行為に対して観衆が判断を下すことによって公共性が成立すると考えた。政治は演劇と類比的に捉えられ、観衆は観客のように劇に見入り、そして評価を下す。劇に巻き込まれている役者に比べると、観客はより広い視野から劇を見渡すことができるため、より不偏的な判断を下すことが期待できるのである。[26]

理性の公的使用という語を用いて描かれた公共圏が公衆の言論を媒介にして成立しているとすれば、熱狂が切り開く公共圏は観衆の情動を媒介にして成立しているともいえる。後者においては、観衆は自らの意見を表明するのではなく、情動をとおして対象への評価を表明するのである。自己利益にもとづく意見が妥当性を主張しえないのと同様に、自己利益にもとづく情動の表明が公衆のあいだに拡がりを見せることはないだろう。危険を冒してまでも公的に表明されたプロイセン市民の共感はやがて「公論」となり、プロイセンの対仏大同盟からの離脱を後押ししたとも指摘されている。[27]

もっとも、当然のことながら、「革命の舞台から百マイル以上も離れた国」の公衆は文字どおりの意味でフランス革命を観ているわけではない。実際には、新聞や雑誌などの定期刊行物をとおして情報を入手していたはずである。[28]つまり、公衆は眼前で展開される劇に対する直接的な反応として情動を表明しているのではない。革命と情動のあいだには、革命の推移を伝える報道やそれを評価する言論が媒介している。このように考えれば、革命をめぐる様々な言論を読むことが情動の前提であり、情動を表明する観衆は読書する公衆でもある。ここでは言論の受容と情動の表明は表裏一体であり、観衆による公共圏は言論による公共圏を前提にしているともいえる。[29]

観衆の公共圏が成立するとすれば、それは観衆が革命を観ることによってではなく、観衆が情動を相互に伝達することによってである。観衆は孤独のなかで革命に反応しているのではなく、対象への評価としての情動を「公的に」表明しているのである。それゆえ、観衆の公共圏を生み出すのは、相互に情動を表明し合う観衆の複数性である。こうした構図において、熱狂に近い共感に注目するカントは特異な立場にたっている。なぜなら、カントは「熱狂に対する熱狂[30]」をもって人類の道徳的能力を出来事から読み取り、また、観衆を観察する「メタ観察者[31]」の立場から情動に意味を付与しているからである。

繰り返していえば、徴候（Zeichen/sign）となる出来事は、革命ではなく、熱狂に近い共感である。したがって、観衆は徴候を読み取るべき立場にあるのではなく、徴候を示す立場にある。アーレントによれば、革命という出来事に意味を与えたのは行為者ではなく観衆であるとカントは考えていた。[32]これに倣っていえば、熱狂あるいは共感という出来事に意味を付与するのは、観衆自身ではなく、観衆の共感を観察する哲学者である。哲学者は、共感に対して「臨床的眼差し」（clinical gaze[33]）を注いでいるのであり、いわば共感という徴候をつうじて進歩という不可視の事態を診て取っているのである。ここでの「識者」の役割は、言論をとおして公衆を先導することではなく、熱狂あるいは共感を徴候として診断することにある。

アーレントにとって、革命という出来事を構成する決定的な要素は観衆の複数性であった。[34]あえて対照的にいえば、カントの議論において、観衆の共感という出来事を構成するのは、徴候を読み取る「識者」（哲学者）の単独性である。共感は識者によって意味が付与されることによってはじめて出来事として構成されるのであり、その結果として、「そうした現象は人間の歴史においてもはや忘れ去られることがない」（SF 88）。識者としての哲学者の眼差しは、観衆の眼差しとは異なる対象——徴候としての熱狂あるいは共感——に向けられている。ここには明らかに、熱狂あるいは共感を診断が必要な症状とみなす医学的な視点がある。哲学者の視点は、劇に見入っている観客の視点というよりも、症状を診断する医師のそれに類似している。このような視点から見てはじめて、熱狂を狂信から区別することが可能になる。もし観衆が示す感情が狂信である場合、哲学者の役割は徴候を介して病因を特定し、その拡がりを食い止めることにある[35]。これに対して、徴候が熱狂を示す場合には、それが向けられている「理念」を特定し、「もはや忘れ去られることがない」出来事として構成することにある。

出来事の構成が忘却を回避するために行われるのだとすれば、こうした哲学者の営みは実践的な意義をも有している。哲学者が記述する出来事によって、進歩を可能にする能力が人類にそなわっているという事実がことあるごとに想起され、これが公衆にさらなる進歩への希望をもたらすかもしれないからである[36]。実際にカントによれば、「その出来事はあまりに大きく、人間性の関心にあまりに深く絡みあい、その影響が世界のあらゆる地域に広がっているので、何か好都合な事情でも生まれると、それをきっかけに諸国民は必ずその出来事を思い起こし、この種の新たな試みを繰返すよう呼び覚まされる」(SF 88)。

この点でも、観衆の公共圏は言論の公共圏とは異なる性格をそなえている。言論の公共圏における意見の継続的な交換は、たとえ暫定的であるとはいえ、そのつど妥当性を有する意見と理由の蓄積をもたらし、これが後続する議論に一定の制約を課すことになる。かりに言論の公共圏がこうした蓄積という漸進的な時間性を示すとすれば、観衆の公共圏は、以後に生じる何らかのきっかけによってあらためて想起されるべき範例――理念に向けられた情動の発露――を提供する。この意味で哲学者が記述する出来事は、平常時には潜在しているが、何らかのきっかけによって想起される間歇的な時間性を有しているといえよう[37]。

このように考えれば、アーレントとカントのあいだには大きな隔たりがあることになる。アーレントの想定する観衆の公共圏においては、個々の観衆は他者の同意を要求することのできる不偏的な判断を下すべきであり、この判断の妥当性をより上位の審級から判定する立場は想定されていない。これに対してカントが描く観衆の公共圏においては、観衆は不偏的な判断を下すどころか、「一方の役者」への明確な「党派性」を示している。しかし、これが理性(理念)への党派性であると判断されるかぎりで[38]、こうした情動は人類の道徳的性格の現れとみなされる。観衆の情動は意味が与えられるべき徴候（サイン）として提示されているのであり、識者は観衆とは異なる立場からこれを解読するのである。[39]

五　結語

本稿では、カントが人類の進歩の徴候とみなした観衆の共感に注目し、この共感がどのような意義を持つのかを探求した。観衆の共感は、革命の行為者が抱く熱狂に対する情動であり、これらの情動は理性によって引き起こされる。この点で熱狂は、超自然的な対象との直接的な交流によって生じる狂信とは区別される。すなわち、狂信が宗教的領域における感性を超越した経験という伝統的な意味内容を維持する一方、熱狂には理性によって引き起こされた情動というまったく別の役割が与えられている。『諸学部の争い』では、この熱狂が共和制という理念へと向かう情動として位置づけられ、これが革命の行為者から観衆へと伝播する様子が描かれているのである。

従来、同義に用いられてきた熱狂と狂信が区別されることによって、理性と感情（情動）、あるいは啓蒙と感情（情動）という区別も相対化されるように思われる。これまで見てきたように、言論（理性の公的使用）と情動（熱狂の公的表明）は、どちらも理性に由来する点で排他的な関係にあるわけではない。その意味で、熱狂は啓蒙によって鎮められるべき病的な状態であるとか、啓蒙の優位を示す引き立て役であるといった理解は成り立たないのではないだろうか。観衆は対象に対する評価として情動を公的に表明し、こうした観衆のあいだの相互的な評価の表明は、理性の公的使用によって構成される公共圏とは異なる、観衆の公共圏とでも呼びうるような空間を形成するように思われる。[40]

ただし、革命に対する人びとの心の昂揚状態が「狂信」ではなく「真の熱狂」（SF 86）であるという区別は、観察者が一定の視点をとることによってはじめて可能となる。その視点とは、熱狂の対象が「理想的なもの」であるか否かを判定する哲学者の視点である。そうだとすれば、情動を表明する観衆の公共圏は、出来事の意味を相互に開示する空間であると同時に、哲学者によって意味が与えられる空間でもある。たしかにここには、患者と医師の関係が示すような、観衆と識者のあいだの非対称性が前提とされている。しかし同時に、観衆が集合として示す情動がはじめから非合理的なものとして切り捨てられてもいない。少なくともカントの議論においては、観衆の公共圏は、言論の公共圏を前提にし、また言論によって解釈されることによってはじめて、啓蒙の過程のなかで正当な位置づけを得ることができるように思われる。

(1) カントの著作からの引用については略号を用いて、アカデミー版カント全集の頁数を本文中に記した。邦訳は『カント全集』（全二二巻・別巻一、岩波書店、一九九九―二〇〇六年）に依拠したが、訳文を変えた箇所もある。Anthr: *Anthropologie in pragmatischer Hinsicht*（1798）（渋谷治美訳「実用的見地における人間学」『カント全集15』）; Aufkl: *Beantwortung der Frage: Was ist Aufklärung?*（1784）（福田喜一郎訳「啓蒙とは何か」『カント全集14』）; Beobachtungen: *Beobachtungen über das Gefühl des Schönen und Erhabenen*（1764）（久保光志訳「美と崇高の感情にかんする観察」『カント全集2』）; KU: *Kritik der Urteilskraft*（1790）（牧野英二訳『カント全集8 判断力批判』上巻）; SF: *Der Streit der Fakultäten*（1798）（角忍・竹山重光訳「諸学部の争い」『カント全集18』）; TL: *Tugendlehre*（1797）（樽井正義・池尾恭一訳『カント全集11 人倫の形而上学・徳論』）.

(2) Jürgen Habermas, *Strukturwandel der Öffentlichkeit*, Suhrkamp, 1990, S. 178-195（細谷貞雄・山田正行訳『公共性の構造転換――市民社会の一カテゴリーについての探求』第二版、未來社、一九九四年、一四三―一五九頁）.

(3) 予言的歴史についてのカントの見解にかんしては以下の文献も参照のこと。Sharon Anderson-Gold, "The Political Foundations of Prophetic History," in Paul Formosa, Avery Goldman and Tatiana Patrone（eds.）, *Politics and Teleology in Kant*, University of Wales Press, 2014, pp. 187ff.

(4) Peter Fenves, "The Scale of Enthusiasm," in Lawrence E. Klein and Anthony J. La Vopa（eds.）, *Enthusiasm and Enlightenment in Europe, 1650-1850*, Huntington Library, 1998, p. 121.

(5) Anthony J. La Vopa, "The Philosopher and The Schwärmer: On the Career of a German Epithet from Luther to Kant," in *Enthusiasm and Enlightenment in Europe, 1650-1850*, p. 87.

(6) 初期近代に入ると熱狂は憂鬱症のような心疾患の症状とみなされることがあった。こうした熱狂の「医療化」については以下の文献を参照。Michael Heyd, "*Be Sober and Reasonable*": *The Critique of Enthusiasm in The Seventeenth and Early Eighteenth Centuries*, E. J. Brill, 1995.

（7）John Locke, *An Essay concerning Human Understanding*, P. H. Nidditch（ed.）, Oxford University Press, 1975, p. 699（大槻春彦訳『人間知性論（四）』岩波文庫、一九七七年、三三〇頁）.

（8）Ibid.

（9）James J. DiCenso, *Kant, Religion, and Politics*, Cambridge University Press, 2011, p. 40.

（10）David Hume, *Essays, Moral, Political and Literary*, Vol. 3, T. H. Green and T. H. Grose（eds.）, 1964, p. 144（福鎌忠恕・斎藤繁雄訳『奇蹟論・迷信論・自殺論』法政大学出版局、二〇一一年、六〇頁）.

（11）Hume, *Essays, Moral, Political and Literary*, pp. 145-148（六二―六三頁）.

（12）Hume, *Essays, Moral, Political and Literary*, pp. 149-150（六五頁）.

（13）Cf. DiCenso, *Kant, Religion, and Politics*, p. 42. ただし、熱狂と迷信はあくまで真の宗教の堕落の産物であり、否定的な評価が前提とされている点に注意しなくてはならない。ヒュームが述べているのは、熱狂的な性格を持つ諸教派が結果として政治的自由を擁護するに至った事例を歴史のなかに見いだすことができるというものである。熱狂と迷信にかんするヒュームの見解については以下の文献を参照。Ryu Susato, *Hume's Sceptical Enlightenment*, Edinburgh University Press, 2015, ch. 5.

（14）とはいえ、そこにおいても依然として熱狂は狂信と密接に関係しているが、両者の関係は「近接」ではなく「両極」へと変化したという。Jürgen Schramke, *Das Prinzip Enthusiasmus: Wandlungen des Begriffs im Zeitalter der Aufklärung und der Französischen Revolution*, Universitätsverlag Göttingen, 2018, S. 125-126.

（15）Christoph M. Wieland, "Enthusiasmus und Schwärmerei," in *Wielands Sämtliche Werke*, Leipzig, 1858, S. 134-135.

（16）Wieland, "Enthusiasmus und Schwärmerei," S. 135.

（17）La Vopa, "The Philosopher and The Schwärmer," p. 111.

（18）ただし、カントは情動を欲求能力に分類することもある。カントによる感情の分類については以下の文献に詳しい。Kelly D. Sorensen, "Kant's Taxonomy of the Emotions," *Kantian Review*, 6, 2002.

（19）「理性は情動の結果としてではなく情動の原因として、善にかんして魂を生気に満ちたものに保つことが可能なのである」（Anthr 253-254）。

（20）理性が引き起こした感情という点で、「熱狂」と「尊敬」（Achtung）は共通しているものの、カントは両者の異同について明確なことを述べていない。おそらく、これら二つの感情の違いは、一点目に、尊敬が唯一のアプリオリな感情とされているのに対して、熱狂は経験的な事象をきっかけにして引き起こされるという点でアポステリオリな感情である点である（cf. Sorensen, "Kant's Taxonomy of the Emotions," pp. 13-14）。二点目は、尊敬においては道徳法則によって意志が規定されるのに対して、熱狂においては理念の感性への影響によって心の「昂揚」がもたらされるが、意志が規定されるとまでは述べられていない点である（cf. Jean-Michel Muglioni, "Enthusiasmus und moralischer Fortschritt im Streit der Fakultäten," in Otfried Höffe (Hrsg.), *Schriften zur Geschichtsphilosophie*, Akademie Verlag, 2011, S. 210）。

（21）カント自身が「美感的には熱狂は崇高である」（KU 272）と述べているように、理念によって構想力に緊張がもたらされる点で熱狂は崇高と同様である。J・リオタールは熱狂を「崇高な感情の一つの様相」とみなしている（ジャン＝フランソワ・リオタール『熱狂』中島盛夫訳、法政大学出版局、一九九〇年、六三頁）。これに対して、熱狂とは異なり、崇高は美と同様に対象への関心を欠くという点、また崇高が判断であるのに対して、熱狂が情動であるという点から両者を区別するべきであるという主張については以下の文献を参照。Robert R. Clewis, "The Feeling of Enthusiasm," in Kelly Sorensen and Diane Williamson (eds.), *Kant and the Faculty of Feeling*, Cambridge University Press, 2018, pp. 189-192.

（22）Cf. Sorensen, "Kant's Taxonomy of the Emotions," pp. 16-17.

（23）同様の表現が『判断力批判』にも見られる。「情動をともなう善いものの理念は、熱狂と呼ばれる。この心の状態は崇高であるように見える。一般には、この心の状態がなければ、偉大なことは遂行されることはできない、と言われるほどである」（KU 272）。

（24）カントは、熱狂を武器に戦う革命側と、感性的動機である「金銭的報酬」あるいは「熱狂の類比物」である「名誉」のために戦う「革命側の敵対者」を対比させたうえで、「外から見物していた公衆が、協力しようという意図は少しもないのに共鳴したのは、人びとの心のこうした昂揚状態（革命側の熱狂――引用者）に対してである」（SF 87）と述べており、熱狂を観衆ではなく行為者の情動として記述しているように思われる。J・シュラムケは、行為者の「戦闘における熱狂」が「熱狂的な共感としてそれに魅了された観衆へと伝染する」と表現している（Schramke, *Das Prinzip Enthusiasmus*, S. 320）。

（25）Hannah Arendt, *Lectures on Kant's Political Philosophy*, The Chicago University Press, 1982（浜田義文監訳『カント政治哲学の講義』法政大学出版局、一九八七年）。

（26）アーレントはカントの美的判断力論に依拠して政治的判断力論を展開しているものの、これは政治を美醜の観点から判断するべきであるということではなく、政治と美についての判断形成過程が同型であるということを意味している。
（27）Schramke, *Das Prinzip Enthusiasmus*, S. 319.
（28）Peter Fenves, *A Peculiar Fate: Metaphysics and World-History in Kant*, Cornell University Press, 1991, pp. 252-253.
（29）「読むことと公表することという受容的かつ自発的な統一が世界‐史的徴候の徴候的性格を構成している」（Fenves, *A Peculiar Fate*, p. 254）。
（30）Bonnie Honig, "Between Decision and Deliberation: Political Paradox in Democratic Theory," *American Political Science Review*, Vol. 101, No. 1（2007）p. 12.
（31）網谷壮介「範例的歴史と人類史」、*Arendt Platz*, No. 4、二〇一八年、一四頁。
（32）Arendt, *Lectures on Kant's Political Philosophy*, p. 52（七七頁）.
（33）La Vopa, "The Philosopher and The Schwärmer," p. 89.
（34）「この特殊な出来事にとって適切な公的領域を構成したのは、行為者ではなく、喝采を送る観衆（the acclaiming spectators）であった」（Arendt, *Lectures on Kant's Political Philosophy*, p. 61（九三頁））。
（35）La Vopa, "The Philosopher and The Schwärmer," p. 87.
（36）Cf. Masataka Oki, *Kants Stimme: Eine Untersuchung des Politischen bei Immanuel Kant*, Duncker & Humblot, 2017, S.160. 隠岐理貴「共和国、あるいは人間であるための空間――カントの「甘い夢」とその影」御子柴善之・舟場保之・寺田俊郎編『グローバル化時代の人権のために――哲学的考察』上智大学出版、二〇一七年、一六九頁。
（37）観察者による出来事の想起については以下の文献も参照のこと。齋藤純一「公共とデモクラシー――決定の「正しさ」をめぐる判断の政治」『思想』、二〇一九年、一一四〇号、一八―一九頁。
（38）革命側に対する観衆の共感は、たんに対立する諸党派の一つへの加担にすぎないように見えるが、メタレベルの立場にたつ哲学者の眼から見れば、それら諸党派は同一の平面に並ぶ立場ではない。つまり、そのなかの一つの立場が理性的に正しいのである。それゆえ、理性への党派性という現象は、メタレベルの立場にたつ哲学者の観衆に対する眼差しによってはじめて成立する。
（39）熱狂と狂信を区別するという問題については、アーレントが展開したような判断力の理論が必要となるように思われる。演劇の鑑賞というモデルから導かれる判断力と徴候の診断というモデルから導かれる判断力の違いと共通点については別稿を期したい。

（40）カントとアーレントにとって観衆は革命に対して評価を下す、あるいは「意味」を付与する存在である（cf. Arendt, *Lectures on Kant's Political Philosophy*, p. 52（七七頁））。これら二人の思想家は、行為者とは区別された観衆にその固有の地位と役割を認めている点で同様の立場にたっている。これに対して、ルソーは観衆にかんしてまったく異なる見解を提示している。ルソーが見るところでは、観衆は互いに情動を表明し合うどころか、一人ひとり孤立した状態におかれる（ジャン゠ジャック・ルソー『演劇について――ダランベールへの手紙』今野一雄訳、岩波文庫、一九七九年、四二頁）。しかも、観衆の趣味にそうような演劇でなければ観衆の注意を惹き続けることはできず、そこで演じられる人間の情念は観衆があらかじめ望むものになるほかない。すなわち、演劇は人びとの「習俗」を変えることはできず、むしろそれにしたがうしかないのである（同、四四―四五頁）。これに対してルソーが求めるのは、役者と観衆が分離した演劇ではなく、観衆自身が登場人物になるような劇である（同、二二五頁）。そこでは、誰もが薄暗い観客席から解放され、互いの姿が可視化される祝祭のような空間が成立する。このような集会がもたらす「喜びと楽しみのなかから、共和国の維持と和合と繁栄が生まれてくる」とルソーは主張する（同、二三三―二三四頁）。ルソーにとって観衆は、相互のいきいきとしたつながりを失い、受動性を強いられ、見たいものしか見ようとしない存在であり、共和国のあるべき市民と対比的に捉えられるべき存在である。ここにおいては、観衆に固有の役割は否定され、観衆は行為者へと解消されなければならない。こうした観衆についてのルソーの懸念が妥当するか否かはあらためて検討されるべき問題だが、カントやアーレントとルソーを分つのは、観衆による評価あるいは意味の付与といった積極的受動性とでも呼びうる活動についての見解であるように思われる。なお、ルソーの反劇場的な立場については、大竹弘二『公開性の根源――秘密政治の系譜学』（太田出版、二〇一八年、二九一―二九五頁）も参照されたい。

【付記】

本稿は、ＪＳＰＳ科学研究費補助金（１９Ｋ１２９１９）による研究成果の一部である。

「啓蒙思想」語りの終わらせかたについて(1)

●――河野有理

一　問題の限定――「ただし啓蒙、テメーはだめだ」

政治に関わる語彙に曖昧さはつきものである。自由、デモクラシー、権利、権力、正義、徳、仁、道、性、理。曖昧さを排除した新語によって、もしくはこうした語を完全に分析的に明晰に定義した後に、政治や政治学に着手しようという試みは人類の見果てぬ夢に終わるだろう。あるいはそうした試みが仮に成功したとすれば、そこには政治は、そしてもしかしたら人間も（現在の我々が理解する形においては）、もはや存在していないということになるだろう。

我々の研究対象が（おそらくはその本性上）曖昧であるということは、しかし、我々の思考が曖昧であることを正当化しない。我々、政治思想史家の任務は、曖昧な対象をなるべく明晰に記述することに存するだろう。こうした観点に基づき、本稿では「啓蒙」「啓蒙思想」「啓蒙集団」といった語を、思想史家が対象を記述する際の概念枠組みとして使用することについて（とりわけ日本語を対象とする思想史においてそうすることについて）警鐘を鳴らしたい。その趣旨は曖昧な対象を研究するなということではない。曖昧な対象について曖昧に説明することは避けるべきではないかということである。「啓蒙」という言葉を使って日本の思想家群や思想潮流についての史的叙述を試みる際、〈何か他のより分かりやすい言葉を使う方が良くないだろうか〉と思いとどまる研究者が一人でも多くなることを本稿は目指している。

急いで付け加えるならば、これはおよそすべての抽象化やレッテルを避けるべきだという強い主張を提起していることを意味しない。思想史においてはもう少し「方法論的個人主義」が実践されてしかるべきだと筆者が考えているのは確かだとしても、また自分自身が用いるかどうかは別問題としても、自由主義、社会主義、アナーキズム、そして共和主義といった「主義」、あるいはサラマンカ学派や徂徠学派といった「学派」の分析枠組みとしての有用性を否定しようとは思わない。それらは明晰にかつ（そしてできれば）簡潔に定義されている限りにおいて、抽象化や概括化に伴う解像度の低下や細部の繊細なニュアンスの喪失というデメリットを上回る認知的利得を読者に与えることだろう。

本稿の主張は、したがって、「啓蒙」という特定の語に関わっている。この特定の語を分析枠組みとして使用することは、思想史の構図や流れについて読者に一定の見通しを与えるというメリットよりも、むしろ当該時期や当該地域（ここでは日本列島）の思想を理解する上で無用な混乱をもたらすデメリットの方が大きいのではないか、ということにほぼ尽きている。

「啓蒙」という概念は曖昧である。「啓蒙」概念に哲学的側面と歴史的側面とが存することの指摘は古い。最近の議論においてはもちろん[2]たとえば後に紹介する戸坂潤さえも「今日の啓蒙の意義」と「歴史上の所謂「啓蒙」」（戸坂潤『日本イデオロギー論』）との区別を言う。だが問題は、この両者に二側面が存することそれ自体ではなく、その両者が結局はうまく切り離せないということにある。明晰判明にして体系的な哲学的立場として「啓蒙主義」をくくり出せるわけではない（それが可能な場合にはその哲学はもはや「啓蒙」を称する必要がないであろう）。また、厳格な歴史的概念として「啓蒙時代」を規定しようとするなら、その範囲は極めて限定的なものにならざるを得ない。

分析枠組みとしての適格性という基準から離れてみた場合、この〈ゆるさ〉は「啓蒙」概念の弱みではなく、むしろ強みであろう。「啓蒙」概念の生命線もまずもってそのゆるさにあり、その用法はゆるさをいかした〈歴史を援用した規範語り〉という運動的・プロジェクト的なものとなる。こうした性質に由来するそのいわば感染力の高さ故に、「啓蒙」はいわばその外延を野放図に拡大していく危険性がある。この点を、とりわけ日本政治思想史との関連で実感するためには、同様にその研究の進展によって核心的定義が「拡散」「融解」しつつある共和主義と比較してみると分かりやすいだろう。

たとえば、日本の思想史の中に「共和主義」を見出すことは可能だろうか、という問を考えてみよう。確かに、古三代を範とする古典解釈学としての儒学は「政治的人文主義」によく似たところがある。政治共同体への献身を核とするvirtue の言語の系譜と、徳や仁の解釈史の間にはおそらく一定の共鳴関係が設定できよう（だからこそvirtueを「徳」と訳すことが可能であったのだろう[3]）。だがそうだとしても、おそらく多くの論者が日本（政治）思想史の中に「共和主義」を見出す試みには一定の躊躇を感じるはずである[4]。軽々と大西洋を越えて「拡散」と「融解」がすすみもはや「家族的類似」によってしか説明できないとされるこの概念であるが[5]、それでもその外延は日本列島上の思想をおそらくは含まない。

だが、「共和主義」については明晰な定義を提起しようと試みたJ. G. A. Pocockが定義の明晰化を初手から放棄して「家族的類似」による包摂を選択した「啓蒙」の方は[6]、原産地である一八世紀の西欧を大西洋どころか、太平洋すらやすやすと越えてグローバルなパンデミックを起こすものとされる。「グローバル共和主義」を観念することに比べて、「グローバル啓蒙」を想像することははるかに容易なのである[7]。ドイツ啓蒙、スコットランド啓蒙、大西洋啓蒙、カソリック啓蒙、そして日本啓蒙等々……。「全人類、皆家族」とでもいわんばかりのこの状況において、しかし、「家族」という言葉に意味はあるだろうか。なんでも説明できる言葉は実はなにも説明していないのではないだろうか。

日本の思想史の中に「啓蒙」を見出す試みが絶えないのは、「啓蒙」を便利な藁人形として自らの歴史・哲学を叙述したヘーゲルに致命的な影響を受けたマルクス主義の歴史叙述が、ここ日本において支配的だったという理由だけではおそらくない。「啓蒙」という概念自体がその構造上それ自体、強力な「インフレ圧力」（inflationary pressure）[8]を有しているのである。

以下、本論ではこの「インフレ圧力」の高さを、日本政治思想史上の素材を使って実演して見せたい。具体的には

「啓蒙」なる概念を用いて核心的定義の異なる様々な「啓蒙語り」が複数成立し得ることを示したい。そうすることで〈いくらなんでもこの概念はゆるすぎるのでは？〉とその危険性を実感してもらいたいわけである。「啓蒙」なるものの本質があるとして、それが要請する知的態度が〈明晰さ〉であると仮にするならば（哲学的な本性はもちろんそうした首尾一貫した要請がこの語から導かれるのか大いに疑わしいのであるが）、この混乱は啓蒙主義者にとってはおそらくとりわけ堪え難い事態であろうから。したがって本論で語るのはいわば架空の思想史、偽‐思想史である。しかしその前に、一応、本物の思想史の方も問題にしておこう。

二　明治と戦後――一八六九年と一九四五年の啓蒙

「日本の啓蒙」が語られる場合、通常そのほとんどは「明治啓蒙」（一八六九年の啓蒙）に関するものである。明治初年の福沢諭吉をその中心として明六社の同人を始めとする思想家群が「啓蒙」とされるのである。本稿の筆者は、これまでこれらの思想家群を「啓蒙」と呼ぶことに異議を唱えつづけてきた。福沢諭吉はともかくとしても他の思想家についての研究の低調ぶりが、この時期の思想家群を「啓蒙」とみなして〈ああ、そういうことね〉となんとなく分かった気になってしまうという態度と無縁ではないと考えてきたからである。重複するので改めて詳述することはしないが[9]、最低限確認しておくべきは、「明治啓蒙」はその担い手とされる人々の誰一人としてそのように自称していないということである。漢語的な意味での「啓蒙」をその著書に冠した例がないわけではないが（ex. 西周『智環啓蒙』）、enlightenment や lumière もしくは Aufklärung の翻訳語としてこの語を使用したり、またはそうした外来語に具現されている何らかの理念ないし知的態度を自らのそれとして意識していた形跡は、ほぼ全くといってよいほど見られない。後にも見るように、この時期の思想家群を「啓蒙」と名付ける動きはそれなりに古くから（おそらく明治三十年前後から）見られる。だが、あくまでそれは同時代の言語ではなく、後世による史的叙述のための言語であった。

同様のことは、「戦後啓蒙」（一九四五年の啓蒙）についても言える。「戦後啓蒙」なる語も自称ではなく、「戦後」の終わりが意識されるようになってから回顧的に付された他称である。[10]しかもその大きな特徴はそれが「明治啓蒙」のアナロジーだったということである。戦後の「短い春」とそれに引き続く〈逆コース〉が、「明治啓蒙」とその後の民権運動の挫折や政府の「反動」化に重ね合わされた。この点、「明治啓蒙」の蹉跌をまさにそのように描く遠山茂樹『明治維新』（一九五一年）をはじめとして、まさに「戦後」のまっただなかといえる時期に「明治啓蒙」についての基本的な語り方が出そろうことは示唆的である。[11]「戦後啓蒙」語りの生成と「明治啓蒙」についての語りの固定化とは、おそらく相互規定的な現象だった。その後、宮川透『日本精神史への序論』（一九六六年）から杉山光信『戦後啓蒙と社会科学の思想』（一九八三年）に至るまで、この「明治啓蒙」と「戦後啓蒙」と、あるいは明治啓蒙の中心たる福沢諭吉と戦後啓蒙の中心たる丸山眞男とを重ね合わせる語り方は蓄積されていく。[12]

こうした蓄積の集大成が一九九三年のCSPT（翌年から政治思想学会）における「戦後啓蒙の光と影」（米原謙）と銘打つ報告であっただろう。[13]米原は「戦後啓蒙」について「一九六〇年頃までの日本の論壇のリーダーであり、戦後思想の第一世代を形成した」とし、[14]具体的には丸山眞男、大塚久雄、内田義彦、清水幾太郎、川島武宜、荒正人、本多秋五、梅本克己、桑原武夫、竹内好をあげる。現在の研究水準から見れば、「世代」と「時代」以外のまとまりを持たない茫漠としたこのラインナップについて米原は、そのいわば限界事例を竹内好に見出し、限界によって原則を画そうと試みている。しかしそれも、「欧米で達成された近代の実質を日本流のやり方で達成したいという問題意識」を竹内好が有しており、「このように考えれば、近代主義の批判という形をとったにもかかわらず、かれの言論がヨーロッパ近代という磁場をめぐって行われたことは明らかである」[15]という程度の説明にすぎない。結局そこでの「啓蒙」とは「近代の実質」について「ヨーロッパ近代という磁場をめぐって」行われた議論がすべて入るということになり、ここでも〈そこに入らない人の方が少ないのでは?〉という疑問がただちに惹起されてしまうのである。ただこの点、米原を責めるのは酷であろう。これは「明治啓蒙」についても全く同様に言えることだが、（enlightenment 他の訳語としての）「啓蒙」とはここ日本においては「ヨーロッパ近代」とか「進歩」とか「西洋化」とかそういった同じように茫漠とした言葉でほぼ置換可能な〈薄い概念〉としてしか使用されてこなかったのである。

本論文では以下、予告通り、これまで「啓蒙」とされてきた「明治啓蒙」と「戦後啓蒙」以外にも様々な啓蒙が成立してしまうことを論証していくが、その際、「啓蒙」という概念を極限まで薄めたうえでその適用範囲を拡大するという姑息な手は用いない。一応、「啓蒙」についてのそれなりに明晰な定義を意識しつつ、にもかかわらず〈さまざまなる啓蒙〉が見いだせてしまうことを示す。

三　一七八九年の啓蒙　「災後」あるいは「定信の世紀」と中井竹山

「啓蒙」が単に「一八世紀のヨーロッパに生み出された何か良いこととその余波」ではないのだとすると、[16]つまりヨーロッパの特定の思想家やその著書への言及ないしその「精神」の体得、あるいは、特徴的なイディオムや言い回しの翻訳ないしその継受が「啓蒙思想」の資格要件ではないのだとすれば、フランスのフィロゾーフあるいはフィジオクラートたちにおけるシノワズリーをあえて思い出すまでもなく、[17]たとえば中国大陸の宋代に生まれた朱子学はその「理」の光への信頼故に、世界「啓蒙思想」候補ランキングのかなり上位に位置することになりそうである。その場合には仏老に代表される「怪力乱心」の思想が、あるいは古い儒学における陰陽五行の「附会」が主に啓かれるべき蒙昧ということになるだろう。もちろん、朱子学にはむしろ共和主義者が賛同しそうな尚古主義や反商業の思想が含まれる点はランキング採点の際に考慮されそうではある。だが、たとえば日本列島の一八世紀、安定した統治体制の下で着実な経済発展を経験した朱子学者たちはこの点を克服しつつあった。[18]こうした経済発展、つまり「市場」の浸透を、ベンタムを想起させる統治功利主義と尚古主義プラス反商業主義で食い止めようとした荻生徂徠・太宰春台の影響力が漸減するに伴い、その動きは進んだ。とりわけ大阪（当時の商業活動の中心地であった）の懐徳堂と呼ばれるアカデミアに集ったグループは、「穏和な商業」に肯定的であり、また、歴史の進歩を所与とする立場を示した。加藤周一がかつて示唆したように、ヴォルテールに似ているかもしれない富永仲基もその一人である。

本稿で取り上げたいのはだが富永仲基ではない。懐徳堂の経営者でもあった中井竹山である。彼は新たに老中に就任した松平定信の来阪時、天明の大火によって大部分消失した京都の再建策を建言する（『災後蓋言』）。翌一七八九年から、彼は全面的な制度改革構想である『草茅危言』の執筆に入る。[19]

「災後」の世界における「御新政」の夢とも言うべき彼の『草茅危言』を一読するならば、そこには「古例」「先例」の呪縛を「因循」「旧弊」として振り払う態度、[20]ただ「義」と「理」のみによって設計された制度への賛美を、直ちに目にすることだろう。[21]例えば、江戸の世における基幹的制度とでも言うべき世襲の身分制度を支える「世禄」の仕組みについても、「もし理の当然を以ていはば既に才不才にて官の進退あれば賢愚に就きて禄の増減も有べき筈也」（巻之二「御麾下之事」）という。[22]現状でも、「才」を基準とした人事登用がある程度行われているのだから、それを世襲財産に及ぼすのが「理の当然」であるというのである。「世禄」を廃止するとまではもちろん言わないのだが、官職や財産を「才不才」「賢愚」による自由競争に委ねようとする志向は明らかで、「豪傑」たる統治者が断固施行することが期待されている一連の改革が成功すれば、[23]この四〇年ほど後に生まれることになる福沢諭吉も「封建門閥は親の敵」と叫ぶ必要はなかったのかもしれない。竹山はしかも、そうした改革の時代を「文明の時」と呼びさえするのである。

今将にかかる文明の時に当り徽猷善政日々に新たに月々に盛んにして海内目を拭て感戴すれば旧来の制度に於ても祖宗の意を体して追々宜しく量り変革の善美を尽させ給ひ数百年後よりもただ此御代を景仰儀刑するやうにあらせらるべき御事なり（巻之一「国家制度之事」三十一丁ゥ～三十二丁ォ）

定信に捧げられた序文において、竹山は定信を「伊周」に、すなわち伊尹と周公という古典世界の伝説的宰相に喩えて見せる。「豪傑」（それは聖人が出ぬ世に現れて「仁」を行う英雄である）とは無論、松平定信その人のことである。竹山にとって「啓蒙の世紀」とは、フリードリッヒの世紀ならぬ「定信の世紀」のことであったろう。

竹山が提言した〈一七八九年の文明開化〉が、定信の治世においてすぐに目に見える成果を得たというのではない。だが、「日々に新たに月々に盛ん」な「文明の時」——その背後にはおそらく〈明日はきっと今日よりも良い日である〉

という進歩の時間感覚がある――という意識は、ペリー来航に伴う国難意識をまたいで、一八六九年以降の世界と接続していよう。[24] そして、『草茅危言』における提言が、その後、とりわけ「王室」論関連で実現していくのもまた確かなのである。たとえば、竹山は江戸の世の「王室」の非「文明」的な諡号を憎み、「天皇」号の不在を嘆じた。

然るにそれ（文徳）よりわづか三四代を経て宇田醍醐の二帝はや諡号の文字に非ず、朱雀帝より始て院号を用ひさせらるることになり地名に院を連用せらるるのみにて天皇の文字を廃せられるること嘆ずべきなり（「諡号院号之事」六丁オ）

ところが、この状態は定信と「尊号一件」でつばぜり合いを演じた光格「天皇」の強い意志によって解消される。久方ぶりに京都の地名ではない諡号（光格）が、さらには「天皇」号が復活するのである。江戸の世の大部分において存在しなかった「天皇」（光格の場合は無論死後の追号であるのだが）の帰還であった。同様に、「年号」の制度についても、ペリー来航を経て、大地震、コレラ流行、辛酉の年、甲子の年、国事多難の年など、竹山が迷信としてひどく嫌った「災祥」を理由とする改元がつぎつぎと繰り返された後、「明清の制」に倣った「一世一元」制が、約八〇年後に突如実現することになる。明治四年に林董はデ・ロングに元号「明治」の意味を問われpeace after enlightened mannerと答えている。「聖人南面而聴天下、嚮明而治」（『周易』・説卦伝）の出典を踏まえたものか、それとも単に「治」と「明」の字面に即した説明なのかは定かではないが、林の説明の重点は「一世一元」制に置かれる。つまり、自然災害に起因するbad resultsを受けた改元はChinaから往時に輸入されたsuperstitionに過ぎないというのである。[25] してみるとここでのenlightenedという語の選択にはかかるsuperstitionからの解放という含意も込められていたのかもしれないのだが、年号制が当時の西洋諸国に存在しない以上、それはChinaからの解放では実のところない。竹山がつとに洞察していたようにせいぜいが「明清の制」への同期に他ならない。そこでの「文明」化とは、要は「明清」＝中国化なのである。

諡号や年号に関する議論は些末で形式的な議論にすぎないだろうか。もちろんそうではない。これらの〈象徴の設計〉は、京都にいる「聖天子」から「関東」への「賢治委任」という、つまりいわゆる「大政委任論」として知られるより包括的な政治理論の一部である。統治の尊厳的部分（「ご威光」）を明確に京都に割り当て、そのことによって実効的部分（「ご武威」）としての「幕府」の権威を安定的ならしめようという当時最新の、そしてその後の二〇〇年余を規定する象徴天皇制の理論化の試みの端緒であった。一七八九年は、ペテルブルク大学から派遣されたラクスマンがシベリアで大黒屋光太夫と出会った年でもある。その後の根室来航も勘定に入れるならば、この時期は対外的にも対内的にも一八六八年の「革命」に至る問題状況がすべて出揃った年とも言える。[26]「啓蒙」は「革命」の前に来るのではなかっただろうか。定信と光格の時代、中井竹山はまさにやがて来る「革命」を用意した「啓蒙の子」であったのではないか。一八六九年の「明」治を仮にenlightenedな時代として記述するならば、それを用意した「光」格天皇と定信と竹山の一七八九年をも「啓蒙」の年とまずは認めるべきだろう。[27]

四　一八九七年の啓蒙　「明かなる思想」と大西祝の挑戦

ところで漢語「啓蒙」は、『易学啓蒙』などにあるように朱子学においても普通に用いられる言葉であるが、文字通り「教え諭す」の意味であり、経学上、特に負荷のかかった概念というわけではない。この「啓蒙」なる漢語が、アウフクレールングと結び付けられて独特のスピンがかかる地点はどこであろうか。この種の作業の常として確実な初出の探索は困難であるが、有力な候補は明治三〇（一八九七）年一〇月の『国民之友』誌上に現れる。大西祝（おおにし・はじめ）「啓蒙時代の精神を論ず」がそれである。

ここに啓蒙時代と称するは独逸の学者間に慣用する而して英国語にも其の適当なる訳語を求めんとしつつあるアウフクレールングの時代を指すなり。今我が国語もて其の時代の特質を平易に言はば先ず維新このかた人口に膾炙したる「開ける」てふ語を以て表はすに如くはなからん。我が国維新以来十数年間は一意啓蒙的思潮の精神もて突進し来たりたるなれど、其の思潮の短所を補はんために起こりたる反動に因りて今は却つて其の時代の大精神を失へるが如し。其の時代の英勃の気を何処に認むべき。[28]

維新における「開け」と「アウフクレールング」を特段の論証なしに結びつけるこの論説は、福沢諭吉に代表される明治初期の思想潮流を「啓蒙的思潮」と明確に規定したおそらくはじめての主張である。[29] その後の研究は、大西のこの議論を福沢や明六社の同人に「啓蒙思想家」とレッテルを貼る際の有力な傍証の一つに数えてきた。だがこれは考えてみれば奇妙なことであった。大西がここで福沢諭吉をダシにして力説したのは福沢のその「非歴史的」態度であり、要は当時猖獗を極めていた（と彼には見えていた）歴史主義――「歴史的差別と歴史的連鎖とに拘泥して革新進取の気象を失へること」――への解毒剤として福沢の「精神」が必要だということである。つまり、見るべきは大西自身の「啓蒙」への意志――「短所は固よりあれど、其の時代の大精神はしばしば世に喚起せらるべき必要のあるもの、予輩は正さしく此の（啓蒙時代の：引用者）必要を我が国現今の思想界に認むと思うは非なる邪」――であり、「我国維新以後の啓蒙的思潮は欧州十八世紀の仏蘭西のに極めて親密なる関係を有せるなり」などというハッタリ混じりの断定を「歴史主義」的にありがたがることなどではなかったはずなのである。つまり、福沢が「啓蒙」かどうかが重要なのではなく、大西自身が「啓蒙」を自らの仕事として引き受けようとする意志を見せていることが重要なのである。

大西が「啓蒙」という言葉で表現した営為とはでは何か。それは「明かなる定義」「明かなる思想」を得る事である。世にはびこる「漠然とした思想」（それは「無知と迷と混雑」を生むと大西は言う）を廃し、それを「明かなる思想」に置き換えることである。

通常世に用ふる語は随分漠然としたもので一々之に明かなる定義を下すことは到底むずかしいことであろう。然し無知と迷と混雑とは何時も漠然とした思想から生じ来る者であると思えば世に明かなる思想程入用なるものはあるまい、世の光となる者は何時も明かなる思想である（「教育の目的」）[30]

語の「明断なる定義」を求める知的営為、大西の短いキャリアのすべてに一貫しているこの営為が「啓蒙」と呼ばれるのは最晩年、しかもたった二回だけのことである（前掲論文の他、同時期に執筆された「啓蒙的思潮を論じて教育に及ぶ」なる未完論文のみ。但し、もちろん哲学史叙述上の使用は別論である）。多くの場合、それは「批判」や「批評」と呼ばれた。

たとえばそれは「忠孝」という「曖昧なる思想」に向けられた。「忠孝」を大西は端的に「君父の命に従ふの謂いなり」と分析的に解釈してみせる。東アジアにおいて、幾多の論者がその註解に心血を注いできた「忠」も「孝」も、大西に言わせれば、その分析的中身は「上のものの命に従へ」という以上でも以下でもない。その上で大西はさらに言う。

命令なるものは徳育上必須のものたるは疑なし。然れどもこは只教育上欠く可らざる一大勢力たりと云ふに外ならずして、之を以て道徳の基本と見る可らず。其の命令それ自身が道徳の基本の上に立つべきものなり（「忠孝と道徳の基本」[31]）

「忠孝」概念の分析的意味の本質は命令である。しかるに命令とは道徳実現の手段にすぎず、道徳それ自体ではない。「道徳の基本」が「忠孝」にあると、同時代の多くの論者が当然にそう信じ、そう発言していた当時にあって、これはかなり異端の言と言ってよい。喧しかった内村鑑三不敬事件に端を発する「教育と宗教の衝突」論争においても、キリスト者の側が自らの立場を「忠孝」の言語によりつつ弁明を試みることも珍しくなかったのである[32]。もちろん、大西の「忠孝」批判の直接の名宛先は教育勅語とあたかもその公定解釈者のごとく振舞っていた井上哲次郎である。だが同様の「批判」「批評」は、たとえば福地桜痴の「漸進主義」に、三宅雪嶺の「国粋主義」に、加藤弘之の「天則」主義に、井上円了の「円了の道」に、それぞれ向けられた。我こそは明治国家を支える政治思想たらんと名乗りをあげた諸思想を軒並み撫で斬りにして見せたのである。

この「批評」「批判」という方法について、大西が明示的に依拠するのはカントである。「カントの所謂る吾人の道理心の試験」に従い「百般の事物をして「公明且正大なる試験」を経せしむる」ことが「我国思想界の最初の要務」だという（「方今思想界の要務」）[33]。だが、このカントへの言及はすでにヘーゲルを通過した「カントに還れ」、言うなれば対自的カントであることには注意が必要である。大西にとってカントは、哲学史上の位置どりを意識して戦略的に据えられた守護神の趣が強い。

大西の真のご本尊はマシュー・アーノルドである。彼の「批判」「批評」が、to see the object as in itself it really is というアーノルドにおける criticism の定義に強く影響されたものに違いないことも、すでに諸家の指摘のあるところである[34]。そう言われてみれば、先述の大西「啓蒙時代の精神を論ず」におけるやや唐突なギリシャへの言及も、ともに「完成」を目標としつつ、「行為と服従」という道を辿ってそこに至ろうとするヘブライ主義と、「知ること」「事物を如実に見ること」を通って「完成」に至ろうとするギリシャ主義（ヘレニズム）というアーノルド『教養と無秩序』における有名な対比の痕跡と知れる[35]。大西における「啓蒙」には、「昔しながらの権威（オーソリテー）」に対する「知ること」「見ること」による対抗というモチーフが込められていることが、ここからもうかがえよう。

大西の言論活動は実質十年に満たない。「批評」「批判」を掲げて本格的にデビューしたのは帝国憲法と議会、そして教育勅語という明治国家の Constitution が出揃った明治二三（一八九〇）年の前後であり、欧州留学（帰国後間も無く死去）による擱筆が明治三〇（一八九七）年である。「啓蒙」の語は、知的キャリア（肉体的生命においても）最晩年であるこの明治三〇年に現れる。

明治三〇（一八九七）年と言えば、日清日露に挟まれた戦間期であり、明治二三年以前を駆動してきた「理想」が味気ない現実に変わっていく悲哀を強く味わった〈世紀末〉であることは、たとえば、内田魯庵の『社会百面相』（明治三五／一九〇二年）がよく活写するところである。内政の争点は地租減税一本槍からようやく「積極主義」に舵を切りつつあり、帝国憲法というゲームのルールの枠内で、積極財政（という名の予算の分捕り合戦）を中心に政党勢力と藩閥政府の協働と藩閥政府の政党化が進行しつつあった。政党を中心とした政治的統合への道程として評価もできるこの時期は、他方、民権運動の理想からみればいかにも薄汚い妥協の時代と見えた。議会は「議案の市場」であり、そして実業はいまや「株式のsynonym」である。内田魯庵は、日清戦役の賞金が呼び水となり加熱し膨張する金融市場とそこに群がる政治家と政商たちの利権あさりの様を皮肉に眺めるのである。[36]

明治三〇年に見失われていた夢は議会だけではなかった。殖民や海外雄飛もまたそうであった。明治一〇年代後半の政治小説群に頻出する荒唐無稽な海外雄飛譚は、現実の植民地「台湾」獲得の前に急速に色褪せていく。キプリングにおける「冒険者」たちの時代は終わり、コンラッドが『闇の奥』で描いた「余計者」たちの時代がやってくる。「台湾は日本の雪隠」とは内田魯庵の卓抜な評であり、台湾において「資本とモブの結合」（アレント『全体主義の起源』）が進行しつつあることにこの明晰な知性は気づいていた。ちなみに大西の「啓蒙」論文を掲載した『国民之友』はこの直後に終刊する。編集長であり主筆であった蘇峰が、まさにこの時期、第二次松方内閣に勅任参事官として入閣、世間の轟々たる非難を受けて売り上げが急激に悪化したのである。この直前に敢行した洋行の費用を含む蘇峰の資金は、台湾総督府の機密費から出されていたとおぼしい。[37]

急激な国民国家建設の余燼がいまだ収まらぬうちに、ほぼ同時並行で「帝国日本」の建設に迫られることになったのがこの明治三〇年であった。かつての一本気な民権の理想が色あせるばかりではなく、国家を支えるはずの公定イデオロギーさえ、如上の事情をうけて国民国家像と〈帝国〉の秩序構想との両極に引き裂かれるという混乱の極みにあった。たとえば「家族」のメタファーで国家統合の問題を語ろうとするいわゆる「家族国家」論。なんとかでっちあげられたこの新出来の議論も、現実の植民地とそれがもたらす多言語多民族帝国という現実の前に、動揺を隠せなかった。大西が「方今の思想界」についてその「混雑」「雑踏」を嘆いて見せたのは、なにも論壇デビューのために新人がいつも弄するレトリックなどではなかった。

この混乱期において「無知と迷と混雑」をもたらす各種の「漠然たる思想」に照準をあわせ、創造的破壊を行っていったのが大西の「批判」「批評」のプロジェクトであったといえよう。だが、それは単に破壊のための破壊ではなかった。この混乱がもたらした思想潮流の一つに「懐疑」がありその先に例の「煩悶」があることに大西は気づいていた。色あせた民権の理想と、現実を糊塗することさえできない公定イデオロギー群と。この間を架橋する有効な言論を知識人が提供することができずに右往左往している隙に、青年たちはあげて美的「煩悶」や「懐疑」に耽ろうとしている、そう大西は見る。これに対し大西は、同時代の若者に瀰漫する「懐疑の気風」と自身の「啓蒙」のプロジェクトを区別しようと試みる。「懐疑」のための「懐疑」、「煩悶」のための「煩悶」は結局、現状肯定の口実を導く「心弱き小懐疑」にすぎない（おそらくは国木田独歩がそして高山樗牛が意識されていよう）[38]。いずれ「壮大なる建設」を誘致するための「大懐疑」、それこそがおよそ思想のうちから「明瞭ならざる者」「齟齬する者」を取り除こうとする「哲学」の営みに他ならない（「懐疑を駁す」、明治二八／一八九五年）[39]。

大西の「啓蒙」は、国民国家が帝国に変容しつつあるなかで、各種のイデオロギーが呼び出され叫ばれた時代にあって、確実な思考のためのたしかな足がかりを得ようとする試みであった。福沢諭吉を「啓蒙」と呼ぶ多くの人のうちで、福沢のちょうど三〇歳年下で、福沢が死ぬ前年（一九〇〇年）に死んだこの人のことを「啓蒙」と呼ぶ人がほとんどいないことは、思えば不思議なことである。

五　一九三七年の啓蒙　「戦備的教養」と戸坂潤もしくは三木清

二〇世紀を見ずに死んだ大西の「啓蒙」の哲学が、対決を迫られなかった思想にマルクス主義があった。もちろん、一九世紀の末、初期社会主義者たちはすでに盛んに活動してはいた。だが、貧富の格差の拡大といわゆる「社会問題」の発生を前にして「社会主義の必要」（明治二九／一八九六年）を叫んだ大西の目に映じていたのは、「「神の国」に社会主義の歴然たることは決して覆ふべからざる」というに明らかな如く、その「社会主義」の内実はいまだにいわゆるキリスト教的社会主義であって、あの弁証法的唯物論によって充填されたそれではなかった。

幸徳秋水等による「大逆」事件は一九一一年、その後の「冬の時代」を経て、一九一九年のロシア革命、（第一次）日本共産党の結党が一九二二年である。コミンテルンの一九二七年テーゼ、一九三二年テーゼ、明確に「革命」を志向する彼らは、その間、「啓蒙」をほぼ一顧だにしなかったといってよい。だが、一九二八年の三・一五事件を経て「党」

がいよいよ壊滅状態に至ると、いささか事情が変わってくる。

一九三二年に結成された唯物論研究会はその規約第一条に「現実的な諸課題より遊離することなく、自然科学、社会科学及び哲学に於ける唯物論を研究し、且つ啓蒙に資するを目的とする」と掲げる（『唯物論研究』一九三二年一一月）。治安維持法の適用を避けるために広くマルクス主義者以外の「自由主義」的知識人をも糾合して結成されたという経緯は（長谷川如是閑が講演し、若き丸山が検挙されたというエピソードは著名である）、一部の「前衛」的なパルタイによる「革命」志向から広く穏健的な「大衆」の獲得へという会の性格と対応し、まさにそういうものとして（つまりカンパニアの獲得と大衆への教化宣伝という意味において、さらに言えばある種の「戦術的」微温性をその含意として）「啓蒙」概念が用いられる格好のサンプルである。

唯研の「啓蒙」戦略を主導していたのは戸坂潤である。事実、戸坂は「今日、啓蒙活動がどれ程欠くべからざる或る必要に迫られているか」（「教育と啓蒙」）と力説してみせる。[40]もちろん、同時代に瀰漫する（と彼には見えた）和辻哲郎から権藤成卿に至るエゾテリッシュな「ニッポン・イデオロギー」の魔力に抗い、同時代の言論空間で呼号された空疎な「観念の頭の悪さ」（「近衛内閣の常識性」）を剔抉しようとする戸坂の言論が、大西における「理性の批判」を思わせる部分があるのもまた確かである。また、戸坂は「今日の啓蒙の意義」と「歴史上の所謂「啓蒙」」とを区別し、メンデルスゾーン（当然カントも）を含む「啓蒙」から本邦維新期の「明治啓蒙」に至る「啓蒙」の哲学史について語りもする。だが、彼の「啓蒙論」はしかし、唯研の規約が予想させる通り、結局は以下のような結論に落ち着くことになる。


啓蒙というものの本当に自由なそして本当に合理的な意義を、現在、歴史的に惹き出すなら、その内容は結局、弁証法的唯物論だったということになる（「啓蒙論」『日本イデオロギー論』[41]）

哲学史の終着点としての「弁証法的唯物論」がすなわち「啓蒙」という概念の中身とされる。「啓蒙」の中身は唯物論という真理でそれ以上動かないとすると、「啓蒙」とは要するにそうした真理を伝達する技術の形態如何ということになる。したがって、戸坂において「啓蒙」はむしろ「教え諭す」「教化する」といった古くから存在する漢語的意味にむしろ近いのである。ただしもちろん、戸坂は真理の伝達技術についての繊細なアーティキュレーションを忘れない。たとえばアジテーションやプロパガンダと比して「啓蒙」は異なる種類の宣伝技術である。たとえば、「アジテーションが戦術的スローガンを、プロパガンダが戦略的分析を内容とするなら、啓蒙は云はば戦備的教養を内容とする」(「教育と啓蒙」)などとされる。(42) ここで「戦備的教養」とは熟さない言葉であるが、アジテーションやプロパガンダより一歩引いた、直接的意図が目立たない「活動」という意味なのであろう。

「戦備的教養」とは、よりはっきり言えば「政治的見識」のことであった。「今日、啓蒙と呼ばれるべきものは、ただの知識の普及といふことであってはならない。政治的見識の大衆的普及といふことでなくてはならぬ」というのである。(43)「政治的見識の大衆的普及」というと一見お行儀が良いのだが、具体的には、以下引用にあるように民衆を愚昧化するための「社会的デマゴギー」に抵抗して、「民衆の真の利益」に訴える「対抗」的宣伝のことなのである。

今日日本に於てなぜ啓蒙活動が必要かと云へば、一切の社会的デマゴギー、(民衆の愚昧化を条件として、根本的に虚偽である処の、而も卑俗には尤もらしい処の、固定観念と流行語とを人民に教え込むことだ)、と対抗するためである。夫は民衆の真の利益を自覚に齎らすための一つの不可欠の手段のことである(「教育と啓蒙」)(44)

これは「上から」あるいは「右から」のポピュリズムに対して「下から」「左から」の対抗的ポピュリズムとでも言い直せば、現代の「左派ポピュリズム」に何がしかの霊感を与えるのかもしれないが、彼らにしてみれば、「革命」が当面不可能になった情勢における戦略的撤退にすぎない。すなわち「ファシズム反対の広汎な民衆のフロント」「フロンポピュレール」、つまり自由主義者を含む非共産党勢力を包摂したいわゆる「人民戦線」を組織するための「文化運動」こそが、ここで戸坂が力説する「啓蒙活動」の端的な内容なのである。(45)

ことさらに「戦備的教養」という熟さぬ言葉を戸坂が用いる背景としては、知的世界におけるマルクス主義の退潮後に論壇を席巻した「教養論」「青年論」ブームがあるだろう。大正教養主義に対する昭和教養主義とも呼ぶべきこの知的流行こそが、すでにマルクス主義を禁じられた戸坂にとって利用可能な知的資源であった。戸坂は「啓蒙」という語を利用することで「教養論」を支える知的ムードをより「マテリアリスティック・ムッド」に染めていくことを目指した（その先に「人民戦線」が見えていたのであろう）。

「教養」と「啓蒙」の上のような関係を、もしかしたら戸坂よりもうまく展開していたのは戸坂の兄貴分たる三木清であった。三木は、同時代の一連の教養論であたかも戸坂に助け舟を出すかのように「政治的教養」を論じる。曰く、大正の教養主義とは個人的・内向的な傾向が強かった。だが、昭和の教養主義はそれではいけない。他者や現実にかかわる、「社会」的な、否、さらに進んで「政治」的な教養を鍛えなければならない、と三木は力説する。そして狙いすましたかのように、この「政治的教養」を「啓蒙」とも呼んで見せるのである。(46)

教養について特に現代との関係において大切であるのは政治的教養である。教養という言葉が文化的教養を指して政治的教養を問わないとすれば、我々はこれに対して啓蒙という言葉を置き換えなければならぬ。啓蒙は何よりも先ず政治的啓蒙である。教養論をもってインテリゲンチャは政治的関心の後退と共に大衆への関心を離れて自己に特殊的な見地に立ち戻ったものとすれば、啓蒙は彼等が大衆の中で大衆との関係において自己の特殊性を見出す立場に立つものである。インテリゲンチャであって教養のないものはインテリゲンチャといい得ず、従って彼等が自己に立ち還って教養を求めるということは当然である。啓蒙も先ず自己自身についての啓蒙から始めなければならぬ。しかしインテリゲンチャは自己の教養を社会的に評価し、大衆に対する啓蒙に従事すべきであろう。教養は自己を目的とするところに強い反省をもっているが、同時に非社会的になる危険をもっている。教養の立場は先ず自分があってのち社会があると考える個人主義的見方を知らず識らず前提している（「教養論」(47)）

「教養」という言葉が、仮に「個人主義的見方」を前提にした「文化的教養」のことしか指さないのだとしたら、「政治的教養」を「啓蒙」と呼びなおさなければならない。文化と政治の対比を「教養」と「啓蒙」に鮮やかに読み込ませたうえで、三木は「政治」についても、再定義を試みる。我々は「その本質的規定において政治的動物」であり、「政治を回避することによって非政治的になり得るものではなく、政治を回避することがすでに一つの政治的意味を持っている」(「知識階級と政治」、一九三七年四月)。そうである以上、治者と被治者が截然と別れてあるという「政治」イメージ、あるいは「非日常的なもの」「異常なもの」「革命的なもの」こそそれだという「政治」イメージは、すでに無効である。我々に必要なのは「政治の日常化」であり、「日常的なもの」として「政治」を捉えなおすことである。そう三木は説く。

「公式主義者」たることを恥じなかった戸坂にはない、柔軟な発想と華麗なレトリックがそこにはうかがえるが、本質的な構図は戸坂の場合と変わっていないことには注意が必要である。この「日常化された政治」に支配・被支配の関係が不要になったわけではない。少なくとも指導・被指導の関係は存する。「しかも啓蒙はつねに指導的意味を含んでいる」(同)が故に、「指導」者としてのインテリゲンチャの役割がそこでは自明の前提なのである。そうした「指導」を通してこそ「日常性は単なる日常性でなくなり、真の歴史性にまで高められる」というのである(同)。さらに言えば、三木の場合、そこでいう「真の歴史性」が、戸坂におけるような「人民戦線」「フロン・ポピュレール」への道筋を指すのか、それとも「東亜共同体」へと向かうのかは、もはや自明ではなかった。

六　おわりに

以上のように、中井竹山も大西祝も戸坂潤(あるいは三木清)も、それぞれの意味において「啓蒙思想家」と呼べるのではないだろうか。

もし、ここまで読まれても〈いや、やはり違うのではないか〉と思われた方もいただろうか。そういった方にも本論文はおそらく役に立つ。今後も「啓蒙」概念を使用し続けるにあたり、その意味の輪郭をはっきりさせるために。第一に、自らの時代を「文明の時」と誇った中井竹山をなぜ「啓蒙」と思えないのだろうか。それは端的に「西洋」の思想でないからであろう。「西洋」産の思想がそうした方にとってはおそらくお望みの「啓蒙」なのである。では第二に、マシュー・アーノルドに学び、カントに明示的にリファーした大西祝をなぜ「啓蒙」とは思えないのだろうか。それは端的に言って、福沢諭吉や丸山眞男ほど、大西が有名ではないからであろう。そうした方にあっては、大衆への影響力や波及力が「啓蒙」のメルクマールなのであろう。[48] 最後に第三に、「啓蒙」をほとんど自称しているといっても差し支えない戸坂潤や三木清のことをなぜ「啓蒙」とは思えないのだろうか。それは彼らの哲学が唯物論であり、唯物論は啓蒙思想ではない、と思っているからであろう。「啓蒙」を克服して、もっと徹底的にラディカルに革命的な立場にあった彼らは、一時的な戦略的撤退として「啓蒙」に身をやつしていた、ということなのであろう。そうした方にあっては、「啓蒙」とは控えめに言ってある種の蔑称である。思えば、「明治啓蒙」も「戦後啓蒙」も、それがよりラディカルな立場から見た蔑称であり得たという点を含めて上にあげた三つの特徴を兼ね備えている。「西洋」由来で、有名で大きな社会的影響力を持ちながら、ある種の「限界」をも有していた総じて穏健な思想。もちろん以上のような薄いぼんやりとした意味で、「啓蒙」という語を使いつづけることも、依然として可能ではある（本稿の筆者は御免蒙るが）。

他方、〈なるほど、確かにここにあげられた人はみな啓蒙思想家なのかもしれない〉と思われた方もいるだろうか。だが、そうした善き読者は、この論文が三人ないし四人を「啓蒙」という語で串刺しにしながら、彼らを統一的に理解する試みにおいて明らかに失敗していることにすでにお気づきだろう。「啓蒙」の意味が、それぞれの思想家において「ブレ」すぎているのである。これは無論、それぞれの思想家が悪いのではない。竹山も大西も戸坂もそれぞれ極めて興味深い知性である。そして願わくは信じていただきたいのだが、この素材を扱う料理人である筆者の技量が低いせいでもない。結局は、「啓蒙」という道具が使えないのである。とりわけ思想史的歴史叙述の道具として。

本稿は、〈一八世紀にはじまる何か良いこと〉を温故知新しようという現代の〈啓蒙2・0〉に文句をつけようという趣旨ではない。[49] とりわけ、政治的語彙が「近代化」することなく古い言葉をそのまま使い続けようとする傾向の強い「西洋」においてはそれなりに有効なレトリックなのであろう（現在の日本において一八世紀江戸儒学の語彙体系が直接現代的レレバンスを持つことがないのとは大きく異なる）。それはそれとして、たとえば現代中華圏における「新儒家」同様の、同時代的な思想史の研究対象なのかもしれない。

本稿の主張はしたがって極めてささやかである。繰り返しになるが、思想史的歴史叙述の枠組みとして「啓蒙」を用いるのはかなり消極的・限定的になった方がよいのではないか。こと日本に関してははっきりとやめた方がいいのではないか。[50] ハイフン付きの啓蒙によって、啓蒙の種類を増やしていく試みは、本稿のようにそのことによって啓蒙概念がいかに使えないかを明らかにする目的以外には、あまり役立たないのではないかと考えるが、どうであろうか。

（1）本論文は、二〇一九年五月二六日の政治思想学会における口頭報告「「啓蒙思想語り」の終わらせ方について」を原型として執筆されたものである。討論者の永見瑞木氏はじめ会場の参加者に感謝申し上げる。当日の討論は本論文を書き直すにあたって極めて有益であった。

（2）最近の状況については大会統一テーマの企画委員長（当時）の小田川大典による「知性と、教養と啓蒙。――統一テーマによせて」『政治思想学会会報』第四七号二〇一八年一二月による概観が参考になった。http://www.jcspt.jp/publications/nl/047_201901.pdf

（3）濱野靖一郎「古代中国に於ける徳理論――「徳」と「性」」『徳と政治　徳倫理と政治哲学の接点』、晃洋書房、二〇一九年。

（4）もちろんたとえば自由民権運動の中に「共和主義」の萌芽を見出そうとする論者は一定数存在した。典型は家永三郎「日本における共和主義の伝統」『思想』一九五八年八月号。これに反対するのは遠山茂樹「自由民権思想と共和制」小西四郎編『明治国家の権力と思想』、吉川弘文館、一九七九年。遠山の場合は、この「共和主義」の不在が明治「啓蒙」を特徴づけるという論の構成になっており興味深い。羽仁五郎『都市の論理』を典型に、「共和主義」的な「自治都市」の不在を軸に日本を特徴づけようとする議論についても意識しておく必要がある。もっともそうした議論は、おおむね「共和主義」の具体的定義については無頓着（羽仁はこの点例外であるが）であり、ほぼ「反君主制」論と同義であることも多いのであるが、その場合にであっても一応（茫漠としてはいても）その概念によって何かを弁別しようと意識している点は、本論文でやり玉にあげる「啓蒙」とは異なっている。

（5）犬塚元「拡散と融解のなかの「家族的類似性」――ポーコック以後の共和主義思想史研究　一九七五―二〇〇七」『社会思想史

研究』第三二号、二〇〇八年。

（6）J. G. A. Pocock, *Barbarism and Religion*, Cambridge University Press, 1999-2005.

（7）'Most recent and ambitious of all is the prospect of 'global' Enlightenment, encompassing North and South America, India, and China, as the ideas carried by European merchants, scholars, and missionaries came into dialogue with what survived of Ancient American civilizations, with the Creole Baroque, with Muslim and Hindu religious culture, and with Confucianism.' John Robertson, *The Enlightenment: A Very Short Introduction*, OUP Oxford, 2015, Chap.1.

（8）Ibid.

（9）筆者は二〇一二年五月の当学会大会において、「『明六雑誌』は啓蒙か？ 彼らの会話の新しい聴き方」と題する報告を行った。同報告は大幅に加筆修正、「明治日本「啓蒙」思想の再検討――『明六雑誌』を素材として」と改題の上、三谷博・張翔・朴薫編『響き合う東アジア史』、東京大学出版会、二〇一九年に収録された。また河野有理『明六雑誌の政治思想』、東京大学出版会、二〇一一年、序章参照のこと。インターネットで読めるものはないのか、という向きには機関リポジトリ経由で同「『明六雑誌』の政治思想――阪谷素という視角から（序）」首都大学東京都市教養学部法学系『法学会雑誌』51（1）、二〇一〇年の参照を乞いたい。

（10）この他称性は、ほぼ唯一「戦後啓蒙」を自称しようとする「思想の科学グループ」がそれでも啓蒙に鍵括弧「　」を付すことに現れている。安田常雄『戦後「啓蒙」の遺したもの』（一九九二年）。もちろん、たとえば後に「戦後啓蒙」と呼ばれることになる立場や具体的人物は、当時、より左派的立場の陣営から「近代主義」や「進歩的ブルジョワ自由主義」などと呼ばれ、その「限界」が論難されていた対象とほぼ同一であったということはあり得る。

（11）もちろん遠山茂樹的な語り口につきるわけではない。永田広志『日本哲学思想史』（一九四八年）は「明治啓蒙」を、遠山茂樹の如く民権運動が持つ政治的急進性との偏差で規定することなく、唯物論との偏差において、つまりその「観念性」によって把握を試みる。すでに戦前に著されていただけあって史的唯物論をゴールとして描かれる哲学史の中に「啓蒙」をその藁人形として配置するという意図が鮮明である。あるいは、丸山の福沢論に示唆を受けたCarmen Blacker, *The Japanese Enlightenment: a Study of the Writings of Fukuzawa Yukichi*, 1964の場合には、その「物理学」的な思惟様式に「啓蒙」のメルクマールを見る。物理学的思惟様式を「啓蒙」のメルクマールとしてよいかどうかには異論がありうるとはいえ、「啓蒙」の定義は少なくとも明晰かつ一貫しており、それなりに説得的な議論である。問題は「これからは物理学が大事だ」と発言する事と、「物理学的に考える」という事とは別であるにも関わらず、両者が混同されているきらいがあることである。

(12)「このような日本精神史における〈非連続の連続〉の軌跡は、単に明治維新から第二次世界大戦終了時までの八十年間にみとめられるだけではなく、すでに二十年を経過した戦後の精神史過程においてもみとめられるものなのである。すなわち、第二の〈日本への回帰〉運動に対する深切な反省にたち、近代日本精神史上、いわば第三の〈西欧・世界への傾斜〉の志向を掲げた戦後啓蒙主義から、昭和三十年代の後半以降顕著になりつつある第三の〈日本への回帰〉の志向が、これである」、宮川透『日本精神史への序論』、紀伊國屋新書、一九六六年、一八四頁。杉山光信『戦後啓蒙と社会科学の思想』、新曜社、一九八二年、三三頁。

(13)「一九九三年のCSPT(Conference for the Study of Political Thought 翌年に結成される政治思想学会の前身:河野注)の研究会で、「戦後啓蒙の光と影」と題する報告を行った。テーマは企画委員が設定したもので、報告は小笠原弘親、小野紀明両氏のお勧めによるものである。戦後の政治学界(だけではないが)の中軸をなす人々を対象とするものなので、私としては大変な勇気を必要とした。前日は緊張でほとんど眠れなかったが、結果として、わたしの報告はむしろ常識的すぎたのではないかと今は反省している」、米原謙『日本的「近代」への問い』、一九九五年、「あとがき」。

(14)米原、三九頁。

(15)米原、四二頁。

(16)もちろん、「啓蒙」を徹頭徹尾、「一八世紀ヨーロッパに起きた何か良いこと」として理解するのも一つの方法である。enlightenment を一八世紀の'Europe's creation and legacy'として把握する John Robertson の立場は、啓蒙概念が持つ前記インフレ圧力を念頭において意識的に取られたものであり、そのことはタイトルの The Enlightenment にも表れていよう。*The Enlightenment*, chap.1.

(17)古くは後藤末雄『支那思想のフランス西漸』、第一書房、一九三三年。また、井川義次『宋学の西漸――近代啓蒙への道』、人文書院、二〇〇九年。中国大陸の情報をヨーロッパに伝えた在華イエズス会士アミオに注目した新居洋子によれば「中国をめぐる議論は異国趣味などの一過性的かつ特殊な範囲で閉じたものではなく、ある種の普遍性を帯びて流通していた」。新居洋子『イエズス会士と普遍の帝国』、名古屋大学出版会、二〇一七年、七頁。また安藤裕介「一八世紀フランスにおける統治改革と中国情報――フィジオクラットからイデオローグまで」『立教法学』第九八号、二〇一八年三月も参照のこと。

(18)苅部直『維新革命への道』、新潮選書、二〇一七年、第五章。

(19)中井竹山『校正草茅危言』、寛政元(一七八九)年序、出版地、出版年不明、近世木活字本(早稲田古典籍データベース)、以下本文の引用は丁を示す。なお読みやすさを考慮して適宜表記を改めた。

(20)清水光明「「御新政」と「災後」天明の京都大火と中井竹山」『日本歴史』第七六五号、二〇一二年二月。

(21)「今日文教盛んになり翰苑にも其人あるに、やはり旧弊を守るはいかがなり広く文字を求むべきことなり」(『草茅危言』巻之一「年号之事」)

(22)「古例先格なれば何ほど例格を云立るともこれは拘ることにはあらじ、唯義の当否を考えて義に叶ふは存し義に叶はざるは廃するにてすむべし」(同巻之一「王室之事」)

(23)「此事数百年来朝廷の典故となりたるゆへ大弊と知りながらも因循して過ぐれはいつの時何れの機会を待て更改すべきの端緒もあるまじ、豪傑の資、超邁の見を以て処置あらんには断然として今日よりその制度あるべきものか」(巻之一「皇子皇女之事」)

(24)苅部前掲書、第十一章。

(25)FRUS, United States Department of State/ The executive documents printed by order of the House of Representatives during the second session of the forty-second Congress, 1871-'72, Japan, p. 589. なおこの資料については Michael Burtcher 氏にご教示を賜った。

(26)藤田覚『幕末の天皇』、講談社メチエ、一九九四年。同『近世後期政治史と対外関係』、東京大学出版会、二〇〇五年。

(27)江戸期に「啓蒙」を見出す議論が皆無というのではない。源了圓『徳川合理思想の系譜』、中公叢書、一九七二年はその先鞭をつけるものと言うべきだが、その「啓蒙」の定義は「科学思想」「合理思想」というこれまた説明されない概念に置き換えられるだけである。西田耕三『啓蒙の江戸』、ぺりかん社、二〇一七年も「啓蒙」概念の内実について詳しい検討はなされないが要するに朱子学や陽明学も「啓蒙思想」と呼べば呼べるということにすぎない(とはいえ筆者もそれ自体は間違いではないと思う)。他方、本稿のように光格と定信の時代に日本史におけるいわば「初期近代」を見出す動きは、先述の藤田覚『近世後期政治史と対外関係』以来定着していると言えよう。また笠谷和比古氏は私的な研究会の場で「一八〇〇年の文明開化」という刺激的なコンセプトを提示されていたことを併せて明記しておきたい。また、「振気」論に注目して寛政期以降の「長い近代」に定位した高山大毅「「振気」論へ――水戸学派と古賀侗庵を手がかりに」『政治思想研究』第一九号、二〇一九年、この時期については島田英明『歴史と永遠』、岩波書店、二〇一八年も参照のこと。

(28)「啓蒙時代の精神を論ず」『国民之友』第三六二号、明治三〇年一〇月。『大西博士全集』第六巻、警醒社、明治四十年第三版、六二四~六二五頁。表記は全集版に従った。

(29)もっとも、たとえば福沢を「日本のヴォルテール」に比することは早くからあった(明治八年一月二日付『東京日日新聞』)。

しかし、その際にも「啓蒙」というフレーム・ワークが登場していないことは注目に値する（専ら「専制」批判・「民権」重視の文脈である）。

（30）『六合雑誌』第一〇七号、明治二二年一一月、『全集』第五巻、四八六～四八七頁。

（31）『宗教』第一五号、明治二六年一月。同三二一～三二三頁。

（32）たとえば本多庸一「井上氏の談話を読む」、横井時雄「徳育に関する時論と基督教」など。『井上博士と基督教徒――一名「教育と宗教の衝突」』正・続、みすずリプリント、一九八八年所収。この間、大西が「啓蒙」の先達とした福沢が「忠孝」論に対し一貫して批判的であったのはさすがである。福沢諭吉「忠孝論」『修業立志編』時事新報社、一八九八年。但し、この「忠孝論」は門下生の下書きを福沢の名で発表したものとおぼしく真筆性に疑義がある。だが、これが当時の言論空間において「福沢の思想」として流通していた点は間違いない。なお、この点は平山洋氏のサイトを参照した。https://blechmusik.xii.jp/d/hirayama/comment_on_sugita_satoshi_2010/06/#paren_22

（33）『六合雑誌』第一〇〇号、明治二二年四月、『全集』第六巻、一七～一八頁。

（34）佐藤善也『透谷、操山とマシュー・アーノルド』、近代文芸社、一九九七年、一二九～一三一頁。平山洋『大西祝とその時代』、日本図書センター、一九八九年、一〇八～一一八頁。

（35）『教養と無秩序』という奇妙な本が「啓蒙」の歴史の中でもっている脈絡については小田川大典「アーノルドと教養――ヴィクトリア期における「啓蒙」」富永茂樹編『啓蒙の運命』、名古屋大学出版会、二〇一一年。

（36）内田魯庵『社会百面相』上巻、岩波文庫、一九五三年（一九〇二年）。

（37）佐々木隆「徳富蘇峰と権力政治家」『帝国日本の学知』第四巻、岩波書店、二〇〇六年、七三～七五頁。

（38）井上哲次郎から高山樗牛まで手当たり次第に切り付けているように見えるがおそらくそうではない。最新の研究は、従来はともすれば進化論的国家主義の代表格井上、かたや美学的ロマン主義の代表格高山と対蹠的に理解されがちだった両者に通底する〈時代精神〉を析出しつつある。井上の「現象即実在論」と樗牛の〈憧憬〉の思想は、〈いわく言い難い何か〉への接近衝動という点で通底している。両者の関係を高い実証水準で解明した研究として、長尾宗典『〈憧憬〉の明治精神史』、ぺりかん社、二〇一六年、第二章第二節。大西にとってはまさにその〈いわく言い難い何か〉を奉ずる精神こそが「漠然たる思想」と見えた。

（39）『六合雑誌』第一六九号、明治二八年一月、『全集』第六巻、二二九頁。

（40）「現今の日本に於て如何に啓蒙活動が本質的に欠けているか、又それに就いての観念が如何に分散的であるか、そしてそれにも拘らず今日、啓蒙活動がどれ程欠くべからざる或る必要に迫られているか」「教育と啓蒙」『思想と風俗』（一九三六年）、『戸坂潤全集』第四巻、勁草書房、一九六六年、三三七頁。

（41）戸坂潤『日本イデオロギー論』（一九三五年）、『全集』第二巻、二七一頁。

（42）『思想と風俗』、『全集』第四巻、三四〇頁。

（43）同右、三四一頁。

（44）同右。

（45）実は「教養」についても戸坂の場合には事情は「啓蒙」と同様なのである。「真の教養の感覚的な現はれの、その一部は、云つて見ればマテリアリスティック・ムッドといふやうなものをきつと伴ふだらうと考へる……では何が教養を発達させるか。それは「教育」でなくして、民衆に於ける啓蒙活動なのだ。啓蒙とは今日、単に知識を通俗化したり普及したりすることではなしに、オッポジショナルな教育活動を意味する文化運動なのである」「教育と教養」『思想と風俗』、三四九頁。「マテリアリスティック・ムッド」を伴う「教養」を「民衆」にそれとなく宣伝することが目指される。

（46）三木清における「政治的教養」論については苅部直『移りゆく「教養」』、NTT出版、二〇〇七年、第二章に教えられた。また大澤聡編『三木清教養論集』、講談社文芸文庫、二〇一七年、大澤聡による「解説」もこの点を強調している。

（47）三木清「教養論」（一九三七年四月）、『三木清全集』第十三巻、岩波書店、一九六七年、三二三〜三二四頁。

（48）いわゆる「芸術の大衆化論」をめぐって書かれた三木清の「啓蒙文学論」（一九二九年）はまさに「啓蒙的は大衆的として啓蒙的」とし「大衆の自然生長的な階級意識の地盤に於て行はれる目的意識的な階級的運動」と「啓蒙」を定義する。三木にとって「大衆」的は「啓蒙」の要件なのである。『全集』第十一巻、五頁。

（49）Steven Pinker, *Enlightenment Now The Case for Reason, Science, Humanism, And Progress*, Viking Penguin, 2018.

（50）本稿では詳述できないが、東アジアの近代思想史における「比較の軸」を設定するにあたっても、「啓蒙」概念は厄介な副作用をもたらしている。朝鮮近代史における「愛国啓蒙」や、中国近代史における「五四啓蒙」という枠組み――〈方向性としては基本的に進歩的であるが、十分に「革命的」「労農的」「民族的」etc. でなかった〉という規範的評価が初めからビルトインされている――の妥当性については今後検討が必要であろう。なお、「愛国啓蒙」が当時の運動当事者の自称ではなく、北朝鮮史学特有のバイアスが込められた（一九四九年にはじめて出現し一九七〇年代に一般化した）他称であることにつき、月脚達彦『朝鮮開化思想とナショナリズム』、東京大学出版会、二〇〇九年、三二五頁。

冷戦初期の国際政治の地形をめぐる韓国知識人の論争と民族（主義／国家）論の亀裂

●――キ・ユジョン（訳：李　昤京）

本論の概要

本研究は、朝鮮戦争の前後に韓国の知識人が冷戦的ブロック体系という新しい国際秩序を経験しながら、従来の国際秩序とその説明枠についてどのような問題意識を持っていたのかを考察した。朝鮮戦争以前は国際政治が主に時事的な論評のレベルで取り上げられていたのに比べて、朝鮮戦争後の一九五〇年代の後半になると、微弱ではあるが、国際政治論の概念枠（勢力均衡論と国際法、そして民族国家論）に基づいた冷戦体制の特異性を説明し、関連する問題意識を発展させる傾向が韓国の知識人の間で現れていた。この中でも李用熙は、本格的に現実主義国際政治理論の現実的役割という問題意識の上に、冷戦体制の国際秩序に見出される反近代性を説明する概念枠を構築しようと試みていた。李用熙の理論は、この時期の国際秩序についての認識水準が近代主義的概念枠から大きく脱することができず、または相変わらずそれに強く拘束されているとみなしがちな我々の既成の推論と衝突するという点で非常に興味深い。何より近代と脱近代の矛盾的共存という第二次世界大戦後の世界秩序についての当時の韓国社会の国際政治学者たちの議論は、それが韓国の国際政治学史に思想史的レベルでの新たなアプローチを可能にする資源の発掘という点で意味がある。

一　問題提起

朝鮮戦争を起点に韓国の知識人は、冷戦という国際秩序の巨視的な構図が自身の個人の生に介入し影響する問題を体験するようになる。一九四五年帝国日本の植民地支配から解放されてから三年の間も、韓国の知識人にとって米国とソ連は朝鮮半島の主要な関心の対象だった。だが、一九五〇年の朝鮮戦争を起点に大韓民国（以下、韓国）と朝鮮民主主義人民共和国（以下、北朝鮮）が、安全保障と経済の結合を通じてブロック化した世界秩序に本格的に編入されることによって、韓国の知識人は生きる過程における具体的な問題として冷戦秩序を体験するようになった。では、この時期における韓国の知識人は、軍事、経済、政治力のあらゆる領域において圧倒的な物理力と影響力を持つ米国とソ連を中心に国際社会が両極化される状況を、いかに理解して受け入れていただろうか。

他方、この国際秩序は民族（国民）国家とその相互関係という近代的国際秩序の連続でもあった。しかし同時にこの国際秩序は、自らを支えていた原則、すなわち排他的主権と勢力の均衡、国際法の原則が、新しく登場したブロック体制によって多くの部分において損なわれてまともに作動しなかったという点で、伝統的近代国際秩序と異なる属性を持っていた。

このように冷戦初期の国際秩序を、近代的国際秩序論とその反対の立場からみる作業は、この時期を特定の巨大民族国家（米国とソ連）の覇権の強化とそれらによる近代的権力関係（従属と新植民地）の新たな継承で説明する「近代主義的」視点とは異なる。なぜならば、このような「近代主義的」解釈は、当時の国際秩序が超大国間の単なる物理的支配を超えた「イデオロギー」のブロックの上で超民族的再編を試み、該当する覇権国家自身もやはり血と土の同質性の上で成り立っていないなど、非民族国家的国際秩序が展開されていることにあまり注目していないからである。無論、第二次世界大戦以後多くの新生独立主権国家の登場とこれによって拡散した「民族主義」が、冷戦秩序の中で新しい近代を経験していたことも間違いない。しかし、これらの民族国家とその周囲民族主義の展開は、ブロック秩序の中でそれの解体と同時に進んでいたので、この時期の近代性は第二次世界大戦以前までの国際秩序の近代性と区別できる。

このように近代性の強力な継続及びその強化と、近代からの離脱及びその変異がともに働いていた状況は、朝鮮戦争以後の韓国社会が冷戦体制に本格的に編入されてから、国際秩序の近代性と脱近代性をめぐる知識人による様々な議論を可能にする地盤になっていた。

本研究ではこのような地盤の上で当時の知識人が国際秩序の変化をどのように受け止め、また解釈していたのか、その過程を分析する。そのために本研究は時期区分を大きく①植民地支配からの解放から朝鮮戦争前までの時期と②朝鮮戦争以降から一九五〇年代の後半までに分けて考察する。①は、韓国社会の中で民族（主義／国家）論が政治勢力間の対決過程において少しずつヘゲモニーを得て、新生国家の建設において持つ意義を確実に構築していた時期だった。②は、国際社会の変化についての関心が従来の時事的レベルを超えて学術的対象にまで発展し、民族（主義／国家）論が冷戦的国際秩序を説明するフレームとしてどれほど有効性があるのかをめぐる議論が——韓国社会における反共民族主義の固着化という国内的状況とは別途に——本格的に始まった時期だった。

二　解放直後の民族（主義／国家）論

従来の研究によって十分に検証されたように、植民地支配から独立した韓国における「民族」は、新生国家建設をめぐる内部の様々な政治路線及び陣営間の対立と差異を現わす最も重要な記号だった。そのため民族（主義／国家）論は、この時期の政治、経済、社会、文化の全領域において関連思想家たちの議論が最も集中的に展開されていたテーマとなった。それは新生国家の求心勢力を誰にすべきか——階級なのか、民族なのか——を通じて自分たちの陣営の思想的アイデンティティーを確認するバロメーターのようなものでもあった（ペ・ジヨン 2013）。

この過程で当時の議論は大きく次の三つの問いの上で展開されていた。第一番目、「民族」を定義する際に何が一番重要なのか。第二番目、そのように民族を定義した際に何が朝鮮民族だけの固有な性格だと言えるだろうか。第三番目、民族主義が韓国という新生国家建設において持つ意味は何か。

まず、第一番目の問いと関連して、自称民族主義者だったこの時期の一般的な右派系列の知識人たちにとって「民族」は歴史や言語、慣習のような文化的同一性以前に「血」の同質性で決定された集団である。「血の同一性がない限り外面的な文化の同一性はあったとしても真なる文化の同一はありえない」が、これは言語や歴史、慣習は状況的変化によっていつでも内的に亀裂が生じ得るからである。一方、「血の同一性」つまり血縁はそのような「文化的」構成物「以前に」存在するという点で、血縁的同一性を文化的同一性と質的に異なるレベルで受けとめられたものと認識していた（李鍾雨（イ・ジョンウ）1949, p. 7）。民族は「同じ血筋を継承した生存共同体」として「同一血縁体」として定義することができ、これは特定の民族を一つの「運命共同体」として位置付けることを可能にする（安在鴻（アン・ジェホ）1945, p. 6）。

血筋は本能的に惹きつける面があり、血液は国境より近い。この血筋から発せられた民族意識はより本能的なものである（安在鴻 1945, p. 12）。

このように「民族」を血縁的な同一集団として定義し、これを歴史・地理・言語・文化的共通性などの如何なる要素よりも優位に立つ要件としてみなす立場は、「朝鮮民族」が持つ特別な民族的な単一性と純粋性を強調していた。

わが民族は、前記した民族の諸属性に照らして全世界の中で唯一理想型を具現した、あえて言えば典型的な純粋民族だと言わざるを得ない。険悪で複雑で微妙な世界情勢下で、我が民族が新国家を建設し国基を固め国民の自覚を促し国家の迅速で健全な発展を図る際に、民族主義を国家の凝集力にしようとしたのは、その根拠が我が民族の純粋性にある（李鍾雨 1949, p. 8）。

このように朝鮮民族の民族的単一性とその純粋性を朝鮮民族の固有な特質として強調する彼らは、純潔主義的な民族論そのものが人類学的に事実上不可能であることを認めながらも、それにもかかわらず、一貫して血統の面から多民族と比べた際に朝鮮民族が持つ相対的な単一性と純粋性を強調した。「朝鮮民族」の場合、「漢種族と契丹、モンゴル、日本、その他の混血が相当」存在しているにもかかわらず、このような混血的要素が朝鮮民族の単一性を損なうほどではなかった」と言う（安在鴻 1945, p. 6）。また「血の同一性」により、単一先祖の血統を語ったり原始種族の血を純粋に保存してきたとは言わなくても、異なる原始種族たちの血統が長い歳月の中で「混血がありながら血の一統性が保たれること」を「民族の形成」要件として見なすべきだと言う。この場合、「血の同一」という問題において朝鮮民族はイギリス人や米国人、そしてフランス人やスイス人と比べると、民族についての定義の「理想型」を具現していると強調している。

以上のような主張から、朝鮮民族についてのこのような純潔主義的なアプローチは、新生国家建設という至上課題の前で民族という主体の単位が、なぜ「個人」や「階級」と比べた際により有効で、だからこそ道徳的に優位にも立つとされるのかが、よく理解できる。すなわち彼らからすると、階級や個人に基づいた主体モデルは、「民族」という主体モデルと比較して強い分派性を内包せざるをえず、この新生国家が以後耐えなければならない混乱した状況に鑑みて、共同体全体を危機に追いやる恐怖心を刺激するものであったのである。

階級と個人は、ある階級やある個人の「利益」という問題を乗り越えることができないため、相互間の闘争を前提にするしかない、限界のある主体だった。他方、民族はこのような特定の単位や分派の理解を超越する共同体的大義の実現ができる単位とみなされる。そしてこのような面に注目した彼らは、ヨハン・ゴットリープ・フィヒテの民族論を例として挙げながら、「社会的共同生活を持続させ、その中で自然的及び精神的創造をおこなう人間の全体」としての自立的個人が、「自他に対する相互関係」の認識を通じて理性的で道徳的な人間として成長する必須不可欠な単位という点で、民族は個人あるいは階級とは差別化される単位だとも紹介している（崔文煥（チェ・ムヌァン）1950, p. 15）。

一つの民族である一民は必ず一つの血筋(同一血統)である。この一つの血筋が一民においては絶対的な要素である。もし同じ血筋でなければ、一つの民族、一つの百姓〔一般民衆のこと〕になることはできず、またもし一つの民族、一つの百姓ならば間違いなく同じ血筋だろう。現在我が国にはたくさんの外国人が住んでいるが、それでも彼らが我が民族ではない原因は彼らが私たちと同じ血筋ではないからであり、また我が国の人たちが如何に遠い国に行って住んでいたとしても彼らが我が民族なのは私たちと通じ合う一つの血筋だからである。血筋が同じならばもし言葉と風習が違っても、同じ民族、同じ百姓として一民であって、血筋が違ったらもし言葉と風習が同じでも一つの民族、同じ百姓だとは言えない(安浩相 1950, p. 26.〔 〕は訳者による補足。以下同様)。

このような純血主義的な民族主義論とそれに基づく朝鮮民族の定義の仕方を最も露骨に表していたのは、安浩相(アン・ホサン)の一民主義論だった。安浩相は『一民主義の本質』(1950)で「民族」を「同じ血筋の同胞」、すなわち「同一血統」の集団として定義し、韓国の国民が持つ同一血統という固有な遺産こそが、「一民主義」すなわち韓国の国民が「一つの百姓」「一つの民族」であることを本質とする思想を作り出したと主張する。しかし、民族と民族主義思想が持つ意義に共感する人たちの中でさえも、韓国の民族主義の本質を「血の純粋性」に基礎づけてアプローチするこのような試みは批判を引き起こしたりもした。その批判は純血主義的民族論が、(a)対外的な「閉鎖性」と(b)神秘主義的超越性から抜け出すことが難しく、さらには(c)時代的潮流とも疎通できないかもしれないという恐れから始まっていた。

洪曉民(ホン・ヒョウミン)は、民族社会と民族文化の現実的な意義を認めない唯物史観を批判し、「近代的民族運動は民族社会の保存運動であり、民族社会の成長運動」であるとし、民族運動が持つ人類史的な役割を評価している。しかし、このような評価にもかかわらず洪曉民は純血主義的な民族論の「血の優先性」論を拒否し、「民族社会は言語共同体、生活共同体から文化共同体という点により大きい意義がある」と主張している。このような彼の批判にはヨーロッパのファシズムとナチズムの閉鎖性の問題が大きく影響を与えていた。「民族の基本を血縁が成していることだけは疑うことはできないが、だからといって自民族の血の優越性にこだわり強調する場合、これがナチズムあるいはファシズムに傾くおそれがある」という主張である（洪暁民 1950, p. 35）。

李丙燾（イ・ビョンド）もまた単一民族主義論を「閉鎖性」の面から批判的にみなしているという点で、共通の論旨を展開していた。彼は朝鮮民族の人類学的混合性と相対的単一性を様々な学説を通じて認めながら、単一性と統一性がむしろ歴史の束縛として働く面があると主張している。この点で彼は単一民族論の優秀性を強調する当時の他の論者たちとは正反対の論を張っている。彼は、朝鮮民族の人類学的統一性が他民族の侵入からの防衛には意味があったかもしれないが、「民族が強い統一体で単一性を帯びていたので」、「思想と興味関心が単純化された弊害も過去になかったわけではなく」、仏教や風水思想、そして朱子学のような特定思想が輸入されたときに、その一つの思想に統一がなされることによって「全てを画一的、一律的、公式的に規定しようとする弊害が多かった」と主張する（李丙燾 1946, pp. 11-12）。彼は更に加えて「民族的単一性は文化の側面あるいは思想の側面においては確かに弱点だと言えるが、それはひょっとすると一国依存の事大主義と迎合するおそれがないとは言えないだろう」と主張しながら、民族の血縁的統一性を事大主義思想と関連付けて捉えた（李丙燾 1946, p. 12）。

このような批判はとりわけ社会主義的観点に基づいているものの、民族やその理念を単なるイデオロギー的偽りとして否定するのではなく、社会科学的方法論の上で「民族文化論」を構築しようとした彼らの議論を通じても展開されていた。

金基泰（キム・ギテ）は、民族を封建的生産関係と政治的支配構図が打破される物的土台の形成過程を通じて作られた結果とみなし、そのような理由から、「血の共通性」を「民族成立の根本的で本質的な要素」とみなす民族主義論者たちの主張を、「血の盲目的な感情に訴えるナチスドイツの軍国主義、日本の反動的な民族観」と同様の神秘主義的な観念論だと喝破している。彼は民族というものが基本的に混血であるだけではなく、「単一民族としての血の純粋性を誇る我が朝鮮民族」もまた間違いなく混血であることを強調する。朝鮮民族は「濊貊族を根幹に北來の肅愼族、西侵の漢族、東來のアイヌ族、南上の苗族などの混合的な統一体」であり、そのような脈略から民族という共同集団を可能にする根幹は血の純粋性ではなく、「領土の共通性」であり、「人間の同一地域的生活なしには民族とは考えられない」との主張をすることで、「民族＝血縁」の等値関係を否定している。金基泰はこのように純潔主義の混血論が持つ神秘主義的で超越的な観念性を否定しながら、その経験的根拠として中国とアメリカ民族が「多数の種類の混合体」であることをも強調していた（金基泰 1949, pp. 54-55）。

民族の混血性の属性を強調するために当時の純血主義的民族主義論を批判する側は、度々米国をその例として挙げたが、社会主義的民族（文化）論を展開していた朴致祐（バク・ジウ）はその代表的なケースだった。当時純血的な民族主義論に反対していた多様な論者たちの中でも、朴致祐は社会主義者としての明確な立場にもかかわらず、白南雲（ベク・ナムン）や申南澈（シン・ナムチョル）のように一貫して民族主義論争そのものの価値の切り下げをしていた人たちとは異なり――神話的純血論から抜け出すことのできない単一民族主義論者に対応して――、「民族文化論」というテーマの元で民族主義を一種の「開かれた共同体主義」理論の一つとして定立させるための理論的体系化を試みていた。

これと関連した最初の議論ともいえる一九四六年四月一九日『中外日報』に掲載された「文化共同体と民族の成立」で朴致祐は、人種の根幹は血縁で国民の根幹は地縁だが、民族だけは「血縁や地縁でなく文化共同体か否か」がその根幹となる「決定的な条件」だと主張し、「民族＝文化共同体」というテーマを提示した（朴致祐 1946、『中外日報』）。「民族」は「地と土によってではなく歴史的に同一圏に属する文化的モードで成長するか否かによって決まる」という主張だったが、このような共同の文化は単なる存在を超えて「意識」され認識され共有される過程を通じて一つの共同体として構成されるがゆえに、民族もまたそれ自体が「存在」するのではなく文化的媒体を通じて「共同体」として互いが自分たちを民族だと「意識」する過程により構成されるものだと彼は強調している（朴致祐 1946、『中外日報』）。

そして、このような文化共同体としての民族論を裏付けるため米国とソ連が自己の主体を構成する原理が持つ非血統性の脈略に注目している。彼によると「アメリカ文化」というものの本質的性格を規定する要素には「清教徒主義（ピューリタン）」と「多人種複合国家」があり、ここで「人種複合国家」であるアメリカはそれにもかかわらず「アメリカ文化」という固有な自己文化を構築し、それを通じて自国と国民の弁別的統一性が確保できた。すなわち「民族」の単一性が民族的文化の弁別性と統一性を確保するのではなく、「アメリカ文化」という特定の共同体的意識によってむしろアメリカ民族（国民）が構成されていることに注目すべきという主張だった。

アメリカという国はいまだに様々な民族を抱えている国であるにもかかわらず、アメリカ文化という独自の文化を確固として持っている。この問題を我々はどのように理解すべきなのか……。言うまでもなく民族という概念が文化の創造と発展に不可欠な条件ではないという証拠でなければならないだろう。民族が文化の創造や発展に関与するようになるのは、それが文化形成において一つの物資的触媒としての意味を持つ場合のみに限る（朴致祐 1946, pp. 90-91）。

このように米国そしてソ連まで含んだ朴致祐の複合民族国家についての関心は、当時の韓国社会で議論されていた脱植民地後に建設される新興国家の理念型とその価値志向についての主流的議論（つまり民族主義）を批判する重要な軸になっていた。世界秩序の再編者として登場していた米・ソの共同体の構成原理が、民族主義批判にインスピレーションを与えていた。

その中でも政治学者李用熙（イ・ヨンヒ）は、純血主義的単一民族主義論との批判的距離を保持するが、米国とソ連の国家類型が与えるインスピレーションの影響を見せる代表的な事例だった。彼は一九四七年に発表した「単一民族主義国家と多民族主義国家」という論文で、国際秩序を支配する国家の形が依然として民族国家であることを認めながらも、世界秩序の再編者であるソ連と米国は、伝統的な主権（民族）国家にもかかわらず、内的には多民族・多人種国家として、単一民族・一つの国家の単一民族主義を掲げる「近代国家」とは明確に異なるという点を強調している（李用熙 1958, pp. 270-300）。そして、このような国家の形がなぜ世界秩序の再編者として登場したのか、その力の根拠を確認しなければならないと主張していた。当時『新天地』に掲載された李用熙の論文は、民族主義と民族国家の内的矛盾についての歴史的考察に力を注いでいる。この李用熙の論旨は、朝鮮民族の血縁的同一性を富国強兵の新興国家建設に何より大切な資産だと主張していた民族主義者たちの主張と真正面から対立するものであり、民族（主義／国家）論の根幹を揺るがすものだった。

では、朝鮮戦争後の分断構図下で、民族（主義／国家）論をめぐって展開されていた解放期のこのような議論がどのように変化しただろうか。分断された朝鮮半島を貫通していた冷戦的世界秩序が韓国社会の中に反共主義的極右民族主義を強く牽引していたことは、この期間の歴史的研究によって多くの部分が立証されている。しかし、本研究では以下の検討を通じて、当時このような堅固な民族論の支配力に対抗する懐疑的問題意識もまた存在し、とりわけ国際政治を正面から取り扱った研究にこのような意識がより鮮明に現れていたことを見出す。これは解放後韓国の近代化の過程に、民族論の強固化のみが存在していたのではなく、この時期の世界秩序もまたそれだけでは説明がつかないことを、当時の韓国の知識人が認識していたことを確認するためである。

三　朝鮮戦争以降の国際政治と民族（主義／国家）論

韓国の知識人にとって米ソ中心の冷戦秩序とはとりあえず、第二次世界大戦終戦直後から始まった米国とソ連を中心とした一連の外交史的事態と政策を指す。代表的なのは、第二次世界大戦終結直後にルーズベルト米大統領が国際連合の創立とブレトン・ウッズ協定体制を通じて掲げた「一つの世界構想」がソ連と周辺の共産主義国家の膨張及び同盟強化の試みによって阻止された後、トルーマン主義という名の下で始まった対共防圧政策による、一九四七年の西ヨーロッパの一六カ国の経済援助政策（マーシャル・プラン）と共同防衛計画（MSA、FOA）、そして一九五〇年ディーン・アチソンによる西太平洋における対共産主義防衛ラインの形成である。一九五〇年四月以降共和党は従来の経済援助と共同防衛計画が消極的性格の対共政策だと批判した。この主張にしたがいアイゼンハワー大統領以後本格的な核抑止政策に基づく「力による平和」政策は、朝鮮戦争を経て世界秩序が従来の多極体制から米国とソ連に二極化し対立することを確かなものにした。

当時「冷戦」とは、一方ではこのような一連の経験から生まれたイデオロギー的両極体制と、その中で作られた政治・

軍事的緊張状態に他ならなかった。しかし他方でこのような現象が、第二次世界大戦以前までの近代世界秩序を動かしていた国家関係の諸論理を変異させていた点では、「冷戦」とは前記のような経験と諸政策の総合以上の意味を持つものでもあった。

冷戦、両極、あるいはブロックと名付けられた当時の世界秩序は、大きく次の三つの部分で既成の国際関係論理を変化させた。したがってこれに代替できる新しい概念（理論）枠の構成を要求していた。

1　近代国際政治論の危機

(1)　民族（主権）国家論

朝鮮戦争を通じて米国の圧倒的な軍事力を経験し、安保・経済的にそのヘゲモニー圏内に深く編入された韓国の知識人がより鮮明に直視するようになった国際社会の現実は、もう国際秩序が多数の民族国家間の力学関係の調整で作られる空間ではないという点だった。第二次世界大戦以前まで国際政治の主な舞台だったヨーロッパでは、その主要な国家の一部が終戦後外交界での影響力を失い、幸い戦勝国だったイギリス、フランスそしてイタリアも二位と三位へ退いたからである。ヨーロッパ秩序の再編を左右する影響力を持っているヨーロッパ内の国はソ連だけで、その軍事力や技術力、経済力でソ連が見せた力量もまた、大戦以前までせめぎあっていた多数の民族国家を圧倒するものだった。

このような状況で金永俊（キム・ヨンジュン）は、「民族主権は事実上一つの虚構に過ぎなくなった。国際秩序の原理と考えられていた勢力均衡の原則が、現実的にその意義を失い、集団安全保障がそれに代わり、民族主権国家の時代はすでに消滅した」といい、民族主義とその国家論の現代的有効性に疑問を提起する（金永俊 1958, p. 110）。しかし金永俊からするとこのような疑問は民族主義の持つ歴史的限界から生じるものだった。民族は「言語、宗教、伝統、風習及び習慣などの客観的要素に基づいて社会面で形成される同類意識と、政治集団化の過程で生まれる政治的集団意識の緊密な相互作用」で、民族主義は「自由」と「独立」を意味したが、他方では「民族自決主義」という名のもとで一つの民族の他民族への「抑圧」と「侵略」の他なる表現として機能してきた（金永俊 1958, p. 93）。何より民族主義は「普遍的な一つの原理」が不在であった近代国際秩序に極端な道を進ませる機能を果たした（金永俊 1958, p. 93）。その結果勃発した第二次世界大戦は、従来の多元的秩序を解体し、世界の全ての民族国家に「ソ連の衛星国家、あるいは米国の被援助国の立場」のいずれかの「二者択一」を強いる結果を作り上げたと批判した（金永俊 1958, p. 111）。民族主義そのものが、その政治体的基盤である民族主権論を基礎とする近代国際秩序の根幹を、自ら揺るがす役割をしていた点に注目したのである。金永俊は、このような民族主義の限界によって、第二次世界大戦以後国際政治が排他的民族主権論を超えた国家間の関係、つまり超民族国家論的秩序についての新しい構想をするようになったと見ていた。

したがって二〇世紀人類の課題は、この多元的な世界構図をどうやって一元的にするかにある。しかし、このような究極の課題を歴史的現実的国家に期待するのはコスモポリタニズムの立場に立たない限りは不可能であろう。したがって現実政治にどんなに葛藤が多くとも多元的個体——各民族国家——の歴史的発展のダイナミックな過程の中で、一つの総対的全体性の秩序の世界を創造する無限の闘争と挑戦に努力を惜しんではいけない。そしてこのような課題は単にコスモポリタニズムへの飛躍を意味するのではなく、古い民族主義の止揚と新しいインターナショナリズムの実現への道であり、同時にそれは段階的に歴史的地理的経済的近接性に基づく超民族的集団を志向する権力単位が徐々に拡大する過程として進むだろうと筆者は思う（金永俊 1958, p. 111）。

金永俊は今後世界秩序が排他的主権に基づいた民族国家ではない新しい権力の単位、つまり「歴史的地理的経済的近接性に基づく超民族的集団を志向する権力単位」によって再編されるとみなしていたのである。民族国家とその理念の頑強さに対し、それが未来的な国家の形態には決してならないという金永俊の分析は、国際政治の基本単位の性格とそれらの間の関係秩序（民族国家の相互関係）の変化を予見していた。このような脱近代型国際秩序についての問題意識は以下で考察する国際法についての議論を通じても展開されていた。

(2) 国際法

蠟山政道によると近代ヨーロッパ史で胎動した国際政治は、「民族(主権)国家」、「勢力均衡」、そして「国際法」の原則を根拠にしている(蠟山政道 1959, p. 28)。領土的境界をよりどころとした国家権力の対内外的最高性を認める近代主権国家論は、自身と同じ形式の多数の国家が似通った力(経済、文化、軍事、政治力)を持ち、特定国家の力が他国の地位に脅威になるほど浮上することを、勢力間の連合と排除で食い止めることで、主権国家間の秩序が維持されるが、まさにこれが勢力均衡の原則だった。ここで国際法は、勢力均衡の原則による国際秩序維持の論理を承認し、民族主権が損なわれない範囲で、国家間の普遍的争点、例えば貿易、金融、人的交流などが調整できる法的地盤を確保することをその目的としていた。

しかし、国際法は他の近代国際秩序の原理の中で一番遅れて変化する。「君主」の恣意的判断により例外的な場合のみ国内法に優先して国際法が効力を持つとされる程度にとどまったので、主権国家が胎動した一六～一七世紀の国際法はまだ事実上有名無実だった。資本及び貿易の発展によって国民経済単位を超える世界経済単位の範囲が少しずつ拡大すると、これに応じ得る新たな国際法的原則が求められた。国際法は一九世紀になると、主権国家内の法と同等な位置を占めるという原則のもとで、主権者の恣意的選択によってではなく、問題になる事案は「法律そのもの」の規制を受けるという論理が国際社会の中で形式的とはいえ承認されると、国家間の行為関係を適合させる共通の規範的地盤の役割として登場した(黄山徳 1956, p. 58)。主権国家を基本単位にしながらも、国家的境界に限定されず、法そのものの論理にしたがって国際的行為と問題を解決する超国家的地盤を構成するのが、一九世紀の国際秩序での国際法の原理だった。

しかしこのような国際法の効力は、多数の民族国家単位が同程度の勢力を持って均衡を成す空間でのみ意味を持つという明らかな限界(あるいは明確な前提)を持っていた。第二次世界大戦後、このような多数の西ヨーロッパの諸国家が外交の世界で凋落し、米国とソ連の両極にブロック化されることで、国際法が問題にすべき対象は主権国家の領土的範囲ではなくブロック間の関係という理念の地形へ移るようになったのである。

黄山徳(ファン・サンドク)は、このような国際政治の変化する状況を明確に直視しながら、将来の国際法の問題は単一民族国家と他の民族国家間にではなく、特定ブロックの中と外に分けられるとみなした。特定のブロックの中でならば国際法はまるで国内法のように効力を持つが、他方で国際法が前提にしていた領土的主権の境界は民族国家ではなくブロック間の境界へ変わったからだった。

サヴィニーのいう国際法的共同団体は、……近代国家――西洋的文明国家――の法のみを構成員として認める共同団体だったのである。ところが第二次世界大戦後世界が民主／共産の両陣営に分かれ……現段階においては、サヴィニーが主張する国際主義に基づく国際司法が可能なところは、ただ同一陣営内、とりわけ民主陣営内の様々な国家の間だけである。……そうであれば、このような両陣営の現実に立脚した新しい国際私法理念は、如何なるものになるべきだろうか。まずそれは同一陣営内にある国家間の法については協調関係の維持ができる理念でなければならず、同時に他陣営間については排他的な態度をとるものでなければならない（黄山德 1956, p. 61）。

このように黄山德は、従来の主権的境界の特徴（内的同一性と外的排他性）がブロック間の関係で現われていることに注目しながら、既存の民族国家間の関係だけに適用されていた国際法の論理が、ブロック間の関係についても可能となる法的枠としてその論理を変形させるべきだと主張していた。黄山德のこのような主張の中には、民族主権国家とその勢力均衡の原則に基づいて存在していた近代国際法の秩序が無意味となり、国際法が適用されるべき国家間の関係が共通のブロック内であたかも国内法的なものへ変化している現象への問題意識が含まれていた。巨大な超民族国家的権力単位の様相が、冷戦時代を通じて知識人に如何に体験されていたのかを、法学者的眼差しの枠組として、これは明示していた。

（3）勢力均衡論

この時期の知識人が第二次世界大戦以前までの国際秩序と、それ以後の世界秩序の差異を認識するレベルには、様々な水位があり得るが、米国の圧倒的な軍事力と援助の前で誰も異議申し立てが不可能だった国際秩序がもたらす危機の一つとして、勢力均衡の原則のゆらぎがあった。

李辰燮（イ・ジンビョン）は、勢力均衡の原則とは近代ヨーロッパが「戦争によるのではなく他国の進出を単純に抑制することで、自国の独立あるいは利益の保証ができる方案」として存在したが、それは「構成する参加国の数が多くなければならない」だけでなく、勢力均衡に参加する「当事国は〈動く国〉になってはいけないという」不動性の条件を前提とする原則でもあったと述べる（李辰燮 1959, p. 46）。つまり「勢力とは軍事力のみならずあらゆる経済力、産業力、科学力、文化力などを含むので、生産が活発に行われたり取引が頻繁に行われたり新しい科学力によって新武器が発明されたりすると、すでに構成されていた勢力の均衡が壊れるため、とりあえず均衡が成立すると少なくともその一員になった諸国家は、いつも現状に固定されていなければならないこと」を前提とするのが原則だということだった（李辰燮 1959, p. 46）。問題は、勢力均衡原則に内在しているこのような国家権力の不動性が、米ソが持っている圧倒的な物理力によって破壊されただけではなく、この二国の他国家に対する力の絶対な優位によって、似通った力の多数国家の参加という勢力均衡の一番目の条件もまた無くなる状況が、第二次世界大戦を起点に現われたという点だった。

これとともに姜秉奎（カン・ビョンギュ）は、勢力均衡論の有効性を、近代国際政治のもう一つの核心である「排他的主権論」の危機と、これによる新しい国際安保の原理形成の問題という観点で取り扱っていた。彼によると本来勢力均衡は、基本的に民族国家が自分の利益を維持しようと努力するうちに、国際的平和がその結果として算出されるという論理に基づいていた。したがってそこでは近代国家の排他的主権の原則が国家の選択と行為判断の基礎の根拠として前提とされていた。しかし、冷戦体制下で「ブロック内の個別国家」が持つ「伝統的主権概念」が「相対化され、また漸進的浸透過程を通じて相当制限され変容」する状況下では、このような国家利益概念を超えた論理、つまり超国家的普遍価値の上に国家間の秩序と平和を維持する新しい論理が構築されるようになるが、姜秉奎は国連設立過程で成立した「集団安全保障体制」の性格がまさにそれだとみなしている（姜秉奎 1955, p. 105）。

彼によると、基本的に特定のブロックの中で国家間の関係を調整する安全保障体制の原則は、従来の伝統的原則としての「利益的協調」が、中心部国家と周辺部国家間の理念による「求心的結束」と共存する中で発生したものだった。「利益的協調」が、主権に対する侵害や利益に対する増減によっていつでも国家間連合から離脱できる不安定性を含む典型的な勢力均衡論型国際秩序論（あるいは安保論）の結果であったとすれば、「求心的結束」は国家利益ではなく中心部国家の「強力な絶対的権威」に周辺部国家が服属する過程で発生するものだった（姜秉奎 1955, p. 105）。「集団安全保障体制」は、前者というよりはこの後者の国家間の関係つまり「求心的結束」の論理から誕生した新安保論（国際秩序論）であり、集団安全保障体制が掲げる「一般価値」は、国家間の関係に「運命共同体」的性格を持たせるという点で勢力均衡論の利益論と大きく異なる性格を明らかに持っている（姜秉奎 1955, p. 106）。

二人ブロックの主導権は米国とソ連が掌握していた。とりわけ注目を要する一点は、既存の国際社会の支配的原則や勢力均衡が新兵器の発達と政治・法律・経済的条件の変化によって不可能になると、同盟体制と類似した集団的安全保障体制が出現したことである。これは……利益的というより運命的な共同組織体だが、このような共同社会的ブロックの内部的構造はその共同性とは相反する「力の原理」を介在させている。つまり各ブロックは本質的に指導国家と従属国家の階層的区別を持ち、彼らの相互関係は共同社会的あるいは利益社会的性格が混在しているのだ（姜秉奎 1955, p. 106）。

以上で考察した議論は、民族国家の原則だけでは説明できない諸現象が冷戦という名の下で世界秩序に登場していたのを、当時の知識人が目撃していたことを共通して示している。彼らは、民族（主義／国家）論への変わりない固執こそが民族国家間の国際関係を過去の遺物であることを示す現象が――その力の程度や強度について各自一定の立場の違いを見せていたにもかかわらず――見られることに着目していた。しかし、興味深いのはこのような現実国際政治を目撃しながら論じる学者たちの分裂した問題意識にもかかわらず、当時米国を通じて輸入された「国際政治学」の主流的理論体系自体は、まさに第二次世界大戦までの国際秩序と国家単位間の論理に基づいて作られた「現実主義国際政治理論」だったという点である。
多数の民族（主権）国家が自国の「権力」と「利益」を動機にして離合聚散する無政府的状態において、まるで「見えない手」によって市場が調節されるように、自国の権力と利益に合わせて「勢力均衡」が追求され、これを通じてのみ平和と秩序が（不安定に）保証されるという、いわゆる「現実主義国際政治理論」の空間は、国際政治についての現状分析とは別に、確立された理論体系として輸入され流通していた。閔丙岐（ミン・ギョンギ）は、一九五七年「国際問題研究の課題と傾向」という論文で、政治的理想主義と現実主義を国際政治の学説として紹介しながら、「一八、一九世紀を通じて支配的だった現実主義の思想が、第二次世界大戦以後理論面と実践面で復興された」という文で、現実主義国際政治理論を第二次世界大戦以降の国際政治を説明するために完成された一つの理論体系だと紹介している（閔丙岐 1957, p. 58-61）。

政治的現実主義者たちにとっては、国民国家間の対立と闘争は本質的なもので、過去の後進性に起因するのは偶然ではない。……あらゆる社会的集団の内部にはそれが社会団体、政党、国家を問わず影響力と力のための闘争が絶えず続いている。のみならず国際社会面においての国家間の勢力闘争が、法的制裁や行政的制限を受けずに極端に流れる傾向がよく見受けられる。したがって現状況下の国際政治社会で政治家や外交官たちが担っている課題は、その勢力闘争の限界と深度を最小限に制限することにある。国民国家の主権活動を制圧できる「至上原理」が欠如している国際政治において、唯一で合理的な手段は各国間の勢力均衡を求める不断の努力のみである。均衡により各国間の対立像を緩和しようとすることである。現実主義者は「権力闘争」の「恒久性」と「偏在性」を認める。しかし可能なあらゆる手段を用いて「力」の集中が抑制され制限されるべきとし、闘争に向かう恐れのある緊張状態の緩和が主張される（閔丙岐 1957, p. 60）。

ここで閔丙岐が説明している内容、つまり力の偏在性の上に存在する多数の主権国家間の権力闘争を緩和するための措置として存在する「権力の均衡を取り戻すための絶え間ない努力」は、現実主義国際政治理論による説明の核心的な骨子に該当する。したがってこのような理論の輸入と流通は、当時の国際政治現象を目の当たりにしながら一連の研究者たちが論評した政治の「現実」に対し、一定の乖離を見せていることは間違いない。

この文脈から、次に考察する一九五九年に発刊された李用熙の議論は、当時多くの研究者たちが国際政治の現実をそのまま論評する過程でみた「現実」の脱近代性と、この現実を説明するための道具として使われた「理論」との間の乖離が、如何なる方法であれ解消されるかあるいは説明されるべきだという問題意識が、一人の国際政治学者にとって発展的な形で展開されていたことを明らかに示している。以下では一九五九年に発刊された李用熙の『国際政治原論』で議論されていた内容を、国際政治の単位と単位間の秩序の二つの側面から検討し、李用熙が現実主義的国際政治理論との対決を通じ、如何なる概念枠を新しく創り上げようとしたのかを考察する。

2　近代国際政治論への批判とそのオルタナティヴ

(1) 単位の変化――「現代国家」

近代は現代の中にまだ生きていて、現代は近代の展開としてのみある。しかし、新しい国家の形が徐々に作り上げられていることも否定できない。ではその傾向は一体何だろうか（李用熙 2017, pp. 83-84）。

この文はまるで世界史上の大規模な変化を直感し、二〇世紀初まで強固に存在していた民族国家とその理念が、それ以上未来を担う権力形態になり得ないということを予見するようである。続けて李用熙は、何が近代国家とその国際秩序を歴史の裏側に追いやったのか、その背景を次のように整理している。彼によると第一次世界大戦を期に確立したヨーロッパ型の単一民族主義国家が、その政治・経済・文化的「富」の蓄積のために用いたやり方は、基本的に植民地獲得により国土・人口・資源を拡張することだった。これは当該民族国家の中では本土と植民地間に深刻な政治・経済的不平等を生んだ一方、競争国家間にも財貨と生産力の偏差の拡大による貿易摩擦と政治的葛藤がそのまま放置され、結果的に世界大戦へと帰結した。「その結果、似通った実力を持っている数ヶ国の存在を前提とする近代国家秩序が究極的に崩れた。小勢力の糾合による大勢力の対抗はあったが、長期的に見た場合には圧倒的な勢力は存在しないことが、近代ヨーロッパ政治史の特色だった。現代においては、国と国の間の実力の差があまりにも大きく、多数の近代国家の競争的共存ということは事実上あり得なくなった」（李用熙 2017, p. 82）。

このように変化した国際状況は、従来の「近代民族国家」の理念型を超えた新しい国家の類型を思考することを要請していると李用熙はみなした。つまり、一方で従来の民族主義伝統と主権思想を生かして「『我が国』的立場」を堅持しながらも広い国土と多人口、大資源そして政治・経済・軍事的安定感を確保するため、(a)（主体構成）理念と(b)政府形態の変化、そして(c)国際秩序システムの新しい変化を求めるようになり、これが近代国家と区別される「現代国家」を作り出したと主張する。米国とソ連はまさにこのような国際政治の変化による要求に応えて発生した、近代を超えた国家の類型の典型を見せた例だった（李用熙 2017, p. 115）。

①現代国家——米国とソ連

李用熙が見るに、米国とソ連は体制理念上の違いにもかかわらず、重要な共通前提をもっていたが、それはまさに両国が自国の構成する原理（理念）と政府形態を通じて表われていた。

米国とソ連はまたそのアイデンティティーも社会構図も異なる。政治理念も経済観念も同じではないことは周知のとおりである。しかし、一つ、多民族主義であり、歴史的民族主義において地縁的国民観を取る点は同じである。このような重大な民族思想の転換により、彼らの連邦制度が可能となり、またこれに従い広大な国土、多人口、大資源を包摂した政治的門戸が開く（李用熙 2017, p. 117）。

米国とソ連を事実上同一の国家的類型とみなす李用熙のこのような説明の論理は、李用熙が論じていた、ヨーロッパの民族主義国家の自己発展の限界が、米国とソ連が目指す国家の類型を通じて解消されるという指摘に通じる。つまり、一九世紀から始まった資本の世界化、超国家的経済支配層の存在、そして産業技術の発達は、閉鎖的な単一民族主義的国民国家の枠を通じて、あるいはこの閉鎖性の矛盾的拡張方式である植民地主義によっては解消できず、米ソの国家の類型は、このような現代資本主義の産業秩序を国家が持った時に、その変化に最も弾力的に対応できる最適の形態だと見ていた。広域にわたる支配空間、そして国家主体のアイデンティティーを特定人種や民族に限定しない無差別性と、物理的あるいは人的な特徴の多様性と広域性を統治するための政治支配方式として登場した――中央集権体制とは異なる――連邦制の運営がまさにそれだった。重要なのは、このような「現代国家」の内部論理（多民族主義、広域空間概念、水平的連合体の支配形態）が既成（古典的あるいは後発）民族国家に対する導きとなり、それらの国家がソ連や米国のような種類の国家形態を各々の経路を通じて追求した。この過程で現代国家類型の新たな姿といえる「地域支配体」が国際秩序単位として民族国家に代替できる、もう一つの単位として浮上した点であった。

②現代国家――地域支配体

国際政治の現代的状況において私たちが見逃せない重要なことの一つは各地域の特殊状況である。現代国家への志向が今日の国家形態上の変化だと断言でき、また世界的な両大勢力が出現して異なる国際政治的様態を圧倒しているのは隠せない現実で、この現実は具体的には各地域の特殊事情が国際政治問題化する過程で現われる。……世界各地域の特殊事情というのがまさに国際政治の肉であり、歴史の大勢はそれにとっての骨とも言える（李用熙 2017, p. 103）。

李用熙は、米国やソ連のように、広大な大陸にある巨大な資源と人口を既存の伝統的民族国家が統治するには限界があり、現代国家への志向がその代案として当該国家の所属「地域」を基盤とする国家間「地域支配組織」の構想に導いたと述べている。この地域支配体は米・ソを中心とするブロック体制の構想とかみ合って、多様な汎米圏地域支配体とコミンフォルムの共産圏地域支配体を形成させていた。ここで多様な地域支配体が基本的に二元化されたブロック体制の上で作られていたとしても、ヨーロッパ、南米、中東、アラブのように当該地域の固有の歴史・政治状況がブロック秩序だけでは説明できない固有の脈絡（地域的脈絡）を内包したまま、ブロック体制が解消されてからも超国家的支配単位が国際秩序において核心的に機能するように作り上げられると見ていた（李用熙 2017, pp. 104-106）。

第二次世界大戦後、西ヨーロッパは歴史的共通性と政治・経済的特殊性がありながら、米国と安保経済的同盟関係を強固にするため超国家的支配体制の建設を進めた代表的な事例だった。安保的には共産圏の脅威に対抗するために欧州防衛共同体構想がＮＡＴＯへと繋がり、経済的には単一ヨーロッパ経済圏（単一自由市場）を目標とするシューマン・プランのもとで石炭鉄鋼共同体（ＥＣＳＣ）の組織、欧州経済共同体を作り、政治的には「近代単一民族主義国家であっては現代の強大勢力を作り上げられないという認識」のもとでヨーロッパ地域を単一領域とするヨーロッパ連邦の構想を描いていた。李用熙はこのようなヨーロッパ内の地域支配体以外に、アラブ国家連合と東南アジア連合にも注目すべきだと述べている（李用熙 2017, p. 106）。

李用熙は、超国家的地域支配体が作り上げる地域的国家関係が、過去の近代国家時代の単純な「同盟関係」と明らかに異なると強調している。「歴史的民族主義を核心とする排他的近代国家の政治的同盟関係や通常関係というのは、あくまでも同盟国の国内政治体や経済体制とは公的には関係のない対外関係」だった反面、前述した「汎米地域組織」や「共産圏」は「その政治体と経済様式についての根本合意の上に立っている恒久的な措置」という点で、その根底にできる限り「同じ市場、同じ政治体、同じ理念」の形成を目的としているため、その地域支配体は従来の同盟関係よりも、はるかに超民族国家的性格を本質とするという特性を持っているという（李用熙 2017, pp. 117-118）。

（2）単位間の秩序の変化

①権力政治から権威政治へ

近代主義的国際政治学、とりわけ第二次世界大戦後脚光を浴びていた現実主義の理論に寄りかかった時、主権国家間の無政府的関係を決定するものは、まさに国家の「権力」（＝力あるいは利益）を追求する主権国家の属性だった。権力政治によって近代における国家関係の性格は根本的に排他的なものになった。しかし李用熙は、国家の類型のみならず国家間の関係である国際秩序の論理もまた既成の「権力政治」とは異なる枠を見せていると主張し、これを権力政治とは区別できるよう「権威政治」と呼んでいた。国際政治を「権力」で説明する現実主義国際政治理論について李用熙は、権力を「強制力」と「権威」の二つに分けるべきだと指摘している。相手国家の意思と関係なく自国の物理的力に基づいてその服従を引き出すのが「強制力」ならば、「権威」は同じく服従を引き出すもののそれが相手の自発性を伴う価値的な力という点で相反する特徴を持つ概念であった（李用熙 2017, pp. 249-256）。

李用熙によると、このような意味での権威は、本来排他的主権による近代国家体制では一国の内部で通用しても主権国家の範囲を超えて通用するものではなかった。文化的、あるいは倫理的な性格を持つ価値概念が国家間で共有されたとしても、それは文化的共通性に過ぎず、これが国家関係を調整することができる超国家的権力の地位を持つわけではないので、近代国際関係では「国際権威」は本質的に否定される概念とされた。

> 近代国家以降の国際関係は典型的な強制力型だった。近代国家の主権思想、民族思想はそのもの自体だけではとても国際権威化する余地がない。各国の権威観念は類似していてもその権威自体はあくまでも国際権威の本質的否定を内包している。近代国家とその伝統を中心とする国際関係は強制力型特有の排他的で敵対的な勢力を前提とする。そして国際政治秩序さえも国際権威でというより強制力の関係によって作られる傾向がある（李用熙 2017, pp. 264-265）。

しかし、このように主権国家を単位体とするアトミックな関係秩序の勢力均衡が崩れ、米ソの圧倒的な権力に基づくブロック体制が構成された時、このブロック内部を支配する秩序は従来のそれとは全く異なる論理によって動くようになることに、李用熙は注目していた。この共産圏、自由主義圏のような権益空間はそれ自体で特定国家の利益や権力を超えた超国家的理念、つまり共産主義や反共主義という超国家的権威（価値）に基づいて内部の諸国家を束ねる。したがってこれは、近代国際関係において国家間の関係を決めていた概念枠を超えて説明される必要がある。李用熙は、超国家的価値を掲げこれを浸透させようとする中心国家（権威の解釈権を掌握するという意味でヘゲモニー国家）と、その管理下でその権威を受け入れる国家の非対称関係は、「強制力」ではなく「権威」に基づいて働いていると主張し、これはブロック体系下における国家関係が、現実主義的国際関係論の近代国家秩序体系では説明できないことを証明する根拠になっていた。

李用熙は、これに関連する主張をする過程で、ブロック内部の中心国家と周辺国家間の上下関係およびブロックを束ねる超国家的価値つまり「権威」が働く方式が、前近代の世界文明圏の支配論理に類似した形式を見せていると主張していた。つまり、当時ブロック体系内部で中心・周辺部国家間関係の階序制的一体性と、その外の権威体（他ブロック）についてみせる排他性は、中世的なキリスト教社会や儒教的な東洋社会そしてイスラム及び仏教社会が、自らの文明圏の内部とその外部について行うやり方と類似するということである。

> 中世的キリスト教社会、儒教的東洋社会、あるいは共産社会を問わず、その根本には共通の形式がある。前面に掲げる権威の内容が宗教であるにせよ人倫観であるにせよ、あるいは階級観であるにせよ、それが政治権威化する過程は、第一に国家を至上のものとする閉鎖的権威を超国家的権威によって圧倒するのであり、第二に権威圏内のすべての政治集団と権力を排他的に統合するのである（李用熙 2017, p. 292）。

このような理由で李用熙は「このような権威、国際権威の性格は、ある面では近代国家以前のヨーロッパの中世、または東洋的秩序を彷彿とするところがある」と主張していた（李用熙 2017, p. 83）。

②勢力均衡論から集団安全保障論へ——超普遍秩序論の登場

「集団安全保障論」つまり、特定の国家の安保がその属している「集団」の合意によって保護され、その合意を通じて、当該国家をはじめ集団内の国家全体に脅威とみなされる国家を、「一般的集団利害」に基づき制止（軍事・経済的）するという観念は、第二次世界大戦後の国際機構（国際連合）の誕生過程によって、再び国際秩序の共同準則として浮上するようになる（李用熙 2017, p. 217）。前述した論者たちの見解のように李用熙もまた、朝鮮戦争直後この「集団安全保障論」の意味を現実国際政治論の国家間の秩序原則である勢力均衡論とは区別しながら、さらに進んでその脱近代的な含意に注目していた。

彼はまず「勢力均衡原則は本来個別国家の利害調節に基づいて共同安全を図」る原理であるため、民族国家の排他的主権という原理なくしては機能しないと指摘する。力の均衡を求める個別国家の自助的選択の力学関係に他ならないこの勢力均衡理論には、個別国家の利害を超えた如何なる「一般的集団利害」も存在していなかったからである。他方、「国際正義と原則」及び「国際平和と秩序」は、各々の国家の単純な打算と合意ではなく、むしろ各々の国家の排他的主権論を超えた超国家的秩序観念に基づくものだった。勢力均衡論は「あくまでも個別利害の混合折衷である」のに比べて、集団安全理論は「あくまでも全体利害の設定から出発」する観念として、「国際正義と原則」及び「国際平和と秩序」は各々の国家の単純な打算と合意ではなく、各々の国家がその中に存在するという国際社会の法秩序でありまたその内容だった」（李用熙 2017, p. 218）。

しかし、集団安全保障論が持つこのような近代国際秩序論との違いにもかかわらず、李用熙は勢力均衡論に代表される近代国際秩序の観念の効力全体が消滅し、集団安全保障論がその代わりをするようになったと主張したわけではなかった。現実的に相互に鋭く異なる政治・社会・経済理念を持つ超大国の間で、その現実的利害とこれを超越した一般秩序の原則の間で矛盾が生じたり、前者が後者に勝ると思われる場合、現実利害の間における合意を導くための準拠として、もう一度個別利害の調節に立つ均衡理論が導入される可能性が相変わらず濃厚に存在しているからである（李用熙 2017, p. 225)。しかし李用熙はこのような近代的国際秩序原則の残存にもかかわらず「今日(諸国家が)均衡原則を再び持ち出さず、名目上であっても集団安全保障を高歌する理由」に注目すべきだと述べていた。

思うに、その理由は、国家類型の根本的な変質から生じる国際社会的圧力があるからであり、またその背後にある世界経済の発達と単一世界経済への欲求、そして政治社会における超大国の出現であった(李用熙 2017, p. 225)。

つまり李用熙は、国際秩序(とその安保)構築の原理として「普遍準則」の理念が再び浮上する現象は、前に考察した他の脱近代的国際政治現象の浮上と軌を一にした結果という点に注目していた。単位国家間の利害が水平的かつ多元的に存在し難い状態で、多民族の広域支配体的性格を持つ超大国下にブロック化された世界秩序そのものが、個別諸国家の単位的利害を超えた「超国家的秩序原則」を可能にし、それと共に展開された単一世界経済や地域支配体の論理は、脱近代的といえる超国家的普遍価値と理念に基づく集団安全保障論の浮上を可能にしたというのが、李用熙の問題意識であった。

結論

以上の議論を踏まえて本研究は、朝鮮戦争を前後に韓国の知識人が冷戦的ブロック体系という新しい国際秩序の経験により、従来の国際秩序とその説明枠に対してどのような問題意識を持っていたのかを考察した。この過程で本研究は、朝鮮戦争以前までは国際政治が主に時事的な論評のレベルで取り上げられていたのに比べ、朝鮮戦争後の一九五〇年代後半になると、微弱ではあるが、国際政治論の概念枠(勢力均衡論と国際法、そして民族国家論)に対して冷戦体制の特異性を説明する問題意識を発展させていたのが確認できた。このような問題意識は近代国際秩序に基づく国際政治理論である現実主義国際政治理論が学界内にほぼ無批判的に輸入・流通していた当時の現実に対抗するアプローチである。これは学術理論的輸入と現実国際政治についての問題意識が衝突しながらも共存する状況を生み出していた。

この文脈で李用熙の初期の研究は、現実主義国際政治理論が本当に「現実的」なのかという問題意識を、現実主義国際政治理論の基本概念枠とは積極的に対立する概念を構築する試みとして注目すべき成果であった。

この検討過程で本研究は、李用熙をはじめとする一連の国際政治研究者たちの議論の中に、第二次世界大戦後の世界秩序が近代的国家論を基礎とする秩序論ではもはや説明ができず、脱近代的国家的秩序論により説明する試みが登場したことを確認した。このような問題意識は、民族主義とその国家論そして民族国家的覇権主義とそれによる秩序論が、いまだ強固に存在しているという近代性の持続に対する批判意識と並行するものだった。このような事実は、この時期の国際秩序についての認識水準が、近代主義的概念枠から大きく脱することができず、または相変わらずそれに強く拘束されているとみなしがちな既成の捉え方と衝突しているという点で重要である。

何より、近代と脱近代の矛盾的共存という第二次世界大戦後の世界秩序についての当時の韓国の国際政治学者たちの議論は、それが韓国の国際政治学史への思想史的レベルでの新たなアプローチを可能にするという点で重要である。韓国政治学のどの領域よりも米国の国際政治学に対する依存度が高い韓国国際政治学界の現実を考慮した場合、このような思想史的探求は、韓国国際政治学史についての新しい認識と、それを通じた韓国的国際政治学の構築の歴史的資源を発掘するという意味を持っているからである。

【参考文献】

강병규「國際社會에 있어서의 國家權力問題」『法政論叢』1권、1955（姜秉奎「国際社会における国家権力問題」『法政論叢』第一巻、一九五五年）。

김기태『세기의 과제』서울：백양사、1949（金基泰『世紀の課題』ソウル：白揚社、一九四九年）。

김영준「민족주의 - 서구의 시민적 자유민족주의에 관한 일고찰」『국방연구』1권、1958（金永俊「民族主義：西欧の市民的自由民族主義に関する一考察」『国防研究』第一巻、一九五八年）。

蠟山政道『国際政治と日本外交』中央公論社、一九五九年。

민병기「국제문제연구의 과제와 경향」『국제법학회논총』제2호、1957（閔丙岐「国際問題研究の課題と傾向」『大韓國際法學會論叢』第二号、一九五七年）。

박치우「문화공동체와 민족의 성립」『중외일보』、１９４６년 4월 19일（朴致祐「文化共同体と民族の成立」『中外日報』一九四六年四月一九日）。

박치우「아메리카의 문화」『신천지』제1권 제8호、１９４６년 9월（朴致祐「アメリカの文化」『新天地』第一巻第八号、一九四六年九月）。

배지연「해방기 민족이라는 기호의 변화 양상과 그 의미：임화의 민족 민족문학 개념을 중심으로」『現代文學理論研究』55권、2013（ペ・ジヨン「解放期民族という記号の変化様子とその意味：林和（リンワ）の民族文学の概念を中心に」『現代文学理論研究』第五五巻、二〇一三年）。

안재홍『신민족주의와 신민주주의』서울：민우사、1945（安在鴻『新民族主義と新民主主義』ソウル：民友社、一九四五年）。

안호상『일민주의의 본바탕』서울：일민주의연구원、1950（安浩相『一民主義の本質』ソウル：一民主義研究院、一九五〇年）。

이병도「조선민족의 단일성」『신천지』제1권 제8호、1946、9월（李丙燾「朝鮮民族の単一性」『新天地』第一巻第八号、一九四六年九月）。

이용희『정치와 정치사상』서울：일조각、1958（李用熙『政治と政治思想』ソウル：一潮閣、一九五八年）。

이용희『국제정치원론』서울：연암서가、2017（『국제정치원론』、서울：장왕사、1955）（李用熙『国際政治原論』ソウル：ヨナムソガ、二〇一七年、初版『国際政治原論』ソウル：章旺社、一九五五年）。

이종우「민족주의의 이론적 구조」『민족문화』1권 1호、1949、10월（李鍾雨「民族主義の理論的構図」『民俗文化』第一巻第一号、一九四九年一〇月）。

이진변「국제정치사상의 세력균형과 국제연합」『정치학보』3、1959（李辰燮「国際政治思想の勢力均衡と国際連合」『政治学報』3、一九五九年）。

황산덕「국제사법에 있어서의 두 진영의 이론」『국제사법학회논총』1권、1956（黄山徳「国際司法における両陣営の理論」『国際法学会論叢』第一巻第一号、一九五六年）。

홍효민「민족문화의 원류」『민족문화』（2권 1호）、１９５０년 2월（洪曉民「民族文化の源流」『民族文化』第二巻第一号、一九

五〇年二月)。

최문환「피히테에 있어서의 민족주의와 사회주의 의의」『민족문화』2권 1호、1950、2월(崔文煥「フィヒテにおける民族主義と社会主義の意義」『民族文化』第二巻第一号、一九五〇年二月)。

倫理的なシティズンシップのために
――T・H・グリーンは障害者の権利をいかに認識したか

寺尾範野

はじめに

十九世紀終盤から二十世紀初頭にかけての世紀転換期イギリスでは、のちの福祉国家体制の基礎となる社会政策の拡大がみられるとともに、これを個人の自由の観点から理論的に正当化する、ニューリベラリズムの政治思想が出現した。J・S・ミルやH・スペンサーら、十九世紀の自由主義思想家たちが、国家の法と個人の自由を対立的に捉える傾向にあったのに対して、ニューリベラリズムは、国家の社会立法を個人の自由の実現にとって不可欠の条件とする、いわゆる「積極的国家論」を唱えたのである。積極的国家論と自由論の結合は、初期ニューリベラリズムの代表的思想家であるトマス・ヒル・グリーン（一八三六―一八八二）が先鞭をつけ、L・T・ホブハウス（一八六四―一九二九）によって継承された。ホブハウスが述べたように、ニューリベラリズムにおいて、「「積極的」国家概念は、人格的自由（personal liberty）という真の原理とまったく衝突しないだけでなく、この真の自由を効果的に実現するために必要なもの[1]」だと認識されたのである。

グリーンやホブハウスにおける積極的国家論と自由論の結合を、福祉国家思想史の観点から捉え返すと、ニューリベラリズムにはもう一つの重要な思想的特徴がみられた。それは、かれらが国家による自由の条件整備を、しばしばシティズンシップの概念を用いて正当化したことである。T・H・マーシャルは、戦後ヨーロッパで福祉国家体制が確立した要因の一つとして、二十世紀前半にシティズンシップの内容に社会権が付与されたことを挙げたが、イギリスではニューリベラリズムこそがシティズンシップへの社会権付与において重要な役割を果たしたことが、既存研究によって示されてきた(2)。

こうした既存のニューリベラリズム研究において、ホブハウスはしばしばグリーンの思想的後継者とみなされてきた。他方で、福祉国家思想史の文脈における両者の思想的差異については、これまで検討が不十分であったように思われる。これまでは、社会政策論において両者が容認した介入的国家の度合いの違いや、両者の社会思想に生物学が与えた影響の軽重が指摘されるにとどまってきたのである(3)。グリーンとホブハウスの思想上の差異を強調するこれらの研究に対しては、両者の政治思想の共通性をより重視する立場から、今日批判が出されている(4)。

以上の研究動向に鑑み、本稿では、グリーンのシティズンシップ論の再検討を行いつつ、グリーンとホブハウスの政治思想にみられる、より根本的な差異の抽出を試みたい。「シティズンシップの福祉国家思想」として両者の思想を検討することで、グリーンがホブハウス以上に「倫理的なもの」を、すなわち道徳意識を介した個人間の関係性を重視していたことが見えてくるであろう。

本論の構成は以下の通りである。第一に、グリーンの権利論の特徴を明らかにする（第一節）。ここでは、「共通善」と「承認」という二つの概念と結びつくことで、グリーンの権利論がスピノザ、ホッブズの自然権論やホブハウスの権利論とは異なる独自の道徳的権利論となったことを示す。第二に、グリーンの「自由‐共通善」論を検討する（第二節）。ここでは、グリーンが個人の自由（＝社会にとっての共通善）を、ホブハウスのように自己決定の問題としてよりも道徳的卓越の問題として捉えていたことを示す。第三に、グリーンのシティズンシップ論を検討する（第三節）。ここでは、前節までの内容を踏まえつつ、「垂直的シティズンシップ」を重視したホブハウスとは対照的に、グリーンが「水平的シティズンシップ」に重きをおいたことを示す。その上で、グリーンのシティズンシップ論からは、障害者の権利主体性を認識する、独自の福祉国家思想が導かれることを指摘する。

一　グリーンの権利論——自然権と承認

グリーンの権利論をめぐる先行研究の特徴の一つは、『政治的義務の原理』第七章以下で展開される国家論との関連で、かれの権利論が検討されてきたことである。同書では、個人の潜在能力の調和的発展と定義される「共通善（common good）」の達成が国家の倫理的目的とされた上で、法制度による「構成員の権利の完全かつ調和的な維持」（LPPO §132）が国家の制度的機能と位置づけられている。先行研究では、こうしたグリーンの「国家-権利」論が、「自由主義立法と契約の自由」などで展開されるかれの社会政策論（＝土地所有、教育、労働、酒類販売への国家の政策的干渉についての諸議論）の、理論的基礎として認識されてきた(5)。

先行研究のもう一つの特徴は、グリーンの権利論が、「国家」と「社会」の概念的区別と関連づけられつつ考察されていることである。グリーンにおいて、国家は「諸社会の社会（the society of societies）」（LPPO §141）、すなわち家族や任意団体などの「諸社会」によってさまざまに要求される権利の調整機構と表現される。国家は法的権利の保障を通して、諸社会間の利害調整を行うのであるが、ここで重要な点は、共通善という倫理的目的ゆえに、法的権利自体は社会で生成される道徳的権利に内容的・価値的に従属し、国家は何ら新しい権利を生成できないとグリーンが主張している点である。先行研究は、権利が生成される第一義的領域を国家ではなく社会であるとしたグリーンの権利論が、法的保障を欠いた「潜在的（implicit）」な道徳的権利としての奴隷の権利の存在や、法的権利が共通善に反する可能性——倫理的正当性をもたない「みせかけ（ostensible）」の権利へ転落する可能性——への認識にもつながったことに注目してきた(6)。

以上の先行研究の成果を踏まえつつ、以下ではグリーンの権利論を二つの観点からさらに深めて考察したい。第一に、近代イギリス政治思想史における主要な権利論であるところの、十七世紀の自然権論をグリーンがいかに批判的に継承したか、という思想史的観点である。これまでグリーンは自然権の概念を拒否したとの説明がなされることが多かったが、『政治的義務の原理』からは、かれが自然権論のある特定の側面を自身の権利論に組み込んだことが分かってくるだろう。第二に、グリーンの権利論が展開する「社会」と「倫理」の二つの領域の相互関係を分析するという、理論的観点である。これは特に、グリーンの道徳的権利論を構成する鍵概念としての、「承認(recognition)」をめぐる問題として理解されるだろう。

1 自然権概念の批判的継承

一般にグリーンを嚆矢とする「イギリス理想主義(British idealism)」の思想は、自然権概念を個人主義的で非社会的なものとして退け、代わりに他者との相互的義務の行使を条件とする共同体主義的な権利概念を提起した、とこれまで理解されてきた(7)。

しかしながら、グリーンに関して言えば、自然権概念とかれの権利論を対立させるこのような理解は、必ずしも正確であるとは言えない。自然権概念に代わる新たな権利論の樹立をかれが試みたというよりも、自然権概念の有用性を認めた上で、十七世紀の自然権論の論理的な問題を指摘しつつ、その内容に新たな意味を付与したと理解した方がより正確である。グリーンは、自然権論者も部分的には理想主義的な権利論を暗黙に受容していたか、受容しなかった場合には必然的に論理矛盾に陥ったと論を展開し、自然権概念の否定ではなく、その批判的継承を意図したのである。

自然権論者が陥った論理矛盾について、グリーンは、スピノザとホッブズに焦点を当てて説明している。矛盾はいずれもかれらが展開した自然状態論と国家論との間に現れているとグリーンは指摘する。グリーンによれば、スピノザとホッブズは、自然状態内の個人を「互いに敵」(スピノザ)(LPPO §36)ないし「戦争状態」(ホッブズ)(LPPO §42)の関係にあると捉えた上で、「自然状態」を力の関係が貫徹する盲目的な感情と闘争に支配された領域として、また「自然権」を「自然の力そのもの」(スピノザ)あるいは「生命を維持するために力を使用する自由」(ホッブズ)として、それぞれ位置づけた。こうした共通点がある一方で、両者の差異は、国家権力すなわち「主権」についての認識の違いに見出される。スピノザが、敵対性の克服を目的とする主権を自然権の結集したものと捉え、国家成立後も個人の自然権は維持されること、個人の自然権が国家の力に勝る地点に主権の限界があることを強調した一方で、ホッブズは、主権の基礎を闘争状態からの離脱を目的として結ばれる「契約（covenant）」に置き、これによって各人の自然権が放棄されるゆえに主権は絶対であるとした。

問題は、自然状態での個人間の関係性を力による闘争に還元するかれらの「純粋なる個人主義（pure individualism）」（LPPO §37）が、かれらの国家論との間に矛盾を生み出していることだとグリーンは指摘する。スピノザにおいては、動物的な自然力（＝「すべての動物に共通する機能」）が自然状態と国家をともに規定していたはずが、「最善の国家」について述べる段になると、こうした自然力は否定され、突如、「理性と真の精神力と真の精神生活によって規定される人間生活」が称揚されている（LPPO §35）。ホッブズにおいては、主権の力の強弱にかかわらず契約後は主権への従属が絶対的義務とされたものの、かかる義務を遵守すべきと認識する各自の道徳意識が何に由来するかが、闘争概念に規定されるかれの自然権論には明示されていない（LPPO §47-48）。主権をスピノザ同様に力の強弱の観点から捉えるならば、主権が絶対であると措定することはできない。換言すれば、双方の自然権論において、理性と道徳意識という、すぐれて理想主義的な要素が暗黙に認められていた（または認められなければ論理的に破たんする）、とグリーンは指摘したのである。

スピノザ、ホッブズと比して、グリーンは自然状態と戦争状態を峻別したロックの自然権論を高く評価している。ロックにおいて、自然状態は平和と善き意志、相互の援助、生命の尊重によって彩られる。平和的な自然状態を担保するのは、理性によって認識される、神の意志たる自然法である。生命・身体・財産への権利として措定されるロックの自然権概念は、力を行使する自由というスピノザとホッブズの自然権概念に見られる自然主義を脱し倫理的性格をもつに至る。しかしながらロックの難点は、自然状態を「社会」と呼ばなかったことで、概念に混乱が生じたことであった。ロックの自然状態にはすでに「自然法によって規定される社会の観念」が胚胎しており、「それなしには万人の万人に対する契約は事実上不可能」だとグリーンは主張したのである（LPPO §55）。

以上より、グリーンは自然権概念そのものを退けたのではなく、自然権を「力そのもの」ないし「力を行使する自由」と捉える自然主義的な自然権概念に限ってこれを批判したのであって、理性によって承認される諸要求という道徳的権利としての自然権概念については、その有用性を肯定していたということができる。ただし、ロックの「自然権-自然状態」論での「自然」概念は、実際の意味内容に反してなお「社会」との対比として用いられる点に問題があった。グリーンにとっては、アリストテレスに由来する、政治的動物としての人間が「自然」に形成する「ポリス」によって承認される社会性を帯びた概念としての権利こそが、自然権概念の本来あるべき意味内容なのであった。

ポリスを「自然」的な制度とみなし、人間を自然本性上政治的存在としてみなす、このようなポリス論に基づき、アリストテレスは「自然権」の教義についても唯一正しいといいうる内容を示した。かれは国家（ポリス）を、成員による維持存続の努力によりその生が維持される一つの社会（society）とみなした。維持存続の努力とは、成員がこの社会のために、意識的に担うさまざまな機能を指している。このことは、成員が社会から（機能を果たすべしとの）義務を課せられていることを示している。他方で、それは社会の中での教育や保護を通して、機能を果たすための能力を成員が身につけていく過程もともなう。このことは、社会が成員に（機能を果たすための能力への）権利を与えるということを示すものである。（LPPO §39）

この記述から、社会成員が自己独自の「機能（function）」を認識・実践する道徳的義務をもつ一方で、機能を果たすための「能力（ability）」を得るための機会を社会に対して「自然権」として正当に要求できる、というグリーン権利論の基礎構造を看取できる。マイケル・フリーデンが述べるように、グリーンは「権利を社会生活から生じるものとして以外、考えることができなかった」のであり、かれにとっては「社会生活およびその範囲内における人間的発展こそが自然的」なのであった(8)。

ここで注意すべきは、グリーンの批判が、スピノザとホッブズの自然権概念にみられる「非社会性」のみならず「非倫理性」にも向けられていたことである。上の引用部分からは、グリーンの権利論において「社会性」とともに「倫理性」もまた担保されうるかは未だ定かではない。むしろ社会による承認を個人の権利の条件だとしてしまうことで、権利概念のもちうる普遍的倫理性が失われてしまう、として、権利概念と承認概念の結びつきを否定する議論もありうる。まさにこの観点から、グリーンの権利論を批判したのがホブハウスであった。グリーンの権利論における「社会」の次元と「倫理」の次元の関係性が、次に問われることとなるのである。

2　社会と倫理――承認の二面性

グリーンの権利論は、スピノザとホッブズの自然権論にみられた非社会的で自然主義的（＝非倫理的）な側面の克服を試みる、理想主義の立場からの道徳的権利論であった。この点を踏まえつつ次に検討すべきは、かれの権利論におけるもう一つの重要な要素である「承認」の概念についてである。本項では、グリーンの承認概念が、「社会」と「倫理」の二領域にまたがっていたことを指摘したうえで、各領域における「権利‐承認」概念が、相互にいかなる関係にあったかという理論的課題を検討したい。

権利と承認の関係をめぐっては、レックス・マーティンの整理から出発することが有益である。[9] マーティンは、グリーンにおいては承認の主体が国家である場合（政治的承認）と社会集団である場合（社会的承認）に区別されるとした上で、前者の承認は法による権利の保障を、後者の承認は約束の履行や便宜の供与などの道徳的行為をそれぞれ指すと整理している。マーティンは、承認が事実レベルでの権利の生成（creation）をもたらし、共通善への貢献の有無が、生成された権利の規範レベルでの正当性（justification）の基準を提供する、とまとめている。

以上のマーティンの解釈は明快であるが、グリーンが権利のみならず承認もまた、社会（事実）の次元とならび倫理（規範）の次元でも考察していたことを、看過しているように思われる。『倫理学序説』では、未だ実現されてはいない理想社会における「普遍的な人間のフェローシップの承認」についての言及がある。それは、家族、部族、国家など現実社会に存在するさまざまな分断線を越えた「すべての人間の共同体」が達成された段階としての、倫理的次元の承認概念である（PE §216）。

承認概念のもつこれら二つの次元は、統合可能なものであろうか。言い換えれば、現実の国家や社会集団によってなされる事実レベルの承認が、「普遍的な人間のフェローシップ」を志向する規範レベルの承認へと接近することは可能なのだろうか。グリーン自身の回答は、可能だというものである。「ストア派哲学者や古代ローマの法学者、キリスト教の教師」（PE §209）らのことばには、われわれが人類規模の平等を肯定し、志向しうることが示されているのであって、現実社会もそうした平等の理念にしたがって、これまで漸進的に人類規模の共同体へと接近してきたからだ、とグリーンは述べている。

次の事柄は……人類史の究極的真理であるように思われる。すなわち人間が他者への関心を徐々に獲得してきたこと、そしてそれは、動物的起源をもつ共感が、自己意識的な魂をかいくぐることによってなされてきたということである。……統一された自己意識や、恒久的善の観念を共有しうる能力に基づいた共同体なるものを、すべての人間集団の前提条件として想定しうるだろう。われわれが知っている社会も、このような特徴を備える諸集団から発展してきたものに他ならないのだ。（PE §201, 202）

かかる「人類史の究極的真理」を基礎づけているのは、『倫理学序説』で用いられる「永遠意識（eternal consciousness）」の概念である。永遠意識は、人間の認識に統一性と一貫性を与える「精神原理（spiritual principle）」であり、グリーンはこれに神的性格を与えた上で、人間の意識を「神的意識（divine consciousness）」の不完全な「乗り物（vehicle）」（PE §67）だと位置づけている。またグリーンは、この永遠意識が歴史の中で徐々に人間の意識の中に実現してきたことを、次のように強調している。

自己意識をもつ主体が時間とともに発展していく中で、最終的に到達する（becoming）可能性のあるような、そのような主体が永遠に存在しているにちがいない。かかる主体の中においてこそ、人間の魂という観念が、または人間がなり得るものすべてが、完全なかたちで実現されているのだ。このような考えは、人と神との精神的絆についての真理を示しているのかもしれない。神は単に人を創造した存在というにとどまらず……人がその中にある存在なのであり、神とわれわれは究極的には一つなのだ。別言すれば、人間の魂がそれになりうる能力をもつという意味において、神と人間の魂は同一なのである。(PE §187)

グリーンにおいて、人類史は人間意識における「神(God)」の漸進的な顕現過程に他ならず、人間は歴史の中で知識と経験を蓄積させることで、その不完全性を克服してきたと認識される。その過程で、他者を権利主体とみなす「承認」も、徐々にその対象を広げてきたのであって、このことは、究極的には人類全体が権利主体としての相互承認の対象となるような、倫理的共同体の実現可能性を示している、とグリーンは主張したのである。

以上の議論から、グリーンにおける承認は、①権利を前社会的な次元から「社会」の次元へと転換させ、かつ②社会の次元に人類共同体を志向する「倫理」の次元をも付与した概念だったと整理することができよう。これらは、かれのシティズンシップ論とも関わるグリーン政治思想の中心的特徴であるため、第三節で再び取り上げることとする。その前に本節で確認しておくべきは、権利論をめぐりニューリベラルのホブハウスが行ったグリーン批判である。そこからは、両者の思想の基本的な性格の違いも看取することができるであろう。

ホブハウスの権利論には、グリーンからの強い影響を見て取ることができる。ホブハウスは、ベンサムら功利主義学派が行った社会改革思想と権利概念の切り離しを批判し、国家による社会政策の根拠として、市民が共通善の観点から国家に正当に要求しうる道徳的権利の存在を主張した。すなわち、他者との調和的関係を保ちつつ自己の能力を発展させることを共通善と位置づけた上で、ホブハウスは国家の義務を共通善実現の外的条件の整備に見出し、各人は共通善実現への機会の獲得を権利として国家に要求しうると主張したのである。権利を共通善に基づく倫理的概念と捉えるホブハウスの視座は、グリーンの権利論と多くの共通性をもっていたといえる。[10]

他方でホブハウスは、グリーンが承認を権利の成立要件としたことには強い批判の目を向けた。現実の法や人間関係の中で行われる社会的次元での承認が、普遍的倫理原理としての共通善に貢献するとは限らない、というのがその理由である。ホブハウスは、権利の基礎を共通善にのみ見出しつつ、個人がみずからの道徳意識に照らして自身の要求の普遍的な「正しさ」を認識すれば、権利は成立すると主張した[11]。こうしたホブハウスの、いわば個人主義的な立場からすれば、グリーンは権利を現実の社会関係へと不当に従属させているように見えたことであろう。

ホブハウスによる承認概念の事実上の放棄は、道徳意識を介した他者との倫理的関係性の拡大を志向するというグリーン権利論の重要な側面をホブハウスが継承しなかったことを意味していた。この「道徳意識を介した他者との倫理的関係性の拡大」という視座の有無（ないし強弱）は、かれらの「自由 - 共通善」論や、シティズンシップ論における差異の中にも、それぞれ見出せる。次節では、グリーンの「自由 - 共通善」論、第三節ではシティズンシップ論に注目しつつ、このことをより詳しくみていきたい。

二　グリーンの「自由 - 共通善」論——潜在能力の発展

グリーンとホブハウスのニューリベラリズムに共通しているのは、国家および法的権利が、共通善および道徳的権利を基礎とすべきであり（政治の倫理への従属）、道徳的権利は共通善によって倫理的に正当化されるとの権利観であった（権利の共通善への従属）。ここで共通善は、①普遍的な善であり、かつ、②他者の善と調和関係にある個々人の善、と位置づけられる。その上でグリーンとホブハウスは、共通善を自由な人格による潜在能力の発展というミル的な「成長としての自由」と同義だとみなした[12]。こうした思想の共通性を確認した上で、本節ではグリーンの「自由 - 共通善」論の独自性を抽出し、ホブハウスとの思想的差異を見出したい。そこでは、ホブハウスには希薄であった、道徳的人格の形成そのものを自由とみなす、「徳としての自由」概念をグリーンがもっていたことが示されるであろう。

グリーンの自由概念の要諦は、「人間の意志と道徳的進歩に適用されたさまざまな「自由」の概念について」（一八七九）で示されている。ピーター・ニコルソンは、グリーンがこのテクストの中で次の三つの自由概念を提起しているとの、有益な分析を行っている[13]。

①法的自由（juristic freedom）：他者からの拘束や妨害のない状態
②形式的自由（formal freedom）：意志にしたがって行為を決定できる状態
③真の自由（real freedom）：意志が「真に善い対象」へと向けられた状態

よく知られたアイザイア・バーリンによる「二つの自由論」に照らせば、①と②は消極的自由に、③は積極的自由にあたる。バーリン自身は積極的自由に批判的な態度をとったが、今日のグリーン研究では、（一）①から③のすべてがグリーンの自由論では等しく重要性をもっていた、（二）グリーンの積極的自由論は、個性抑圧的な全体主義社会を否定するものであった、との見解に基づき、バーリンの批判はあたらないとの反論が出されている。[14] これらの先行研究を踏まえると、グリーンの自由論では、③が理想として掲げられつつ、②が③の条件であり、①が②の条件であるとの関係が互いに成り立っていたといえる。福祉国家思想としては、まず①と②の関係が重要となる。グリーンもホブハウスも、みずからの意志に基づき自己決定できる自律的主体へと各人が内的に成長し、また自己決定を実際に行いうる外的な機会を各人が平等に享受するためにこそ、国家による社会政策が必要だと主張したからである。[15]

その上で、グリーンが③の「真の自由」については、潜在能力（capacity、capability）の発展へと意志が向けられた状態だと位置づけたことに注目したい。ここでの潜在能力を、たとえば脚力とか読解力といった、個別具体的な能力として捉えるべきではない。そのことは、『倫理学序説』の次の言明からも明らかである。

ある神的精神（divine mind）が、人間の精神に少しずつみずからを再現する（gradually reproduces itself in the human soul）という点を指摘しておきたい。……人が確固たる潜在能力をもつのは、人に内在するこの原理のおかげである。この潜在能力の実現のみが満足を与えてくれるのであるから、潜在能力の実現こそは、かれにとっての真の善である。……人間に与えられた精神の本質はまさにこれ〔潜在能力の実現〕についての意識にあるのだから、潜在能力を自分はもっているという観念、その実現がもたらしてくれる自己のより善い段階についての観念は、自己を動かす影響力としてはたらくのである。(PE §180)

この引用文から、いくつかの重要な論点の抽出が可能である。第一に、潜在能力の実現は、究極的には自己の内部における「神的精神」の「再現」を指している。第二に、この意味での潜在能力の実現への漸進的な接近こそが「真の善」である。第三に、「神的精神」の獲得が可能だとする観念は、行為や人格が道徳的なものとなるよう、われわれを促す。『倫理学序説』では、「神的精神」、「神的意識」、「永遠意識」といった用語は、「神」とも表されている。グリーンが神をいかに認識したかは、かれの宗教思想に関わる重要な問題であるが、ここでは本稿の論点との関係に絞って、二点指摘しておきたい。第一に、グリーンが神を秩序ある認識の源泉と捉えていたことである。前節でみたように、世界が秩序づけられた認識可能なものとして人間の意識に立ち現れるのは、永遠精神としての神が認識の基礎として、個人の精神に内在しているからであった。第二に、神についてのグリーンの認識には、反儀式主義という共通項をもつプロテスタント諸派からの影響がみられる。[16]これらの諸派に共通するのは、神との交流を可能にする力としての理性に重きをおき、信仰を理性と結びつけた点である。グリーンは、自由を神との交流を通した潜在能力の完全なる実現として、理性を神への意志として、それぞれ捉えたのであった。[17]

注意すべきは、グリーンにとっての神とは、個々の人間精神を超越した外的権威ではなく、精神に「内在する(immanent)」、その意味で内的・個人的なものだという点である。ここから「神との交流・神への接近を通した潜在能力の実現への意志」としての自由も、第一義的には意志の自律の問題として捉えられる。グリーンはこの意味での自由が、パウロとカントの思想の流れを汲むものだと述べている。パウロにとっての自由とは、個人を束縛する宗教権威による律法(law)や儀式(ordinance)「からの」自由であると同時に、平和(peace)や和解(reconciliation)といった「霊の法」の遵守もまた意味していた。これを可能にするのが信仰である。パウロにおいては、信仰によって意志が自律的に生み出した「霊の法」に従うことが、自由の要諦であった。[18]カントにおいても、自由とは理性が告げる普遍的格率の遵守に他ならない。この意味での自由を実現することで、現実の自己にみられる非道徳的側面（＝「快楽を追求する単なる「自然的存在」の段階に属する自己」（DSF §3））を批判的に反省し、自己を道徳的存在へと高めていくことが可能となるのである。

以上より、グリーンにおける「真の自由」とは、潜在能力の完全なる実現を意志する道徳的主体へとみずからが「なる（becoming）」こととして捉えられる。そうした主体においては、意志は理性と一致している。潜在能力の完全な実現への意志とは神への意志に他ならず、神への意志こそ理性に他ならないからである。「ゆえに本質的・原理的に、理性と意志の間には同一性が存在する。実際の人類史においては、その現れ方は様々であるものの……「天で生まれた（heaven-born）」さまざまな潜在能力の実現を意味する真かつ唯一の人間の発展は、意志と理性の統一（union）を目指すことでもたらされるのだ」（PE §177）[19]。

「真の自由」が道徳的主体となることを指すのだとして、それは具体的にはいかなる主体だろうか。ここでグリーンは、自由をあくまでも普遍的格率への意志の問題として抽象的に捉えたカントの形式主義に批判の目を向けつつ、国家において「善き労働者、善き父親、善き市民としての意志」を備えることの重要性を説いたヘーゲルを高く評価している。

> ヘーゲルがカントの道徳原理に不満だったのは、カントが自由を、現実には達成されていない状態として、またこれからも実現されない状態として、描いているように見えたからであった。ヘーゲルはこれに対して、自由を……国家において実現されるものとみた。ヘーゲルは国家をわれわれ英国人になじみのない仕方で捉えていた。それはかつてのギリシア哲学者が述べたポリスと似たものであり、法と制度と慣習によって統治された社会として、つまり、法、制度、慣習が成員の共通善——成員が自己を最大限に伸ばせるよう条件づくりをすること——を守り、守っていると認識もされる、そうした社会として、国家を描いたのである。（DSF §4）

ヘーゲルを援用することで、グリーンは「文明化された国家の市民の状態をあらわす「自由」と、内面において「自分自身の主人」である人の状態をあらわす概念としての「自由」に、意味における真の共通性が存在する」（DSF §17）との認識を得るにいたった。いまや自由は内面の意志の問題にとどまらず、「潜在能力の発展＝共通善」に向けた行為を現実社会の具体的な社会関係の中で行う「市民」の問題としても認識される。[20] 真の自由とは、いわば孤立した場所でひたすら神との対話を重視する隠遁者にではなく、他者との関係性の中で道徳意識に基づき行動する「善き市民」にもたらされるのだ。グリーンの「自由‐共通善」論は、こうしてシティズンシップの問題へとつながっていくのである。

本節の終わりに、以上にみてきたグリーンの「自由‐共通善」論と比しての、ホブハウスの議論の特徴について簡単に触れておきたい。本節のはじめに示したように、ホブハウスもグリーンと同様に、能力の発展を自由‐共通善と位置づけた。だが、道徳意識を介した個人間の倫理的関係性の中で実現するものとして自由を捉える関係論的視座は、グリーンと比較して顕著に弱い。ホブハウスにおける自由とは、何よりもまず、感情と理性の内的調和に基づく自己決定を通した、人格の成長を意味していた。[21] ホブハウスが関係論的視座から自由を語るときは、個人間の利害対立の調整機関としての、国家による法的規制の重要性を説くにとどまっている。たしかにホブハウスの議論にも、「相互の援助は相互の寛容と同じように重要」とか、「十全な意味における調和は、衝突がないということだけではなく、じっさいの援助を含んでいる」など、道徳意識を介した倫理的関係性の重要性についての言及はみられる。[22] だが、かれはこの点を自身の自由‐共通善の問題から切り離し、理論的に発展させることはしなかった。この点は、シティズンシップ論におけるグリーンとの思想的差異にもつながる、ホブハウスのニューリベラリズムの顕著な特徴であった。

三　グリーンのシティズンシップ論――キリストの精神と障害者の社会的包摂

本節では、権利を承認し自由を実践する道徳的主体としての市民どうしが取り結ぶとされるシティズンシップについてのグリーンの議論を追う。シティズンシップをめぐる政治思想史は、しばしば「個人の権利」志向的なリベラル・シティズンシップ論の系譜と、「国家への義務」志向的なリパブリカン・シティズンシップ論の系譜の二つに分けられてきた[23]。ニューリベラリズムのシティズンシップ論は、このうち前者以上に後者と強い親和性をもつと指摘されてきた[24]。アリストテレス以来のリパブリカン・シティズンシップ論の特徴として挙げられるのは、倫理によって政治が基礎づけられ、政治が「善き生のための共同的営み」として理解されていること、さらにそこからの派生として、「善き国家・善き市民」について考察することがシティズンシップ論の中心課題となっていることである。グリーンも『政治的義務の原理』で、各人の潜在能力の実現を共通善としつつ、国家の国家たるゆえんを、共通善の外的条件である権利の法的保障に見出した。また国家が共通善への貢献から逸脱し、恣意的権力を行使しているとみなされたとき、国家への服従という政治的義務はもはや存在せず、むしろ抵抗・反乱の義務を市民はもつとされた[25]。

他方で注目すべきは、グリーンが「個人－国家」間のいわば「垂直的」シティズンシップ論をホブハウスと共有していた一方で、これとは別に、「クリスチャン・シティズンシップ」とかれが呼ぶところの個人間の「水平的」シティズンシップについての議論も展開していたことである。この点は、近年のグリーン研究でも考察が進められている[26]。本稿では、グリーンにおけるこの「水平的」シティズンシップ論が、ホブハウスのそれとは異なる性格をもつ福祉国家思想の基礎となっていたことを、とくに障害者の権利についてのグリーンの見解を通して確認していきたい。

1　クリスチャン・シティズンシップ

グリーンとホブハウスのシティズンシップ論を考察するにあたっては、まず、それが依拠した両者の有機的社会観の特徴をみておくことが有益である。マイケル・フリーデンが指摘するように、社会的存在としての個人像に基づく有機的社会観は、ニューリベラリズムの思想的要諦の一つであった[27]。グリーンは、個人が満足を獲得するのは、常に社会の中で、すなわち他者との関係性においてだと主張した。社会なしでは、「自己のよりよき状態という考え」は、「視覚も触覚ももたない人にとっての空間のようなものに過ぎない」からである（PE §190）。こうして他者は、満足の獲得に不可欠な存在と位置づけられる。ホブハウスも、ある人が富裕であるとしたら、それは大部分、その人を取り巻く制度や慣習の蓄積のおかげであることを強調した。個人の生は社会、とりわけ全体社会としての国家に依存しているがゆえに、個人は国家から保障されるべき権利と同時に、国家の法に従う義務、および国家の維持存続に貢献する義務をもつ。個人と国家は互酬的な権利義務関係にあることを、ホブハウスは強調したのである。(28)

このようにニューリベラリズムが個人と社会および個人と国家の関係性に注目したのに対して、グリーンは、個人間の関係性を有機的に捉える見方をさらにおし進めた。「他者は自己の満足に必要である」との見方に加えて、「道徳的主体にとっては他者の満足も自己の満足となる」との、自利と利他の融合を唱えたのである。

重要なことは、自己充足を志向する人間は、けっして抽象的な、または空虚な自己ではないということだ。もっとも原始的な形態の生を送っている人でも、さまざまにもっている周囲への関心から影響を受けており、そこには他者への関心も含まれるのである。ここでいう他者への関心とは、たんに満足の獲得にとっての手段として他者をみなすことではない。それは他者の善自体への関心であり、他者もまた満足を得られたという認識なしには、けっして自己の満足を得られないたぐいの関心なのである。つまり人間は他者を配慮することなしには、自己のよりよい状態について想像したり、最善の状態へ向かっているという確信を得たりすることはできないのだ。他者への配慮とは、他者を自己のよりよい状態の手段としてみなすことではなく、互いによりよい状態を分かち合う存在としてみなすことを意味しているのである。(PE §199)

グリーンはこうして、「他者の善自体への関心」、「互いによりよい状態を分かち合う存在としてみなすこと」から得られる満足を、自由 - 共通善にとって不可欠の要素とした。共通善としての潜在能力の発展は、究極的には他者の満足から自己満足も得られる主体となること、そのために他者の満足の獲得に配慮する道徳的主体 = 市民となることを意味する。かかる道徳的主体どうしが形成する関係性をグリーンは「クリスチャン・シティズンシップ」と呼んだ。

すべての人間どうしの義務という観念をわれわれが自然と口にするとき、それはわれわれがさまざまな学びの場――部族的、市民的、家族的な義務を学ぶ場――でその観念を訓練して身につけたことを示している。人類みな家族とか、全人類の友愛とか、われらの父なる神とか述べるとき、われわれはこの観念を具体的な言葉で表しているのだ。そのようなとき、われわれは普遍的なクリスチャン・シティズンシップを想定しているのである。それは、キリストがそのために死んだ人類社会（Humanity）と同じくらい広いものだ。ある類推的適合を頭の中で施すことで、われわれは、単一主権のもと統合されている現実社会で市民が互いに課している要求を、このクリスチャン・シティズンシップへと移し替えることができるのだ。（PE §206）

グリーンは、クリスチャン・シティズンシップの実現可能性を認識するために、家族という親密圏から考え始めることを提唱している。どれほど原始的な社会であっても、家族の成員どうしの関係性には、本能に基づく動物的関係性のみならず、他者の満足を自己の満足ともする利他的な道徳性が見出せるであろう。それは人間社会に特有のものである。その上で、さらに「類推的適合を頭の中で施す」ことで、そうした関係性の範囲が必ずしも家族に限定されないことが分かるであろう。われわれの社会は、「もっとも原始的で制限された他者への関心」が支配的だった原始社会と、他者への関心が「もっとも高度に一般化された〔理想〕社会」との、中間地点にあるといえるからである。われわれの社会とは、いうなれば、「普通のよき市民」が「社会のウェルビーイングにさまざまな程度に関心をもつ」社会なのである。重要なことは、原始社会にも、われわれの社会にも、理想社会への接近を可能とする原動力としての「永遠の自己意識原理」が一貫して存在し続けてきたことである。このようにグリーンは述べ、クリスチャン・シティズンシップの実現可能性への確信を抱くよう、読者に説いたのである（PE §240）。

では、クリスチャン・シティズンシップの関係性が成り立つとき、市民は互いをどのように承認しあうのだろうか。『政治的義務の原理』においてグリーンは、市民が互いの権利を承認しあう関係は、「人が互いを*isoi kai homoioi*として、共通のウェルビーイングが可能である存在として承認しあう、そのような社会の存在に拠っている」（LPPO §148）

と述べている。マット・ハンによれば、ギリシア語のまま用いられている*isoi kai homoioi*という語は、アリストテレス『政治学』の用法にしたがい、「平等であり、また同じであること」を意味するものである。[29] ハンは、この理念こそがグリーンの「倫理的シティズンシップ」論の基礎であったこと、「平等であり、また同じであること」に包摂される人びとの範囲が、潜在的には国家を越えるものと想定されていたこと、ゆえにグリーンのシティズンシップ論は、「平等であり、また同じである」存在たる人間ならば、その全員を包摂しうるコスモポリタンな理念であったことを、それぞれ指摘している。

ハンがグリーンのシティズンシップ論にみられるコスモポリタニズムの側面に注目したのに対して、本稿では、これを福祉国家思想の観点から捉え直したい。すなわち、グリーンのシティズンシップ論は、現実社会では排除されてきた集団の社会的包摂を規範的に正当化する、社会福祉的な要素も備えていたのである。このことを、特に障害者の権利をめぐるグリーンの議論を通して明らかにしていこう。

2　障害者の権利を承認すること

グリーンのクリスチャン・シティズンシップは、その名が示すとおり、キリストの精神に基づき、各自の潜在能力の発展という共通善に向けて、全人類が平等な関係のもとに相互に関心をよせあう倫理的共同体の構築を展望する概念であった。だが、近代のキリスト教国はこの理想を「抽象的・消極的」にしか認識してこなかったために、「人類全体の共通善」という観念が具体的にもちうる「含意（implications）」を十分想像してこなかったとグリーンは指摘する（LPPO §154）。そうした「含意」の例としてかれが挙げるのが、「白痴および狂人（idiots and lunatics）」とかれが呼ぶところの、知的障害者・精神障害者である。グリーンはこれらの人にも「生きる権利（a right to live）」を承認しうるとした上で、その根拠を次のように述べている。少々長いが、重要な箇所であるのでほぼすべて引用する。

われわれは胎児の生を神聖とみなすし、希望なき白痴および狂人にさえ、生きる権利を承認する。かれらの権利については、次の根拠のいずれかまたは両方の観点からのみ、合理的に説明することができる。（一）われわれはかれらの生や、人びとの自由な活動の場である社会を、この地上に限定されたものとはみなさない。ゆえに〔現実には存在しない〕他の条件のもとでは、かれらも社会的な能力を発揮しうると考えうるのであり、この考えにしたがって、われわれはかれらに生存への権利を認めるということである。あるいは、（二）〔障害者の〕社会的無能力が治癒可能なものか不可能なものか、完全なものか不完全なものかという問題は、確定がきわめて困難であるがゆえに、社会的無能力を理由にかれらの生存権を否定することは、いかなる場合も控えた方がよいということだ。また、たとえある社会的な無能力が治癒不可能と確定された場合でも、当該患者はなお社会的機能を果たしうる……。それは、家族の本能や記憶から行われる愛情に満ちた世話（affectionate ministrations）の対象となることとしての受動的な機能（a passive function）である。かれらの生きる権利は、実にこの受動的な社会的機能に対応するものなのだ。
（LPPO §154）

ここでグリーンは、障害者も、①能力発揮可能性、②治癒可能性、③社会的機能、の三点を実際に、あるいは潜在的にもちうることをもって、かれらを権利主体として承認すべきことを主張している。①および②は、現代の「障害の社会理論」の中心的モデルである、いわゆる「障害の社会モデル」を踏まえると、きわめて示唆的な主張である。「障害の社会モデル」とは、障害者の困難の原因を、身体的な機能不全（インペアメント）にではなく、健常者用にデザインされた社会構造や、社会の側の偏見に求める障害観である。[30] グリーンの二つの論点からは、制度、意識、医療技術や支援機器など、社会の側の変化によって障害の克服と能力の発揮が可能であるとする、社会モデルの基本的発想との親和性を看取できる。

③は、道徳的主体となることを自由‐共通善の実現とみなす、本稿でみてきたグリーンの思想の延長上に捉えられる論点である。第一節第一項の最後の部分で、社会への多様な貢献を意味する「機能」の概念は、各自の権利に正当性を与える概念でもあったことを指摘した。ここでグリーンは、「愛情に満ちた世話の対象となることとしての受動的な機

能」の存在を指摘して、障害者の権利が承認されるべきと主張している。だが、「世話の対象」となることが「機能」であるとは、いったいどういうことだろうか。

この点を考えるにあたっては、クリスチャン・シティズンシップの理念に立ち返ることが有益である。前項でみたように、クリスチャン・シティズンシップの形成、すなわち「他者の善自体への関心」をもち「互いによりよい状態を分かち合う存在としてみなす」関係性を構築していくこと、すなわち個人が道徳的主体へとなっていくことを、グリーンは共通善の中心に据えた。他者が道徳的主体となるのを援助すること、そこから自己の満足も得られ、個人は真に自由な存在となっていく。グリーンはこのように述べ、人間の道徳性について、「よくいわれる配慮に満ちた他者への善行（benevolence）と合理的自己愛の区別は……哲学者たちが作り上げてきた虚構」であると指摘した（PE §232）。

グリーンが障害者にも機能を見いだすのは、他者が道徳的主体となっていくことを、かれらが援助しうる存在だからである。最重度のインペアメントをもつ障害者も「受動的な機能」を果たす存在だとグリーンはいう。それは、「そこに在ること」そのものによって、他者の道徳意識を喚起し、道徳的行為を促すという意味での機能であると解釈できる。われわれは困難を抱えた人を前にしたとき、多かれ少なかれ、その人が問題の解決を欲し、満足を欲していることを感知する。そのときこそ、われわれは道徳的主体として、その人の属性にかかわりなく、その人を助けたいという社会的感情（social sentiment）をもつに至る、とグリーンは述べる。「それ〔社会的感情〕は、他者の助けに依存する人への援助を拒否することを、ほとんどいかなる場合でも非難する。その際に、助けを求める人の人種（blood）や言語や宗教といったものはまったく問題とならない」（PE §210）。社会的感情は、困難を抱える他者を放置すべきでないこと、他者の困難が何に由来し、克服のために何ができるかを考え、行動すべきことをわれわれに教える。こうして障害者もまた、究極的には「在ること」それ自体をもって、周囲の人びとに道徳的主体となることを促すのである。上の引用文からは、グリーンが家族をこの意味での「機能」が発揮される第一義的な場であるとみなしていたことがうかがえる。だが、かれが共通善の範囲の漸進的拡充を人類史に見出し、「すべての人がすべての他者に負う潜在的義務」（PE §206）にも言及していることに鑑みると、障害者もまたクリスチャン・シティズンシップに基づく全人類規模の共同体の一員たりうるとグリーンが認識していたと解釈することが可能であるように思われる。

しかしながら、グリーンの思想があらゆる面で障害者の社会的包摂を正当化するものであったということはできない。それは、ある人が権利主体となる要件として、共通善という目的（end）を認識する能力すなわち理性が必要だとグリーンが述べているからである。

> われわれが検討している能力は、根本的には自由と、（同じことだが）道徳についての能力だということを、頭にとどめておくべきだろう。それは、単にある目的に寄与する行為の能力のことではなく、ある目的の構想に基づいてなす行為の能力である。権利の基礎はここにのみある。動植物の何らかの行為は、社会の善に寄与するかもしれない。だが、このことから動植物が権利をもちうることにはならない。それは、動植物が寄与する善についての構想を、その動植物自身はもっていないからだ。（LPPO §208）

ここから、ある人が理性すなわち「善についての構想」をもちえないと判断された場合には、その人を権利主体として承認すべきでないとの議論が導き出される[31]。バーバラ・アーネイルが指摘するように、理性を十分にもたないとの認識に基づき、これを根拠に知的障害者および精神障害者の権利主体性を否定することは、ロックからジョン・ロールズに至るまでのリベラリズムの政治思想家たちが一貫して行ってきたことであり、グリーンもここではその「伝統」に従っているといえる[32]。ただしグリーンの思想においては、この側面が、障害者の権利を肯定する側面と理論的な緊張関係にあったことは、認識されてしかるべきであろう。

本節の最後に指摘しておくべきは、ホブハウスのシティズンシップ論との差異についてである。本節冒頭の議論を踏まえると、ホブハウスはグリーンから、「垂直的」シティズンシップ論のみならず、権利主体の要件としての理性の存在を重視する側面もまた継承したということができる。じじつホブハウスは、共通善に貢献するという「機能」を果たす大多数の労働者の市民としての権利主体性を主張する一方で、「十分な理性をもたない」とかれがみなした知的障害者に対しては、冷徹なまなざしを向けた[33]。当時興隆していた優生学派に対して、ホブハウスは社会環境面を重視する立場から批判的であった。しかしながら知的障害者については、「優生学的施策が肯定されうるあきらかなケース」として、施設への隔離収容や結婚・出産の禁止など、一連の優生政策への支持を表明したのである[34]。こうした優生思想をホブハウスは晩年までもち続けた。優生運動への批判が高まりをみせた一九二〇年代、ホブハウスは知的障害者への強制的な断種政策を支持するところまで、その主張を強めたのであった[35]。知的障害者であっても共通善に貢献する「機能」を果たしうること、それゆえに権利主体とみなされうるとのグリーン的視点は、ホブハウスにおいては欠落していたといえるだろう。

終わりに

本稿の議論から、グリーンのシティズンシップ論には、イギリス福祉国家思想としての、二つの位置づけが可能であるように思われる。第一に、貧困、失業、病気、無知などの困難を克服し、各自が市民にふさわしい水準の生を送るために外的条件を整備する義務を国家に負わせることを正当化する「垂直的」シティズンシップ論としての位置づけである。グリーンのシティズンシップ論にみられるこの側面は、ホブハウスら次世代のニューリベラルにも継承され、マーシャルが定式化した現実の福祉国家化のあゆみを思想的に後押ししたと評価しうるであろう。

他方で、本稿は、個人間の倫理的関係性についての「水平的」シティズンシップ論こそ、グリーンの政治思想の諸側面とより密接に関わっていたことを示した。それは、他者の援助を自己満足の重要な要素とするような道徳的主体を「市民」と位置づけ、そうした存在となることを自由‐共通善とみなす、ある種の徳倫理に基づくシティズンシップ論であった。福祉国家思想としてみた際、この側面は、社会立法を国家に求める言説よりもむしろ、よりパーソナルな次元での、あるべきケアの関係性を指し示す言説となるものであった。グリーンは知的障害者および精神障害者を例に、これらの人も他者を道徳的主体へと高めるという重要な機能を果たすこと、ゆえに市民としての権利主体として承認されうるとの議論を展開した。ケアの与え手が受け手から陶冶の機会を与えられ、もってケアの受け手が社会的に承認・包摂されていく過程を論じたかれのクリスチャン・シティズンシップの理念は、ホブハウスに継承されることはなかった。ケアの与え手と受け手のパーソナルな関係性を通した陶冶・包摂という視点はむしろ、チャールズ・ロックやバーナード・ボザンケらによる、英国慈善組織協会（Charity Organisation Society, COS）の救貧思想へと受け継がれたように思われる。(36)

世紀転換期にみられた社会改革をめぐる論争においては、ニューリベラリズムとCOSの対立が顕著であった。しかしながら、グリーンの思想にさかのぼることで、われわれは国家の社会立法とパーソナルケアを対立的に捉える必要は、必ずしもないことに気づかされる。その意味でも、グリーンはイギリス福祉国家思想史における一つの重要な基点としての位置を占めていたといえるのである。

＊〔　〕は引用者による補足部分である。
＊訳出時に既存の邦訳を適宜参照したが、必要に応じて訳文に変更を加えた箇所もある。
＊グリーンの原典からの引用箇所は§を付した節番号で表す。
＊引用するグリーンの原典は以下の略号で示す。

DSF = On the Different Senses of 'Freedom' as Applied to Will and the Moral Progress of Man, in R. L. Nettleship（eds.）, *Works of Thomas Hill Green*, II, Longmans Green, 1886, pp. 308-333.

LLFC = Lecture on 'Liberal Legislation and Freedom of Contract', in R. L. Nettleship（eds.）, *Works of Thomas Hill Green*, III, Longmans Green, 1888, pp. 365-386.

LPPO= Lectures on the Principles of Political Obligation, in R. L. Nettleship（eds.）, *Works of Thomas Hill Green*, II, Longmans Green, 1886, pp. 334-553.

PE= A. C. Bradley（eds.）, *Prolegomena to Ethics*, Oxford Clarendon Press, 1883.

（1）L. T. Hobhouse, *Liberalism*, Oxford Univ. Press, 1911=1964, p. 71（吉崎祥司監訳『自由主義　福祉国家への思想的転換』大月書店、二〇一〇年、一〇二頁）.

（2）T. H. Marshall and T. Bottomore, *Citizenship and Social Class*, Pluto Press, 1992（岩崎信彦・中村健吾訳『シティズンシップと社会的階級』法律文化社、一九九三年）. ニューリベラリズムのシティズンシップ論については、以下を参照。A. Vincent, The New Liberalism and Citizenship, in A. Simhony and D. Weinstein (eds.), *The New Liberalism: Reconciling Liberty and Community*, Cambridge Univ. Press, 2001, pp. 205-226; S. White, *The Civic Minimum: On the Rights and Obligations of Economic Citizenship*, Oxford Univ. Press, 2003.

（3）社会政策論における両者の差異を強調する研究として、M. Richter, *The Politics of Conscience: T. H. Green and His Age*, Harvard Univ. Press, 1964; 若松繁信『イギリス自由主義史研究　T・H・グリーンと知識人政治の季節』ミネルヴァ書房、一九九一年。生物学の影響の有無を重視する研究として、M. Freeden, *The New Liberalism: An Ideology of Social Reform*, Clarendon Press, 1978.

（4）M. Carter, *T. H. Green and the Development of Ethical Socialism*, Imprint Academic, 2003; D. Weinstein, *Utilitarianism and the New Liberalism*, Cambridge Univ. Press, 2007; 塩野谷祐一「福祉国家の哲学的基礎」、西沢保・小峯敦編著『創設期の厚生経済学と福祉国家』所収、ミネルヴァ書房、二〇一三年、一八七頁以下。

（5）P. Nicholson, *The Political Philosophy of the British Idealists*, Cambridge Univ. Press, 1990, pp. 95-197.

（6）Nicholson, *The Political Philosophy of the British Idealists*, pp. 83-95; 萬田悦生『近代イギリス政治思想研究　T・H・グリーンを中心にして』慶應通信、一九八六年、一七八―二〇九頁。

（7）たとえばデイヴィッド・バウチャーとアンドリュー・ヴィンセントは、「イギリス理想主義は独特の権利概念を発展させた。それは規範的にも事実的にも自然権概念を退けるものであった」と述べている。サンドラ・デン・オッターも、「十八世紀の社会契約論が大きく依拠した自然権の教説に対して、十九世紀前半にベンサムや他の功利主義者が挑戦を行った。その後、グリーンや次世代の理想主義者は、自然権概念の虚構性の指摘と、自然権概念に代わる権利論の樹立に多くの力を注いだ」とまとめている。D. Boucher and A. Vincent, *British Idealism: A Guide for the Perplexed*, Continuum, 2012, p. 94; S. Den Otter, *British Idealism and Social Explanation: A Study in Late Victorian Thought*, Clarendon Press, 1996, p. 160.

（8）M. Freeden, *Rights*, Open Univ. Press, 1991, p. 20（玉木秀敏・平井亮輔訳『権利』昭和堂、一九九二年、三四、三五頁）.

(9) R. Martin, T. H. Green on Individual Rights and the Common Good, in A. Simhony and D. Weinstein (eds.), *The New Liberalism: Reconciling Liberty and Community*, Cambridge Univ. Press, 2001, pp. 49-68.

(10) ホブハウスの権利論については以下の拙稿を参照されたい。寺尾範野「レオナード・ホブハウスの権利論――「リベラルな福祉国家論」の構想」『政治思想研究』第十一号、二〇一一年、四〇二頁以下。

(11) L. T. Hobhouse, *The Metaphysical Theory of the State*, George Allen & Unwin, 1918, pp. 92, 119-120.

(12) 潜在能力の発展としての善について、グリーンは次のように述べている。「人はある確固たる潜在能力をもつ。この潜在能力の実現のみが満足を与えてくれるのであるから、実現はかれにとっての真の善を形成する」(PE §180)。ホブハウスも次のように述べている。「善とは、人格の基礎的な諸要因の発達すなわち諸観念の拡大、想像力の覚醒、さらに情動と情熱の活動、理性的統制の強化と拡張によって生じる発達によって得られる何ものかである。」L. T. Hobhouse, *Liberalism*, Oxford Univ. Press, 1911=1964, p. 71（吉崎祥司監訳『自由主義　福祉国家への思想的転換』大月書店、二〇一〇年、一〇一頁）.

(13) Nicholson, *The Political Philosophy of the British Idealists*, pp. 116-131.

(14) M. Dimova-Cookson, *T. H. Green's Moral and Political Philosophy: A Phenomenological Perspective*, Palgrave, 2001; M. Dimova-Cookson, Where Does Real Freedom Begin?: T. H. Green, P. P. Nicholson and the Necessary but Elusive Binaries of Freedom, in *Collingwood and British Idealism Studies*, Vol. 25, Issue. 1 (2019), pp. 129-159; A. Simhony, On Forcing Individuals to be Free: T. H. Green's Liberal Theory of Positive Freedom, in *Political Studies*, Vol. 39, Issue. 2 (1991), pp. 303-320. バーリンの自由論については、I. Berlin, *Four Essays on Liberty*, Oxford Univ. Press, 1969（小川晃一・小池銈他訳『自由論』みすず書房、一九七一年）.

(15) グリーンは「自由主義立法と契約の自由」で、工場法や初等教育の義務化、酒類販売制限などの社会政策を、自由の観点から正当化した。次の引用は、自由論と積極的国家論のつながりを示す部分として、特に重要である。「労働や教育、健康をめぐる現代の立法は、多くの面で契約の自由に介入するが、次の理由から正当化されうる。すなわち、道徳的善の直接的な促進は、道徳の本性上、国家の役割とはなりえない一方で、人間の機能（faculties）の自由な行使に不可欠な条件を維持することこそは国家の役割だという理由である」(LLFC 374)。ホブハウスも次のように述べている。「自由と強制の間には本質的で不可避的な衝突はなく、根底において相互に必要としている……強制の目的は、内面の成長と幸福とに最も適した外的諸条件を確保することである。」L. T. Hobhouse, *Liberalism*, Oxford Univ. Press, 1911=1964, p. 78（吉崎祥司監訳『自由主義　福祉国家への思想的転換』大月書店、二〇一〇年、一一三頁）.

(16) デニス・レイトンによれば、グリーンの宗教思想には、革命期イングランドのピューリタニズム、ジョン・ウェスレーらによる十八世紀メソディズム、サミュエル・コールリッジらのロマン主義、フレデリック・モーリスらによるキリスト教社会主義、十九世紀の広教会派、などの影響が見られるという。また塚田理は、十七世紀のケンブリッジ・プラトニズムとグリーンの宗教思想に「深い親近性」を見出している。D. Leighton, *Greenian Moment: T. H. Green, Religion and Political Argument in Victorian Britain*, Imprint Academic, 2004, p. 140; 塚田理「T・H・グリーンの宗教思想」、行安茂・藤原保信編『T・H・グリーン研究』所収、御茶の水書房、一九八二年、五五頁。

(17) 「神の中で、あるいは神の中に真に存在する人間という意味での、理想の人間性(human person)の中で、理性と意志は実に一つのものなのである。そこでは自己満足は完全に明確化され、完全に網羅され完成された人間性の観念の実現の中に、永遠に求められ、見出されるのだ」(DSF §23)。

(18) グリーンはパウロの信仰論を次のようにもまとめている。「聖パウロにとっては信仰とは、個人が外的儀式の束縛から自由となり、キリストと結びつくことによって神との霊的な関係が築かれる、連続的な行いを意味した。」T. H. Green, Four Lectures on the English Revolution, in R. L. Nettleship (eds.), *Works of Thomas Hill Green*, III, Longmans Green, 1888, p. 280(田中浩・佐野正子訳『イギリス革命講義　クロムウェルの共和国』未來社、二〇一一年、一一頁)。

(19) 付言すれば、グリーンにおいて「真の自由」の完全な実現は、①現実の人間においてはこれまで実現されてこなかったし、人間の不完全性を考慮すると、これからも不可能なことである、②しかしながら、人間に内在する神的要素のおかげで、「真の自由」の完全な実現へと漸進的に接近(それは永遠に未完のプロセスではあるが)する能力を、人間は備えている、と認識されている。第一節第二項でみたように、「不完全性」と「漸進的な進歩」双方の強調こそ、グリーンの理想主義的な人間観の要であるといえる。

(20) 第三節でみるように、権利の相互承認を介して市民が取り結ぶ「シティズンシップ」の領域は、グリーンにおいては「国家」と同一ではない。国家内部の多様な社会関係や、国家を越えた国際領域もまた、「市民」が倫理的関係性を取り結ぶ場として国家とならび重視されているからである。この点は、ヘーゲルが国家を「人倫の共同体」として、倫理的関係性が実現する第一義的な領域と捉えたことと、対照的であるといいうる。グリーンを含めたイギリス理想主義の思想家たちのおのおのがどの程度、またいかなる点でヘーゲルを受容したかは、それ自体がイギリス理想主義研究の重要な論点であり続けている。この点についての概説として、以下の文献を参照。W. Mander, *British Idealism: A History*, Oxford Univ. Press, 2011, pp. 17-19, 40-51.

（21）L. T. Hobhouse, *The Elements of Social Justice*, G. Allen & Unwin, 1922, pp. 48-50を参照。また次の文章は、ホブハウスの自由論にも一部みられる関係論的視座が、必ずしも道徳意識を介する倫理的関係性に焦点をあてたものではなかったことをよく示している。「すべての社会的自由は抑制に基づくということ、ある点で一人の人間を抑制することは、その点での他の人びとの自由の条件であるということ……善きものとしての自由とは、他者を犠牲にして得られたある一人の自由ではなく、ともに生きるすべての人びとによって享受されうる自由である。そしてこの自由は、法あるいは習慣、人びと自身がもつ感情によって、かれらが相互に侵害しあうことを抑制する完全さに依拠しており、かつその完全さで測られるのである。」L. T. Hobhouse, *Liberalism*, Oxford Univ. Press, 1911=1964, p. 51（吉崎祥司監訳『自由主義　福祉国家への思想的転換』大月書店、二〇一〇年、六九―七〇頁）.

（22）L. T. Hobhouse, *Liberalism*, Oxford Univ. Press, 1911=1964, pp. 67, 69（吉崎祥司監訳『自由主義　福祉国家への思想的転換』大月書店、二〇一〇年、九五、九八頁）.

（23）D. Heater, *What is Citizenship?*, Polity Press, 2002（田中俊郎・関根政美訳『市民権とは何か』岩波書店、二〇〇二年）; 岡野八代『シティズンシップの政治学　国民・国家主義批判』白澤社、二〇〇三年。

（24）M. Freeden, Civil Society and the Good Citizen: Competing Conceptions of Citizenship in Twentieth Century Britain, in Jose Harris（eds.）, *Civil Society in British History: Ideas, Identities, Institutions*, Oxford University Press, 2003, pp. 275-292; C. Tyler, Contesting the Common Good: T. H. Green and Contemporary Republicanism, in M. Dimova-Cookson and W. J. Mander（eds.）, *T. H. Green: Ethics, Metaphysics, and Political Philosophy*, Oxford Univ. Press, 2006, pp. 262-291. このことはもちろん、ニューリベラリズムにリベラル・シティズンシップ論の要素がなかったことを意味しない。たとえば、その権利論にみられる社会権理念との親和性は、ニューリベラリズムのリベラル・シティズンシップ論的側面を示しているといえよう。重要なことは、ニューリベラリズムにおいては、リベラルな側面がリパブリカンな側面と軌を一にしていたこと、そしてシティズンシップ論においては、後者により重きが置かれていたという点である。

（25）グリーンは共通善に貢献しない国家を「見せかけの国家（a state by a sort of courtesy）」と呼び、倫理に基礎づけられた「本来の国家」と区別した（LPPO §132）。なお梅澤佑介が明快に整理しているように、政治と倫理の峻別の有無こそ、ハロルド・ラスキとグリーンの国家論を分かつ分岐点であった。この点は、両者がそれぞれ依拠したリベラル・シティズンシップ論とリパブリカン・シティズンシップ論の差異の表れともいえるかもしれない。梅澤佑介「市民の義務としての反乱――ハロルド・ラスキによるT・H・グリーンの批判的継承」『イギリス哲学研究』第三九号、二〇一六年、三五頁以下。

（26）A. Simhony, Beyond Dualistic Constructions of Citizenship: T. H. Green's Idea of Ethical Citizenship as Mutual Membership, in T. Brooks（eds.）, *Ethical Citizenship: British Idealism and the Politics of Recognition*, Palgrave, 2014, pp. 35-56; M. Hann, 'Who is my Neighbour?': T. H. Green and the Possibility of Cosmopolitan Ethical Citizenship, in *Ethical Citizenship*, pp. 177-199; M. Hann, Isoi and Homoioi: Equality and Sameness in T. H. Green's Theory of Rights Recognition, in *Political Theory*, Vol. 44, Issue. 4（2016）, pp. 496-517. なお、グリーンの「クリスチャン・シティズンシップ」概念を考察した既存研究としては、以下の二点を参照。前者はグリーンの宗教思想、後者はデモクラシー思想との関係を考察している。Andrew Vincent, T.H. Green and the Religion of Citizenship, in Andrew Vincent（eds.）, *The Philosophy of T. H. Green*, Gower Publishing, 1986, pp. 48-61; 若松繁信『ブルジョア人民国家論の成立　イギリス急進主義史研究』亜紀書房、一九六九年、二九三―三一四頁。

（27）Freeden, *The New Liberalism*, pp. 94-116.

（28）Hobhouse, *Liberalism*, Ch. 8. Cf. White, *The Civic Minimum*, Oxford Univ. Press, 2003.

（29）M. Hann, 'Who is my Neighbour?': T. H. Green and the Possibility of Cosmopolitan Ethical Citizenship', in T. Brooks（eds.）, *Ethical Citizenship: British Idealism and the Politics of Recognition*, Palgrave, 2014, pp. 177-199; M. Hann, Isoi and Homoioi: Equality and Sameness in T. H. Green's Theory of Rights Recognition, in *Political Theory*, Vol. 44, Issue. 4（2016）, pp. 496-517.

（30）M. Oliver, *The Politics of Disablement*, Macmillan, 1990（三島亜紀子・山岸倫子他訳『障害の政治　イギリス障害学の原点』明石書店、二〇〇六年）; 杉野昭博『障害学　理論形成と射程』東京大学出版会、二〇〇七年。

（31）グリーン自身も、犯罪と結婚について述べる箇所では、精神障害者（lunatics）が動物と同様に理性をもたない存在であることを示唆している（LPPO §199, 246）。

（32）B. Arneil, Disability, Self Image, and Modern Political Theory, in *Political Theory*, Vol. 37, Issue. 2（2009）, pp. 218-242.

（33）ホブハウスは知的障害者について、「かれらには不幸にも、私たちがその語で理解しているような自由はまったく適用されない。というのも、かれらは合理的選択をする能力がなく、そのために、自由が価値をもつような種類の成長も不可能だからである」と述べている。L. T. Hobhouse, *Liberalism*, Oxford Univ. Press, 1911=1964, p. 80（吉崎祥司監訳『自由主義　福祉国家への思想的転換』大月書店、二〇一〇年、一一六頁）.

（34）L. T. Hobhouse, *Social Evolution and Political Theory*, Columbia University Press, 1911, pp. 45-46. ここでホブハウスは、健常者たる「われわれ」は「博愛の精神」に基づき、知的障害者である「かれら」をケアする義務を負う一方で、かれらの「男女の間を引き離すことを要求する」権利ももっていると述べている。なおホブハウスの優生学批判については、以下の拙稿を参照。寺尾範野「初期イギリス社会学と「社会的なもの」――イギリス福祉国家思想史の一断面」『社会思想史研究』第三八号、二〇一四年、一四四頁以下。

(35) L. T. Hobhouse, *Social Development: Its Nature and Conditions*, G. Allen & Unwin, 1924, p. 116.

(36) ニューリベラリズムとＣＯＳの関係をめぐっては、これまではもっぱら「国家福祉（ニューリベラリズム）かチャリティ（ＣＯＳ）か」という対立的図式に基づいて論じられてきた。他方で、社会福祉の実践論としてみた際には、所得保障を重視したニューリベラリズムに対して、ソーシャルワークを通したパーソナルケアに力を注いだＣＯＳという、異なる対立軸がみえてくる。両者を包含するシティズンシップ論を示したグリーンは、ニューリベラリズムとＣＯＳの思想的結節点として位置づけられうるといえよう。ＣＯＳについて、その思想的側面とソーシャルワーク実践を統合的に捉えた数少ない研究の一つとして、以下を参照。J. Lewis, *The Voluntary Sector, the State and Social Work in Britain: The Charity Organisation Society/Family Welfare Association since 1869*, Edward Elgar, 1995.

【謝辞】

＊本稿は、日本イギリス哲学会第三十八回研究大会（二〇一四年三月二〇日、於東洋大学）および政治思想学会第二六回研究大会（二〇一九年五月二六日、於学習院大学）での報告原稿を基にしている。両学会で有益なコメントを下さった先生方、ならびに本稿に重要なご指摘の数々をくださった二名の匿名の査読者の先生方に、厚く御礼申し上げる。

＊本稿は、平成三〇年度―令和二年度科学研究費・若手研究（課題番号：１８Ｋ１２２１８）の助成による研究成果の一部である。

ハンス・ケルゼンの民主主義論
——少数者保護と比例代表制を中心に

松本彩花

序

『民主主義の本質と価値』（初版、一九二〇年）でハンス・ケルゼン（一八八一——一九七三）は、民主主義の根本原理は自由の理念であると規定した。そして、民主主義は個人の自由および少数者保護の実現を可能にするものであると主張する。

このような見解は、彼が民主主義論を展開した一九二〇年代のドイツおよびオーストリアにおいて必ずしも自明ではなかった。当時、議会制に対する不信感が蔓延しつつあり、左右の独裁、すなわちプロレタリアート独裁と全体主義が台頭し始めていた。こうしたなかで形成されたのが、人民の同一性あるいは同質性を前提とした「人民の意志」を民主主義的正統性の根拠とする政治思想であった。カール・シュミットに代表されるこうした民主主義論は、国家が同質的な人民から構成されるべきであり、人民に包摂されない少数者ないし異質者を排除すべきだとする論理を正当化する。

シュミットのこのような議論は、J・J・ルソーの人民主権論の一帰結を無批判に受け入れたものである。それによれば、少数者は一般意志に、実際には多数者の意志に従う、すなわち「自由へと強制される」べきであり、共同体内に異なる意見を持つ者、少数者の存在は許容されない。シュミットと同様に、ケルゼンもまたルソーの『社会契約論』から民主主義の基礎を学んでいた。だが彼は、「民主主義は少数者の存在を概念上前提するだけではなく、政治的に承認する」と述べ、ルソーの人民主権論から直接導き出されえない民主主義論を提示した。彼は独自の視点から、ルソーの思想に対して一定の距離をとり、批判的に検討を加えたのだと言える。

では、ケルゼンはどのようにして同時代の他の思想家とは一線を画し、民主主義において少数者の権利を擁護するという問題を取り上げたのだろうか。そしていかなる根拠に基づき、民主主義と少数者保護は両立可能だと考えたのだろうか。この問題の一端を解明するために、本稿は少数者保護に関する議論を中心に、ケルゼンの民主主義論の成立過程を再構成することを試みる。

その際に注目するのは、帝政期以来ケルゼンが一貫して取り組んできた選挙制構想である。一九〇六年から一九三〇年代にかけてケルゼンは、学術誌においてのみならず一般読者層をも対象として、比例代表選挙制に関する論稿を発表した(1)。こうした取り組みに着目し、ケルゼンを「選挙権の専門家」と評したシュトライチェクの研究(2)を嚆矢として、これまでにケルゼンの比例代表選挙制構想の一部が紹介され(3)、さらに民主主義論の成立に対するこの選挙制構想の意義が指摘された(4)。だが、選挙制構想と民主主義論の具体的な関係は未だに解明されていない。そこで本稿は、選挙制度改革をめぐる政治状況のなかに、民主主義と少数者保護に関する彼の思想的発展を位置付けることで、この問題を検討する。

そこで第一に、ハプスブルク帝政期に執筆された選挙制度に関する論稿を分析対象とし、男性普通選挙権導入を契機に開始された、少数者保護に関するケルゼンの議論を検討する。第二に、共和政初期における憲法制定国民議会選挙法の制定に際して彼が発表した四本の論稿を取り上げ、彼が提唱する比例代表選挙制度構想、政府法案に対する提言と批判の内容を詳らかにする。第三に、比例代表制論のなかで民主主義と自由、少数者保護はどのように位置付けられていたのかを明らかにし、それが『民主主義の本質と価値』へといかに結実したのかを解明する。

一　帝政期におけるケルゼンの政治思想——選挙権と少数者尊重の思想を中心に

1　男性普通平等選挙権確立に至るまでの歴史的背景

少数者保護に関するケルゼンの議論は、一九〇七年に帝国議会選挙法が改正され、男性普通平等選挙権が確立されたことを契機に開始された。はじめに、男性普通平等選挙権導入に至るまでのオーストリアの選挙制度の変遷過程とその歴史的背景について簡潔に確認したい。

男性普通平等選挙権が確立される以前、[5]オーストリア帝国議会選挙は、身分別に四区分された選挙人団、すなわち「選挙部門（Kurie）」を基礎として実施されていた。第一部門は最低限の不動産税を支払った大土地所有者から、第二部門は商工会議所会員から、第三部門は最低限の直接税を支払った都市および町在住の二四歳以上の男性から、第四部門は最低限の直接税を支払った農村自治体在住の二四歳以上の男性から構成された。[6]そして一八九六年の帝国議会選挙法改正により、従来の四部門以外に、新たに第五の普通部門として普通選挙階級が設けられ、二四歳以上のすべての男性市民に選挙権が付与された。ただし第一部門を構成する大土地所有者五〇〇〇人に対して八五議席を割り当てる一方、第五部門を構成する五二五万人に対しては七二議席のみを割り当てる不平等なものであった。[7]すなわち、第一部門は約六〇名が一人の議員を選出するのに対して、第五部門は約七万名が一人の議員を選出するという複数選挙制度であった。[8]

一九〇七年に男性普通平等選挙制度が導入されるが、これは直接的にはヴィクトル・アドラーを中心とする社会民主党の運動の成果であった。[9]だがそもそも普通平等選挙権の獲得に向けた運動は、ハプスブルク帝国内部の民族問題を背景に展開されたものであった。[10]すなわち「議会において自らの勢力に比例した議席を獲得しようとする非ドイツ系諸民族の断固とした決意」こそがオーストリアにおける選挙権獲得運動の発展をもたらしたのである。[11]一二以上もの諸民族を抱える多民族国家オーストリア・ハプスブルク帝国では、一八六七年にハンガリーに対して内政に関する自治を認める「マジャール人への譲歩による和解」を契機に、民族対立が一層深刻化していた。[12]民族解放闘争を主導したのは、スラヴ系諸民族のなかでもチェコ人であり、彼らはハンガリーと同等の地位を要求した。[13]一八九七年にドイツ語と同等の地位をチェコ語に認める言語令が発布されると、これをめぐりドイツ系オーストリア人とチェコ人の対立は頂点に達し、ヴィーン、グラーツといった大都市は内戦寸前の状態に陥った。この危機の後に、社会民主党、青年チェコ党、民族主義者を含むチェコ人勢力は、普通平等選挙権の実現を要求して更なる運動を展開する。一九〇五年一〇月にロシア第一次革命が勃発し、普通平等選挙制に基づく議会の開設をロシア皇帝が約束したことに端を発し、普通平等選挙権を求める運動は各地へ波及した。ゼネラルストライキおよび示威行動は革命的様相を帯び、特にボヘミアでは労働者と軍隊の衝突が内戦状態へ陥った。こうした事態を受けて帝国宰相ガウチュは、一一月四日、広範な選挙法改正を実施する用意が政府にあることを明らかにし、翌一九〇六年二月二三日に政府は選挙制度改正法案を議会に提出した。(14)

2　政治的権利としての選挙権の重要性

こうして提出された政府の帝国議会選挙制度改正法案について、ケルゼンは同一九〇六年六月二四日以来、「選挙人名簿と異議申し立ての権利――選挙改革に関する最新の政府法案を考慮に入れて」と題する論文を発表する。(15)

この論文でケルゼンは、政治的権利としての選挙権の重要性を強調し、これを保障するために必要とされる制度を構想する。彼によれば、議会選挙はもはや「権利をもたない大衆から明確に区別された少数者の特権」ではなく、選挙権は広範な人民全体へと拡大された（HKW1:303）。選挙権の行使は「最も重要な政治的権利」（HKW1:303）であり、選挙法は個人の権利としての選挙権を保障するための規定を含むものでなければならない。「悪意のあるなしに関らず、法律により権利となった選挙権を、個人あるいは多数者から何らかの仕方で剥奪する、あるいは狭めることを不可能とするような十分な規定を選挙法がもたないならば、最良の選挙制度ですら虚しいものに過ぎない」（HKW1:302）。

選挙権を保障するために、ケルゼンは次の二つの制度の確立が重要であると論じる。第一に、「誰が選挙に参画できるかということを、確実かつ名前を挙げて確定する制度」、すなわち「選挙人名簿」登録制である。選挙人名簿に登録されているか否かは、選挙権を行使できるか否かを決する、「最も重要な政治的権利についての根本的決定」（HKW1:303）である。

万が一、選挙人名簿に誤りがあり、自らの名が名簿に登録されていない場合には、「この決定に抗議するための法的手段が絶対に残されなければならない」（HKW1:303）。それゆえに、「選挙人名簿に対する異議申し立て」の制度が確立され、直ちに「異議を申し立てる権利」を有権者に保障する必要がある（HKW1:302）。

選挙人名簿の作成と異議申し立てに関するケルゼンの提案は、次のように要約できる。選挙が実施される直前にその都度作成されるのではなく、毎年新たに作成され、公示されなければならない。選挙人名簿は、政治的国家官庁の統制の下で、各共同体の首長の職務として作成された後、一般に公開され、定められた期間内に誰もが閲覧可能となる。その上で、選挙準備の段階で、選挙権の侵害を訴える人々全員に対して統一的な異議申し立て手続きをとる。異議申し立てを認めるか否かを決定するために、裁判官と行政官から構成される委員会が設立され、一定期間内に決定を下す義務を負う。選挙実施直前の一定期間においては選挙人名簿を変更してはならない（HKW1:330f.）。

選挙人名簿を毎年作成し、公示するという制度、そして異議申し立てを行うための制度を実際に運用するには甚大なコストと労力が伴う。だが、ケルゼンは、この労力の大きさは「公民の最も重要な政治的権利の保障」という「成果と全く比例している」ものであるとして、この制度を導入する必要性を主張した[16]（HKW1:306）。

3 少数者尊重の思想

一九〇七年一月二六日、新たな帝国議会選挙法はベック内閣において成立した。ケルゼンは同年のうちに詳細な注釈書「オーストリア帝国議会選挙法の注釈」（一九〇七年[17]）を発表する。

新たな選挙法では、各選挙区が民族別に設定され、有権者はそれぞれの民族の候補者に投票し、議員の数を民族別に確定する方式を採用した。各民族への議席の配分は、「政治、経済、文化的な発展の程度や政治的重要性」により決定され、総計五一六の議席は、ドイツ系オーストリア人に対して最も多く二三三議席が割り当てられた。そして小選挙区制が採用され、各選挙区で絶対多数の票を獲得した者一名を当選者とすると規定された[18]。ただしその例外として、帝国内の少数民族であるポーランド人とルテニア人とが混住する東ガリツィアの三四の選挙区のみは定員二名とされ、絶対多数票を得た者に加えて、投票数の四分の一以上の票を獲得した者を当選者とすることが定められた[19]。

この選挙制度を定める帝国議会選挙法第三三条第一項[20]について、ケルゼンは詳細な注釈を執筆し、分析を加える。

まず、彼は議会を構成するための基礎が「絶対多数決原理（absolute Majoritätsprinzip）」（HKW1:466）であることを確認する。その上で、東ガリツィアにおける選挙区に対する例外的措置に言及し、この原理の適用には一定の制限が設けられていることを指摘する。「これらの三六〔ママ――引用者〕の東ガリツィアの選挙団は、それぞれ二名の議員を選出するものとされている。そこでは絶対的で無制約の多数決原理ではなく、少数者尊重の原理（Prinzip der Minoritätsberücksichtigung）が基準となっている」（HKW1:467）。

続く帝国議会選挙法第三四条[21]で定められたこの規定について、彼は「二名の議員を選出する選挙区における少数者代表」という副題を付して評釈を加える。彼によれば、場合によっては多数決原理の適用を制限し、少数者に自らの代表者を獲得させることは、正義が必然的に要請するものとして一般に認められている。そのためには、「少数者尊重の思想」を実現するための選挙制度が必要とされる（HKW1:468）。

この「少数者尊重の思想」に関して、ケルゼンは、国法学者ゲオルク・マイヤーの著書『議会制度の選挙権』（一九〇一年[22]）を参照する（HKW1:468）。この著作は、マイヤーの遺稿をゲオルク・イエリネクが編集し出版したものであり、編者イエリネクによれば「包括的かつ完全な仕方で、議会制選挙に関する全ての問題を論究した著作」である[23]。

ケルゼンはこの著作で示された、少数者尊重の思想に関するマイヤーの定式を受容し、帝国議会選挙法の解釈に援用する[24]。マイヤーによれば、「少数者尊重の思想」は「少数者代表制」と「比例代表選挙制」に区別される（HKW1:468）。

少数者代表制とは、「一投票区における少数者のために、多数者と並び、代表を獲得させる」（HKW1:468）制度である。帝国議会選挙法第三四条は、多数者により選出された者と並び、少数者の候補者にも議席を与えるものである。これは少数民族の保護のために保証を設けようとするものであり、まさしく少数者代表制度の一種である（HKW1:469f.）。

その上でケルゼンは、少数者尊重のための制度として、この少数者代表制度には欠陥があることを、マイヤーの議論に従って説明する。すなわち、この制度は少数者が代表を得る可能性をもたらしはするものの、それを保証しない。規律化され組織された多数者であれば、少数者のために設けられた一議席を簒奪することも可能である。

また、この制度によっては、少数者が複数存在するなかで、比較的強力な少数者のみが代表を獲得しうるにすぎない

(HKW1:469f)。帝国議会選挙法第三四条によれば、東ガリツィアの選挙区においては、第一の当選者は有効投票総数の二分の一以上の票を得る必要があり、第二の当選者は有効投票総数の四分の一以上の票を得る必要がある。ケルゼンは一〇〇名の選挙人団を想定し、次のような事例を挙げる。第一の当選者は少なくとも五一票を獲得すれば、第二の当選者は少なくとも二六票を獲得すれば当選者となる。残りの二三票を投じた人々は代表を得ることはない。ここで彼が言わんとしていることは、二六人は代表を得られるのに、二三人は代表を得られないのは不当であるということである。つまり、少数者代表制は、「少数者の内部に形成された人々の票数、および党派の分布を正確に顧慮することはない」(HKW1:468)のである。一選挙区から単純に二名の議員を選出するという方式は、少数者尊重のための根本的な解決策ではない。

そこでケルゼンは、比例代表選挙制を対置する。この選挙制の目的は「選挙方式を通じて、人民代表を、可能な限り人民の中の党派の割合の正確な像へと作り上げる」(HKW1:468)ことである。このようにケルゼンは、少数民族の保護を念頭に、少数者尊重を実現するための相応しい選挙制度として比例代表選挙制の意義を認識していた。だがオーストリアにおいては、帝国の崩壊と共和政成立を経て初めて比例代表選挙制は採用されることになる。

一九〇七年五月、新たな選挙法に基づき、普通平等選挙制度による帝国議会議員選挙が実施された。選挙階級制を完全に撤廃したという点で、この改革は普通平等選挙権の実現にとって画期をなした。だがこの改革は、かつて第一階級では認められていた女性の選挙権を廃止し、また最低居住年数を六ヶ月から一二ヶ月に引き上げることで、選挙権をもつ者を制限する結果を伴った。さらに選挙区分割の弊害ゆえに、実質的な平等が達成されえないことが当時すでに指摘されていた[25]。したがって普通平等選挙権の実現を支持する者にとっては、ケルゼンが当時指摘した比例代表制の導入と並び、女性参政権の実現、公正な選挙区のあり方をめぐる問題が課題として残された。

とは言え、この改革により全ての青年男性が選挙権を獲得したことは、民主化と平等へ至る過程において一定程度の前進を意味した。だが皮肉にも参政権の拡大は、激化しつつある民族闘争を緩和することはできず、むしろ多民族国家の分離的傾向を強めた。そして帝国議会は民族間の対立、特にドイツ人とチェコ人との間の対立の場となり、帝国が議会政治の成熟へ向かうことはなかった[26]。

二　共和政成立期におけるケルゼンの比例代表制構想
——その具体的内容と比例代表の理念

第一次世界大戦の帰結として、多民族国家としてのオーストリア・ハプスブルク帝国は完全に解体された。この外的要因により、帝政期にケルゼンが検討した少数民族の尊重という問題は、共和国南部ケルンテン内の一部地域における問題を残して一旦解消されることとなった。だがケルゼンは、帝政期における議論を土台に、すなわち少数民族の尊重という問題を、政治的少数者の保護の問題として読み替え、さらなる考究を進める。

敗戦が決定的となり、帝国内の各民族が独立国家の形成を模索するなかで、一九一八年一〇月二一日、帝国議会のドイツ系議員たちも自らの国家を形成するために臨時国民議会を設立する。続いて一〇月三〇日に開催された臨時国民議会第二回会議では、社会民主党のカール・レンナー（一八七〇—一九五〇）を首班とする社会民主党主導の暫定ドイツ・オーストリア政府が成立する[27]。そして一〇月一二日の第三回会議において、オーストリアの民主共和国としての設立が決定され、オーストリア革命は終結するに至る。

この間、ケルゼンはすでに暫定政府の憲法部署で職務を担っており、新憲法起草に向けてレンナー首相の憲法助言者として活動を開始していた（HKW4:589）。一九一八年一一月三日の国家官房日報は、ケルゼンがレンナーの立法作業に助言を与えることが決定された旨を知らせている（HKW5:623）。他方でケルゼンは、憲法制定国民議会選挙のための新たな選挙法案の起草には関与しなかった[28]。それにもかかわらず、彼は、一九一八年一一月二七日に新選挙法が公表される直前と直後に、自らの構想する比例代表選挙制を繰り返し力強く提唱するのである。すなわち彼は、一九一八年一一月末から翌年一月にかけて比例代表選挙制度に関する四本の論文を発表する。第一に、『オーストリア国民経済』誌上に「比例選挙制度」（一九一八年一一月二三日、一一月三〇日、一二月七日）を連載し、続いて『労働者新聞』誌上に「単純比例代表制度」（一九一八年一一月二四日）を発表する。そして同年一一月二七日に、暫定政府の支持する新選挙法草案が公表されたことで、ケルゼンの構想する比例選挙制が実現される見込みが失われたが、その後も彼は『新・自由報』誌上に「選挙法案における比例性」（一二月一日）、ヴィーン法学者協会で行った講演に基づいて「比例選挙権：ヴィーン法学者協会における一九一八年一二月四日の講演」（一九一九年一月二六日）を『裁判所報』誌に寄稿するのである。

本節では、少数者保護の議論を中心に、これら四本の論稿を時系列に沿って分析する。まず、帝政期における少数者尊重の議論との連続性を確認した上で、新たな選挙法に対する具体的提言と、暫定政府が起草した新選挙法に対する批判の内容、そして比例代表制の思想的意義に関するケルゼンの見解を明らかにする。

1　少数者尊重のための比例代表制——少数民族尊重から少数者保護へ

一九一八年一一月二三日以来三回にわたって連載された「比例選挙制度[29]」は、共和政成立期に発表された選挙制度に関する四本の論稿のなかで最も長く、包括的な内容をもつ論文である（HKW4:590）。

この論稿における議論は、先に見た帝政期における少数者尊重の思想を下敷きに形成された。ケルゼンは、一九〇七年の帝国議会選挙法第三四条への注釈において論じた少数者尊重の制度について再論し、少数者代表制ではなく比例代表制が必要であることを改めて強調するのである。

ケルゼンは少数者代表制の方式として、制限投票制度と累積票制度を紹介し、その問題点を指摘する。複数の票を一定数の候補者に投じる制限投票制度は、「非常に単純で、簡単に導入できる制度ではある」。だが、規模の異なる少数者集団が混在している場合には役に立たない（HKW4:33f.）。この選挙制度が導入された事例として、一九〇七年の帝国議会選挙法第三四条を指示し、帝政期のオーストリアにおいてガリツィアの選挙区に言及する（HKW4:34）。他方で、累積票制度は、定数と同数の票を複数の候補者に投じるものである。擁立する候補者の数が多い場合には、票が分散するという技術上の問題があり、多数派の不利になる恐れがある（HKW4:35）。

このようにケルゼンは、帝政期に検討した少数民族の尊重の問題を、共和政初期の選挙制度構想においては少数者一般の保護の問題へと接合させ、発展的に議論を展開するのである。

少数者代表制のうちのいずれの方式も、複数の少数者集団のなかで、比較的規模が大きい少数者集団が代表を獲得することを補助する制度である。一九〇七年の帝国議会選挙法への注釈における議論と同様に、ケルゼンは、少数者保護のためには、あらゆる政治的グループに対して、比例的に代表を確保する必要があると論じる。そのためには、「真の、より厳密な意味における比例選挙制度」(HKW4:35)が確立されなければならない。

2 憲法制定国民議会選挙へ向けた具体的提言

では、ケルゼンは、具体的にどのような比例代表選挙制を構想したのだろうか。彼の構想の特徴は、第一に、従来の選挙制度の基礎であった「選挙区分割(Wahlkreiseinteilung)」の廃止を提唱したこと、第二に、「単記(単票)式比例選挙制(proportionale Einerwahl)」と「名簿式投票集計(Listenskrutinium)」ないし「名簿競合(Listenkonkurrenz)」を組み合わせた、一種の単記移譲式比例選挙制を主張したこと、この二点にある。

第一にケルゼンは、地域的に編成された選挙区分割により、選挙の結果が歪められてしまうことを問題視する。彼は、一名の議員の選出を予定する小選挙区を例にとり、次のような単純な例を提示する。一〇名の議員が一〇の選挙区のなかで(一〇の選挙人団から)選出される。各選挙区にはそれぞれ一〇〇名の有権者が存在する。各選挙区には、政党Aと政党Bを支持する人々がおり、四つの選挙区においては、政党Aと政党Bの支持者が九〇:一〇、六つの選挙区においては、政党Aと政党Bの支持者が四〇:六〇存在する。実際には、政党Aの支持者は六〇〇名、政党Bの支持者は四〇〇名であるが、政党Aは四議席を、政党Bは六議席を獲得する結果となる(HKW4:28f.)。

このように「地域的に境界づけられた選挙区のなかで、選挙人を偶然的な仕方で党派集団化することは、選挙の結果を歪めてしまう」。どの地域に属しているかということと、どの政治的党派に所属しているかということは無関係であり、恣意的に選挙人を個々の選挙人団へ分割するような選挙技術は誤っている(HKW4:29)。あらゆる党派が選挙において、その強度の規模に応じて真価を発揮することを可能にするような選挙制度を設計するためには、投票の主体である選挙人団は、不自然で恣意的な「属地原理（Territorialprinzip）」ではなく、「属人原理（Personalitätsprinzip）」に基づいて形成されなければならない。すなわち、同じ政治的確信をもつ全ての人々、同じ政治党派に属する人々を単位として、選挙人団は形成されるべきである（HKW4:30）。

第二にケルゼンは、比例代表選挙制における有権者の選挙行為は二重の意味をもつことに留意すべきだと論じる。すなわち、一方で選挙は、「一党派への支持の表明」であり、他方で、自身が信任する人物としての候補者の指名を意味する。投票の集計は、この二つを把握してなされるべきである（HKW4:40）。そのための最善の制度としてケルゼンが提唱するのが、単記式比例代表制と名簿制を組み合わせた、単記移譲式比例選挙制である（HKW4:47）。この「単記式比例選挙と名簿式投票集計」ないし「単記式比例選挙と名簿競合」の利点を強調する点で、選挙制度に関して共和政初期に発表された四本の論文は一貫した主張を有している（HKW4:589f.）。

この単記移譲式比例選挙制の原型を初めて提唱した人物として、ケルゼンは英国の法律家トマス・ヘアの議論を参照する[30]。ケルゼンによれば、ヘアの議論は偶然性の契機を多分に含むため、実際に運用することが困難である（HKW4:46）。それゆえに現実に適用可能な形で比例代表選挙制を設計する必要があると言う。

この比例選挙制度の特徴について、ケルゼンは、社会民主党の機関紙である『労働者新聞』誌上に寄稿した「単純比例代表制[31]」において一般読者層に向けて再論する（HKW4:620）。彼の提案は次のとおりである。従来の選挙区は形式上維持されるが、単に投票地域としての機能を果たすにすぎない。各政党は規定された手続に従い、公式の政党名簿を作成し、選挙官庁に提出する。政党名簿は公式に候補者の当選順位を定めず、候補者の氏名はアルファベット順に記載される。政党は一選挙地域に対して、候補者を提案、推薦し、候補者の選挙活動は当該地域に限定される。各選挙人は、投票用紙上の一名の候補者に印をつける。このとき選挙人は、当該政党が推薦する候補者以外に、すなわち他の選挙地域で推薦された候補者に印をつけることも可能であり、無所属の候補者に印をつけることも妨げられない。

第一の選挙結果として、各政党に割り当てる議席数が算出される。まず全有効投票数を計算し、当選のために必要な最低限の票数、すなわち選挙基数を確定する。各政党名簿上の全候補者が得た投票総数を集計し、各政党に割り当てられる議席数を突き止める。政党無所属の候補者については、選挙基数以上の多数の票を得た場合に当選者と見做される。第二の選挙結果として、各政党内で、すなわち名簿に記載された候補者のうちの誰が当選するかが確定される。まず、投票基数を超える票を得た候補者が当選者と見做される。そして、当選した候補者が投票基数を超えて獲得した剰余の票は、同一の政党名簿に記載された他の候補者に移譲される。いわば政党名簿に記載された候補者たちは「票の移譲のためのカルテル」を結成することになるのである。なお、いずれの候補者に有利に票が移譲されるかは選挙人自身ではなく、政党が決定する。ケルゼンの見るところ、自ら選んだ候補者が当選した以上、同一政党内の誰が次に当選するかに影響を及ぼすことについて、選挙人は「真剣な関心など全くもたない」(HKW4:80f.)。

この論文後半で、ケルゼンは、今後行われる憲法制定国民議会選挙では比例代表選挙制が採用されるだろうことに言及する。そして、いかなる形態の比例代表選挙制度が採用されるかということが、選挙の結果に対して多大な影響をもたらすと述べる(HKW4:80)。彼は、選挙区への選挙地域の分割が弊害となり、選挙人の間の政治的状況、分布図が議席の配分に忠実に反映されないこと、すなわち比例代表制の理念が実現されえないことを改めて強調する(HKW4:620f.)。「最も重要なことは、かつての選挙区——それが恣意的な境界設定であることは十分に知られている——から、選挙人団の基礎としての意味が取り除かれることである」(HKW4:80)。そして最後に、「かつての選挙区は、新たな制度においてもはや相応しくない!」(HKW4:82)と力強く訴えかける。

この論文を発表した三日後、一九一八年一一月二七日に、レンナー首相が起草した憲法制定国民議会選挙法の法案が国家評議会に提出され、公表される。一二月一八日に評議会で承認され、成立したこの新たな選挙法案では(HKW4:621)、拘束名簿式比例代表選挙制と小選挙区制が採用された。すなわち国家全域を四一の選挙区に分割し、各選挙区より四名から七名の代表を、計二一五名の候補者を選出することとした[32]。

3 憲法制定国民議会選挙法案への批判

このように、比例選挙制に関するケルゼンの提言は新選挙法案に取り入れられず、彼の努力は挫折したかに見えた。

だがケルゼンはその後も諦めず、比例代表選挙制構想を提示し続ける。一九一八年一一月二七日に政府の選挙法案が発表されたことを受け、そこで採用された比例代表選挙制の方式を彼は明示的に批判する。

一九一八年一二月一日に発表された「選挙法案における比例制[33]」は、選挙制度構想に関する四本の論文の中で唯一、レンナーにより起草された選挙法案を明確に批判し、考察の対象とした論文である（HKW4:600）。ケルゼンは「立法技術的観点」から見るならば、新選挙法案は「非常に傑出した出来栄え」である（HKW4:52）として、立法者としてのレンナーに対して賛辞を述べる。だが、「実質的観点からすると、選挙法の政治的基本原理に関して深刻な懸念が浮上する」（HKW4:52）。彼によれば、比例代表制が採用されたことは評価に値するが、採用された選挙方式は数ある比例選挙制の方式のなかで最良のものではない。

彼が批判の対象とするものは、「新選挙法案の基礎をなす名簿式比例選挙制と選挙区分割の組み合わせ」（HKW4:52）である。すなわち彼は、拘束名簿式選挙制と選挙区分割を共に批判するのである。第一に彼は、拘束名簿式選挙制によっては、選挙人の自由が著しく制約されてしまうことを問題視する。すなわちこの方式によっては、選挙人は支持政党を示すことしかできず、所属するどの議員が選出されるかを自ら選択することはできない。また、無所属の候補者を選出することができない。そこで彼は、拘束名簿式か非拘束名簿式かという二者択一から距離をとり、投票用紙に一人の名を印す方式、すなわち単記移譲式選挙制の利点を改めて説明する。そして比例選挙制の理念は単記式選挙制によっても十分に実現されるし、技術的観点からしても拘束名簿式より複雑だということはないのだと付言する（HKW4:53f.）。

ケルゼンによる批判の第二は、新選挙法案が予定する選挙区分割に向けられる。彼によれば、「比例選挙制度の基本的思想は、属地原理によってではなく、属人原理に基づいて選挙人団が構成される点に存する」（HKW4:54）。選挙区分割が恣意的であるのは不可避であり、これは「選挙権の平等性に対する甚大な脅威」（HKW4:56）を意味する。「そもそも選挙区を予定する法案は、当然のことながら、かの遺憾な裏取引――そこでいくつかの政党は不当な利益を獲得する術を心得ている――のきっかけをつくる」（HKW4:56）。したがってケルゼンは選挙区に対して、選挙を実行するために便宜上必要となる投票地域区分としての意味しか認めない。

以上のように、ケルゼンは新選挙法案に対して根本的な批判を投げかける。だが彼は、予定された憲法制定国民議会選挙の日程までの「短い限られた時間ゆえに、提示された選挙法案を完全に書き換える試みは激しい抵抗に遭う」（HKW4:57）ことが予想されると述べる。そして、比例代表制の理念を実現することを不可能とする最大の弊害、すなわち選挙区分割の問題だけでも解決するように、選挙法案が予定している選挙区分割を見直すよう提案する。

さらにケルゼンは、一九一八年一二月四日に開催されたヴィーン法学者協会において、「比例選挙権」と題する報告を行う。この報告に基づく小論が、翌年一月二六日に発表される。[34] ここで彼は、比例代表制構想に対してなされた批判を取り上げ、それらに反論する。[35]「これをもって、単記式比例代表選挙制度に対してなされた全ての議論を論駁したものと確信する。しかしながら、この制度を実現する政治的見込みは非常に低いだろう。もし選挙区の分割がヴィーンにおいて撤廃されたならば、それはすでに非常に大きな成果を意味する。だが、選挙区の分割に反対する可能な限り多くの声が上がったならば、非常に有意義である」（HKW4:174）。このように彼は、選挙区分割の撤廃を中心に、並々ならぬ熱意を注いで比例代表制構想を提示したのである。

三 『民主主義の本質と価値』への結実
——民主主義と少数者保護を媒介するものとしての比例代表

1 比例代表制の思想的意義——民主主義と自由の原理としての比例代表の理念

では、どのような論拠に基づいて、ケルゼンはそれほどまで熱心に、適切な方式を備えた比例代表制が導入される必要性を主張したのだろうか。本節では、先に見た論稿「比例代表選挙制」に即して、彼が比例代表制を重視する思想的背景を明らかにする。

「各人が自らの意志にのみ従うことが自由の本質であるならば、自由こそが民主主義の根本原理である」（HKW4:26）

という一文で始まるこの論文において、ケルゼンは、民主主義および自由の理念と比例代表制の関係を思想的に考察する。このとき彼が参照するのは、ルソーの人民主権論である。ケルゼンによれば、「民主主義の理念」は、個人の自律としての自由の実現を目指すものである。そして、自らの意志および自分自身が自らに課した法に対してのみ服従するという意味における自由を実現することこそが民主主義の理想である。こうした状態を可能とする民主主義の組織形式は「国家的支配の主体と客体を同一化する傾向」を有し、人民は治者であると同時に被治者である（HKW4:26）。そこでは諸個人の総体としての人民が、可能な限り直接、幅広く支配に関与し、自ら支配的意志を形成する。「全ての人民構成員が参加する人民集会において立法権および執行権を行使すること」が「民主主義の最純粋型の機能形式」である（HKW4:26）。

　ケルゼンによれば、この民主主義の理念は「全く個人主義的な性格」を特徴とする。すなわちここでは、あくまでも個人の自由、自律、自己支配が問題とされている。本来、無制約の自由の理念は「究極的にはアナーキーを目指す」（HKW4:27）ものであるが、民主主義の目指す自由の理念を実現し、個々人が自由であるためには、全ての個々人が政治に直接参与し、全員一致で決定を下さなければならない。したがって民主主義は「国家的意志形成の直接性」、「全ての決定における全員一致」を必然的に要請するのである（HKW4:26）。

　以上の観点からケルゼンは、代表制および多数決原理による決定を、民主主義に矛盾するものとして位置づける。すなわち民主主義の理念が個人主義的性格を特徴とするのとは対照的に、代表制および多数決原理は「集合化の諸契機（kollektivierende Momente）」を孕み、「無制約の自由の理念からの離反」を意味する（HKW4:27）。

　一方の代表制についてケルゼンは、「諸君の議員が諸君の専制君主である。意志において代表など存在しない」（HKW4:26）[36] という文言をルソーの言葉として援用し、代表制と民主主義が本来相容れないものであることを確認する。確かに、人民全員が集会に参加し、立法権を行使する直接民主制を実現することは不可能である。それゆえに個々人の意志とは区別される「総体の意志（Wille des Ganzen）」が代表機関において作り出される必要がある。だが議会および代表制はやはり、その限りにおいて正当化されているに過ぎない。すなわち実際には、議会の意志は人民を構成する個々人の意志と同一ではなく、多数者の意志は少数者に対して一個の疎遠な意志でしかないが、このことは「擬制（Fiktion）」を通じて隠蔽されえているのである（HKW4:26）。

他方の多数決原理は、人民、実際には有権者の多数が「個人を超えた集合体」と見做されるときにはじめて容認可能となる。それにより人民の総体の意志は、必ずしも「全員の意志（Wille aller）」である必要はなく、「多数者の意志（Wille der Mehrheit）」であってもよいと見做されるのである。このとき多数者の意志は、少数者をも含む全員に通用する規範として見做されており、すでに「統一体（Einheit）」の存在が想定され、前提されている。この統一体は全員を包含し、その中で個人はそれ自体としては消え失せる（HKW4:27）。

このように代表制および多数決原理は、個人を超えた集合体としての人民概念および統一体を前提とし、集合化の契機を孕む。ケルゼンは、これらと対照的な関係にあるものとして「比例代表の理念」を提示し、「自由という個人主義的原理」および「根源的な民主主義の原理」を、その「最も深い意義」と「最上位の原則」とするものとして説明する（HKW4:31）。

ケルゼンによれば、比例代表制選挙の結果として考えられうる究極的な限界事例を考察するならば、比例代表の理念に内在する究極目的が判明する。一方の限界事例として彼は、考えうる限り最大規模の党派を想定する。このとき全員が同じ党派に属し、同じ政治的信念をもつので、同一の候補者に票を投じ、決定は全員一致でなされる。他方の限界事例として彼は、考えうる限り最小規模の党派を想定する。このとき各党派は一名から構成され、各人は各人を代表するので、代表制自体が否定される（HKW4:31）。すなわち比例代表の理念に内在する究極目的は、全員一致ないし意志形成の直接性という直接民主主義の状態である。以上のことからケルゼンは、代表制の一種でありながら直接民主主義を志向し、議会制一般を否定する潜在的可能性をもつものとして比例代表制を位置付けるのである。

先に見た通り、ケルゼンによれば、自分自身の意志と自ら課した法に従うとき、各人は自由である。また「各人が決定に参与した法律にのみ従う」とき、各人は自由であり、これが民主主義の理念の目指すものであった。これと同様に、「私の意志に反せずに、私が任命した者だけを「私の」代表者として承認する」（HKW4:31）、そして「「私の」代表者が決定に参与して形成された国家意志」に従うとき、各人は自由である。すなわち各人は自らが信任した、自らと政治的確信を共有する人物ないし党派を自らの代表者として議会に送り、その代表者が議会において国家意志の形成過程に参与する。このようにして形成された国家意志に従うとき、各人は自由である。つまり各人は自らの代表者による議会での活動と決定過程への参与を通じて、間接的に、国家意志の形成に参与することができる。これにより議会制においても、自律としての自由という民主主義の理念は実現されうる。このようにしてケルゼンは、個人の自律としての自由を根拠として比例代表制を擁護するのである。

こうした思想の究極的帰結としては、人民のなかで起こりうる党派間移動を、可能な限り早く議会の構成に反映することが要請される。すなわち委任期間の短期化、さらに自由委任ではなく拘束的委任が相応しいとされる（HKW4:31）。

2　比例代表の理念と少数者保護

だが、議会が比例代表制原理に基づいて構成されたとしても、少数者保護は必ずしも達成されないのではないだろうかという疑問が生じる。歴史的事実に鑑みても、比例代表制の導入が少数者に対する多数者の抑圧を防ぎえたとは言えない。というのも、比例代表制選挙により構成された議会においても、最終的な議決は多数決でなされるからである。議会内に少数者が存在したとしても、このことは国家の意志形成過程で、多数派の決定に何らかの歯止めを課すことを意味しない。すなわち議会多数派に対して、少数者の意見を尊重するよう制約を課す保証はないのである。結局、議会において支配的多数派が形成され、多数決原理に基づいて決定がなされるならば、少数者が抑圧され、その権利が蹂躙される虞は払拭されないのである。そうであるならば、比例代表制選挙を行うことにはそもそも意味があるのだろうか。議会が比例代表制選挙に基づいて構成されるということと、最終的に議会での決定が多数決原理でなされるということは鋭い緊張関係に立っているのである。

比例代表制に対するこのような批判は当時すでになされており（HKW4:31f.）、ケルゼンはこの批判に応答しようと試みる。こうした批判は、ケルゼンにとり、「比例代表選挙制の基礎づけと強化のために何十年にもわたってなされてきた並外れた努力に対して、大きな疑問を投げかける」ものである（HKW4:32）。だが彼によれば、これは比例代表制に対する本質的批判ではない。ケルゼンは、最終的な決定が多数決原理に基づいて行われることを否定しない。翌年に公表する論文「民主主義の本質と価値」では、より多くの人が自由であるために、すなわち自分の意志と決定が矛盾した状態にある人をより少なくするために、多数決原理が正当化されるのだと論じる。つまり彼は、比例代表制による議会選挙を擁護すると同時に、議会における多数決を肯定しているのである。だが、彼の議論に矛盾はない。なぜならば、国家意志の形成過程における第一段階として、議会が比例代表制原理に基づき構成されることは、第二段階として議会における最終的な決定が多数決原理に基づいてなされることと区別されなければならないからである。

ケルゼンが強調し、最も重視したことは、最終的な決定がなされる前提条件として、議会は比例的に構成されなければならない、そして少数者が議会に存在し、発言する権利が保証されなければならないということであった。最終的には多数決で決定されるとしても、議会において多数派と少数派の間で討論が行われなければならない。そこで合意に至るために多数派は意見調整を強いられ、少数派に対して一定程度妥協することを強制される。これにより、議会に自由の傾向がもたらされ、少数者保護を可能とする条件が、そして民主主義の理想とする「自由の理念へ接近」することを可能とする条件が整えられる。

すなわちケルゼンは、少数者が多数者の決定に制約を課し、結果的にコントロールする機能を担いうるか否かということは、比例代表制を評価する上での本質的な論点ではないと考えていた。そうではなく、比例代表制の最も重要な意義と機能は、自由という民主主義の根本原理の実現へ向けて可能な限り接近することを可能とする点にある。

確かに法的には、少数者代表は多数者の下す決定の内容に干渉できない。しかし事実上、少数者代表が大きければ大きいほど、多数者代表の意志形成に対する影響、社会的作用は強くなる。数と価値の点で少数者代表が多数者代表に近づけば近づくほど、少数者代表が自らの対立する政治的見解を議会において強力に主張すればするほど、議員団の行為は妥協（Kompromiss）の性格を帯び、中間線が守られる。そこでは対立が完全に取り除かれるわけではないが、本質的に緩和される。このようにして、比例代表制は議会の活動に自由の傾向をもたらすのである。この自由の傾向によって、多数者の意志が少数者の意志を無制約に支配することを防ぐのである（HKW4:32）。

この「妥協政治への強制」（HKW4:32）を通じて、比例代表制原理が究極的に目指す「自由の理念への接近」が図られると言うのである。このようにケルゼンは、比例代表制を通じて、議会制のもとで自由という民主主義の理念を実現することが可能になると同時に、議会に自由の傾向をもたらし、少数者保護に有利に働くと考えた。つまり、一九一八年一一月から一二月にかけて選挙制度構想を集中的に発表したケルゼンにとり、比例代表の思想と民主主義、そして少数者保護とは、決して切り離せないもの、原理的に不可分のものとして認識されていた。彼は比例代表制を媒介に、理念の次元では、民主主義は少数者保護と決して相容れないものではない、むしろ両者は原理的に両立可能だと把握していたのである。

それゆえにこそケルゼンは、比例代表制が最適な仕方で設計され、理想的な形で導入される必要があると判断し、共和政初期の選挙制度改革論議に積極的に参与したのである。そして彼自身としては、民主主義と少数者保護の実現のために必要な提案を示しえたと自負していたと言える。

勿論、比例代表制の導入により少数者保護の実現が促進されうるとする議論は楽観的に過ぎるのではないか、とりわけ左右の政治対立が激化した一九二〇年代当時のオーストリアにおいて、いかに最適に設計されたものであれ、比例代表制の導入はより対立を加速化し、議会の機能不全に帰結しえたのではないかという批判が成り立ちうる。だが注目に値するのは、ケルゼンが少数者保護のために行った、まさにその理論的営為である。ケルゼンは、自らの構想した比例代表制の方式こそが比例代表の理念を十分に実現しうるものであると自負し、この方式が現実に採用されたならば、少数者を含む個人の自由の保障は可能であると確信していたのである。

3 『民主主義の本質と価値』における民主主義・比例代表の思想・少数者保護

選挙制度改革論議の約一年後、一九一九年一一月三〇日に、ケルゼンはヴィーン法学者協会にて講演を行う。その講演に基づいて、論文「民主主義の本質と価値」は発表された[37]。

この論稿において民主主義の理念を検討する上で、ケルゼンは新たに、自由の概念の内実が転換する過程、すなわち自由の概念の「自己運動」（HKW4:726）の過程を叙述する。彼によれば、本来の自由概念は、消極的にあらゆる支配から解放されていることを意味し、国家の絶対的否定、すなわちアナーキーの自由である。これは自分自身によってのみ支配されること、すなわち自己支配こそが自由であるという意味での自由へと転換し、国家における支配的意志形成へ参与することが自由であるとされる。ここに自由の概念の「不可避的な転換過程の第一段階」が認められる。ここにおいて「アナーキーの自由」は「民主主義の自由」となる（HKW4:718f.）。先に見た通り、比例代表制構想のなかでケルゼンが民主主義の根本原理として規定した自由の概念は、個人の自律としての自由、自己立法を理想とする。これは、ここで述べられた第一の意味転換を経た自由概念、「民主主義の自由」をさす。

ケルゼンは次に、自由の主体が個人から、共同体ないし国家へと転換することを指摘する。個人の自由および意志と、社会秩序ないし国家秩序の間には不可避的に乖離が存在し、個人の意志は社会秩序により客観的に拘束される（HKW4:720f.）。これにより、「個人の自由」は後景に退き、「社会的集合体の自由」が前景に現われる。そして、個人の自由に代わり、人民主権が登場するのである（HKW4:724）。

こうして自由概念が第二の意味転換を経たことで、多数者の意志が少数者を無制約に抑圧することが、人民の自由の名の下に正当化される可能性が生じる。そこでは、個人の自律としての自由、「民主主義の自由」を救い出すという問題、そして少数者の保護を実現するという問題は、解決不可能であるかに見える。

この前者の問題、すなわち個人の自律としての自由、「民主主義の自由」を実現することは可能かという問いに対して、ケルゼンは応答を試みる。そこで彼が提示するのが、比例代表制、そしてこれを基礎づける比例代表の思想である。彼は一九一八年に発表した一連の選挙制構想における議論を再論し、ここでもやはり、個人の自律としての自由という民主主義の理念を、議会制民主主義の下で実現することを可能にする制度として比例代表制を再び提示する。選挙制構想におけると同様に、彼は、比例代表の思想には「代表制を破壊する傾向」、「直接性への傾向」が内在していると指摘する（HKW4:728f.）。この傾向は、「決して払拭され得ない個人の自由」に由来するものであり、「比例代表制の民主主義的性格」（HKW4:729）を示すものである。直接民主制において各人は各人により代表されるのと同様に、各人は自身と同様の政治的信念を有する党派により代表される。それゆえに比例代表制が貫徹されることで、議会制においても、各人は直接民主制におけると同様の自由を享受することができる。したがって自由委任ではなく、拘束的委任が民主主義的原理に基づく、「不可譲の人民主権の直接的帰結」として相応しい。

そして後者の問題、すなわち少数者の保護を実現することは可能かという問いに対する解決策として、ケルゼンは再び比例代表制を提示する。彼によれば、「代表制民主主義の内部で少数者を保護するという民主主義の思想を完全に表現するもの」が「比例代表の原則」である（HKW4:728）。「政治的自己決定」という民主主義の理念に照らせば、「多数者だけが議会に代表を送ること」、「少数者の利益が多数派政党の議員により代表される」ことは許容され得ない。個人の自律としての自由を理念とする民主主義において、各人の意志は、政治的確信を共有する党派の議員によって代表されるべきであり、決して「疎遠な意志」によって支配されるべきではない（HKW4:728）。

以上に見たように、ケルゼンは個人の自律としての自由という民主主義の理念を、議会制の下で実現するための制度として、そして民主主義における少数者保護を可能とする制度として比例代表制を理解し、その思想的基礎である比例代表の思想の意義を強調した。したがってこの論稿においては、自由概念の意味転換という新たな議論を加えつつ、比例代表制構想で示した比例代表制と民主主義、および少数者の思想的関係が改めて確認されたのだと言える。そして彼は比例代表の思想を媒介に、民主主義と少数者保護を結びつけ、これらを両立可能なものとして把握したのだと考えられる。こうした視点からケルゼンは、民主主義は「反対者、少数者をただ概念上前提するのみならず、政治的にも承認し、基本権および自由権、比例代表制の原理によって保護する」（HKW4:757）という命題を導出することができたのである。

結び

本稿はケルゼンの選挙制構想に着目し、少数者保護に関する議論を中心に、ケルゼンの民主主義論の成立過程を再構成した。本稿の内容は次のように要約される。

少数者保護に関するケルゼンの取り組みは、帝政期における男性普通平等選挙権の導入を契機に開始された。彼は最も重要な政治的権利として選挙権を重視し、これを保障するために必要となる制度、すなわち選挙人名簿登録制と異議申し立ての制度を具体的に構想した。そして、ゲオルク・マイヤーからの理論的継承を経て、少数民族の保護を念頭に、少数者尊重のために相応しい制度として比例代表選挙制を評価した（第一節）。

共和政初期における憲法制定国民議会選挙に向けて、ケルゼンは比例代表選挙制に関して四本の論稿を発表した。彼は帝政期に検討した少数民族の尊重に関する議論を基礎として、少数者一般、政治的少数者の保護を主題化した。そして、比例代表の思想に矛盾するものとして選挙区分割を批判し、比例代表の思想を実現する選挙制度として、独自の単記移譲式比例代表選挙制を提示した（第二節）。

比例代表選挙制を導入する際に、ケルゼンがその選挙方式のあり方と制度設計に精力的に取り組んだのは、比例代表制を通じて、民主主義の理想とする自律としての自由を、代表制のもとで実現することが可能だと考えたからであった。比例代表制は同時に、議会の活動に自由の傾向をもたらし、少数者保護を可能にする条件となる。彼は比例代表制を媒介に、民主主義と少数者保護を結びつけ、両者は両立可能だと認識した。こうした比例代表制に対する理解は、『民主主義の本質と価値』において継承され、民主主義は少数者を政治的に承認するという命題に結実した（第三節）。

以上に見たようにケルゼンは、民主主義の理念を実現するための制度として比例代表制を構想した上で、これを前提に、『民主主義の本質と価値』における民主主義論を形成した。本稿が明らかにしたように、民主主義における少数者保護に関するケルゼンの議論は、単なる「心構え」[38]や倫理的要請ではなく、そのための具体的な方策として比例代表選挙制を伴うものであった。彼の民主主義論を理解する上で、民主主義論と比例代表制構想は一対の関係にあるものとして把握される必要がある。

　オーストリア第一共和政ではその後も一九二〇年代を通じて、選挙制度改革をめぐる論議が繰り広げられたが、ケルゼンはその都度、新たに論説を発表し、自らの比例代表制論を再論する。[39]一九三〇年九月、彼はすでにケルン大学の招聘を受け、ヴィーンを去っていたが、再びオーストリアの選挙制度改革のための論説を寄稿する。というのも彼は、ヴィーンの雑誌編集者から、選挙制度改革のための「極めて重要な解決策」を再び提示するよう求められたからである[40]。

　そこで彼は、改革論議のなかでなお繰り返される比例代表制に対する批判――比例代表制は党派分裂を引き起こし、政権担当能力ある多数派の形成を困難にするため、議会制民主主義にとっての脅威となりうるとする批判――を端的に退ける。彼の見るところ選挙制度は、議会において多数派が形成されるか否かという問題とは関係がない。政府多数派の基礎を作るのは、相互に対立する利害の調整を通じてなされる妥協であるが、この妥協は、選挙の時点で人民すなわち選挙人団の内部においてなされるべきではなく、人民代表すなわち議会においてなされるべきものである。選挙法に求めるべきものは、人民間に存する利害状況や意志を可視化し、そもそもいかなる政治的党派が存在するか、そしてそれら諸党派の勢力図を明らかにすることである。[41]彼は、そのための最も相応しい制度として一九一八年以来主張してきた自説を再論すると共に、選挙制度と民主主義の関係を改めて次のように強調する。

> 選挙法改革は、単なる技術上の一問題にとどまらない。それは議会制民主主義にとって死活を分かつ問題であり、議会制民主主義の生命線とは議会選挙なのである。民主主義とは自己決定であり、政治的自由である。選挙改革が民主主義に奉仕するべきものである限り、それは選挙人の自由を目指す以外のいかなる目標をも有してはならない[42]

このようにケルゼンにとり、選挙制度の問題はまさに民主主義自体の問題であった。民主主義を実現するという目的に支えられて、彼は帝政期以来、選挙制の問題に熱心に取り組み、独自の比例代表制論を一貫して主張し続けたのである。

*本稿は、本学会第二六回研究大会における報告に加筆、修正したものである。貴重なご意見をくださった野口雅弘教授および質問者の方々、また査読者のお二方に、心より御礼を申し上げる。なお本稿は、科学研究費補助金（特別研究員奨励費）による研究成果の一部である。

[引用について]

以下の文献から引用するにあたっては次のように書名を略記し、本文中に頁数を示す。

HKW1 = Matthias Jestaedt in Koop. m. d. Hans Kelsen-Institut（Hrsg.）, *Hans Kelsen Werke*, Band 1: Veröffentlichte Schriften 1905–1910 und Selbstzeugnisse, Tübingen 2007.

HKW4 = Matthias Jestaedt in Koop. m. d. Hans Kelsen-Institut（Hrsg.）, *Hans Kelsen Werke*, Band 4: Veröffentlichte Schriften 1918–1920, Tübingen 2013.

HKW5 = Matthias Jestaedt in Koop. m. d. Hans Kelsen-Institut（Hrsg.）, *Hans Kelsen Werke*, Band 5: Veröffentlichte Schriften 1919–1920, Tübingen 2011.

（1）ケルゼン著作集編者は、選挙権に関するケルゼンの取り組みについて次のように表現している。「一九〇六年から一九三〇年までの四半世紀間のオーストリアで、選挙権の諸問題についてこれほど多量かつ多様に、徹底的かつ不断に発表し、法学者としてこの二五年間の選挙立法を時事的に、これほど密に、かつ先見の明をもって注視し続けた者はケルゼン以外にない」（HKW4:582）。

（2）Gerhald Strejcek, Hans Kelsen als Wahlrechtsexperte, in Robert Walter, Werner Ogris und Thomas Olechowski（Hrsg.）, *Hans Kelsen: Leben – Werk – Wirksamkeit. Ergebnisse einer internationalen Tagung, veranstaltet von der Kommission für Rechtsgeschichte*

Österreichs und dem Hans Kelsen-Institut (19.-21. April 2009), Bd. 32: Schriftenreihe des Hans Kelsen-Instituts, Wien 2009, S. 231-248.

（3）Gerhard Strejcek, a.a.O. Gerhald Strejcek, Die Entwicklung der Wahlgrundsätze und Wahlprüfung. Ein Beitrag zur Analyse der Beck'schen Wahlreform anlässlich der Hundertjahrfeier, in Thomas Simon（Hrsg.）, *Hundert Jahre allgemeines und gleiches Wahlrecht in Österreich. Modernes Wahlrecht unter den Bedingungen eines Vielvölkerstaates*, Frankfurt am Main 2010, S. 37-51. 網谷龍介「20世紀ヨーロッパにおける政党デモクラシーの現実モデル――H・ケルゼンの民主政論を手がかりに」、『政党研究のフロンティア』、日本政治学会、二〇一六年、七八―九八頁。

（4）シュトライチェクによれば、「一九一八年に開始された選挙権に関する公表活動と共に、民主主義の基礎に対するケルゼンの関心もまた高まり、彼に固有の徹底的なやり方で、遥か古代へまで遡った」（Strejcek, a.a.O., S. 243）。著作集編者によれば、ケルゼンは、一九一八年から一九一九年にかけての選挙権の問題に対する取り組みを契機に、選挙制度や選挙に関する技術を凌駕する民主主義論を展開するに至った（HKW4: 707）。このように民主主義論の成立にとって選挙制度構想が重要な役割を果たしたことが指摘されるが、具体的にどのような役割を果たしたのかは解明されないままである。また、ヴェーバーの比例代表制批判と対比し、ケルゼンの比例代表制擁護論を検討する、野口雅弘「比例代表制をめぐるウェーバーとケルゼン――「政治空白」という用語について」、『成蹊法学』第八八号、成蹊大学法学会、二〇一八年、三九―六八頁を参照。比例代表制に関する四論文が挙げられ、比例代表制についての議論が『民主主義の本質と価値』に結実したことが指摘された（四七、四八頁）。

（5）一八六七年に発布された一二月憲法以来、オーストリア帝国議会選挙においては各邦議会が割り当てられた数の議員を選出する間接選挙が行われていた。一八七三年四月の帝国議会選挙法改正を通じて、身分別に区別された選挙人団として四つの選挙部門が形成され、直接選挙が行われることとなった（須藤博忠『オーストリアの歴史と社会民主主義』、信山社、一九九五年、六九、七一頁）。選挙資格の財産制限を引き下げた一八八二年の改革以来、選挙権の拡大をめぐる論議においては対立する主張が見られた。普通平等選挙権の確立を主張した後の共和国首相K・レンナーと、選挙権の拡大に反対したK・ヒューゲルマン、O・シュトラインツ、A・チェディクらによる具体的な論議を整理したものとして、以下の文献を参照されたい。Vgl. Helmut Rumpler und Peter Urbanitsch（Hrsg.）, *Die Habsburgermonarchie 1848-1918. Im Auftrag der Kommission für die Geschichte der Habsburgermonarchie*, Band VII/1: Verfassung und Parlamentarismus, Wien 2000, S. 48-51.

（6）須藤、前掲書、七一頁。細井保『オーストリア政治危機の構造――第一共和国国民議会の経験と理論』、法政大学出版局、二〇〇一年、一一三頁、注五〇。

（7）須藤、前掲書、七五頁。Vgl. Adam Wandruszka und Peter Urbanitsch, *Die Habsburgermonarchie 1848-1918. Im Auftrag der Kommission für die Geschichte der Habsburgermonarchie*, Band III/1: Die Völker des Reiches, Wien 1980, S. 287.

（8）細井、前掲書、一一三頁、注五〇。

（9）細井、前掲書、九四頁。

（10）須藤、前掲書、二五一頁。

（11）*Die Habsburgermonarchie 1848-1918*, Band III/1, S. 285.

（12）須藤、前掲書、六五―六八頁。

（13）須藤、前掲書、七〇頁。

（14）須藤、前掲書、七四―八〇、二四七―二五五頁。

（15）Hans Kelsen, Wählerlisten und Reklamationsrecht. Unter Berücksichtigung der jüngsten Regierungsvorschlage, betreffend die Wahlreform, in *Julistische Blätter* 35, 1906, S. 289-290, 301-304, 316-318, 327-329.

（16）一九〇七年一月二六日に成立した帝国議会選挙法では、選挙人名簿への異議申し立ての規定が盛り込まれる（HKW1:413f.）。だが、選挙人名簿については、選挙が実施される直前にその都度作成されるとする一八七三年の帝国議会選挙法の規定が継承された（HKW1:401）。

（17）Hans Kelsen, *Kommentar zur österreichischen Reichsratswahlordnung*（*Gesetz vom 26. Jänner 1907, RGBl. Nr. 17*）, 1. Aufl., Wien 1907.

（18）須藤、前掲書、二五六頁。細井、前掲書、九三、九四頁。Karl Ucakar, *Demokratie und Wahlrecht in Österreich. Zur Entwicklung von politischer Partizipation und staatlicher Legitimationspolitik*, Wien 1985, S. 356.

（19）須藤、前掲書、二五六頁。

（20）帝国選挙法第三三条第一項の規定は次の通りである。「一選挙団からは一名の議員のみが選出される。このとき有効投票総数の半数以上の票を獲得した者が当選者と見做される」（HKW1:466）。

（21）帝国選挙法第三四条第一項の規定は次の通りである。「同一の選挙団から同時に二名の議員が選出される。このとき第一に、有効投票総数の半数以上の票を獲得した者が当選者と見做される。絶対多数の票を獲得して当選した者と並び、有効投票総数の四分の一以上の票を獲得した者が第二の当選者として見做される」（HKW1:467）。

（22）Georg Meyer, *Das Parlamentarische Wahlrecht.* Nach des Verfassers Tode herausgegeben von Georg Jellinek, Berlin 1901.

（23）Georg Jellinek, Vorwort in Meyer, a.a.O., S. III.

（24）ただし長野晃氏の指摘によれば、比例代表制に対するマイヤー自身の評価は限定的なものであった。

（25）*Die Habsburgermonarchie 1848-1918*, Band VII/1, S. 51f. 一九〇七年の改革後に実施された帝国議会選挙では、一議員を選出するために、ヴィーン第一選挙区では二七〇〇票を要するのに対し、ヴィーン第五選挙区では約二万一〇〇〇票、東ガリツィアの選挙区ではそれ以上の票数が必要とされた。国法学者R・v・ヘルンリットによれば、ベック改革の政治的重点は選挙区の分割にあり、そこでは再び「人民の出自に従った差異化」が指導的観点とされていた。

（26）細井、前掲書、九四頁。須藤、前掲書、八〇頁。

（27）細井、前掲書、一八―二一頁。

（28）Auch vgl. Strejcek, a.a.O., S. 239f.

（29）Hans Kelsen, Das Proportional（wahl）system, in *Der österreichische Volkswirt. Zeitschrift für Industrie und Finanzwesen*, Nr. 11, 1918/1919, S. 115-118, 133-136, 147-151.

（30）J・S・ミルが『代議制統治論』（一八六一年）において、ヘアの比例代表制を評価したことについて、加藤秀治郎「選挙制度の政治思想と政治理論」、『法学研究：法律・政治・社会』第七〇巻第二号、慶應義塾大学法学研究会、一九九七年二月、一九〇頁以下を参照。

（31）Hans Kelsen, Ein einfaches Proportionalwahlsystem, in *Arbeiter-Zeitung*, Nr. 321 vom 24. November, Morgenblatt, S. 2f.

（32）Gerhard Strejcek, *Das Wahlrecht der Ersten Republik. Analyse der Wahlrechtsentwicklung 1918-1934*, Wien 2009, S. 12ff.

（33）Hans Kelsen, Der Proporz im Wahlordnungsentwurf, in *Neue Freie Presse*, Nr. 19494 vom 1. Dezember 1918, Morgenblatt, S. 3f.

（34）Hans Kelsen, Verhältniswahlrecht. Vortrag vor der Wiener Juristischen Gesellschaft am 4. Dezember 1918, in *Gerichtshalle*, Nr. 63 vom 26. Januar 1919, S. 27f.

（35）比例代表制構想に対する批判者によれば、当時のオーストリアは各邦の地方分権主義を特徴としており、比例代表制の理念は、自然な統一を形成する諸邦の性質に相応しくない。また、自身が選んだ議員に票を投じたと選挙人に思わせておきながら、実際にはその票が名簿に記載された別の候補者へ移譲される場合があるというのは不誠実である。これに対してケルゼンは、比例選挙制の導入によって諸邦の独立性や特性が危険に晒されることはあり得ないこと、そして自分の信任する候補者の当選と支持する政党の議席確保に有権者の関心があることを指摘し、反論する（HKW4:173）。

（36）著作集編者は、この文言がルソーの『社会契約論』から直接引用されたものではなく、フリードリヒ・ノイマンの論文「文化選択権」（一九〇八年）に見出されるものであることを指摘する（HKW4:26. Anm.1）。

（37）一九二〇年に『民主主義の本質と価値』が出版される以前、三つの版の「民主主義の本質と価値」と題する論文が異なる雑誌に掲載された（HKW4:709）。これについては別稿で詳しく取り上げることとする。

（38）例えば、筒井清忠「デモクラシー理論」、長尾龍一（他）編『新ケルゼン研究――ケルゼン生誕百年記念論集』、木鐸社、一九八一年、二三頁。「広範な領域にわたる少数意見保護の程度と限界についてのより詳細な議論」がなければ、ケルゼンは単に「心構え」を説いたに過ぎないことになると指摘される。

（39）ケルゼンはオーストリア第一共和政において一九二〇年以降行われた選挙法改正および選挙の実施に際して、七本の論説を発表した（「国民議会選挙新法における比例代表制」一九二三年。「オーストリア国制」一九二三／一九二四年。「選挙権についての不満――名簿式選挙に代わる単記式選挙のために」、「単記式比例代表選挙制――新たな選挙制度の提案」一九二六年。「選挙改革」、「自由主義的な選挙手続き――新たな課題に直面したドイツ」、「単記式比例代表選挙制」一九三〇年）。一九二〇年代以降のケルゼンの比例代表制構想の発展、そしてその民主主義論との関係については、別稿にて検討したい。

（40）『日誌』誌編集者は、ケルゼンの論文「選挙改革」の冒頭に前書きを付し、「オーストリア憲法の父」であるケルゼンに、選挙法改正にあたって「極めて重要な解決策、すなわち単一の選挙区を伴う解決策」をもう一度記述してくれるように依頼した旨を記している。なお、この編集者は、ケルゼンの提案の内容についてライヒ内務省はおそらく知ってさえいないのだろうと言及している（Hans Kelsen, Wahlreform, in *Das Tagebuch*, 11. Jahrgang, 1930, S. 1414）。

（41）Kelsen, a.a.O., S. 1415f.

（42）Kelsen, a.a.O., S. 1420.

政治・情動・正義
――ヌスバウムの政治的リベラリズムへの批判的検討

田中将人

一　問題の所在――政治的リベラリズムの複数の構想をめぐって

後期ロールズが提起した政治的リベラリズム（PL）は今日なお盛んに論じられつづけている[1]。議論の蓄積と深化に伴い、基本的にPLを支持する論者の間においてさえ、様々な異なった立場や主張が見られるようになってきた。それゆえ、リベラリズムという概念に対するひとつの構想としてのPLではなく、PLという概念に対する複数のPLの構想を考察することが、いまや可能・必要だと考えられる。そのような中、有力な論者のひとりとして、M・ヌスバウムの名をあげることができるだろう。彼女の業績は多岐に渡るが、PLについても、主著とよぶべき『ポリティカル・エモーションズ』（『PE』）を二〇一三年に上梓している。

本稿の目的は、このヌスバウムのPL（NPL）がいかなるものであるかを明らかにすることである。まず、ヌスバウムがロールズのPL（RPL）をどのように評価・批判しているかを、PLに関する重要な論点に即して示す。彼女は基本的にRPLを支持するが、いくらかの点においてそれは曖昧であり、さらなる展開が必要だと考えている（第二節）。続いて、『PE』で展開されているNPLがいかなるものであるかを再構成して提示する。NPLの最たる特徴は、一言でいえば、独自の道徳心理学に基づく政治と情動（emotions）との結びつきへの注目にある（第三節）。その上で、NP

Lがいかなる利点と欠点を有しているかを考察する。私の考えでは、NPLはRPLにはみられない魅力をもつと同時に論争的なものでもある。とりわけそれがある種の卓越主義へと接近することは、PLの根幹に関わる疑念を喚起するものとなる（第四節）。

本稿の意義は次の三点にある。第一に、従来あまり論じられていないNPLに焦点を合わせることによって、ヌスバウム自身の思想を明らかにすることができる。[2] 第二に、NPLの特徴からして、その検討を通じて政治と情念というテーマへの貢献が期待できる。第三に、NPLとRPLを比較検討することによって、PL理解一般に資することができる。さらに補足すれば、近年のPL研究の主流をなすのは公共的理性論だが、道徳心理学に着目する研究は極めて少ない。だが、正義の原理が善の構想といかなる関係にあるか、とりわけ両者が内的に結合しうるか（正と善の合致）を主題とする道徳心理学は、政治社会の安定性の考察にとって欠かすことができない。その意味で、正義と情動ならびに政治と情動との関係性を問うNPLは貴重な試みである。これを主題とする『PE』の検討は、こうした〈PLの道徳心理学〉の考察にも寄与できる。このテーマはその重要性に比して従来ほとんど論じられていないため、それをとりあげる意義は大きいと考えられる。

二　ヌスバウムのPL解釈

本節では、ヌスバウムが『PL』のイントロダクションを意図して書いた論文（「I」）を検討する。この論文は現時点で最も優れたPLの解説のひとつといえる。ただし彼女は、基本的にはオーソドックスでありつつも、時に独自性の強い（そして自身の立場を反映した）解釈を施している。以下の目的は、この独自の解釈の内実を三点に絞って整理することである。具体的には、①PLの平等主義の強固さ、②適理性に対する道理性の優越、③より濃密な道徳心理学の必要性という三つの論点について順に検討する。これらの特徴は、次節でみる彼女自身のPLの構想を下支えするものとなる。

1 ＰＬの平等主義的性格

ロールズ研究史において重要な争点のひとつは、その前期と後期、あるいは『ＴＪ』と『ＰＬ』の関係性を問うものであった。彼自身による両者の違いを認める文言（PL: xvii）も相まって、かつては断絶を強調する解釈が盛んだったが、今日では基本的な連続性を見いだすものが主流となっている。[3] ヌスバウムもまたこの潮流に与する。「私は、この部分〔『ＴＪ』第三部〕においてリベラリズムが包括的教説として取り扱われていたというのは、実情でないと考える。ロールズの自己批判は過剰に思われる」（I: 17）。

もちろん連続性を認めることは、両者が同一であることを意味しない。彼女は、『ＰＬ』における政治的構想と包括的教説との分節化、ならびに重なり合うコンセンサスの観念という新たな理論的枠組が、理に適った多元主義下における市民の相互尊重を可能にすることを高く評価する。まさしくこの相互尊重の観念を重視するゆえに、ヌスバウムはＰＬを支持するのである。

さらに彼女は、いまやロールズが〈公正としての正義〉に限定されない一群のリベラルな政治的正義の観念を重なり合うコンセンサスの対象とすることも、重要な点として肯定的に捉える（PL: xlix; I: 21）。ただし、論者によってはこの点に全面的に賛同しない者もいる。なぜならそれは、〈公正としての正義〉の一部をなす格差原理からの部分的撤退、ひいては平等主義の切り下げを含意しうるからである。

ヌスバウムの解釈の特徴のひとつは、むしろＰＬは一段と強い平等主義的性格をもつとするものだ。「前期の著作ではロールズは自由の問いを経済的な問いから切り離す傾向にあったが、『ＰＬ』では自由が経済的な前提条件をもちうることを彼は認識している」（I: 18）。ここで彼女は以下の箇所に注目する。

平等な基本的諸権利・諸自由をカバーする第一原理は、それに辞書的に優先する原理によって確かに先行されうる。この原理は、市民の基本的ニーズが充たされることを（その充足が、市民が平等な基本的諸権利・諸自由を理解し首尾よく行使しうるために少なくとも必要な限りで）要求するものである（PL: 7）。

ヌスバウムによれば、このいわば「第零原理」の要請によって、『PL』は『TJ』よりもはるかにラディカルな性格をもつ。さらに彼女は、表現の自由を盾にした選挙資金規制の拒否に対するロールズの批判（PL: 359-361）、すなわち経済的不平等が自由の価値を脅かすことの明確な認識も、同じくPLの特性であることを強調する。「いまやロールズは、真の死活的に重要に思われる事柄――すなわち、自由は経済的なアスペクトをもっており、自由の問いを社会全般の経済的秩序（the overall economic order of society）から分離する整合的な仕方は存在しないこと――を認めている」（I: 19）。

率直にいって、こうした平等主義的性格がPL独自だとするヌスバウムの主張はさほど説得的でないと私は考える[4]。だが本稿の立論上で重要なのは、ロールズ解釈の妥当性というよりも、こうした読解が彼女自身のスタンスをおそらくは反映していることである。実際、のちにみるように、NPLは強い平等主義的分配を志向している[5]。この平等主義的要請は、第三節で検討する『PE』での主張と関連している。ヌスバウムはそこで、承認と分配との二者択一ではなく、両面作戦を試みている。具体的にいえば、〈平等な尊重〉というかたちでの相互承認が成功するには情動の陶冶――とくに同胞の人びとへの愛・共感・同情の涵養――が必須であり、そのためには強い平等主義的分配が要求される。彼女によるなら、平等主義はPLに内在する構成要素にほかならない[6]。

2　適理性に対する道理性の優越

本項では「理に適ったもの／理に適っていること（reasonable）」をめぐる論点を取り上げたい。しばしば指摘されるように、『PL』にはこの「理に適った」というタームが頻出し、しかも多様な文脈で用いられるため、それはキータームであるにもかかわらず、捉えどころのないものに留まっていた。しかし、近年のPL研究では、この「理に適った」を、道徳的（moral）なものと認知的（epistemic）なものとに分析上区別し、その内実の明確化や評価を試みるようになってきている。[7]

ヌスバウムもまたこのアプローチをとる。[8] まず、道徳的要素についていえば、それは『TJ』での正義感覚のパラフレーズであって、『PL』では「公正な協働の条項を提案し、(他者も同様に行為するならば) その条項を遵守しようとする意志」として定式化される (PL: p. 54)。これは人格のもつ道徳的能力にかかわるものなので、この意味での「理に適った」を、以下では「道理性／道理的」とよぶことにしたい。

次に、認知的要素であるが、これは「理に適った多元主義の事実」という新たな問題設定にも体現される、PL特有の評価言明である。こちらは主に判断の重荷 (burdens of judgements) の観点から説明される (PL: 54-58)。またそれは、理論理性と実践理性の要請をみたす必要がある (PL: 59)。信念の整合性にかかわるものなので、以下ではこれを「適理性／適理的」と名指すことにする。

「道理的」が人格帰属的であるのに対して (e.g. 道理的な市民)、「適理的」は信念帰属的だと (e.g. 適理的な教説)、大きくは分節化可能だろう。[9] この道理性と適理性の区別自体は解釈上有益であって、論争的でもないと思われる。だが、ヌスバウムはさらにすすんで、PLにおいて重要なのは道理性であって適理性ではない、むしろ適理性は幅広い包摂を阻むがゆえに除去されるべきだという、独自性の強い主張を提起する。

それではなぜ、彼女はこの論争的な主張を打ち出すのか。一言でいえば、それは、認知的・理論的基準が厄介な問題を引き起こすからだとされる。「ロールズによる定式化の問題は、(倫理的意味での) 道理的な市民によって支持される一方で、要求度の強い理論的基準の方は充たさないような、そうした多くの教説が (現実には) 存在するように思われることである」(I: 24)。たとえば占星術や新興宗教の教義は非適理的な要素を含んでいる。しかし、これらの信者がすべて非道理的といえるかは自明ではない。さらにいえば、主要宗教の多くの教義も同様に非適理的な部分をもつが、にもかかわらず彼らの多くは道理的な市民たりえるだろう。だが、認知的要請はともすればこうした人々を「理に適っていない」と認定し、市民間の相互尊重を損ねてしまう。

ヌスバウムは、それゆえ、判断の重荷の要請を弱める、あるいは除去する必要があるかもしれないとすら述べる。認知的観点を重視するならこれは手の出せない対価だろうが、彼女は敢然と言い放つ。「この対価が高すぎるとは思わない。この支払いによって、私たちはより広範かつ包摂的な尊重の観念を購入するのだから」(I: 27)。

これは強い解釈だがまったくの無理筋でもない。ヌスバウムはその典拠として、重なり合うコンセンサスの観念に関して、「包括的見解における一定のゆるやかさ(looseness)」(PL: 159)や、それに伴う間隙(slippage)の意義が強調されている箇所をあげている。すなわちロールズ自身も(適理的な)包括的教説を柔軟に捉えているところがあり、これを敷衍するならば理論的基準もゆるやかなものとしうる・すべきである(I: p. 27)[10]。このようにして、適理性に対する道理性の優越という彼女のPL解釈の特徴のひとつは導かれる[11]。

以上はPL解釈上の重要な争点だが、ここでは二点を指摘しておくにとどめる。ひとつは、公共的理性と重なり合うコンセンサスに対するスタンスである。PLの実践において両輪をなす両者の関係性についての解釈には様々なものがあるが、あえていえば、適理性ではなく道理性を重視するヌスバウムの解釈は重なり合うコンセンサスによりウェイトをおく方向に傾く。無論これは、彼女が公共的理性を重視していないことを意味しない。その重要性につきヌスバウムは雄弁である(I: 31-40)。

だが、彼女の解釈では、まず重なり合うコンセンサスの存在が先行し、公共的理性はたんにその事態を別の角度から認めているようにも読めてしまう。適理性が除去されてしまえば、公共的理性の認知性要求の力は著しく縮減され、それは現状追認を招きかねない[12]。二つの観念が別個の機能を担うこと、あるいは両者がどの点において異なるかについて、彼女の考察は充分でない嫌いがある[13]。

もうひとつは、上記とも関連するが、認知的要素を除去しようとするスタンスについては有力な批判が存在することだ。代表的な批判者は、同じく著名な政治的リベラルたるC・ラーモアである。彼によれば、この認知的要素こそが理に適った多元主義の事実というPLの境涯を規定するものであり、かかる適理性の要請を外してしまえば〈リベラルな正統性原理〉(PL: 137)の内実は途端に曖昧なものとなってしまう[14]。

ラーモアは、〈人格の尊重〉の観念を、ヌスバウムが述べるようなすでに同意がえられた共通論拠ではなく、むしろそれにコミットしてはじめてＰＬの内実が適格なものとなる抗事実的な理念として位置づけている。ここからはより規範的負荷性の高いＰＬの構想が導かれる。彼によれば、ヌスバウムはＰＬの問題の所在を把握できておらず、よってその解釈の妥当性は疑わしい[15]。とくにそれは、本来なら排除すべき非適理的な教説までをも包摂してしまう公算が高い[16]。実際、適理性に対する道理性の優越は〈仮説の同意〉を〈現実の同意〉に近づけるだろうが、このことは、導出される政治的構想が現実に迎合するという意味で、誤った仕方で政治的になるリスクを孕む（PL: 39-40）。

以上は、ヌスバウムの解釈が論争的であることを示している。実際、この特徴を引き継ぐＮＰＬがいくらかの難点を抱えることを、のちに私たちは見るだろう。

3　ＰＬの道徳心理学

最後に、ＰＬにおける道徳心理学の重要性をとりあげたい。これはある意味で、彼女が最も評価する点である。『ＴＪ』第三部の主題をなす道徳心理学は、秩序だった社会において、いかにして正義感覚が発達し、実効的なものとなり、社会制度と個人との間に長期的な好循環をもたらすかをテーマとする。つまりそれは、「正義に適った社会の諸原理が時代を超えてどのように自らを再生産しうるかを示す」（I: 40）ものである。

とくに彼女は、憤慨（resentment）や義憤（indignation）といった特定の道徳的情操（sentiments）がコグニティブな側面を含むものとされているのを高く評価する（TJ: §74）。そして『ＰＬ』においても、「情動（emotions）がたんなる衝動ではなく理由への反応（respond to reasons）という考え」（I: 41）は、道徳心理学の基本的特徴として引き継がれている（PL: 82-84）。

しかし、ロールズの道徳心理学は、論争性から距離をとった薄いものを志向するゆえに、安定性における情動の役割を充分に扱えていない。ヌスバウムによれば、正しい理由による安定性の資源は、「象徴（symbol）、詩、物語、ジョーク、記憶」をも含むのが望ましい（I: 42）。ここで彼女は、学校教育や政治活動を念頭におきつつ、大胆な提案を行なっている。

私の提案は、ロールズ的な秩序だった社会における市民の道徳的情動は以下のようなものである（あるべき）というものだ。すなわち、そうした情動は、政治的構想の道徳的意味に定位する。だが、この道徳的意味は、彼のテクストにおいて明示的に思い描かれているものよりも、一層、個別特殊的で、一様でなく、審美的、悲劇的で、恥辱を覚えさせるような類の性質をもたざるをえない儀式や物語によってこそ、保持されるものなのだ。たしかにこれらはロールズが「背景的文化」とよぶ領域に限定することも可能ではある。しかし他方で、かかる儀式や物語が公共的理性の本質的な表現手段（essential vehicles）となるかぎり、それらを背景的な役割に限定する理由もないのである（I: 43）。

ヌスバウムによれば、こうした踏み込んだ情動の活用・動員によってこそ、パトリオティズムを喚起することもできるし、嫌悪（disgust）や恥辱（shame）をはじめとする否定的な情動に抗することも可能となる（I: 44）。こうした積極的なスタンスは、PLの精神と矛盾しないばかりか、相互尊重と互恵性を充たす社会が安定的であるためには欠かせないものなのだ。

これもやはり独自性と論争性の強い主張だが、ロールズ解釈というよりは彼女自身の立場が前面に出されたものである。よって、ここでその是非を論じるのではなく、以上の主張から導かれる、政府による情動の積極的活用、否定的な情動の分析・抑制といった論点を取り上げる際、その評価を試みることにしたい。

以上、①平等主義的性格の強調、②適理性に対する道理性の優位、③踏み込んだ道徳心理学の必要性、これら三点にわたってヌスバウムのPL解釈を確認してきた。私はとくに①②をロールズ内在的な解釈としては問題含みだと考えるが[17]、本稿はロールズ釈義を主題としないのでこれ以上は踏み込まない。そのかわりに、次節ではこれらと関連性をもった彼女自身の積極的なPLのヴィジョンを確認し、その上で、次々節にてその批判的検討を試みたい。

三　ポリティカル・エモーションズ――政治的情動あるいは情動の政治

本節では、ＰＬに関する彼女の主著たる『ポリティカル・エモーションズ』をとりあげ、そこで展開されているＮＰＬを検討する。最初に断っておけば、『ＰＥ』自体が大著であり、しかもそれは同じく大部な他の著作とも相互に連関しているため、そのすべてを考察することはできない。以下では、ＲＰＬとの相違点を主にとりあげることにする。

前節での議論が示すように、彼女は基本的にＲＰＬを高く評価する。時代を超えた安定性を確保するには情動の支えが必要であることを、それは正しく認識していた。だが、依然として不充分な点も存在する。ロールズは秩序だった社会の理想理論を構築したが、ヌスバウムが見据えるのはより現実に即した「希求をもつがまだ不充分な社会」（an aspiring yet imperfect society）である（PE: 6）。そして、この社会が品位あるものとして発展・存続していくためには、共感と愛（sympathy and love）という適切な情操の涵養によって、分断と階層化に抗することが必要となる（PE: 2-3）。

このようにしてＮＰＬは、強固な平等・包摂・分配を志向する、希求に充ちた社会（aspiring society）を目指すのである。以下では、このプログラム実現に向けての議論を、①ＮＰＬはどのような道徳心理学を展開するのか、②ＮＰＬはいかなる社会的包摂を試みるのか、③ＮＰＬは政治と情動・文化・芸術との関係をいかに設定するのかという、三点に即して順に考察していきたい。

１　ＮＰＬの道徳心理学——政治的情動のアナトミー

ロールズとは異なり、ヌスバウムは多様な情動を考察する必要性を説いていた。ＮＰＬの道徳心理学の独自性は、肯定的のみならず否定的な情動をも考察すること、ならびに人間の理性主義的側面のみならず動物的本性（animal nature）の側面にも着目することにある。情動は肯定的なものと否定的なそれとに大別される。

・肯定的な情動……愛、共感、同情（compassion）→平等な尊重を支えるもの
・否定的な情動……妬み（envy）、嫌悪（disgust）、恐怖（fear）、恥辱（shame）→完全には除去できないが緩和可能

なもの

まず、肯定的な情動にかんしては、とくに同情が注目されている。ヌスバウムは、T・フォンターネの小説『罪なき罪』を巧みに参照する。ヒロインのエフィはスティグマを負わせられて死んでしまうが、彼女を最後まで愛し、その死を悼んだのは犬のロロのみであった。ロロに体現される純粋な同情（ゆえにこれは人間のうちの動物性にも根ざすものである）は、以下の構成要素からなる（PE: 142-145）。①深刻性（seriousness）、②責めのなさ（nonfault）、③類似の可能性（similar possibilities）、④幸福論的思想（eudaimonistic thought）。すなわち、私自身の幸福にとっても重要な（④）、何らかの点で自分と似ている誰かが（③）、その人が全面的には責めを負わない仕方で（②）、深刻な苦痛を被っている場合（①）、同情はフルに発動するものとなる。

もっとも、同情はつねに然るべき仕方・程度で生じるとは限らない。たとえば、異国・他地域での大災害のようなケースである。「よって、同情を政治的に用いる試みの課題のひとつは、同情をさらに広範に拡張した関心事からなる、安定的な構造をつくりあげることだ」（PE: 145）。とくに④が示すように、その試みは既存のアテンションの拡張・再配置を必要とする。

ここで彼女は感情移入（empathy）に着目する（PE: 146）。これは、他者の観点に立った上でその人の境遇を想像する能力である。感情移入は必ずしも同情を導くものではないが（たとえばサディストは他者に同感するゆえに危害を加える）、前者から後者が時に生育することもまた事実だろう。さらに感情移入は、他者を経験の中心（center of experience）として承認する価値を合わせもつ。これらのことからすると、感情移入の機制自体は両義的だとしても、それは私たちの想像力を望ましい方向に導きうる情動だといえる。

ヌスバウムによれば、品位ある社会を支える主要な情動のすべては、愛――「私たちの意志のコントロール外にあるものへの強いアタッチメント」（intense attachments to things outside the control of our will）――に根ざしている（あるいはその一形態である）（PE: 15）。感情移入に裏打ちされた同情は、この意味で、肯定的な情動として位置づけられるものとなる。それはとりわけ、私たちみなが受苦的な存在者でありうることの喚起・涵養に資するだろう。

次に、否定的な情動は、他の著作でも考察される、ヌスバウムが高い関心をよせてきたテーマである[18]。彼女によれば、正義に適った社会は、ナイーブではない現実的な人間像を想定した上で、その否定的な情動を認識し、それを抑制する必要がある。彼女はこれを、理に適った政治心理学（reasonable political psychology）とよぶ（PE: 163）。たしかに人間には悪しき行動への傾向性があるが、文化はかなりの程度これを嚮導することができる。

この傾向性はカントに倣って根源悪（radical evil）とよばれる。ただし、彼はそれが人間本性に根づくことを力強く説明する一方で、その機制についてては多くを語っていない。またカントは、嫉みや競争心は考えているが、人種・民族に関わるヘイト、蔑みや屈辱、純粋な残酷さ等は考慮していない（PE: 166-168）。そこでヌスバウムは、こうした欠落を補った道徳心理学ならびに政治心理学の考察に取りかかる。

経験的・臨床的研究や精神分析学の知見を参照しつつ、彼女が否定的な情動の淵源として示すのが、幼児の全能感またはナルシシズムである。幼児は全能感と身体的な脆弱性との落差を適切に認識できないが、その不協和から自身の完全性を防衛しようと試みる。ここから他人をたんなる従者とみなす傾向性が生育する。それは、自分が有限の動物的な条件に限界づけられているのを拒絶するという意味で、人間的否認（anthropodenial）ともよばれる（PE: 173）。もっとも、発達心理学的にいえば、幼児は成長するにつれ、通常は様々な遊びをつうじて、同感や互恵性の能力を身につけていく。

しかし、まさに根源悪という名称が示すように、悪への傾向性は根深い。彼女がとくに着目するのが、投影的嫌悪（projective disgust）という否定的な情動である。「投影的嫌悪は幼児のナルシシズムを喚起したのと同様の不安感から生じる。ナルシシズムと同様（あるいはその一部として）、投影的嫌悪は愛の精神によってのみ克服されうる」（PE: 182）。これは第一義的には、粘り・悪臭・固着・腐敗といった身体的な特質が認められるものに対する、否定的な反応をさす。つまりそれは、穢れ（contamination）、あるいは自分の内なる動物性を否応なく喚起させる、原初の対象物（primary objects）への嫌悪にほかならない。

そしてこの対象物への嫌悪は、集団レベルで不正な非対称性をもって発動するとき、投影的嫌悪となる。「投影的嫌悪は、支配的集団から隔離され、動物により近いとのレッテルゆえに低次に分類化される、他の人間集団への嫌悪である」(PE: 184)。もちろん少数派集団は実のところそうした特質をもってはいない。むしろそれは、多数派集団側での自身の脆弱性に対する過剰な防衛機制に起因する。彼らは少数派を否定的に表象し、さらに彼我の疎隔を強調することで、自身の安全性という幻想にしがみつこうとするのだ。実践的には、この機制は人種・ジェンダー・宗教等にかんする差別というかたちをとる。[19] 投影的嫌悪は社会的分断を亢進させる。

こうした否定的な情動は、人間の動物性・身体性に根ざす部分があるために、完全に根絶することは難しい。だが、低減することは可能である。そのためには愛に繋がるような想像力の涵養が求められるが、ここで彼女は、精神分析家D・ウィニコットのいうポテンシャル・スペースに注目する(PE: 181)。それは、現実生活でのストレスから離れて、想像上の可能性に遊ぶことのできるような空間の謂である。幼児の遊びが端的な例だが、成人による文化や芸術への親しみもこれに準ずる側面をもつ。また、これは基本的に個人レベルの話であるが、集団レベルに敷衍可能だとも考えられる。これらのことから、ヌスバウムは、詩や読書をつうじた想像力の呼び起こしの重要性を強調する。次節でみるように、こうしてNPLは政府による積極的な文化政策を要請することになる。

まとめるならば、NPLの道徳心理学は人間心理の光と影にともに着目する。そして、前者を増加させ後者を低減することがその基本戦略となる。

2 平等な尊重に基づく社会的包摂

前節でみたように、ヌスバウムのPL解釈は、踏み込んだ道徳心理学のみならず強い平等主義的分配の必要性を説くものだった。また、適理性に対する道理性の優越からは重なり合うコンセンサスの観念の重要性が導かれた。本項ではこうした特徴が、NPLにいかに反映されているかを考察する。

情動をめぐる議論が示唆するように、彼女は、精励と脆弱性(striving and vulnerability)をともに含む両面的な人間の構想を想定する。すなわち、人間は運の一撃（fortune's blows）にもかかわらず能動的な活動に従事しうると同時に、時にはそうした一撃を相当程度に被る受苦的な存在者でもある。「よって、剥奪の状態にあってさえ、人びとは人間の尊厳を保持するが（というのもそれは譲渡不能なのだから）、適切な支援とケアが不在ならば人間の尊厳に値する生を営むことはできないだろう」（PE: 120）。

こうした保護の担い手として第一義的に想定されるのは国家である。ただしそれは、法的強制力という一般的な理由のみによるのではない。むしろここでは、多くのなじみ深い政治的情動が国民国家を焦点とし、その擁護と繁栄へのコミットメントを含むことが強調されている。この意味で、国家主権の道徳的突出性（moral salience of national sovereignty）は、NPLに最初から組み込まれているとされる（PE: 121）[20]。

不運の影響の除去ならびに情動の陶冶は、それを支える制度なくして達成できない。とくに彼女は、法的・政治的な権利のみならず強い社会的・経済的平等の必要性を説く。国家による、健康、教育、充分な福利のレベル、住居、避難所の保障（それは主に公正な税制をつうじてなされる）を主張する点で、NPLはリバタリアニズムと袂を分かつ。NPLは多大な再分配を支持するゆえに、「この立場は、かかるプログラムを支えるのに必要とされる共感の拡張（extension of sympathy）と、貧者の禍害となるステレオタイプの根絶とに、より一層の関心を寄せることが必要となるだろう」（PE: 123）。この点でとりわけ重要なのは教育であり、それを通じて、政治的に適切な共感が生じ、不適切な憎悪、嫌悪、恥辱が挫かれることが期待される。これらの特徴は先にみた彼女のPL解釈と軌を一つにすると考えられる。

これまでのところ、NPLとRPLにさしたる違いはないと思われるかもしれない。なぜなら、ロールズもまたリバタリアニズムの背景的制度の不在を批判していたからである（PL: 262-265）。そしてヌスバウムも、平等な尊重（equal respect）の観念を基盤とする自身のヴィジョンがPLの一形態であることを明言している（PE: 128）[21]。この観点から、ヌスバウムは、コントとミルのいう人類教（religion of humanity）を批判し、タゴール的なヒューマニズムを肯定している。先述したように、彼女は重なり合うコンセンサスの観念を高く評価していた。PLは制度をつうじた感情の安定化を導くことが可能である。

しかしながら、パトリオティズムの必要性を説く段において、ヌスバウムはRPLを批判する（PE: 219-222）。彼女によれば、それは「水のように淡い動機づけ」（watery motivation）の問題を抱えている[22]。たしかにロールズの道徳心理学は動機づけを考慮してはいるが、彼女はさらなる三つの課題を提起する。①非理想的な条件下での道徳心理の考察が必要であること。②より現実的な人間像の想定が求められること。③ロールズの提案は高度に抽象的であり、多くの補足を要すること[23]。つまるところRPLには〈政治的情動〉の居場所がない。そしてこれを補完するために、彼女は〈情動の政治〉への扉を開く。次項ではこのNPLによる〈情動の政治〉の具体的施策について検討したい。

3　より濃密なPLを求めて——情動の政治

NPLが情動の陶冶を主眼とする政治に踏み出すことは以上からも明らかだろう。実際、彼女は自身のプロジェクトを市民宗教の再創作（reinvention）とすらよぶ（PE: 378）。ただしそれは、ルソーとコントにおけるような強制的な同質性を必要とするものではなく、芸術による共感を構想した、モーツァルト、ダ・ポンテ、タゴールらの伝統に与するものだとされる。優れた芸術は特殊性と一般性を架橋しうるが、まさしくこの往復運動のうちに政治的愛は存在する。「いかにすれば〈多からなる一〉の理念は現実的なものとなりうるだろうか。その答えの大部分を与えるのは芸術である」（PE: 387）。

ヌスバウムはPLへの支持をあらためて認めた上でさらに議論をすすめる。PLが旨とする平等な尊重は、政治文化を陳腐化・沈黙化させることを意味しない。キング牧師による象徴の活用が例証するように、むしろそれは、政治文化の活性化を必要とする。よって彼女は、政府による芸術を通じた強い情動への勧誘（invitation）を奨励する（PE: 389）。これを行き過ぎた介入だと考える人もいるかもしれない。だが彼女によれば、こうした施策を拒絶する自由は個々人に残されており、この点で勧誘は強制（coerce）とは区別される。

もっとも、この勧誘が少なくともある種の中立性から離れるのは明白だ。「公共の芸術作品・モニュメント・公園にかんしていえば、それらが情動の面で中立的（emotionally neutral）であるのは可能ですらない。それらは別様ではなくあるひとつの仕方で組成される必要があり、また、いやしくも情動面でのインパクトをもつとすれば、何らかの特定形態をとらざるをえない」(PE: 390)。さらにいえば、公共のモニュメントによる勧誘は、リバタリアン・パターナリズムのいう「ナッジ」のようなものですらありうる。[24] ただし「それはデフォルト・オプションを設定するが、人が別様に行為・発言・思考するのを阻むものではない」(PE: 390)。この意味で、ナッジによる勧誘もまた強制ではなく、許容可能だとヌスバウムは考えるのである。

というより、彼女にいわせれば、かかるデフォルト・オプションの設定を拒むならば、残されるのは公共の芸術をまったくもたないか、さもなければ何も訴えない凡庸な芸術をもつかのいずれしかない。国家が芸術をつうじて特定の立場をとるのはまったく不正ではないとされる。

彼女は述べる。人びとがこうした情動駆動の政治 (an emotion-driven politics) に当惑するとしたら、それは部分的には、ヴェトナム戦争以降のシニシズムと疎外感によるのだろう。とくにそれは、一定の世代の市民たちに傷痕を残した。また、人種上のマイノリティが希望をもてない政治的状況も関連しているだろう。だが、そうした否定的な感情があるのが確かだからこそ、アーティストや演説家は作品や行為を通じて、それらをコミュニティのためになる仕方で昇華する必要がある。情動を欠いた国家は住まうに値しない。詩人ホイットマンが未だ成らない想像上の共和国への想いを託した「青いオンタリオの岸で」におけるAmerica is only you and meというフレーズへの全面的な賛同をもって、『PE』は閉じられている(PE: 396-397)。

以上、本節では『PE』に即してNPLの再構成を行った。これが先にみたRPLへの批判と表裏一体を成すことは明らかだろう。その中にはPL解釈として相当に踏み込んだものもあり、またそれ自体が野心的なプロジェクトを掲げるものでもあるため、NPLは論争的な性格を帯びざるをえない。続いては、節をあらためて、その評価を試みる。

四　ＮＰＬは他に優越するＰＬの構想なのか――その魅力と難点

ＮＰＬが一定の魅力をもっていることは確かである。それは、一方でＲＰＬの利点を引き継ぎつつも他方で不充分な部分を補おうとする、挑戦的な試みである。しかし同時に、ＮＰＬにはいくつかの論争的な側面が認められる。本節では、①理想理論と非理想理論、②承認と分配、あるいはパトリオティズムとコスモポリタニズムの両立可能性、③中立性と卓越主義という三点に即して検討したい。結論を簡単にいうと、ＮＰＬはＰＬのひとつのありうべきひとつの構想ではあるが、ＲＰＬをはじめとする他の構想に対して決定的に優越するものではない。以下では、この主張の論証を試みる。

1　理想理論と非理想理論

ヌスバウムは、ＲＰＬが道徳心理学に着目したのを高く評価しつつも、その考察が不充分だとして批判していた。そこで想定されている抽象的な人間像は実相に即しておらず、ゆえにＮＰＬは嫌悪や恥辱といった否定的な情動にも取り組んだのである。これは、いわゆる非理想理論の立場からの理想理論への批判の一例だといえる。[25]

細かくいえば、彼女は理想理論そのものを否定するのではなく、理想と現実を二分法的に捉えることを批判している。現実は優れた理想によって影響を受けるし、その逆に優れた理想は現実をうまく写し取るという意味で、理想と現実は相互貫入的だとされる（PE: 383-385）。よって、ヌスバウムによる批判は、A・センのそれと異なり、理想理論が逆機能を果たすとまで述べるものではない。[26] とはいえ、彼女が理想理論としてのＲＰＬを批判していることは疑いえない。以下では、こうした批判がどの程度成功しているかを論じたい。

さて、ＮＰＬはその少なからぬ部分が非理想理論として構成されることによって、ＲＰＬには欠落していたものを論じようとしていた。これは、ＮＰＬがアメリカの現代社会の苦境を念頭におくことも明らかだろう。だが、ＲＰＬには非理想理論が欠落しているという主張は、必ずしも理想理論としてのRPLへの批判とはならない。なぜならば、これを批判するためには、①理想理論／非理想理論という枠組自体を否定する、②理想理論としてのNPLを示す、以上いずれかの論証が必要だからである。だが、ヌスバウムはこの点につき明確ではない。

①については、上述したように、彼女は理想理論自体を否定していない。よって、この観点からのRPL批判は弱いものにとどまる。むしろ、「理想は現実である（ideals are real）」（PE: 383）という論述は悪い意味で修辞的であって、理論的には後退を招きかねない。実際、NPLは、どこまでが特殊具体的であり、どこからが一般性をもつのかが判然としない。「他方でヌスバウムの議論についていえば、彼女の議論が特定の時代と場所においてのみ妥当性をもちうるのではないか、という疑念を避けて通ることができない」という批判は的を射たものである。[27] ヌスバウムはRPLが合衆国をはじめとする特定の社会の来歴を特権視するのを批判していたが（I: pp.48-51）、その批判は、いささかかたちを変えてNPL自身にも当てはまると思われる。

理想理論を全面的に否定するのでなければ、理想理論／非理想理論という枠組は堅持した上で、そのさらなる分節化を試みることが規範理論的には有益だろう。RPLが理想理論にこだわるのは、決して現実からの逃避ではなく、現実に適切な仕方で向き合おうとするからである。裏からいえば、理想の曖昧化はともすれば現実との過度の妥協を招く。適理性に対して道理性を優越させるNPLにあっては、その前提からして現実へと多分に依拠するため、かかる危険性は増幅する。それを防ぐためにも、NPLはむしろ理想理論を必要とすると考えられる。

それでは、②理想理論としてのNPLはいかなるものでありうるか。成立可能だとしたら、それは理想理論としてのRPLへの有効な批判たりえる。私の考えでは、NPLは、道徳心理学につき独自の理想理論を提出していると解釈できる。ロールズとは異なり、ヌスバウムは否定的な情動をレリバントだと想定するため、嫌悪や恥辱を正義の観念から最初から切り離しはしない。理論的にいえば、そうした情動は正義の情況が想定する一般的事実にひとまず組み込まれ、その上で可能な限りの低減が目指されるのである。これはロールズと大きく異なる点であり、方法論的にも独自の意義をもつと考えられる（『TJ』§§ 22, 25, 80）。またそれは、ヘイト・クライムをはじめとする現実社会の問題にも応答可能なものを志向しており、その点でRPLよりも発展可能性を有している(28)。

このように、NPLの道徳心理学は彼女なりの理想理論として読むことができる。もっともこれには二点の留保が付く。第一に、それは精神分析をはじめとする独自の理論に基づく部分があるため、論争的な包括的教説ではないかとの疑義が呈されうる。この点につき、彼女は、ウィニコットの知見は一般的に受け入れ可能だろうと応答している（PE: 178）。第二に、仮にNPLの道徳心理学が理想理論としてRPLと異なったものだとしても、全体としてみるなら、両者は依然としてリベラルな、そして現状維持バイアスを有したものだという批判を想定できる。これについては、『正義のフロンティア』をも含めて再構成すれば、NPLの独自性をさらに浮き彫りすることが可能かもしれない。ただし、紙幅の都合上、ここでは論点の所在を確認するにとどめたい(29)。

まとめるならば、理想理論に関するヌスバウムのRPL批判は必ずしも成功していない。だが、NPLはその道徳心理学において独自の意義をもち、さらなる発展可能性を有している。この点につき、NPLはPLの考察を深めるものとして評価することができよう。

2　承認と分配の両立性、あるいはパトリオティズムとコスモポリタニズムの順接性

承認と分配をめぐる問題はすでに広く知られているが、ヌスバウムはこの論点につき、両者をともに促進すべきだとしていた。NPLは、〈平等な尊重〉と強い平等主義をともに要請するものだった。この結論自体は間違っていないかもしれない。だが、彼女はこの問題に関する先行研究を参照していないため、それはたんなる提言にとどまり、論証まではされていない憾みがある。

先述したように、強い再分配が成立するためには、共感の拡張とステレオタイプの根絶が必要だとされていた（三－2）。ヌスバウムはそこで教育の意義を説いていたが、それだけでは不充分だと考えられる。というより、教育の効果は主に長期間にわたって発揮されるものであるため、NPLの眼目からすれば、それとは区別される短期的・局所的な治癒策が同じく必要となるはずである。

もっとも、社会的マイノリティをはじめとする抑圧された人びとへの援助に代表される、こうした治癒策に関しては、様々な困難が存在する。代表的なジレンマのひとつは、承認の政治がアイデンティティの固定化を招き、翻って、再分配の阻害がもたらされるというものだ。両者が悪循環ではなく好循環として現れるためには、何らかの補足が必要と考えられる。だが、ヌスバウムはこの問題について説得力のある議論を提出していない。承認と分配が必然的に対立すると考える必要はないとしても、両者が問題なく調和するだろうとの想定は論点先取であろう。[30] この論点については、基本的に理想理論の範疇にとどまるものの、RPLの方が説得力のある見通しを提供している。[31]

関連する問題として、様々なレベルの政治的共同体へのコミットメントとコスモポリタニズムへのコミットメントの両立可能性をあげることができる。ヌスバウムは一方でパトリオティズムを支持し、他方でコスモポリタニズムを賞賛する。そして両者は彼女の中で矛盾しない。[32] この特徴はNPLにも反映されていた。彼女の考えでは、ローカルなもの・ナショナルなもの・グローバルなものへのコミットメントは順接する。いわゆる「同心円モデル」と称される特徴である。

しかしながら、特殊性と普遍性が順接するというこのモデルは、相当に論争的である。ヌスバウムの考えるパトリオティズムは最初からコスモポリタニズムへの要請を含んでいる。たしかに彼女をはじめこの考えに説得力を感じる人びともいるだろう。だが、すべての人びとがそれに動機づけられるとは思われない。都市と国家との対立、そして国家と世界国家との対立は、永続する思想史上の問題である。原理的にいって、ローカルな共同体への愛着と普遍的な共同体へのそれとはどこかで矛盾せざるをえない。[33]

ローカルな共同体は境界をもち、何らかの意味で閉じている。こちらの側面を強調するのが、ラーモアのPLであった。彼によれば、PLは強制的な権力の行使の正統性と関わるゆえに、ナショナルなものと強く結びつく。彼のPLは国境線の意義を強調するものである。ラーモアによれば、あらゆる政治的な考えは何らかのかたちでの線引きを伴うものであり、PLの特性はそれが適切な仕方で排除を行うことにこそ求められていた。この、特殊性と普遍性をめぐる問題が未決であることは、昨今のグローバル正義論や移民正義論をめぐる論争からも明らかだろう。[34]

以上のことから判断すれば、PLとコスモポリタニズムの不可分性を説くNPLの妥当性は論争的なものにとどまっている。ゆえにそれは、PLの構想として優位性をもつとまでは論証されていない。もっとも、様々なレベルでの政治的共同体へのコミットメント間のあるべき関係性というのは、重要な問いかけである。このことは、NPLにとどまらず、今後のPL研究一般が考察すべき論点といえるかもしれない[35]。まとめるならば、承認と分配ないしパトリオティズムとコスモポリタニズムをめぐる問題につき、NPLは解答を与えるというよりむしろ問いの所在を示すものだと考えられる。

3 中立性と卓越主義

最後に、PL解釈上の最も重要な論点として、中立性と卓越主義の関係を検討したい。J・クォンによれば、PLと卓越主義的リベラリズムを分かつ問いとして、以下の二つを区別できる。A：意義ある生を構成する特定の包括的価値の存在を認めるか否か。B：一定の卓越的価値を促進させる、政府による施策を認めるか否か。このとき、当該のリベラリズムの考えは、Aに対してイエスならば包括的・ノーならば政治的、Bに対してイエスならば卓越主義的・ノーならば反卓越主義的となる。各々を組み合わせるなら、それゆえ、以下の四類型が導かれる[36]。

①包括的卓越主義：Aにイエス、Bにイエス
②包括的反卓越主義：Aにイエス、Bにノー
③政治的卓越主義：Aにノー、Bにイエス
④政治的反卓越主義＝（狭義の）PL：Aにノー、Bにノー

このうち、RPLが④であることに疑いはない[37]。では、NPLはどれに相当するだろうか。先述したように、NPLは政府による卓越主義的施策を肯定するので、Bに対してイエスであることは明白である。問題はAへのスタンスだが、ヌスバウムはアリストテレス的な善の構想に与しており、見方によればこれは相当に包括的な考えである。この場

合、NPLは①となり、PLからむしろ大きく隔たった立場となる。ただし本稿では、ヌスバウムの善論はアリストテレスの議論そのものではなく、またそれに基づくケイパビリティのリストも共有可能な価値観が目指されており、特定の包括的価値を基礎とするものではないとの解釈を立論上とることにしたい[38]。したがって、NPLは③に該当すると考える。

だが、Aについての議論を措くとしても、この③政治的卓越主義は依然として論争的な立場といえる。情動の政治学を志向するNPLはこの面で中立的であることを拒否し、促進的環境の配備を志向するものであった。再論すれば、ヌスバウムはリバタリアン・パターナリズムを肯定的に参照していた。この理論は、一般に人びとは少なからぬ認知バイアスに囚われているという行動経済学上の知見に拠りつつ、ナッジによるその嚮導を提唱するものだ。もっともその試みは、強制と区別される勧誘でなければならない。彼女によれば、NPLの施策は勧誘にとどまるゆえに許容可能だとされた。だが、はたしてこの両者を明白に区別できるかという問題を指摘できる。たとえば、公の場において、特定の芸術作品を鑑賞する機会を設けることが強制に当たらないかどうかは、決して自明ではない。

また、ナッジの中でも、対象者が行為に赴く際の熟慮・反省を促す〈目覚まし型ナッジ〉と、対象者の当初の認知そのものに働きかける、もしくは特定の選択肢をデフォルトとした上でその随意的解除を設定する〈幻惑型ナッジ〉とを区別できるが、後者はより論争性が高い。とりわけ教育は、習慣づけの陶冶の要請を含むゆえに、この〈幻惑型ナッジ〉に過度に依拠する誘惑にさらされやすいと考えられる。特定の選択肢や価値を優先させることから、①包括的卓越主義への距離は遠くない。リバタリアン・パターナリズムが一定の利点をもつとしても、それはPLにとって潜在的脅威にもなりうる[39]。

とりわけ、適理性に対する道理性の優越を説くNPLからすれば、認知的観点に関する考慮事項に拠ってなされるのが一般的なパターナリズムという試みについては、より慎重な態度が必要とされるはずである。このNPLの前提からすれば、あくまでも道理性が必要以上に損なわれている場合、それを補う限りでのみパターナリズムは認められると考えられる。だが、ヌスバウムはこれらのことを踏み込んで論じてはいない。

さらにいえば、あらゆる事柄を考慮した上で、こうした部分的にパターナリスティックな施策が勧誘として正当化されうるとしても、それはやはり一部の人びとの認知能力を割り引いて考えることを含意する。すなわち、そうした政策はかかる人びとを完全に対等な市民として扱っておらず、その限りでの明らかな不正（a *prima facie* wrongness）を含むものとなるだろう。[40]このことは、〈平等な尊重〉というNPLの中心理念のひとつと強い緊張関係に立つと考えられる。

もちろん以上のことは、PLの卓越主義への接近可能性を拒絶するものでも、経験的主張への参照を全否定するものでもない。時としてそうした試みは有益な結果をもたらすだろう。だが、それは正義原理ではなく政策のレベルで問われるべき事柄であり、所定の目的に照らした改廃可能性がつねに担保されていなければならない。何らかの卓越性を独立した正義の基準として同定することは、理に適った多元主義下にある社会に不和をもたらすだろう。ヌスバウムは行っていないが、仮に自由と卓越性を組み合わせようとするならば、さらなる理論的考察が必要だと思われる。[41]

このように考えるならば、③政治的卓越主義は、④政治的反卓越主義の（政策レベルにおける）許容可能な構想のひとつであるとしても、それに概念レベルで代替しうるものではない。もちろん、理論的可能性として、③政治的卓越主義は①包括的卓越主義に接近することもできる。仮にNPLがこの途を歩むとすれば、それは概念レベルでもRPLに対するオルタナティブをなすと考えられる。しかしながら、もはやそれはPLではない。

まとめるならば、NPLは部分的に卓越主義の要素を含んでおり、それはPLにとって潜在的な脅威である。もし意識的に卓越主義へと舵を切らず、PLのひとつの構想であろうとするならば、その卓越主義的要素はあくまでも政策レベルにとどめられなければならない。[42]この意味で、NPLはRPLに決定的に代替するPLの構想とまではいえないというのが、ここでの結論である。

五　結論

本稿の議論をまとめておく。ヌスバウムはRPLを基本的に評価しつつも、なおそれが一定の改良を必要すると考えていた。求められるべきPLは、一段と平等主義的であり、適理性ではなく道理性を基軸とし、さらに踏み込んだ道徳心理学を考察するものでなければならなかった（第二節）。

そして『PE』においては、まさにこうした問題意識と符合するNPLの構想が説かれていた。この考えは、嫌悪や恥辱といった否定的な情動のメカニズムにも着目し、それを踏まえた上で、〈平等な尊重〉に基づく社会はいかにして実現可能かを問うものであった。そのためには、否定的な情動が低減されるとともに、愛や共感に代表される肯定的な情動が促進される必要がある。ゆえにNPLは、政府による芸術振興を通じた、情動の政治を試みるものとしてその姿を現わすことになった（第三節）。

NPLが一定の魅力をもっているのは確かである。とくに、その独自の道徳心理学はさらなる発展可能性や現実への応用可能性を備えていると考えられる。しかし、NPLは着想に富む反面、理論的掘り下げに乏しい。理想理論と非理想理論、承認と分配、パトリオティズムとコスモポリタニズム、中立性と卓越主義といった規範理論上の争点に照らしてみると、それは必ずしも強い説得力を有したものではなかった。NPLはありうべきPLのひとつの構想だとしても、それを超えるものではない。さらなる考察が必要だと考えられる次第である。

もっとも、理論的側面が後景に引くことは、常に現実社会を見据えるパブリック・インテレクチュアルたる彼女のスタンスからして致し方ないところもある。近年のヌスバウムは、ポピュリズムの勃興にも焦点を合わせ、大部の論考を依然として安定したペースで刊行しつづけている[43]。考察対象とされるテーマが切迫した重要なものであること、そして知識人としての彼女の誠実性と知的体力が卓越したものであることは疑う余地がない。ヌスバウムは今後のPL研究が向き合うべき課題を様々に提示してくれている。それらを含めた検討は今後の課題としたい。

（1）以下の著作の参照には略語を用い、括弧内にローマ数字で頁数を組み込む。邦訳があるものについては漢数字でその頁数も併記する。なお、以下のものに限らず、既存の訳に一部手を加えたものもある。

【PE】M. Nussbaum. *Political Emotions: Why Love Matters for Justice*, Harvard University Press, 2013.
【I】M. Nussbaum. "Introduction" in T. Brooks & M. Nussbaum（eds.), *Rawls's Political Liberalism*, Columbia University Press, 2015.
【TJ】J. Rawls. *A Theory of Justice*. Revised Edition, Harvard University Press, 1999（川本隆史・福間聡・神島裕子訳『正義論：改訂版』紀伊國屋書店、二〇一〇年）.
【PL】J. Rawls. *Political Liberalism*. Expanded Edition, Columbia University Press, 2005.

（2）先行研究の大半は、多かれ少なかれ、彼女のケイパビリティ・アプローチに焦点を合わせるものである。現時点で最も包括的な研究として、神島裕子『マーサ・ヌスバウム：人間性涵養の哲学』中公選書、二〇一三年。ただしそこでは、ＮＰＬについて踏み込んでは論じられていない。ＮＰＬをテーマとした貴重な先行研究としては、高田宏史「宗教的自由をいかに擁護すべきか：ハーバーマスとヌスバウムによる政治的リベラリズムの観点から」『政治哲学』第二四号、一―一八頁。だが、そこでは『ＰＥ』は参照されておらず、ロールズとの相違や情動に対する政府のスタンスといった点は論じられていない。もっともこれは、宗教的自由の擁護というテーマ設定によるものであって、高田の議論自体は説得的である。また、本稿ではＮＰＬとケイパビリティ論というテーマは正面から扱わないが、この論点については、P. Roberts, Nussbaum's Political Liberalism: Justice and the Capability Threshold, in *International Journal of Social Economics*, 40, no. 7（2012）: 613-623. ただし、出版年からも明らかだが、この研究でも『ＰＥ』は参照されていない。なお、二〇一三年のインタビューにおいて、彼女自身は『ＰＥ』を感情論とケイパビリティ論という二つの研究領域を接合するものだとも述べている（神島『マーサ・ヌスバウム』二六六―二六八）。

（3）S. Freeman, *Justice and the Social Contract: On Rawlsian Political Philosophy*, Oxford University Press, 2007; P. Weithman, *Rawls, Political Liberalism and Reasonable Faith*, Cambridge University Press, 2016; 田中将人『ロールズの政治哲学：差異の神義論＝正義論』風行社、二〇一七年。

（4）第零原理は社会的協働自体ではなくその前提にかかわるものであり、その意味でこれは、分配的正義ではなく自然本性的義務の管轄にあると考えられる。だとすれば、明示されていないにせよ『ＴＪ』でもこの原理は前提されているはずである。また、理論上はその充足のラインを相当高く設定できるとしても、それは平等論としてかなり論争的な立場となるだろう。いずれにせよ、第零原理単体に多くを恃むのは困難だと考えられる。

（5）この点でそれは、リバタリアニズムへと接近するＧ・ガウスのＰＬ解釈とは対照をなす。G. Gaus, *The Order of Public Reason*:

A Theory of Freedom and Morality in a Diverse and Bounded World, Cambridge University Press, 2011.

（6）ここでのヌスバウムのテーゼを好意的に解釈するならば、第零原理は、正義の二原理全体とどのように関連しいかなる機能を果たすのかという観点から考察することが有益だと思われる。以下を参考のこと。B. Neufeld, Freedom, money and justice as fairness, in *Politics Philosphy and Economics*, 16, no. 1（2017）: 70-92.

（7）T. Christiano, *The Constitution of Equality: Democratic Authority and its Limits*, Oxford University Press, 2008: 203-230; 井上彰「正義・最小限真理・公共的理由：多元的世界における公共性の哲学」、井上達夫編著『岩波講座哲学 第十巻：社会／公共性の哲学』岩波書店、二〇〇九年、一九一—二二四。

（8）彼女は道徳的ではなく倫理的（ethical）というタームを用いるが、ヌスバウムの用法に関する限りでは、これらを互換可能なものとして扱う。

（9）井上「正義・最小限真理・公共的理由」二〇八—二一三。なお、両要素をともに含む場合、あるいは文脈上そうした方が自然な場合は、「理に適った」を用いる。

（10）さらに、彼女は指摘していないが、『万民の法』において、ロールズはこの理論理性と実践理性の要請を撤回している。J. Rawls, *The Law of Peoples with "The Idea of Public Reason Revisited,"* Harvard University Press, 1999（中山竜一訳『万民の法』岩波書店、二〇〇六年）: 86-88＝一二六—一二九。

（11）道理的な人びとと適理的な教説との関係につき、いわゆる主意主義と主知主義の対比に類推的な、二つのテーゼが考えられる。①道理的な人びとが支持するゆえに、そうした教説は適理的なものとなる。②適理的な教説を支持するゆえに、そうした人びとは道理的だとされる。いうまでもなく、ヌスバウムの立場は①に親和的なものである（I: 26）。このことは、彼女の主張がある種の主意主義へと接近することを含意する。

また、以上ならびに、〈民主的平等論〉／〈運の平等主義〉の対比にも関連する次のような理論的区別を想定することができる。〈道理性のＰＬ〉：ＰＬの中心目標は、理に適った多元主義の事実に感応的なエートス（道理性）をもった市民の陶冶にある／〈適理性のＰＬ〉：ＰＬの中心目標は、理に適った多元主義の事実という事態の正しい認識にある。〈適理性のＰＬ〉を支持する代表的論者は、以下で触れるラーモアである。

（12）この点で、同趣旨のＪ・ハーバーマスのロールズ批判はＮＰＬには妥当しうると思われる。この論点に関するロールズからの反論として、PL: 385-395.

（13）田中『ロールズの政治哲学』二三〇—二四一。もっともヌスバウムに好意的に読めば、適理性の除去によって彼女が試みるのは、むしろ政治的情動をつうじた現状変革である。だがそもそも、感情が理由に根ざしているという彼女自身の前提からしても、適理性の要件を恐れる必要はないはずだ。それは情動を弱めるのではなくむしろcivilizeする（ロールズが奴隷制廃止論者やキング牧師は公共的理性に反していなかったはずだと述べるとき、念頭においていたのはこうした考えではないか。彼らは人びとの情動を喚起したのみならず錬成もしたからこそ範例たりえたのだから）。情動は方向性を与えられ、鍛えられなければならない。逆にいえば、適理性の要件を欠くとすれば、情動が熟議に接合していく見込みは著しく薄まるのではないか。より不幸なケースでは、あらぬ方向へと暴発するのではないか。少なくともこの論点につき、私はヌスバウムよりも慎重かつ粘り強い方途をとるべきと考える。

（14）C. Larmore, Political Liberalism: Its Motivations and Goals, in *Oxford Studies in Political Philosophy*, vol. 1, 2015: 63-88, esp. 75.

（15）Larmore, Political Liberalism: 81 n. 27.

（16）ヌスバウムを名指してはいないが、ＰＬの正当化における適理性の必要性を説いたものとして、井上「正義・最小限真理・公共的理由」二一二—二一九、J. Quong, *Liberalism Without Perfection*, Oxford University Press, 2011: 200-201, 216-218. クォンは、ＰＬにおける同意／不同意の性質を仮説的考慮ではなく経験的主張への参照によって定義づけてしまえば、ＰＬはリベラルな卓越主義への扉を開いてしまうと批判している。

（17）③はロールズが踏み込んでいない部分を主題としているので、そもそも内在的解釈自体から離れる論点である。ただし、この問題設定自体は有意義だと考えられる。もっとも、その実質的な議論が成功しているかは別問題であり、この点はのちに評価を試みる。

（18）M. Nussbsum. *Upheavals of Thought: The Intelligence of Emotions*, Cambridge, University Press, 2001; M. Nussbsum. *Hiding from Humanity: Disgust, Shame and the Law*, Princeton University Press, 2004（河野哲也監訳『感情と法：現代アメリカ社会の政治的リベラリズム』慶應義塾大学出版会、二〇一〇年）.

（19）宗教的マイノリティへの嫌悪をテーマとする論考として、M. Nussbaum, *The New Religious Intolerance: Overcoming the Politics of Fear in an Anxious Age*, Harvard University Press, 2012. 同著についての有益な説明として、高田「宗教的自由をいかに擁護すべきか」七—一一。

(20) ただしそれは、トランスナショナルな領域へのコミットメントを否定するものではなく、国家は普遍的な人間的関心事の創設への支点（G・マッツィーニ）としても位置づけられている。

(21) また、彼女のいう〈平等な尊重〉とは「寛容」をより積極的に述べたものである。彼女の考えるこの理念をアメリカの歴史に辿った論考として、M. Nussbsum, *Liberty of Conscience: In Defense of America's Tradition of Religious Equality*, 2008（河野哲也監訳『良心の自由：アメリカの宗教的平等の伝統』慶應義塾大学出版会、二〇一一年）.

(22) これは、アリストテレスによるプラトン批判、とくに『国家』の妻子共有論への批判を意識した名称である。「ところが、かの国家においては、あのような共有制のおかげで親愛の情は水臭くなって、息子が父を「私のもの」と言うにせよ、父が息子を「私のもの」と言うにせよ、最少限度の言いぐさにしかならないのは必然である。……人間をして、とりわけ心を配らせ、愛させるものは二つ、自分自身のもの、そしていとしいものである。これらのいずれも、あのような国制のもとにある者は享受できない」（アリストテレス（牛田徳子訳）『政治学』京都大学学術出版会、二〇〇一年、1262b）。先述した同情の定義にもあった、④幸福論的思想の要請＝その人物の幸福が自分自身の幸福にとっても内的な構成要素となることの認識・実感が、そこでは欠けているとされる。

(23) ただしヌスバウムは、ハーバーマスの憲法パトリオティズムにはより手厳しいが、RPLは基本的に正しい方向を向いており、NPLはさらにそれを推し進めるものだとしている（PE: 222-225）。

(24) ここで彼女は、R・セイラーとC・サンスティンのリバタリアン・パターナリズムに言及している。参照されているのは、R. Thaler and C. Sunstein. *Nudge: Improving Decisions about Health, Wealth, and Happiness*. Revised Edition, Penguin, 2009（遠藤真美訳『実践　行動経済学』日経BP、二〇〇九年）.

(25) 理想理論と非理想理論をめぐっては活発な議論がなされているが、本稿では主に以下のものを参考とした。D. C. Matthew. Rawls's Ideal Theory: A Clarification and Defense, in *Res Publica*, 25, no. 4 (2019): 553-570.

(26) A. Sen, *The Idea of Justice*, Harvard University Press, 2009（池本幸生訳『正義のアイデア』明石書店、二〇一一年）.

(27) 高田「宗教的自由をいかに擁護すべきか」一五。

(28) ヘイト・クライムについてのスタンスにつき、Nussbaum. *Hiding from Humanity*: 287-296＝三六二―三七一。そこで彼女は、ヘイトに体現される悪しき意図やマイノリティが被るスティグマの甚大さに鑑みて、そうした犯罪をより厳しく罰するべきだと述べている。対して、ロールズの道徳心理学では、現実問題への応用の意識は希薄である。もちろん、相当程度の理念化を前提として考察可能となる問いもあるため、そうした試みも一概に否定されるべきではない。もっとも、『TJ』が想定する一般的事実は特定の歴史的時代のパラダイムに立脚するものである以上、RPLには何らかの仕方でのアップデートが必須となるだろう。逆からいえば、『TJ』を歴史化・相対化することも重要だと考えられる。その先駆的な試みとして、K. Forrester, *In the Shadow of Justice: Postwar Liberalism and the Remaking of Political Philosophy*, Princeton University Press, 2019.

(29) M. Nussbaum, *Frontiers of Justice: Disability, Nationality, Species Membership*, Harvard University Press, 2006（神島裕子訳『正義のフロンティア：障碍者・外国人・動物という境界を越えて』法政大学出版局、二〇一二年）. 同著の解説として、神島『マーサ・ヌスバウム』一一〇—一一三。ここでヌスバウムは、ロールズ理論が契約論的構成をとるゆえにその射程が狭隘化され、重度精神障碍者や動物が排除されてしまうことを批判している。もっとも、彼の正義論は互恵的な協働関係には限定されず、自然本性的義務の領域を当然ながら含むため、後者の観点からの包摂は依然として可能である（J. Quong, Contractualism, reciprocity, and egalitarian justice, in *Politics Philosophy and Economics*, 6, no. 1 (2007): 75-105）。ゆえに、この点でのRPL批判は決定的ではないと私は考える。また、『正義のフロンティア』では上述の問題意識ゆえに、「人間にユニークな性格特性とされるもの」(356＝四〇五）の重要性は割引かれるが、このことは、カント的な契約論に際立って認められる対等な関係性の理念を後退させ、ひいては非対称的な介入への横滑りを招く恐れがあるとも考えられる。この論点に関連して、ヌスバウムとは対照的に、人間という種に固有の尊厳（dignity）の理念を梃子として重度精神障碍者の理論的包摂を試みるものとして、Jeremy Waldron, *One Another's Equals: The Basis of Human Equality*, Harvard University Press, 2017: esp. ch. 6.

(30) この論点に関する踏み込んだ近年の研究として、辻康夫「承認の政治と再配分の問題：ジレンマは存在するか」『北大法学論集』第六七号、二〇一六年、四五—八一。そこでは、理想理論と非理想理論の区別をはじめとする分析枠組を用いて、一定の条件下での承認と分配の両立可能性が説得的に示されている。

(31) 承認と分配をめぐるジレンマに対し、ロールズが公共的理性と格差原理を通じて両立可能性を提示しているという解釈として、田中『ロールズの政治哲学』二八七—三〇一。

(32) 神島『マーサ・ヌスバウム』二一六—二二二。

(33) 河野哲也「コスモポリタニズムとその敵：政治と形而上学」『哲学論叢』第四二号、二〇一五年、一—一三。

(34) Larmore, Political Liberalism: 80-87。これは基本的にRPLにも当てはまる。対して、NPLはラーモアほど政治権力の強制力を強調せず、またグローバル正義論における国境線の道徳的重要性もそこまで高く見積もらない。国家主義とコスモポリタニズムをめぐる論争への批判的整理として、上原賢司『グローバルな正義：国境を越えた分配的正義』風行社、二〇一七年、三六―五八。

(35) ナショナルな政治的共同体へのコミットメントに関していえば、NPLは国教化を断固として退ける一方で、象徴の使用については好意的である。だがこれは、特殊アメリカ的な性格を多分に有する議論ともいえる。ヌスバウムは考察していないが、たとえばある種の立憲君主制がPLと両立可能であるか否かというのは、特定の来歴をもつ社会にとり、すこぶるアクチュアルかつアンビシャスな問いとなるだろう。

(36) Quong, *Liberalism Without Perfection*: 15-21.

(37) クォンによれば、各立場の代表的論者は以下の通りである。①：J・ラズ、S・ウォール。②：R・ドゥオーキン、W・キムリッカ。③：J・チャン、G・シャー。④：ロールズ、ラーモア。ヌスバウムは言及されていないが、本稿では③に分類可能という解釈をとる。同様の解釈を示唆するものとして、米村幸太郎「自由と卓越の隘路：リベラル卓越主義の検討」『横浜法学』第二六巻第三号、二〇一八年、一四一―一七一。包括的価値の問いとは独立して一定の卓越主義的施策が実行可能だとする、③政治的卓越主義は、実質的な善の構想の中にも共約可能なものを認める理論ということになる（ヌスバウムのケイパビリティ論はまさにそうした構造をもつ。対して、ロールズの基本財は正の優先性に従うため義務論的構成をとることに注意されたい）。だが、この③が一貫した立場でありうるかについて、クォンは疑義を呈している（Quong, *Liberalism Without Perfection*: 20, 215-218）。本稿でも、以下、同様の観点から批判的に検討していく。

(38) この点につき、ヌスバウムに好意的な解釈として、神島『マーサ・ヌスバウム』一八〇―一九四。だが、このリスト化の試みは一定の経験的主張に訴えかけざるをえない。こうした戦略は結局のところリベラルな卓越主義か相対主義へと帰着するという批判として、Quong, *Liberalism Without Perfection*: 150-151. また、リベラルな卓越主義のリスト化戦略自体が困難を抱えるとの指摘は、米村「自由と卓越の隘路」一四七―一五〇。

(39) リバタリアン・パターナリズム（LP）に警戒的な近年の論考として、那須耕介「リバタリアン・パターナリズムとその10年」『社会システム研究』第一九号、二〇一六年、一―三五。〈目覚まし型ナッジ〉と〈幻惑型ナッジ〉との区別はこの論文で提示されたものである（四―五）。反対に、LPの意義をより積極的に捉える論考として、米村幸太郎「二つのパターナリズムと中立性」『法と哲学』第三号、二〇一七年、七七―一〇八。米村は、S・コンリーのいう強制的パターナリズム（coercive paternalism: CP）と対比して、セイラー＝サンスティンのLPを穏当なものと位置づけ、一定の留保を付しつつ擁護している。卓越主義とパターナリズムとの関係性は、本稿とも関連する論点であるため少し触れておきたい（九四—一〇六）。米村によれば、たとえば禁煙用のナッジは仕事の効率性よりも健康という価値を優先させるという意味で、ある種の卓越主義に与する。だが、政府による端的な介入を時に推奨するＣＰとは異なり、ＬＰは各人がいわばオーダーメイドな自主規制を選択できる環境を目指すものである。また、特定の価値を優先する選択アーキテクトの設定も、被介入者の離脱可能性を実質的に保障する限りにおいて、中立性の要請と矛盾しない。両論文の用語を擦り合わせれば、〈目覚まし型ナッジ〉は一先ず問題ないものとして、ＣＰが一定の〈幻惑型ナッジ〉を積極的に推進するのに対し、ＬＰは離脱可能性が担保される限りでそれを支持する。このＬＰ擁護論には相応の説得力があるが、やはり〈幻惑型ナッジ〉が及ぼす悪影響を排除できるのか、そして離脱可能性を実際に保障できるのかという問題は残る。手段パターナリズムは往々にして目的パターナリズムへと横滑りするからである（那須「リバタリアン・パターナリズムとその一〇年」一九—二二）。

もっとも本稿は、ＬＰの全面的批判を意図するものではない。それは基本的に政策技術であってＰＬとは位相を異にする。両者は部分的に接合可能でもある。だが、ＬＰが孕む卓越主義への傾向につきＰＬは警戒的であるし（ＲＰＬとＮＰＬでその程度は有意に異なる）、ＣＰは退けることになるだろう。コンリーのＣＰについては、Sarah Conly, *Against Autonomy: Justifying Coercive Paternalism*, Cambridge University Press, 2013.

（40）補足しておけば、ここでいうパターナリズムは、重度の認知障害者や子供等を除いた、一般の人びとの間（さらに彼らは資源を公平に分配されている）でなされる追加的な措置にのみ照準を合わせるものだ。クォンは、この意味でのパターナリズムは対等な市民間に非対称的な否定的判断（negative judgement）を介在させるものであり、これこそがパターナリズムに固有の当座の不正性を構成すると論じている。Quong, *Liberalism Without Perfection*: 100-106, esp. 102.

（41）興味深いことに、Ｍ・クラマーもまた、ＮＰＬに類似した立論（市民の裏打ちされた自尊を保障するために、政府による積極的な文化政策を要求する）を、向上の卓越主義（aspirational perfectionism）という独自の構想として提示している。M. H. Kramer, *Liberalism With Excellence*, Oxford University Press, 2017. ヌスバウムに比べて、彼の立論は理論志向性が強い。もっとも、自由と卓越の調和を説くそのヴィジョンは、やはりいくらかの難点を抱えているように思われる。

（42）もちろんこの場合、その実施には何らかの公共的正当化のプロセスが必要とされるが、だとすればそれは、原理的にはＲＰＬとさほど異なったものではないかもしれない。ただし、ＮＰＬの方は包括的価値に対するより包摂的なリーズニングを認めるだろう。

（43）M. Nussbaum, *Anger and Forgiveness: Resentment, Generosity, Justice*, Oxford University Press, 2016; M. Nussbaum, *The Monarchy of Fear; A Philosopher Looks at Our Political Crisis*, Oxford University Press, 2018. 一言だけ述べておけば、とくにこれらの近著では、『PE』ではあまり論じられていなかった、恐怖とは区別される怒り（anger）という情動の両義性が考察されている。

＊有益なコメントを頂いた二名の匿名査読者の方々に感謝します。

〔政治思想学会研究奨励賞受賞論文〕

リチャード・フッカーの合意概念

――宗教的文脈の中で

李　東宣

一　問題の所在

合意consentとは或る集団の中で発言権・決定権を有する人々によって表明された意思が同じ点に収束することを意味する。合意は、中世の公会議主義・近世の抵抗権思想において現行の権威に逆らうことを正当化する主要な根拠の一つであった。教皇や世俗君主といった現行の権威に逆らうために、公会議における合意が教皇単独の権威に勝るという主張や、初期合意original consentの際の人民の合意が君主を制限するという主張がなされた。中世・近世に限定せずとも、合意は権威の所在と自由の可能性が語られる多くの場合に随伴する概念であり、歴史の中の「権威と自由」を考察する政治思想史の営みにおいて最も重要な概念の一つであり続けてきた。

こうした問題意識から研究された、近世西欧政治思想史における合意は多くの場合、社会契約論の系譜に接続され[1]、リチャード・フッカーRichard Hookerの合意概念の場合も例外ではなかった。二〇世紀初頭から一九七〇年代まで、フッカーは専ら社会契約論「前史」の中の一人という扱いであった[2][3]。ここでは「前史」というところが重要で、政治思想史家の中でフッカーが近代的な社会契約そのものを論じていると断定している人はいない[4]。ジョン・ロックJohn Lockeの言及によってフッカーの合意概念は社会契約論研究から光を当てられてきたものの、フッカーの描く社会の形成段階における合意はどちらかといえば中世から一六世紀までのアリストテレス主義・トマス主義と通じるところが多く、近代的な社会契約論には今一歩及ばないのである。言い方を変えると、社会契約論という視点からフッカーの合意概念を探求するとまさに分析概念のアナクロニズムから派生する、対象を十全に理解できないという問題に逢着する。

当然社会契約論とは異なる視点からの優れたフッカー政治思想研究も存在するが、いずれの場合にも、全八巻のフッカーの大作 *Of the Lawes of Ecclesiastical Politie*（『教会政治理法論』以下LEP）のうち、比較的世俗国家に紙幅を割いている第一巻と第八巻を中心に扱っている。[5]

このアナクロニズムと部分的読解という問題を残したまま、一九八〇年代以降、政治思想史家によるフッカー研究は下火になる。[6] 近年の日本の政治・宗教思想史領域においてはホッブズとの関連で、エラストゥス的国家教会観という点からフッカーを取り上げているものがほとんどである。[7]

政治思想領域においてフッカーへの関心が低下した一方で、一九八〇年代以降はイングランド宗教史と宗教改革史領域におけるフッカー研究が盛んになる。前者のパイオニアはピーター・レイクの *Anglicans and Puritans?* であり、同時代の体制派聖職者の言説空間の中で、理性と、特に儀礼を重視したフッカーがいかに特殊だったかを論じている。[8] フッカーの儀礼論の斬新さを強調したレイクの研究によって、フッカーは、大陸のプロテスタント教会の儀礼形態とは一線を画した一六三〇年代のロード主義 Laudianism に連なる系譜の立役者とみなされるようになった。[9] 後者のパイオニアはトランス・カービーであり、フッカーの思想をカルヴァンやルターのような行政宗教改革者 magisterial reformer の思想と並べ、フッカーの思想的基礎付けを、「中道」アングリカンではなく、初期公会議の教理や改革派の教義に求めた。[10]

この二つの流れは今も健在であり、フッカーの宗教的側面を重視してLEP全巻を分析対象としていることや、フッカー生前の論争状況に注意を払っている点で、一九七〇年代までの政治思想史領域のフッカー研究の問題を克服している。しかしながら、理性・儀礼・秘蹟などに比べるとおそらく宗教的・神学的に重要な概念ではない合意に対する関心は、このような宗教史研究の中では目立って浮上していない。

このような先行研究の状況を踏まえ、本稿は一九七〇年代までのフッカー研究の問題点を克服しながら合意という概念に着目する。ＬＥＰが著された背景とＬＥＰ全巻に注意を払うことにより、社会契約論「前史」という枠には収まらない、フッカーの合意概念を明らかにする。また、フッカーが生きた一六世紀後半のイングランド宗教論争における合意概念を合わせて提示することで、フッカーの合意概念の特異性と合意という言葉が有する本質的論争性が浮かび上がる。

以下ではフッカーの合意概念分析に先立って、ＬＥＰが書かれた背景と、その論争空間に参加した他の論者たちによる合意用法をまず示す。

二　時代背景

フッカーは、女王エリザベス一世が統治する一六世紀末イングランドでイングランド教会体制派聖職者として生き、八巻に及ぶ大著ＬＥＰを執筆した。エリザベス一世の時代は、「黄金時代」と後代に言われる所以なしではないが、少なくとも宗教面では、宗教改革の余震に悩まされ続けた時代であった。一方ではローマ・カトリック勢力が、ピウス五世によって破門された女王の暗殺を虎視眈々と狙っていた。他方では長老派が、十分に改革されていない体制派教会はローマ・カトリックの残党であるという激しい非難を繰り広げていた(11)。

このような状況のなかでフッカーは、主に長老派に対する反駁の書としてＬＥＰを著した。ＬＥＰは体制派教会擁護を目的としているため、結果的にはローマ・カトリック批判の書ともなっている。しかし直接の論敵が、当時長老派勢力の中心人物であったトマス・カートライト Thomas Cartwright とウォルター・トラヴァース Walter Travers であることに異論はない(12)。

フッカーが関わることになった論争の発端は、一五七二年に議会への勧告 Admonition to Parliament という名の匿名文書が二回提出された事件である。ローマ・カトリックの聖職位階や儀礼・服飾を保った体制派教会が、いかに腐敗しているかをつまびらかに述べているこれらの文書に対して、後にカンタベリー大主教となるジョン・ウィットギフトJohn Whitgiftが反論を展開した。ウィットギフトの反論が出版されるや否やカートライトがウィットギフトへの反論を提出した。この攻防がもう一度繰り返され、カートライトは追加の反論書も提出するが[13]、ウィットギフトは筆による戦いを取りやめ、国家権力に頼って長老派逮捕に労力を傾ける[14]。ウィットギフトによっては反駁されなかったカートライトの書を、ウィットギフトより若い世代の体制派聖職者たちが反駁することになる。そのうちの一人がフッカーであった。

以上の背景を踏まえ、続く二項において、長老派（カートライトとトラヴァース）と体制派[15]（ウィットギフト[16]、リチャード・バンクロフトRichard Bancroft、トマス・ビルソンThomas Bilson、ハドリアン・サラヴィアHadrian Saravia、マシュー・サットクリフMatthew Sutcliffe）それぞれにおける合意概念を明らかにする。この作業によって、両陣営が合意という言葉に各自の権威を付与し、この概念の領有に努めたことが明らかになる。

三　長老派における教会人事選挙の合意

長老派にとって合意とは、牧師や長老を選出する集会において挙手で示される同意であった。このような意味は民衆的合意popular consentという句を頻繁に用いていることにも表れており、「他人が示したことについて自発的に同意する」という一四世紀以来最も標準的なconsentの内容に沿っている[17]。カートライトは、旧約のユダヤ教徒と新約の使徒たちが則った原則を体現するものとして民衆的同意の正当性を主張した[18]。

民衆的合意は以下二つの理由から、長老派の中核的主張となった。第一に、この民主主義的手続きを押し出すことによって、体制派の階層的教会組織を「暴政」と批判することができた。第二に、民衆的合意という発想は、体制派が擁護した全教区の一元的管理に対抗して各教会の自治の原則を強固にするものであった[19]。長老派は民衆の敬虔さと有能さを説くことで、民衆的合意の有効性の保障を試みた[20]。

以上から、長老派が用いた合意とは、人々が集まったその場で明示される意志の一致ということができる。[21]

一方、体制派にとっては、長老派の主張する民衆的合意は混乱の原因以外の何物でもなかった。ウィットギフトはまず民衆的合意を民衆的選挙 popular election と言い換えた上で、その選挙の場にいる人々の各々の野心や血縁地縁などによる贔屓は抑えがたいとしている。[22] ウィットギフトにとって、長老派の選挙はそのような偏った情念の温床であり、権力の歯止めとしては機能しないものである。当然ウィットギフトにとって民衆は、カートライトが言うような敬虔で有能な集団ではなく、無学で、教会運営には不適切な存在である。さらに体制派は、長老派の提示するような制度によって合意に至ることはそもそも不可能であるとしている。[23]

体制派にとって民衆の合意は、選挙を伴わない限りにおいて許容できるものであった。選挙は主教たちが事前に行うものであり、民衆的合意は、その選挙の結果に賛同するという沈黙によってしか表明されえない。ウィットギフトは、教会法の有名な一句「沈黙は合意と見なされる」を引用してこの立場を裏付けており、[24] ビルソンやサットクリフもウィットギフトに倣った主張をしている。[25] とりわけサットクリフは、民衆が取るべき行動を「民衆は挙手によって選ぶのではなく、項垂れて肩を下げ、深い沈黙の同意によって選ぶのである」と鮮やかに描写している。

四　体制派における歴史の合意

他方、長老派との論争を経る中で、体制派特有の合意の用法が浮上した。ウィットギフトが、七十門徒の一人テモテが長老であったという長老派の主張を反駁してテモテが主教であったと主張する箇所は、「諸史の普遍的合意universal consent of histories」、「教父たちの合意consent of fathers」、「近年の論者たちの合意consent of late writers」といった様々な「合意」によって裏付けられている。[26] これらの句の中にある「合意」は、会に集った人々のその場での合意という意味ではない。それは時代を通して諸々の権威が同じ意見に収斂してきたという意味である。宗教改革を経たプロテスタントとして、第一の権威は無論聖書であったが、ウィットギフトは膨大な量の初代教父、歴史家、そして大陸の宗教改革者たちの著作から「合意」を導きだしている。

ウィットギフト以降の体制派も同様の合意概念を用いている。ビルソンとサットクリフは自らの主張を「古の教父たちの合意」や「全古代の一般的合意」に整合させている。[27] サラヴィアは「古の教父たちの合意」を「真理の柱である聖書」に次ぐ権威のある論拠として提示している。[28] ビルソンはさらに一歩進んで、たとえ「神の言葉がその事柄に関して特に何も命令してなかろうとも」、「全古代の一般的合意」だけで長老派を十分論破できるとした。[29]

したがって体制派の合意概念は、教会人事選挙の場で示されるものと全く異なるものであり、「一致した見解の伝統」とも言い換えうるものである。「合意」の中身の違いには、長老派と体制派それぞれが依拠した権威の違いが如実に表れている。長老派は、旧約のユダヤ人や新約の使徒の時代における教会体制disciplineの例が、そのまま一六世紀に適用される権威であると考えた。長老派も初代教父を引き合いに出すことはあったが、体制派のように合意という言葉を用いて連続性を強調することはなく、あくまで一六世紀の教会体制の先例として扱っている。他方で体制派にとっては、先立つ一連の宗教的著作が常に同じ教えで一致しているという連続性が権威の源泉であった。

五　フッカーの「全教会の合意」

フッカーは長老派の主張に反論した体制派聖職者であったが、彼の合意の用い方は右に述べた体制派一般のそれとは一線を画すものだった。LEPにおいては初期教父や公会議の合意ではなく「全教会の合意consent of the Whole Church」という、他の体制派の著作からはほとんど見出せない句が目立つ。[30] フッカーはこの「全教会の合意」によって、教会統治体制の変更が決められるとしている。[31] この「全教会の合意」が意味するところは、上で述べた教会選挙形式でも、教父らにおける一致した見解の伝統でもなかった。合意する主体は、各集会の長老でもなく、教父や先行する論者でもない。

この「全教会の合意」が指示する内容に関しては、この言葉を構成する要素である「教会」と「合意」、そして現実に適用された際の齟齬について、これまで諸説が散発的に提示されてきた。先行研究は、一方で「全教会の合意」という言葉に民主主義的な「信徒の力」やエキュメニズム的な「普遍教会志向」を読みこんできた。[32] 他方で、フッカーがLEPの中で、現実の次元では信徒個々人の選択を排除している点や、イングランド教会の階層的秩序を擁護していることも指摘されており、[33] この矛盾の解消はこれまで試みられていない。前者のような先行研究は現代に通じるようなLEPの意義を取り上げるのみであり、後者のような先行研究は、思弁的な合意原則が階層的な近世イングランドの現実に適用された時必然的に現れる権威的強制だとするに留まっている。

対して本稿は、「全教会」の範囲はイングランド教会であることを明確にし、「合意」の中身を再定義することによって現実の実行形態との齟齬が解消されることを示す。

まず「全教会」の範囲について、普遍教会やエキュメニズムを読み込む先行研究は、第一巻末でフッカーが提案する全世界の諸教会universal churchesが集う公会議と「全教会」を無批判に同一視しているという問題がある。フッカーが提案した公会議は教義の統一のための場であり、「全教会の合意」が影響を持つ教会統治を議論する場ではない。[34] そもそもフッカーは全世界の教会が一堂に集う公会議の文脈で、「合意」という語を持ち出してはおらず、聖霊と使徒の行いに導かれた議論の場を想定するにとどまっている。より基本的な指摘をすれば、フッカーが「全世界の諸教会」を指す場合はchurchが複数形であるが、「全教会の合意」での教会は単数形である。したがって、ここでの「全教会」は普遍教会ではない。

だとすれば、教会と国家の構成員が同一であるとしているフッカーの一般的語法に従い、「全教会」とはイングランド教会と考えるのが順当である。フッカーの主張の中で最もよく知られている国家と教会の同一性を改めて確認することは、「合意」概念の考察に必要である。

フッカーにとって教会は国家同様「可視的共同体かつ統治体であり、統治体の法を欠くことができない」存在である。[35] したがってこれまで政治思想史の先行研究で専ら世俗国家の基礎づけとされてきた第一巻に登場する合意概念は、教会にも適用可能であり、事実フッカーは第一巻において国家だけでなく教会も念頭においている。[36] LEP第一巻において、万人の合意は「最も完全で強力な善の印」であり、これは「行いの善に関わる指示的規則directive rule unto goodnes [sic] of operation」である法の基礎である。[37] いわゆるトマス的発想に基づいた第一巻において、合意はそれぞれの人間が理性を用いた結果であり、必ず善に向けられたものである。この万人の合意に基礎付けられた法とアリストテレス的自然本性によって社会が形成される。よって、国家と同様、教会もこの初期合意によって立てられた法によって統治される。[38] フッカーが「全教会の合意」が持つ正当性を主張する際には、第一巻におけるこのような初期合意の発想を基本的には踏まえていると考えられる。

フッカーはこの理性に裏付けられた初期合意の正当性を前提としつつ、「全教会の合意」を初期合意とは区別した。この二つの概念が異なっていることは、「全教会の意見」が理性と調和している時のみ「全教会の合意」となる、もしくは、「全教会の合意」形成において、「全教会の声」よりも「理性の力」を優先すべきである、[39] というフッカーの言明に明確に現れている。なぜなら、初期合意においては各人が発した意見は必然的に理性的であり、それがさらに理性と調和する必要はないからである。

必ずしも理性的ではない「全教会の声」が慣習や知恵によって訂正され、より理性に沿ったものとなることを保証するためには、理性に裏付けられた初期合意によって共同体の統治と法の枠組みが確立されたという前提が必要である。[40] つまり、一旦理性的な初期合意によって共同体の統治と法が立てられた後は、その枠組みの中で、時の経過によって積み重なる慣習と知恵の方が、現時点における共同体の各構成員の意見よりも理性に沿ったものであるとフッカーは考えているのである。

したがって、初期合意以降の合意は、初期合意によって立てられた統治と法の実践によって形成された慣習に則っているという条件を満たさなければならず、単なる直の意見の集合体ではあり得ない。フッカーはこのような要求を課すことによって長老派の合意を、真の理性の裏付けのない私的な判断として排することができた。[41]

フッカーの「全教会の合意」概念は長老派だけでなくローマ・カトリックにも明確に対抗するものであった。フッカーのいう慣習customは、理性に導かれた初期合意に則っているという点が重要であり、ローマ・カトリックの伝統

（伝承）traditio 概念とは異なるものであった。[42] そもそも宗教改革を経た一六世紀イングランドにおいて、伝統はローマカトリックの腐敗と結びつけられた概念であり、体制派はすでに長老派から、ローマ・カトリック的伝統に拘泥していると非難されていた。そこでフッカーは慣習を、理性に導かれた初期合意に基づくものとし、非理性的な存続 duration を重視するローマカトリックとの差別化を図ったのである。[43]

「全教会の合意」が必ずしも万人によって表明される必要のない、法と慣習に則った手順に沿ったものであると考えると、現実の執行形態と理論の齟齬を解消する手がかりが見出される。フッカーは、教会統治に関して、「すべての人に個別に各自の声を与えることによってではなく」、彼らの主人が彼らのために選択した方法によるべきだとしている。[44] よって現実には、主教制が「慣習の力による」体制であり、[45] 慣習に沿って運営される教会体制において「全教会の合意」が形成されるプロセスは主教中心であり、確かに見かけ上は他の体制派の現状擁護の結果と変わらない。しかしフッカーは他の体制派とは違って、長老派モデルの合意が情念に導かれていて信頼ならぬという理由だけで民衆の声を排除してはいない。例えば主教の選択に関して、フッカーは主教の存在はイングランドの全教会に影響を持つものであるから、規模のはるかに小さい長老派モデルの集会で決めるべきではないとした。[46] 全教会の運営を背に負うべき主教たちこそまさに全教会の名によって選ばれるべきなのである。このように、フッカーは一方的な従順の要求ではなく、影響が及ぶ範囲と合意の主体の範囲を一致させるために「全教会の合意」を主教任命時の根拠として用いた。

さらに、「全教会の合意」が教会統治体制を変える力を持つとフッカーが主張したことは特筆に値し、LEPが単なるイングランド教会の階層的秩序擁護ではなかったことが明確になる。フッカーは、或る必要性に迫られるか、主教の行いが理にかなったものでなくなった場合は、イングランド国教会が「全教会の合意」によって主教制を他の形態に変化させ得、実際にそうしてきたとしている：「全教会が一般合意によって、それを禁じる［神の］命令がない限り、使徒の実定法ですらも変更させうるがために、神が定めた最初の［教会統治］体制の在り方 reason そのものを時代の変化が紛いもなく取り除いてきており、これは様々な例が明確に示している」。[47]

こうした主張は、フッカー前後の体制派の主張と比較した時、非常に特異である。まずフッカーに先立つ体制派は、教会統治体制を救いには関係のないもの（無規定中立事項）adiaphora; things indifferentとした。非階層的な教会統治体制だけが使徒の例に従った正当なものだと主張した長老派に対して、体制派は、規律discipline（≒教会統治体制）は教義doctrineとは異なり本質的に重要ではなく、何らかの外部的な要因で変化しても差し支えないものだとしていた。他方、フッカー以降の体制派は、長老派への批判を強めるにつれ、階層的な主教制だけが使徒の時代から続く正当なものであり、変化したことはないと主張した。上で登場した一六世紀末体制派もこのどちらかに含まれる。

これらに対してフッカーは、教会統治体制が過去に変化したこととこれから変化しうることを認め、さらにその変化を起こす原動力として「全教会の合意」の積極的な意義を提示した。加えて、「全教会の合意」によって主教制が変化しうることは主教の行いを制御するための方策であると明言している[48]。こうした主張は、一見主教制を存続させるための最良の方策とも看て取れるが、フッカーは当時の主教の腐敗を念頭に置き、「傲慢、身勝手、矯正不能な主教の行いが教会を束縛するのであれば、教会はその一般合意によって主教制を取り除く力を持っている[49]」と、主教制の存続を自明視してはいない。フッカーはLEP第七巻第二四章にて当時の主教の堕落を集中的に糾弾しており、「主教らは地上における最悪の者どもである[50]」と冒頭部で断じている。このように主教の腐敗に警鐘を鳴らしたことは他の体制派の著作には見られない類の主張であり[51]、教会政体自体を変化させるという抜本的／急進的radicalな提議からしてフッカーは決して現実追従的な思想家ではなかった。

フッカーの思想と特異性を強調するために、視野を少し広げると、教会政体が「全教会の合意」によって変えられるとする見解は、少なくとも一七世紀半ばまでは見当たらないものである[52]。主教制の絶対的正しさを擁護した体制派聖職者は言うまでもなく、LEPを愛読し、理性や寛容の擁護という点では「フッカーの後継者」とされてきたグレート・テューサークルthe Great Tew Circleのメンバーらも、主教制は使徒時代以来一度も変わったことがないとしている[53]。長老派も、長老制が初代教会から続く、神法によるiure divinoものといって譲らず、それ以外の宗教諸派も、教会政体を不動のアイデンティティの一つとして捉えた。このような宗派化confessionalizationの流れの中で、フッカーのように宗教共同体が有する力を認めつつ、教会統治体制そのものを相対化する発想が摂取される余地は極めて限られていた[54]。それゆえ、理性と慣習による限定を認め、国教会における主教制の重要性を認識しつつも、過去に教会政体を変化させ、これからも変化させうる積極的な力を合意に見出したフッカーの後継者は管見の限り見つかっていない。

六　本稿の意義

本稿は第一に、フッカーの合意概念が、当時の宗教論争の文脈の中でいかに特殊であったかを示した。フッカーは一六世紀末イングランドの宗教論争の真っ只中でLEPを著しながら、相対する論陣が提示したどちらの合意の用法にも収束しない「全教会の合意」という概念を論じた。「全教会の合意」は、これまで政治思想史領域で研究対象とされてきた初期合意と連関があるものの、明確に異なる概念である。書かれた背景を鑑み、LEPの主眼は世俗国家体制というより教会統治体制であることを踏まえ、慣習と法に則りつつも単なる現行体制擁護ではない「全教会の合意」概念の重要性を明らかにした。

本稿は第二に、フッカーと同じ宗教論争空間にいた論者らの著作を読み解き、世俗国家の社会契約論に収束しない多様な合意概念を示した。この作業によって、合意という概念が宗教領域において本質的に論争的なもので、その言葉の用法にまさに権威の源泉を争う政治性が含まれるということが明らかになった。

（1）Harro Höpfl and Martyn P. Thompson, The History of Contract as a Motif in Political Thought, in *American Historical Review*, Vol. 84, 1979, pp. 919-944.

（2）Georg Jellinek, *Allgemeine Staatslehre*, Dritte Auflage, Berlin: Julius Springer, 1914, p. 205; J. W. Gough, *The Social Contract: A Critical Study of Its Development*, Oxford: Clarendon Press, 1936, pp. 69-72; F. J. Shirley, *Richard Hooker and Contemporary Political Ideas*, Westport, CT: Hyperion Press, 1979, pp. 97-98; W. D. J. Cargill Thompson, The Philosopher of the 'Politic Society': Richard Hooker as a Political Thinker, in *Studies in Richard Hooker: Essays Preliminary to an Edition of His Works*, ed. W.

Speed Hill, London: The Press of Case Western Reserve University, 1972, pp. 3-76. なおPatrick RileyとFrancis Oakleyによれば、少なくとも一六世紀まではそもそも個人の権利と自由に基づいた近代的社会契約を論じた人はいない。Riley, How Coherent is the Social Contract Tradition?, in *Journal of the History of Ideas*, Vol. 34, 1973, pp. 543-562; Oakley, Legitimation by Consent: The Question of the Medieval Roots, in *Viator*, Vol. 14 , 1983, pp. 303-335.

（3）当然、この期間中になされた、政治思想史には属しないフッカー研究は多数存在する。本稿では本格的に取り上げないが、例えば聖公会神学系のフッカー研究はフッカー死後の一七世紀から現在に至るまでたゆまず活発である。

（4）個人の権利と自由に基づいた「近代的」社会契約を初めて論じたのはホッブズであるとされている。なお宗教的文脈で「近代的」合意概念を初めて提唱したのは一七世紀前半の会衆派Congregationalismの指導者、ヘンリー・ジェイコブHenry Jacobであるとされている。Höpfl and Thompson, Contract as a Motif, p. 938; Polly Ha, Ecclesiastical Independence and the Freedom of Consent, in *Freedom and the Construction of Europe*, Vol. 1, eds. Quentin Skinner and Martin van Gelderen, Cambridge: Cambridge University Press, 2013, pp. 57-76. また、イングランド外の会衆派的思想の先駆けとして、一六世紀後半フランスのジャン・モレリを挙げることができる。Jean Morély, *Traicté de la Discipline & Police Chrestienne*, Lyon, 1562, pp. 45, 124, 168, 182, 185, 277; Debora Spini, Il 'Traicté de la Discipline et Police Chrestienne' de Jean Morély, in *Pensiero Politico*, Vol. 26, 1993, 85-91; Philippe Denis et Jean Rott, Jean Morély et l'Utopie d'une Démocratie dans l'Eglise de Genève, Genève: Librarie Droz, 1993; 石引正志「モレリ事件とフランス改革教会」『青山学院女子短期大学総合文化研究所年報』第一二巻、二〇〇四年、一〇一～一一五頁。なおRobert Kingdonに依れば、モレリの書はイングランドの会衆派に建設的な影響を与えてはおらず、イングランドにおいてモレリの名は会衆派批判者によって利用されたのみである。Kingdon, *Geneva and the Consolidation of the French Protestant Movement, 1564-1572*, Genève: Librarie Droz, 1967, pp. 129-135. モレリについて、田上雅徳氏より指南を受けた。

（5）A. P. d'Entrèves, *The Medieval Contribution to Political Thought: Thomas Aquinas, Marsilius of Padua, Richard Hooker*, London: Oxford University Press, 1939; E. T. Davies, *The Political Ideas of Richard Hooker*, London: Society for Promoting Christian Knowledge, 1946; Peter Munz, *The Place of Hooker in the History of Thought*, London: Routledge and Kegan Paul, 1952; H. F. Kearney, Richard Hooker: A Reconstruction, in *Cambridge Journal*, Vol. 5, 1952, pp. 300-311; Robert Eccleshall, Richard Hooker's Synthesis and the Problem of Allegiance," in *Journal of the History of Ideas*, Vol. 37, 1976, pp. 111-124; Arthur S. McGrade, The Coherence of Hooker's Polity: The Books on Power, in *Journal of the History of Ideas*, Vol. 24, 1963, pp. 163-182;

Michael Oakeshott, Richard Hooker, in *What is History? and Other Essays*, ed. Luke O'Sullivan, Exeter: Imprint Academic, 2004, pp. 207-218.

（6）この現象の原因の一つとして、ケンブリッジ学派コンテクスト主義の影響が考えられる。ＬＥＰを厳密に同時代の論争空間の中に置くと、次項に示したような宗教論争に立ち入ることになり、「世俗的な」政治思想史家の関心は呼び起こされなかったのではないかと推測する。この点について、犬塚元氏の提言から着想を得た。

（7）八代崇『イギリス宗教改革史研究』創文社、一九七九年、三七一～三七四頁。同著者、『イングランド宗教改革史研究』聖公会出版、一九九三年、二四〇～二五四頁。梅田百合香「ホッブズとフッカー」『ホッブズ　政治と宗教―「リヴァイアサン」再考』名古屋大学出版会、二〇〇五年、一四八～一八四頁。高野清弘「リチャード・フッカーの思想的出立」『政治と宗教のはざまで―ホッブズ、アーレント、丸山眞男、フッカー』行路社、二〇〇九年、一六一～二三五頁（初出：『甲南法学』第三七巻、一九九七年）および同著者「フッカー―ヤヌスの相貌」、同書二六一～二八一頁（初出：田中浩編『現代世界と国民国家の将来』御茶の水書房、一九九一年）。妹尾剛光「フッカー『教会統治の法について』およびホッブズとロック」『関西大学社会学部紀要』第四五巻第二号、二〇一四年、一～二一七頁。また、半澤孝麿『ヨーロッパ思想史における〈政治〉の位相』岩波書店、二〇〇三年は、「『諸法［ＬＥＰ］』を考察するとき、何よりも留意すべきは、それが、時の政治・宗教論争の尖端に位置する論争の書であることである」（二五〇頁）と述べているものの、実際はその留意を十分に実行していない。同書は、「『諸法』第二巻から第七巻まで延々と展開される、そうした狭い意味での教会論にこれ以上立ち入る必要はないであろう」（二六二頁）とし、第一巻と第八巻に圧倒的な比重を置いている。さらにフッカーの議論が「多くの点でホッブズを予測させるものである」（二六七頁）としている点で政治思想史におけるフッカー研究の限界を克服していない。

（8）Peter Lake, *Anglicans and Puritans? Presbyterianism and English Conformist Thought from Whitgift to Hooker*, London: Unwin Hyman, 1988.

（9）Kenneth Fincham eds., *The Early Stuart Church, 1603-1642*, London: Macmillan, 1993, 特に第二、七、八章。

（10）W. J. Torrance Kirby, *Richard Hooker's Doctrine of the Royal Supremacy*, Leiden: Brill, 1990.

（11）イングランド宗教改革に関しては無数の文献が存在するが、現時点ではPeter Marshall, *Heretics and Believers: A History of the English Reformation*, New Haven: Yale University Press, 2017が最新の研究成果を網羅的に踏まえ、均衡の取れた記述をしている。本稿に直接関係する箇所は第一四～一六章。

(12) トラヴァースとカートライトのどちらが論敵だったか、という点については過去に論争があった。現在の定説として、「初めはトラヴァース相手の論争だったのが、だんだんカートライト相手になった」という説明が最も適している。Lee W. Gibbs, Life of Hooker, in *A Companion to Richard Hooker*, ed. Torrance Kirby, Leiden: Brill, 2008, p. 13.

(13) この一連の論争に関する最新の知見として James David Rich, Thomas Cartwright and His *Confutation*: From English Presbyterian Gadfly to International Calvinist Propagandist, Unpublished Ph. D. diss., Westminster Theological Seminary, 2015, pp. 47-138.

(14) Patrick Collinson, *The Elizabethan Puritan Movement*, London: Jonathan Cape, 1967, pp. 403-432.

(15) 本稿は「アングリカン」というラベルの代わりに「体制派」のラベルを採用する。一六世紀には「アングリカニズム」が存在しなかったという理由による。近世「アングリカニズム」に関する最良の紹介は Anthony Milton, Introduction, in *The Oxford History of Anglicanism*, Vol. 1, *Reformation and Identity, c.1520-1662*, Oxford: Oxford University Press, 2017, pp. 1-27.

(16) *The Works of John Whitgift, D. D., Archbishop of Canterbury*, Vols. I – III, ed. John Ayre, Cambridge: Parker Society, 1851-3. 以下 WW I-III と引用する。なおこの著作にはカートライトの著作も含まれているため、カートライトの主張が WW から引用される場合がある。

(17) *Oxford English Dictionary*, 2nd ed.

(18) Cartwright, *A Replye to an Answere Made of M. Doctor*, 1573, p. 32.

(19) A. F. Scott Pearson, *Church and State: Political Aspects of Sixteenth Century Puritanism*, Cambridge: Cambridge University Press, 1928, pp. 101-105.

(20) Lake, *Anglicans and Puritans?*, pp. 58-61; WW II, p. 62.

(21) なお宗教思想史の文脈で「民主主義的」で「個人主義的」だったとされるのは会衆派で、長老派は会衆派に比べると階層的組織を保持していた（本稿注4）。ただし本稿では、体制派との比較という点に限って長老派の「民衆的」要素の強調は有効であると考える。

(22) WW I, pp. 472-473.

(23) WW I, pp. 370-371; Sutcliffe, *A Treatise of Ecclesiasticall Discipline*, London, 1590, pp. 31-32.

(24) WW I, p. 362: "Qui tacet, consentire videtur."

(25) Bilson, *The Perpetual Governement of Christes Church*, London, 1593, p. 441; Sutcliffe, *A Treatise*, p. 35.

(26) WW II, pp. 294-296. なおこのような主張は、後に示すadiaphoraの発想とは矛盾する可能性を孕む。教会統治体制がadiaphoraだとすると、新約の時代に主教制が存在している必要は全くなく、コンスタンティヌス帝時代を教会統治体制が変化した一つの切れ目として見ているウィットギフトの基本的な発想とはむしろ矛盾する。

(27) Bilson, *Perpetual Governement*, sig. ¶6v; Sutcliffe, *A Treatise*, pp. 56, 97-100.

(28) Saravia, *Of the Diuerse Degrees of the Ministers of the Gospel*, London, 1591, sig. C2r.

(29) Bilson, *Perpetual Governement*, sig. ¶6v.

(30) S. L. Greenslade, The Authority of the Tradition of the Early Church in Early Anglican Thought, in *Oecumenica* 1971/2, p. 21 および Jean-Louis Quantin, *The Church of England and Christian Antiquity: The Construction of a Confessional Identity in the Seventeenth Century*, Oxford: Oxford University Press, 2009, p. 92もこれがフッカー特有の語であることは指摘しているが、詳細な分析はしていない。

(31) 本稿は *The Folger Library Edition of the Works of Richard Hooker*, 3 vols., ed. W. Speed Hill, Cambridge, MA: Belknap Press of Harvard University Press; Vol. 1, ed. Georges Edelen, 1977; Vol. 2, ed. W. Speed Hill, 1977; Vol. 3, ed. P. G. Stanwood, 1981 の読解に基づいている。必要に応じて、FLE［巻］:［頁］を付記した。このFLEが近年のフッカー研究における標準的な校訂版である。LEP V.8.2（FLE 2:39）; LEP V.8.3（FLE 2:39）.

(32) 前者の一例としてCharles Miller, *Richard Hooker and the Vision of God: Exploring the Origins of 'Anglicanism'*, London: J. Clarke, 2013, pp. 236-237. 後者についてAlan Cromartie, Theology and Politics in Richard Hooker's Thought, *History of Political Thought*, Vol. 21, 2000, pp. 59-61.

(33) Sheldon Wolin, Richard Hooker and English Conservatism, in *Western Political Quarterly*, Vol. 6, 1953, pp. 28-47; W. H. Greenleaf, The Thomasian Tradition and the Theory of Absolute Monarchy, in *English Historical Review*, Vol. 79, 1964, pp. 747-760; Brian Vickers, Authority and Coercion in Elizabethan Thought, in *Queen's Quarterly*, Vol. 87, 1980, pp. 114-123; Ethan H. Shagan, *The Rule of Moderation: Violence, Religion and the Politics of Restraint in Early Modern England*, Cambridge: Cambridge University Press, 2011, pp. 135-147.

(34) LEP I.10.14（FLE 1:109）.

（35）LEP III.11.14（FLE 1:261）.

（36）LEP I.16.7（FLE 1:141）; LEP I.16.5（FLE 1:139）; LEP I.10.11.

（37）LEP I.8.3.

（38）LEP VIII.6.11（FLE 3:403）.

（39）LEP V.8.2（FLE 2:39）; Egil Grislis, The Role of Consensus in Richard Hooker's Method of Theological Inquiry, in *The Heritage of Christian Thought: Essays in Honor of Robert Lowry Calhoun*, eds. R. E. Cushman and E. Grislis, New York: Harper and Row, 1965, pp. 84-85.

（40）LEP V.8.2（FLE 2:39）

（41）A. S. McGrade, Reason, in *The Study of Anglicanism*, eds. Stephen Sykes and John Booty, London: Society for Promoting Christian Knowledge, 1988, p. 108とM. E. C. Perrott, Richard Hooker and the Problem of Authority in the Elizabethan Church, in *Journal of Ecclesiastical History*, Vol. 49, 1998, pp. 55-59も同様の指摘をしているが、初期合意と「全教会の合意」を区別していない。

（42）LEP I.13.2（FLE 1:123）; LEP I.14.5（FLE 1:129）; LEP III.8.14（FLE 1:231）. W. David Neelands, Hooker on Scripture, Reason, and 'Tradition,' in *Richard Hooker and Construction of Christian Community*, ed. A. S. McGrade, Tempe, AZ: Medieval and Renaissance Texts and Studies, 1997, pp. 89-91.

（43）このようなローマ・カトリック理解はフッカーの存在被拘束性と、当時イングランド国教会を批判したローマ・カトリック論陣が理性や言葉よりも歴史性をとりわけ強調したことに由来する。本来スコラ学においてtraditioとduratioは両方とも、理性に基づくものである。ただしフッカーはトマス・アクィナスを筆頭とする中世スコラ学者らを「ローマ・カトリック」とは括っていないので、フッカーのスコラ学理解が不足していたというより、彼の批判対象の「ローマ・カトリック」の範囲が、本稿第二節での記述の通り教皇の無謬性infallibilityと至上性を根拠にイングランド王権を脅かした集団に限られていたとするのが妥当である。

（44）LEP VII.14.12（FLE 3:228）; フッカーにとっては初期合意の段階でもこの発想が有効である。LEP I.10.8:「発声や仕草による同意だけでなく、少なくとも大元彼らから導出された権利によって、彼らの名前で他の人々が同意すること」。

（45）LEP VII.5.8（FLE 3:168）.

（46）LEP II.14.10（FLE 3:226）.

(47) LEP VII.5.8 (FLE 3:167); LEP V.8.2 (FLE 2:38); LEP V. 9. 5. なおここでフッカーは、当時論争の対象になっていた教父聖ヒエロニムスのアレクサンドリア教会を主に念頭においており、イングランド教会に関わる具体的な例を挙げてはいない。観念的にはイングランド国教会にも当てはまる原理ではあるが、厳密には「イングランドにおいては主教制が長らく存在した」というフッカーの言明（FLE 3:168）と矛盾する。一六世紀末における聖ヒエロニムスをめぐる論争および主教制の持続性・可変性については拙稿 “Appropriating St. Jerome: The English Conformist Defenses of Episcopacy, c. 1580-1610”『イギリス哲学研究』第四三号、二〇二〇年、二三～三九頁。

(48) LEP VII. 24.10 (FLE 3:296); LEP VII. 24.12 (FLE 3:297).

(49) LEP VII.5.8 (FLE 3:168)

(50) LEP VII.24.1.

(51) Patrick Collinson, Hooker and the Elizabethan Establishment, in *Richard Hooker and the Construction of Christian Community*, p. 171.

(52) 含意はやや異なるが、管見の限り最も近い主張をしているのは王政復古時代の体制派聖職者Edward Stillingfleetである。A Sermon Preached at a Publick Ordination at St. Peter's Cornhill, March 15th 1684/5, in *Ten Sermons*, London, 1697, pp. 570-571.

(53) William Chillingworth, *The Apostolicall Institvtion of Episcopacy*, Oxford, 1644; Henry Hammond, *Considerations of Present Use Concerning the Danger Resulting from the Change of Our Church-Government*, 1644; Jeremy Taylor, *Of Sacred Order and Offices of Episcopacies, by Divine Institution, Apostolicall Tradition, and Catholique Practice*, London, 1647.

(54) 宗教共同体（狭くは聖職者集団）の力を認めない限りにおいては、周知の通りホッブズによって一つの極みに達した、いわゆる「エラストゥス主義」の発想によって世俗為政者が宗教事項を定めることができる。また、グロティウスに代表される最小信条minimal creedという発想もある。これらは一見フッカーが教会体制を相対化したことと比肩しうるが（そして事実、それゆえに注7に示したフッカーとホッブズとの連関が想定されてきた側面があるが）、フッカーの場合、宗教共同体の力によって変更されるという点が特異であると改めて強調したい。

＊付記

本稿は、二〇一九年度政治思想学会研究大会にて報告した原稿に修正・加筆を加えたものである。司会を務めていただいた上、忌憚のないコメントをくださった山岡龍一先生に感謝申し上げる。また、本報告当日、日曜朝に来場し、質問を寄せてくださったフロアのみなさまに深謝する。加えて、本報告の前後期間に、森政稔先生のゼミ参加者および田上雅徳先生、古田拓也氏、岡田拓也氏から貴重な助言を得られたこと、記して感謝する。最後に、匿名の査読者お二方および編集者の方から詳細な指摘をいただくことができ幸いであった。査読・校正の労を取ってくださったことに感謝申し上げる。本稿は、日本学術振興会特別研究員奨励費（１８Ｊ２２１５０）に基づく研究成果の一部である。

〔政治思想学会研究奨励賞受賞論文〕

ハンナ・アーレントの法概念

――ノモス／レックスの二元論を超えて

和田昌也

一　問題の所在

本稿は、アーレントの法概念に対する膠着した二元論的解釈を超えるための一つの解釈を提示することを目的とする。アーレントの法とそれを巡る議論については一定の研究が為されてきたが、[1] 二〇一二年に出版された編著*Hannah Arendt and the Law*[2] にみられるように、近年特に耳目を引くようになっている。その法論の隆盛において顕著なのは、解釈上の傾向があらわれていることである。アーレントの法を、古代ギリシアの法概念「ノモス*nomos*」と古代ローマの法概念「レックス*lex*」のいずれかに引き付けて捉えようとする試みが為されてきているのである。

だが、そのような択一的な解釈を施そうとすればするほど、アーレントが法をどのように理解していたかが判然としなくなるのではないか。アーレントはそのような択一的な法解釈を示していたわけではない、これが本稿の立場である。それゆえ、その二元論的パラダイムの陥穽を回避すべく、アーレントが法のなにを問い、いかにして答えようとしたかを、彼女の言を辿りながら再確認することは今一度必要な作業となると思われる。[3]

とはいえ、たしかにそれは、アーレントの読者には周知のとおり、容易なことではない。その理由は、アーレントがノモスもレックスもともに重要な法概念として高く評価している、という点にとどまらない。さらに複雑で厄介な問題は次の点に存する。彼女は一方で、ノモスを「仕事work」の産物であり、実体的なものsubstantiveと理解し、他方で、レックスを「活動action」の産物であり、関係的なものrelationalと捉えていること、つまるところ、アーレントにとって両者は相互に異質でさらには対極的な法概念ですらある、という点である。では、この場合、矛盾を承知で「仕事の法／活動の法」といった二元論にとどまるほかないのだろうか。結局のところ、アーレントの法論は不首尾なものでしかないのだろうか。そのような法概念を彼女の思想体系のうちに位置付けることは果たして可能なのだろうか。

アーレントの法論を理解するためには、問いのたて方を変える必要があるように思われる。二元論を生じさせる問いの構造をみておこう。それは以下のとおりである。法は政治的空間を築くが、その政治的空間によって可能となる政治によって法は生み出される。法が先か、はたまた政治が先かlaw prior to politics or politics prior to law。これは、本論でも触れるが、アーレントが別の文脈で呼んだ「立法の悪循環」(4)の問題と同様の問いの構造であるが、この問いのたて方では循環論法に陥ってしまうだろう。もとをただせば、この問いのたて方自体が、アーレントからすれば、ある誤りに基づいている。それは、法（≒work）と政治（≒action）をそれぞれ独立し、切り離されたものとして、少なくとも外的に規定しあうものと捉える二元論に立っているからである。むしろ、Ch・フォルクが指摘するように、伝統的な「法と政治の二元論duality」(5)を批判しようとしたのがアーレントなのである。

ここで、次の点を指摘しておくことは極めて重要であろう。すなわち、アーレントはノモスもレックスも部分的に評価したにすぎない、という点である。言い換えれば、アーレントは双方をともに批判しているのである。そして、本稿の結論に関係するのだが、幾分か先取りすれば、アーレントはノモスとレックスの批判を経たのち、法を「はじまりbeginning」と結び付けて新たに構想していると解釈し得るのである。「はじまり」の法、それは、それ自体がはじまりであるところの活動に端を発するものであり、そこから生まれる「法」は、その「はじまり」を保存すべく作成される。そのような法を作成し、憲法化し、その後、変革と維持を課題とするのが政治である。それゆえ、アーレントにとって、「はじまり」を起点として同時に生じる法と政治は相互依存関係にある。(6)

アーレントの政治理解に関しては「政治のための政治politique pour la politique」（M・ジェイ）や「空videに由来する」（A・ネグリ）といった実存主義的、決断主義的、さらには「闘技主義的agonistic」（B・ホニッグ、J・P・ドランティ、E・ルノー）などの様々な解釈が示されてきている。それらの非合理的な性格規定が断続的に提示されてきていることは、「活動」と同義ですらあるアーレントの政治概念が、その独創性と根源性ゆえ、脚光を浴びすぎること、あるいはそれゆえに結果する法概念の看過に起因すると推察されるが、いずれの解釈も、アーレントの政治がいかなる状況において、いかなる制度において可能となるのか、いわば「政治の条件」を明らかにし得ていない点で部分的たらざるを得ない。アーレントの法概念は、その政治の条件を闡明するものとなるだろう。それは、政治概念と密接不可離であるがゆえに、アーレント政治哲学では枢要な地位を占めるものであり、彼女の政治像を理解するうえでも必要不可欠のピースなのである。

本稿は、アーレントの政治像の再解釈には立ち入れないが、それに向けて、まずはアーレントの法概念の定義に照準を定めることにしたい。アーレントの法概念の新たな理解に到達すべく、具体的には次の手順を踏むことになる。まず、アーレントによる古代ギリシアの法概念であるノモスと古代ローマの法概念であるレックスに関する既存の研究の論点整理を行い（二-1）、つぎに、アーレント自身によるノモスとレックスの批判を考察し（二-2）、最後にアーレントのアメリカ革命論を手掛かりに、アーレントの法概念の第三の解釈を提示すること（三）を目指す。

二　ギリシアかローマか――ノモス／レックス二元論の実相

本節では、まず、冒頭でも触れたように、アーレントの法概念が、古代ギリシアのノモスか古代ローマのレックスか、択一的に理解される傾向があることを指摘する。その後、アーレント自身によるノモスとレックスの解釈に立ち入ることにする。最終的に、アーレントはノモスとレックスを、一方は暴力性、他方は無制限性の観点から、ともに批判している点を明らかにする。

1　アーレントの法＝ノモスの論拠

アーレントの法概念をノモスに引き付ける解釈の例をみてみよう。その際によく参照されるのがH・リンダールの解釈[12]である。その特徴を端的に言えば、アーレント法理論における空間的性質の意義を強調するところにある。その際、彼が論拠とするのが、次のアーレントの言明である。

我々は、法とか法律というものを、十戒のように、そのもっぱらの意味が服従を求める掟や禁止のように考えることにひどく慣れてしまっているので、法というものがもともと空間的な性格を持ったものだということを容易に忘れてしまいがちである。どんな法律もそれが通用する空間をまずは生み出すのであり、この空間が我々の自由に動くことのできる世界である。この空間以外のところは、法律もなく、正確に言えば、世界もない。[13]

明白に打ち出されたこのテーゼに従って、アーレントにとって法が「政治」ないしは「政治的共同体」の構成的役割を果たしている、とリンダールは指摘する。[14]

その彼が重視するのは、なにより、ノモスが空間創出と保持の機能を持つ点である。彼は、アーレントもまた『革命について』において参照している古代史家F・M・コーンフォードによるノモスの語源学的解釈を踏襲し、ノモスの空間規定的性格を強調する。コーンフォードによれば、ノモス*nomos*の実詞にあたる*nomós*や*nomé*が「牧場pasturage」や「飼い場feeding place」、「棲処dwelling place」、「居所quarters」を、そして複合形容詞*ennomos*が「法のうちにとどまることkeeping within the law」、「法を順守することlaw-abiding」をそれぞれ意味した。[15]それゆえ、古代ギリシアの法概念ノモスは、コーンフォードに従えば、「そのなかで社会のいっさいの活動が分配され、調和的に働かされる諸領域の配分あるいは体系[16]」と理解することができる。この点に鑑みて、アーレントのノモス解釈が、空間の創出と保持の両面において、さきほど引用したとおり、「どんな法律もそれが通用する空間をまずは生み出す」というアーレントの重要な法概念を下支えしていることをリンダールは闡明するのである。

そこからアーレントにおけるレックスに対するノモスの優位を説くのだが、彼が根拠として示すのは次の三点である。（一）ノモスは法の通用する空間を創出する、いわば「内政internal politics」を生み出すが、レックスは、都市国家の法の外で「外政external politics」を創出するのみであること、（二）それにもかかわらず、ローマの政治は「異なった諸民族が相互に遭遇すること」によって生じた「法律的なものの内部[17]」でのみ可能であったこと、（三）ノモスがポリスに対して為したのとは対照的に、「レックスは抗争的関係を包摂することによって、活動の経験を押し広げ」たが、空間を法的に囲い込み、政治共同体を保持し得なかった。これらの理由に鑑みて、リンダールは、結果的に自らの当初の政治的領域を踏み出て、拡大の一途を辿ったローマのレックスに対し、「なぜノモスが概念的にも政治的にも他の派生的な法概念に対して優位するか[18]」が理解できる、と結論する。

2　アーレントの法＝レックスの論拠

アーレントの法をレックスの側から捉えようとする研究は、ノモスのそれに比して、数多存在するが[19]、ここでは、その解釈の流れに先鞭をつけたJ・タミニオーの議論[20]を取り上げることとする。

タミニオーが、アーレント法論におけるノモスに対するレックスの優位を指摘する際に持ち出す論拠は、アーレントの法論と活動論との整合性の問題である。

周知のとおり、『人間の条件』でアーレントは「我々の行っていること」を「労働」「仕事」「活動」の三つの行為類型から捉えたが、特に最後の、人びとが「言葉と行為」によって交流する「活動」こそが、彼女の根本テーゼ、すなわち、「複数性こそ全政治生活の条件[21]」に合致する。逆に、アーレントにとって「仕事」は、「生産‐消費」の循環における行為である「労働」とは異なり、「目的‐手段」のカテゴリーに基づき、材料を加工し、永続するモノを生み出すものの、そこには「支配」や「破壊」の要素がつねにつきまとうという問題が介在するのである[22]。

これらの活動論に立脚すれば、アーレントの法論を考察する際には、次の二点が考慮されなければならないこととなる。まず、それぞれの法がどのような「行為」の帰結かが問われる点である。ノモスが、古代ギリシアにおいては、仕事の産物として捉えられ、それゆえ活動の対象とはされず、「前政治的なもの pre-political」と位置付けられていたのに対し、レックスは「盟約」や「協定」にみられるように、「複数性に基づく相互行為の抗争的諸側面の間の関係性の制度[23]」として、したがって、活動の産物として捉えられていた。

次に、人間の活動の本性的な脆さに対する理解に関係する。プラトンやアリストテレスは立法を確かに最高の政治生活にまで押し上げたが[24]、その理由は「活動の空虚さ、活動の無制限性、活動の結果の不確実性もろとも投げ棄て[25]」ること、別言すれば、「実践 praxis とその複数性の条件付けを除外[26]」することに存した。要するに、彼らは「活動」を「仕事」で代替しようとしたのであった。一方、古代ローマでは、アーレントが「活動」と結び付ける「許し」と「約束」という二つの行為が法的重要性を有していた。アーレントによれば、「許し」は「敗北者を大切にする」という「ローマ的原理」であり、それは「ギリシア人にはまったく知られていなかった知恵[27]」と言え、「約束」は「ローマの法体系が主張する、協定と条約の不可侵にまで遡ることができ[28]」るものなのである。

以上のように、アーレントの活動論とノモスは抵触し、逆に、レックスはその活動論との論理的一貫性を有しているがゆえに、アーレントの法概念は、ノモスではなく、レックスにその範をとると解釈し得る、タミニオーはそう総括するのである。

3　アーレントの法≠ノモス≠レックス

上述してきたように、アーレントの法概念をめぐって、まさにノモスとレックスの対極性に沿うように、相反する解釈が提示されている。たしかに、どちらか一方の意義を強調することで、アーレントの法概念は首尾よく説明し得るようにも思われる。しかし、それはアーレントの関心から幾分か離れたかたちでのみ成立するものであり、解釈上の偏りが生じる点は否めないだろう。

ここでは、アーレントの法は結局のところ、ノモスでもレックスでもないということを明らかにしたいと思う。アーレントは双方を批判している点に留意すべきなのである。

その証左として重要となるのが、『政治とは何か』所収の断片三C「戦争の問題」である。まず、この草稿の法論上の意義を確かめておきたい。草稿「戦争の問題」が収められた『政治とは何か』は、一九五六年九月から一九六〇年十月までの草稿からなる未完の書であるが[29]、一九五八年刊行の『人間の条件』を序論とするような政治理論の書として構想され、執筆されたものであった[30]。

このテクストが重要である理由としては二点が挙げられよう。第一に、それが書かれた時期に関係する。アーレントの法概念をめぐっては、『人間の条件』のノモスから『革命について』のレックスへという力点の移動をもって、アーレントにおけるレックスの優位が指摘されることがあるが、それは「心変わりchange of mind」[31]などではない。というのも、『革命について』が一九六〇年十二月末ごろにはすでに完成していたとみられることから[32]、同時期に執筆されたものと判断されるからである。それゆえ、この点に鑑みれば、端的な関心の移行の指摘はあたらないのである。第二に、より重要なのは、以下で考察するとおり、草稿「戦争の問題」では、『人間の条件』などでは「省略的elliptic」[33]なものにとどまっていたノモスとレックスの比較検討がより鮮明な形で行われている点である。

では、草稿「戦争の問題」の内容を検討することとしよう。冒頭、アーレントは、全体主義と核兵器の使用が象徴する「全面戦争」の時代にあって、戦争の暴力が「自然制作物」のみならず、より深刻なことに、「活動と話しあいを通じて成立してきた人間的な紐帯の世界」[34]、彼女の所謂「政治的なもの」[35]をも破壊することを指摘する。制作物の方は「暴力的な労苦を通じて再建され得る」が、「一つの民族が国家的自由を喪失した場合、その民族が生物的な意味で生き残ることができたとしても、政治としての現実は失われる」[36]。さらにいえば、この「絶滅というのは一種の世界消失に等しいというだけでなく、絶滅させる側の人間自身にも同じくかかわってくるのである」[37]とアーレントは説く。

ここでアーレントが政治的抗争の「最終手段」としての戦争の遂行を否定していることは明らかであるが、そこでの彼女の関心はむしろ、そのような国際政治の伝統的な政治観[38]の批判ではなく、戦争が破壊してしまう「人間の紐帯の世界」と、古代ギリシアと古代ローマそれぞれの法概念との関係に向けられている。

まず、アーレントのレックス解釈を検討しよう。古代ローマ人は「なにゆえ絶滅戦争が政治においていかなる位置も占めてはならないかということ[39]」を理解していたと評しつつ、アーレントは次の点に注目している。

きわめて重要なのは、ローマ民族が政治的・歴史的存立を遡っていく戦争である、イタリアの地で繰り返されたトロイ戦争は、敗者が絶滅させられるという形で終わるのではなく、同盟と盟約でもって終わったということである[40]。

なぜ、古代ローマ人がそのような「同盟」と「盟約」による結末を迎えようとしたか。それは、彼らが「同盟」と「盟約」によって「昨日までは敵だった者が明日からは同盟者となる」といった具合に、「新しい世界」を成立させようとしたからである[41]。

そこからアーレントは、レックスの特徴を次のように捉えてみせる。彼らの法の最大の特徴は、活動の産物である点に存する。具体的には、法は「人間が相互に締結」するものであり、したがって、レックスは「持続的結合[42]」として理解されていた、とアーレントは指摘する。そのような法は、「徹底した話しあい、議論のやりとりと結びついたもの[43]」であり、すぐれて政治的な行為として、したがって、「立法」として捉えられるとみることができる。要するに、古代ローマの「法律とは人間の間に紐帯を新たに打ち立てるもの[44]」なのである。このように、アーレントが、複数性を立法によって構成し得る点で、古代ローマのレックスを非常に重要な法概念として理解していることが分かる[45]。

しかし、同時に考慮すべきは、このレックスをアーレントは無条件で称揚しているわけではない点である。彼女は古代ローマ人が、法を「活動」のカテゴリーで捉えたものの、彼らは活動の特質、すなわち「際限のなさ」を理解していなかった点を批判するのである。なぜならば、立法行為によって「打ち立てられた紐帯は、活動する人間たちを結び付けるのだから紐帯と関係の一つの網の目に入ることとなり、そこに新たな紐帯を呼び起こし、既存の関係の配列を変えて、ますます進んでいき、活動する人間が予見することもできなかったような結合と運動を引き起こ[46]」してしまうからである。事実、古代ローマは「とどまるところを知らないほど領域拡大が進行し(47)」、「全地球への支配を迫る(48)」こととなり、結果として、彼らは政治的活動の中心を喪失した、とアーレントは解釈している。

今度は、アーレントのノモス解釈を考察してみよう。いま、レックスは活動の無制限さに対する限定の機能を果たさなかった、というアーレントの指摘を確認した。その点、ノモスは機能上の優位を有している、とアーレントは解釈する。というのも、「ギリシア人は活動をノモスの中に限定し、総じて法律の中に、結びつきや連関ではなくて、飛び越えてはならない限界とか、閉じ込める(49)」ことを重視したからである。アーレントによれば、ノモスは、

政治活動の結果をポリスの内部で人間同士の間で起きていることのみに制限し、ポリスを越えてあるものを、ポリスはその行為のなかで結合し、ポリスに引き戻して結合するのである。こういう過程によって、ギリシア的思考によれば、活動がやっと政治的になるのである。すなわち、ポリスと結びつくのであり、こうして人間の共同生活の最高の形態と結びつく。ノモスがあるから、活動は、制限を受けて、見通しの利かない、絶えず増大していく紐帯の仕組みへと消えてなくなってしまうのをおさえる(50)

のである。このように、アーレントは、ノモスの機能のうちに、活動の領域を制限し、そのなかで人間の相互の交流という複数性を可能にした積極的意義を看取する。

しかし、今度も同じくして、アーレントはノモスを次の二つの点で批判するのである。第一に、仕事の産物としての法理解である。古代ギリシア人は、ノモスを活動の対象として捉えず、むしろ「ノモステス、法の制定者(51)」によるものと捉えていたが、そのような法は「前政治的なもの」とされた。それが意味するのは、ノモスが安定的な「政治的な空間を制作するが、すべて制作がそうであるように、暴力的なもの、暴力的要素を含んでいる(52)」ということである。ノモスは「ポリスにおける主人であり、命令者だと命じ、その中では、法律以外では誰も、自身と同等の者に命令する権利を持っていないという形で、この暴力性が現れてくる(53)」。実際、ノモスを犯すことは「傲慢 *hubris*(54)」であると古代ギリ

シア人は埋解し、「ペルシア人が大王を恐れるのに」負けず劣らず、「ギリシア人は皆ポリスの法律を恐れ[55]」ていたのであった。

第二の批判は、いまの点に関係するが、そのようなノモスが「国家を形成し得なかった[56]」点に向けられる。ノモスはポリスの外部では通用せず、そこにおいては、ギリシア人たちは暴力に依拠し「敵を絶滅してしまった[57]」。要するに、ポリスは「植民地化によってどんどん数は増やされていったが、統一することなく、持続的な結合によって統合されることはなかった[58]」のである。結果として、「全ヘラスが都市国家たるポリスのノモスで滅んでいったことは、疑問の余地ないところであった[59]」とアーレントは解釈する。

以上のように、アーレントは、ノモスとレックスを部分的に評価しつつも、双方に批判を加えていることが理解されるだろう。その要点を繰り返せば、次の通りであった。レックスは、活動の産物として、したがって、法を立法の対象として捉えられている点で、アーレントのいう「人間の紐帯の世界」を構築する重要な意義をもつが、活動自体を取り囲む機能を備えておらず、安定性を欠いた。一方、ノモスは、「人間の紐帯の世界」を構成する意義をもつものの、それ自体は、活動の対象ではなく、仕事の対象とされ、それゆえ、それは、暴力性を帯び、またポリスの外では通用しない排他性を有するものであった。

そう、まさにアーレントはノモスにもレックスにも限界を見出している。この点は見紛いようがない。だが、このようにアーレントのノモスとレックスの議論を捉えていくと、アーレントの法論それ自体が道なき道をいく、アポリアそのものの如く映じてくる[60]。アーレントは双方の法概念の間で終始揺れ動いているように思えなくもない。結局、アーレントはこの草稿のなかでは、ノモスとレックスという対極的法理解のどちらかを選ぶこともなく、また矛盾を調停しようともせず、法を自ら定義することもしないのである。

だが、草稿の末尾でアーレントが次のように述べていることに注目したい。

全体主義支配形態の登場以来、我々が直面している内外の政治のあり方が脅かされており、その本質には、全体主義支配が固有に政治的なものを、外政だけでなく内政についても消失させるということがある。［中略］こういう紐帯の世界がいったん荒廃に帰すことになると、政治的活動の法Gesetz des politischen Handelns の代わりに、砂漠の法Gesetz der Wüste が入り込んできてしまう。(61)

アーレントは、国の内外における政治のあり方が脅かされ、「政治的なもの」、すなわち、人びとの複数性が消失の危機に直面していると強く認識している。それは、草稿の冒頭でもアーレントが説いていたとおりの全体主義、そして全面戦争の脅威そのものであり、そのような事態を前に、ノモスとレックスの意義を考察することがこの草稿の狙いであった。いかに、政治的抗争を、暴力によらず、法の力によって終結させることができるか、と。そこで、ノモスとレックスの考察にアーレントは赴いたのであった。仮に、さきほどのリンダールにならって、ノモスを、法が政治を囲い込み、そのうちで政治を可能にしようとする「内政」、レックスを、法のそとで関係を構築することで政治を可能にする「外政」にそれぞれ関する法概念であるとするならば(62)、アーレントは明らかに双方に限界を見出すも、それでもなお、政治的空間の法と政治的関係の法の双方に通底する新たな法の概念を模索していることを示すのが、まさにその一文ではないだろうか。いまの引用の言葉でいえば、政治的なものを消失させる「砂漠の法」の到来を防ぐべく、「政治的活動の法」をアーレントは考究する必要があるのである。しかし、前述のとおり、その「政治的活動の法」のなんたるかを、この時点ではまだアーレントは明らかにし得なかったのである。

だが、その後、アーレントは、過言を恐れず私見を述べれば、ノモスとレックスの共存を可能とする法を模索しようとしているように思えてならない。同じくその可能性を指摘するK・ブリーンは次のようにアーレントの法の定義を試みている。「アーレントにとって、それゆえ、法はまったく同時に、制限的であり、関係的であり、ルールによって結ばれた空間を創出し、異なる行為者の間の関係を打ち立てる(63)」。なるほど、十分首肯し得る定義である。しかし、ブリーンは、そのような解釈をもってしても、アーレントが批判しようとした伝統的法概念における主権的な「境界設定」の機能は免れず、それへのアンチテーゼとなり得ないと指摘し、その積極的可能性を最終的には看取しなかった。

しかし、アーレントはその問題を上述してきたように十二分に意識していたがゆえに、新しい法概念の模索を課題としたのだと考えられないだろうか。次節でその可能性を探ってみたい。そこで確認すべきは、アーレントがそのようなノモスとレックスの積極性を保持しつつ、それらの陥穽たる暴力性と無制限性を乗り越える法を構想すべく、とある原理を再発見していること（これは、ブリーンが看過したものにほかならない）である。

三 「はじまり」の法

アーレントの法を「はじまりの法」という語によって捉えることが、本節の目的である。その法概念は、前節で確認してきたようなアーレントの法解釈に固着した二元論を超出するものとなるだろう。たしかに、アーレントはそのような語を用いていないし、さらに言えば、明示的にはそのような新たな法概念を提示しなかったことは揺るぎない事実ではある。だが、示唆的にとどまっていたとしても、言を辿り直し、論を再構成することは可能だと思われる。

その対象となるのが、「新しい法概念を内蔵[64]」する、とアーレントが評価するアメリカ革命とその憲法へと結実する過程に対する彼女の考察である。建国の父たちの課題、それはアーレントによれば、「外交問題における君主政の利点と国内政治における共和主義の利点とを調和させるような「連邦共和国confederate republic」の創設[65]」であった。それをここでの関心に即して言い換えれば、関係構築的な法（レックス）と政治的空間を制限する法（ノモス）とを共存させる試みと言えようが、アーレントはこの「新しい法をつくり新しい政治体を設立する」試みの「原理」に着目している。私見によれば、それを通じて、アーレントは「はじまり」と「法」を結び付け、新たに法を構想していると考えられる。この点を理解すべく、まず、原理に着目する方法をアーレントがモンテスキューから学んだ点から確認していかなければならない[66]。

1　活動の原理という視座

アーレントは、モンテスキューの『法の精神』について、次のように述べている。

興味深いことに、法ではなく法の精神が鼓舞する活動に関心を抱いていたモンテスキューは、法を異なった存在の間にある関係と定義づけている。この定義は、法がそれまで境界線や制限の観点から定義されていたことを考えると驚くべきものである。その理由は、モンテスキューが自分で「統治の本性」と呼んでいたもの―たとえばそれが共和政であるか君主政であるか―にあまり関心を示さず、むしろ「それを活動させる原理……それを動かす人間的情念」の方に関心をもっていたからである。(67)

ここで重要なのは、法を「関係 rapport」と捉えるモンテスキューの視座にアーレントが接近している点ではない。実際、アーレントは、その註が付された箇所の直後で、それにもかかわらず活動は無制限さを特徴とするのであるから、法の「制限や境界線は、人間事象の安定にとって極めて重大である(68)」と指摘している。これは、前節でみたとおり、アーレントが重視したノモスの積極的意義であった。むしろ、さきの引用でみるべきは、モンテスキューが「活動させる原理」、「それを動かす人間的情念」を捉えようとしていたことにアーレントが注意を促している点である。いわば「法の精神」から法を捉え直す、換言すれば、法への視線をずらし、「脱実体化する de-substantiate(69)」視座を、ここでアーレントはモンテスキューから得ているように思われるのである。要するに、法を可能にするものを洞察すること、これがアーレントの狙いであることが理解されよう。

しかし、なぜそのようにアーレントは理解しようとしたのであろうか。おそらく、アーレントはそれによって、法の超越的起源の探求と基礎づけという呪縛から離れると同時に、法のノモス的要素とレックス的要素を同一視野におさめることが可能となると考えたからであろう。

前者の法の超越的起源の探求の問題に関しては次項で触れることとして、ここでは、後者の点について考えたい。その視座は、アーレントがモンテスキューの『法の精神』から引き出そうとしたものに関係がある。一言でいえば、それは「活動の原理」という考え方である。

モンテスキューは、統治形態を「君主制」「共和制」「専制」の三つに分け、それぞれの「本性」と「原理」の存在を指摘する。モンテスキューは「政体の本性」を「政体を政体たらしめているもの」、つまり「政体の固有の構造」とし、そして「政体の原理」を「それを活動させるもの」[70]と定義している。

この「本性」の観点について、アーレントは、「目新しいことは何も語っていない」[71]と興味を示さない。というのも、「本性」は、「元々のプラトン的意味によれば、永久不変を指し示しており」[72]、そのような「本質において捉えられた構造は、活動したり運動する能力」[73]を説明できないからである。要するに、「それぞれの統治体の現実の活動と様々な統治形態のもとで生きている市民の具体的活動は、支配者と被支配者を分かつものとしての「権力」と、そうした権力を制限するものとしての「法」という、伝統的定義から成る二つの中心的概念に従って説明することは不可能なのである」[74]、とアーレントは指摘している。

アーレントが重視するのはむしろ、各々の政体における活動を説明する「原理」のほうである。モンテスキューは君主制、共和制、専制にそれぞれ、「徳」、「名誉」、「恐怖」をそれらの活動の原理、「バネressort」[75]として列挙しているが、モンテスキューにとってそれらは「法の精神に表現されている統治体の構造と政治体の活動をつなぐ結合環」[76]といえるものである。それらの原理によって、各々の政治体内での活動を捉えることが可能となる。

アーレントは、このように、法の制度化された統治体とその内部における活動を鼓舞する「法の精神」という考え方をモンテスキューから得た。法と政治は、各々自存するのではなく、それらの活動の原理に基づいて駆動する。

アーレントの次なる課題は、自らの構想する法と政治をつなぐものを見出すことである。「自由の創設」の企てのうちに、その「原理」を見出していくことになる。

2　法の内的源泉としてのはじまり――立法の悪循環を脱するために

この法の精神、活動の原理からみれば、新しい法、新しい政体を打ち立てようとした革命の人たちを悩ませた問題、すなわち、伝統的な法と政治の二元論ゆえの「立法の悪循環」の問題を回避し得たアメリカ革命とその憲法の特質が理解できるとアーレントは考える。[77]

ところで、その「立法の悪循環」という語によって、具体的にアーレントはなにを指しているのだろうか。それは、フランス革命時にシィエスやルソーらが頭を悩ませた問題、すなわち「ともに集まって新しい統治の憲法〔国制〕を制定しようとする人びと自身が憲法上の権限を持っていないという、つまり、彼らは達成しようと着手したことをおこなう権威をもっていないという、悪循環[78]」であり、それをいかにして解くかという理論的難問のことを指している。約めて言えば、「法を人間の上に置き人間のつくった法の有効性を確立すること[79]」がその課題なのである。

この問題に対し、ルソーは「神々が必要であろうil faudrait des dieux[80]」と語り、「一般意志」にそれを求め、ロベスピエールは「不滅の立法者[81]」を要請し、シィエスは「すべての政府すべての法の外部」にある「国民の意志[82]」にその解答を得ようとしたが、アーレントはそこに、いずれもが陥った、「絶対的なるもの」のうちに法と権力の源泉を求める誤りを看取する。「私が憲法制定権力である[83]」（ナポレオン・ボナパルト）と宣言するところ、ひとつの利害、ひとつの意志を説くところに、人びとがともに結びつき、議論を戦わせながら権力を構成し、したがって、「自由が姿を現わすことのできる空間[84]」はない。権力はむしろ、アーレントによれば、垂直的にではなく、水平的に構築されるべきものであり、そして、「権力の根源は下の人民の「草の根[85]」に見出されなければならないものだからである。そして、法はそれによって可能となるものでなければならない。

では、アメリカ革命はどのように「立法の悪循環」を解いたか。彼らはどのようにして「法の新しい源泉を樹立[86]」することができたのであろうか。アーレントは次のように述べている。

アメリカ革命の人びとが自分たちを「創設者」と考えていたという事実そのものが、新しい政治体の権威の源泉は結局のところ、不滅の立法者とか自明の真理とかその他の超越的で現世超越的な源泉などではなく、むしろ、創設の行為そのものであることを彼らがいかによく知っていたかを示している。ここから、あらゆるはじまりが不可避的に巻き込まれる悪循環を突き破るための絶対者の探求は無意味であることになる。というのは、「絶対者」は、そもそもはじまりの行為そのもののうちにあるからである。(87)

このように、アメリカ革命の人びとは、「高次の法」という絶対者の探求には乗り出さず、むしろ自らの「創設の行為」そのものを絶対者と捉えることで、立法の悪循環を突き破った、とアーレントは解釈している。

ここで、アーレントが「権威」という語に言及している点に留意したい。アーレントはその創設の行為そのものが「権威」を意味したと述べているのだが、その解釈は古代ローマの権威概念にもっぱら依拠している。その「権威 *auctoritas*」とは、アーレントによれば、ローマの都市国家の創設という「偉業 *res gestae* のはじまり」によって現前したものであるが、「増大すること」、「増加すること」を意味する「*augere*」を語源としている。(88) 古代ローマにおいては、創設に関わった人びと、「父祖の行ないやそこから生まれた慣習」が、「現実の行動の権威的モデル、道徳的‐政治的基準そのもの(89)」と看做されていた。そのような「権威」は、その後の政治体内で生じた革新や変化を創設の行為と結び付けることを可能にし、「安定と永続性を発展させ(90)」ることができたのである。「どのように連邦を「永続的なもの」にするか」という問題に直面したとき、アメリカ革命の人びとが「ただ一つだけ」解答とし得たのがこのようなローマの権威概念であった、とアーレントは説いている。(91)

しかし、なぜアメリカ革命が不滅の立法者を必要とせず、自らの行為が恣意的なものへと転ずることもなかったのか、まだいささか不明瞭な感があるのも否めない。創設の行為が偉大であり、それが権威となって、その後の活動の模範となっていく。確かにそうであるとしても、なぜそのような偉業が、不滅の立法者を要請することよりも、重要とされるのだろうか。偉業の偉業たる所以がまだ判然としない。英雄的で勇敢な行為、歴史的な偉業でなければ権威とならず、立法の悪循環を突破し得ないとアーレントは述べたいのだろうか。

否、そうではない。アーレントはここで、法論上、特筆すべき視座を確立する。この創設の行為という「はじまり」それ自体が「原理」だからである、とアーレントは説くに至るのである。

> はじまりの行為がその恣意性から救われるのは、その行為がそれ自身のなかに、それ自身の原理をもっているからである。もっと正確にいえば、はじまり beginning と原理 principle、*principium* と原理は互いに連関しているだけでなく、同時的なもの coeval だからである。はじまりは自己の妥当性の根拠となり、いわば、それに内在する恣意性から自分を救ってくれる絶対者を必要とするが、そのような絶対者とは、はじまりとともにその姿を現わす原理にほかならない。はじめる者が彼のおこなおうとすることを開始したそのやり方（way）が、その企てをともに完成させるために彼に加わった人びとの活動の法を定める。そのようなものとして、原理はその後に続く行為を鼓舞し、そして、活動がつづく限り、明白に姿を現わしつづけるのである。[92]（強調筆者）

このように、アメリカ革命のなかに「はじまり」の原理をアーレントは看取する。行為が偉大かどうか、という価値判断をさきほどアーレントが下したわけではなかったことはもはや明白である。むしろ、アメリカ革命のまさに端緒において、「はじまり」を「原理」とした行為がみられたということ、そのこと自体が、偉業であり、「権威」たる所以である、アーレントはそう言いたいのである。

では、「はじまり」は本当に恣意的なものとならないのだろうか。「はじまり」という行為自体が「自己の妥当性の根拠」となるとアーレントは説くが、果たしてつねにそうだと言えるのだろうか。この疑問は残るかもしれない。この問いを解くためには、「はじまり」という語でアーレントがなにを意味しているか、少しく敷衍する必要があろう。三つの点が重要となる。第一に、「はじまり」の構造[93]である。アーレントによれば、「はじまり」は誰か単独の個人の行いによってのみ成立するのでも、完結するものでもない。活動をする人は他者の存在を必要不可欠とする。他者なしでは活動とはならない。アーレントはこれを指摘する際に、古代ギリシア語と古代ローマ語とが「活動する」という動詞をともに二つ有している点に注目している。古代ギリシアにおいて*archein*が「始める」、「導く」、*prattein*が「通り抜ける」、「達成する」を、古代ローマにおいては*agere*が「動かす」、「導く」、そして*gerere*が「担う」をそれぞれ意味しているが[94]、この語源学的解釈がアーレントにとって重要なのは、「はじまり」をもたらす活動が単独の一者によって自己完結するのではなく、まずなにかを企てる者がいて、それを引き継ぐ者がいるといった風に、つねに複数の人びとの間で生じるということを理解させるからである。

第二に、「はじまり」の「権力」である。アーレントは「権力」を「[他者と]一致して行為する人間の能力に対応し」、したがって、個人の所有物ではなく、「集団に属するものであり、集団が集団として維持されているかぎりにおいてのみ存在し続ける[95]」と定義している。まさに、第一の点にも関連するが、複数の人びとの間で活動が可能となっている限り、「はじまり」には権力がつねにすでに存在する、とアーレントは捉えている。

第三に、「はじまり」の「複数性」である。アーレントは複数性という語で、ただ同時代のともにいる人びとの関係性のみを指しているのではない。それに加えて、過去と未来の人びとと現在の人びとの間の歴史的関係性をも含めて理解している。「複数性が人間活動の条件であるというのは、私たちが人間であるという点ですべて同一でありながら、誰一人として、過去に生きた他人、現に生きている他人、将来生きるであろう他人と、決して同一ではない[96]」がゆえに、「自分たちを理解させようとして言論を用いたり、活動したりする[97]」のである。そのような言論と行為によって構成される活動がなければ、「自分たちよりも以前にこの世界に生まれた人たちを理解できない」し、「未来のために計画したり、自分たちよりも後にやってくるはずの人たちの欲求を予見したりすることもできない[98]」。

このように、はじまりの構造、権力、複数性の特徴を捉えれば、はじまり自体が恣意性を帯びているかどうかが問題となるのではないことが理解されよう[99]。アーレントにとって、むしろ、そのはじまりが固有の特徴、すなわち、つねに、同時代の他者のみならず、来たるべき他者に開かれたものであり、言論を用いている点で、理解も可能であり、また、修正も可能である点が重要なのである。そのような仕方で、現在と未来の他者を結び付け、打ち立てられた政治体は「増大する」。

「ロムルスはレムスを殺した」[100]。人間の歴史の伝説的なはじまりがつねに暴力を発端としてきたとすれば、その暴力的なはじまりから離れて、アメリカ革命の人びとは、「活動」によってそのはじまりをもたらした点で偉大である、とアーレントは考えるのである。[101]暴力によってはそれが不可能である。暴力は沈黙する。「暴力それ自身は言葉を発する能力をもたない」[102]からである。アメリカ革命の偉大さは「その哲学にあるのでも、それが「活動を支持する主張」にあるのでもなく、むしろ「活動を言葉にあらわす完全な方法」[103]に存する、とアーレントは言う。

事実、「この革命は勃発したのではなく、共通の熟慮と相互制約の力にもとづいて、人びとによってつくられたもの」であり、「一人の建築家の力ではなく、複数の人びとの結合した権力によってなされた」[104]。要するに、アメリカ革命は「相互約束と共同の審議という、内的に連関した原理」[105]に基づいていた、とアーレントは指摘する。そして彼らが示したのは「「熟慮と選択によって良い政府を樹立する能力を実際にもっている」ということ」[106]である。

このはじまりの偉大さが権威となり、人びとを結び付ける。まるで、はじまりの人たちが共同で作成したテーブルに、次の世代の人びとがつくように。この意味で、この真正な「権威」は、ルヴォー＝ダロンヌに倣えば、「はじまりの権力pouvoir des commencements」をもたらすものと理解することができよう。そのはじまりは「継続することをはじめること」であると同時に「はじめることを継続すること」[107]であるからである。

アーレントのみるところ、この「はじまり」の原理に基づいて、アメリカ憲法は打ち立てられたのである。実際にアメリカ憲法が目指したのは「創設と保存の増大の内的一致」、すなわち、「何かまったく新しいことをはじめるという「革命的行為」と、この新しいはじまりを幾世期にわたって保護するところの保存」[108]の内的一致であった、とアーレントは言う。具体的には、それは二つの課題を背負った。第一に、「新しい政治的領域の境界を画し、その内部の規則を規定する憲法」[109]をうちたて、その書かれた憲法に「法の源泉」を見出すこと、[110]第二に、「自分たち自身の「革命」精神が革命の事実上の終結後も生き続けられるように、来たるべき世代が「公的自由への情熱」や「公的幸福の追求」を自由に享受できるような新しい政治的空間を創設」[111]することである。

しかし、この第二の点は、アーレント曰く、「ほとんど最初から頓挫していた」[112]。なぜなら、アメリカ革命が「あらゆる政治活動のもともとの源泉であった郡区とタウン・ホール・ミーティング」から権力を構成したがゆえに「自由の創設」を成し得たにもかかわらず、それらを「憲法に織り込むことができ[113]」なかったからである。反対に、その後のアメリカは「代表制」へとシフトすることで、「人民自身にではなく、人民の代表者たちにのみ公的空間[114]」を制度化したに過ぎなかった。結果的に、アメリカ憲法は「人民が昏睡状態に陥り、公的事柄にたいし無関心になるのを防ぐことができなかった」とアーレントは結論する。

だが、アーレントはそれから数年後、前言を翻す。一九七〇年、論文「市民的不服従」において、アメリカ憲法の精神に殉じた人びとの「抗議protest」に、その「法律に違反することを法律が正当化」せざるを得ないような「はじまり」の原理の存続を見出すのである。「この共和国は、現在起きている変革と失敗の大騒動にもかかわらず、幾ばくかの自信をもって未来に立ち向かうための伝統的な道具をまだ失っていないのかもしれない[115]」、と付言するに至るのである。

四 むすびにかえて

要約しよう。本稿はまず、古代ギリシアの法概念と古代ローマの法概念に関する従来の研究では、アーレントの法概念をいずれかに引き付けて解釈される傾向があった点を確認した。次に、たしかに、ノモスとレックスは、アーレントにとって重要な法概念であることは否めないものの、しかし、それらはアーレントにとって対極的概念であること、さらには、両者とも批判されてしかるべき点を包蔵していたことを指摘した。それゆえ、アーレントの法論はどちらかを選ぶという択一的問いではもはやあり得ず、アーレントがどちらも批判していたことを重視すべきであることを明らかにした。

続いて、アーレントが「新しい法概念を内蔵」すると評したアメリカ革命とその憲法化のプロセスに関する彼女の議論を考察した。フランス革命においては、「立法の悪循環」に直面した際に、法の超越的源泉の探求が試みられたのに対し、アメリカ革命においては、「はじまり」それ自体を「原理」とする「創設の行為」が為された、とアーレントが捉えた点を指摘した。そのはじまりが「活動を鼓舞する」「原理」たる所以は、人びとがともに集まり共同で「自由」の約束を交わしたことに端を発する創設の行為が、つねに現在と未来の他者へと開かれた法と憲法を築き得た点に存した。この「はじまり」の原理こそ、ノモスとレックスに欠けていたものであった。政治的空間を制限しつつ相互に結びあわせること、そのような政治的空間の創設と保存そして変革が「内的一致」をみるのは、まさにその法が「はじまり」を原理とするからなのであった。

以上のことから、アメリカ革命と憲法化のプロセスに範をとったアーレントの法は「はじまり」を源泉とすることが理解できるのである。その法は、「はじまり」の原理ゆえ、つねに、「はじまり」が可能となるような条件を構成すべく作成されるものである。それは、神的な起原をもたず、また不滅の立法者の手による禁止や命令の総体などでもなく、人びとが相互に「自由」を約束する、その「はじまり」によって打ち立てられる。具体的にいえば、アーレントが各州の権力の源泉たる郡区やタウン・ホール・ミーティングを制度化することを憲法に盛り込むべきであると考えたように、その法は、政治的空間を形成維持（ノモス）するとともに、各州が相互に結びつく連邦体制を構成（レックス）し、次世代へと継承することをも担うのである。しかし、その継承は十分に配慮されたかたちでそうされるのである。なぜなら、そのような前世代の「はじまり」（アルケイン／アゲーレ）を次世代が引き継ぐ（プラッテイン／ゲレーレ）ことなくしては、真の意味での「はじまり」とはならないからである。アーレントの法は、畢竟、「はじまりの法」と言えよう。そして、政治はその法を作成し、保存することと同時に、その法に抗い、修正を施すことを、その「はじまり」の原理ゆえ、鼓舞され続けるのである。

このような「はじまりの法」がアーレントの評議会制や福祉国家制などの制度論の構想とどのように接続されるか、アーレントのいう法が既存する場合とそうでない場合における「活動」はいかなるものとなるか、アーレントの法論の視座に立てば、市民的不服従のような「抗議」もまた活動の一つと看做されるのだが、その観点に基づくアーレントの活動論の再解釈の可能性についてなど、管見の限りであるが、更に論ずべき点は多い。今後の課題としたい。

（1）日本においては比較的早い時期から、程度の差こそあれ、アーレントの法論に着目した研究が幾つか存在している。単著のものに限れば、以下のものが挙げられよう。千葉眞『アーレントと現代—自由の政治とその展望』、岩波書店、一九九六年、岡野八代『法の政治学』、青土社、二〇〇二年、森分大輔『ハンナ・アレント研究—〈始まり〉と社会契約』、風行社、二〇〇七年、石田雅樹『公共性への冒険—ハンナ・アーレントと〈祝祭〉の政治学』、勁草書房、二〇〇九年。千葉は主としてアーレントの評議会制や連邦制の構想の積極的意義を明らかにし、森分はいまの千葉の関心を共有しつつ、契約論の文脈に位置付け、アーレントの「水平的社会契約」の意義を深め、岡野はデリダ＝ホニッグ的なポストモダンの視座に立脚し、アーレントの法になおも固着した「自然」を批判し、石田はアーレントの革命論の考察を通じて、法の本質主義的解釈や基礎づけを回避していると指摘している。本稿ではノモス／レックスの二元論に焦点をあてるため、それらの論点に立ち入ることができないが、アーレントの法論を理解するうえで益するところ大であった。

（2）Marco Goldoni and Christopher McCorkindale（eds.）, *Hannah Arendt and the Law*, Hart Publishing, 2012. また、次の著書はアーレントの法論を体系的に考察している点で参考になる。Christian Volk, *Arendtian Constitutionalism: Law, Politics and the Order of Freedom*, Hart Publishing, 2015.

（3）ここでは、詳述できないが、リチャード・バーンスタインも指摘するように（Richard Bernstein, Foreword, in Goldoni and McCorkindale, *op.cit.*, p. vi）、アーレントは初期の『全体主義の起原』から晩年の『精神の生活』にかけて、終始一貫して政治のみならず法をも問い続けている。アーレントにおける「法」の包括的考察は、さしあたっては、前掲のゴールドーニとマッコーキンダールの編著が依然として参考になる（Goldoni and McCorkindale, *ibid.*）。

（4）Hannah Arendt, *On Revolution*, Penguin Books, 2006, p. 176（志水速雄訳『革命について』、ちくま学芸文庫、一九九五年、二九七頁）［以下、*OR*］.

（5）Christian Volk, From Nomos to Lex: Hannah Arendt on Law, Politics, and Order, in *Leiden Journal of International Law*, Vol. 23, No. 4, (2010), p. 761.

（6）Ch・フォルクの次の指摘に負っている。アーレントの「法と政治は相互に内的に関係する」（Christian Volk, Hannah Arendt and the Constitutional Theorem of De-Hierarchization. Origins, Consequences, Meaning in *Constellations*, Vol. 22, No. 2, (2015), p. 175)。しかし、最終的に本稿は、彼が法をレックスに引き付けて考えるあまり、アーレントが重視した政治を条件づける法*nomos*の機能を軽視してしまっている点でフォルクのテーゼから離れることになる。

また、政治思想に古来存在してきたこの「法と政治」の複雑な関係を巡る問いは、現代法学においてもジレンマを形成している、とM・ザンボニは指摘している。彼は法と政治の関係に対する立場を「自律型autonomous model」（法実証主義（H・ケルゼン）や分析法学（H・L・A・ハート））「埋め込み型embedded model」（批判法学、法と経済学、J・フィニスの自然法理論）「交差型intersecting model」（リアリズム法学）の三つに分類し、考察している（Mauro Zamboni, *Law and Politics: A Dilemma for Contemporary Legal Theory*, Springer, 2008）。

（7）マーティン・ジェイ、今村仁司・藤澤賢一郎・竹村喜一郎・笹田直人訳『永遠の亡命者たち—知識人の移住と思想の運命』、新曜社、一九八九年。

（8）アントニオ・ネグリ、斉藤悦則・杉村昌昭訳『構成的権力—近代のオルタナティブ』、松籟社、一九九九年。

（9）Bonnie Honig, *Political Theory and the Displacement of Politics*, Cornell University Press, 1993, p. 233, note 2; Jean-Philippe Deranty and Emmanuel Renault, Democratic Agon: Striving for Distinction or Struggle against Domination and Injustice?, in Andrew Schaap (ed.), *Law and Agonistic Politics*, Routledge, 2016, p. 44.

（10）アーレント研究史の網羅的且つ批判的検討は森川輝一『〈始まり〉のアーレント』、岩波書店、二〇一〇年、第一章を参照。

（11）アーレント研究における法の問題の忘却は、「権威authority」概念からも指摘することができよう。Myriam Revault d'Allonnes, *Le pouvoir des commencements: Essai sur l'autorité*, Éditions du Seuil, 2006. ルヴォー＝ダロンヌの関心は、アーレントのいう「伝統の断絶」の観点に従いながら、世代を超えてなおも存続する政治世界をどのように構築し得るか、この点に向けられている。これは、法の、空間論的ではなく時間論的アプローチといえるが、しかし、厳密にいえば両者は緊密に結びついているものである。それは、法の空間は安定的たるべく構成されると同時に未来へと継承されることが前提となっているからである。そして、アーレント、ルヴォー＝ダロンヌ双方にとって、それを可能とするものこそ権威なのである。

（12）Hans Lindahl, Give and Take: Arendt and the nomos of political community, in *Philosophy & Social Criticism*, vol. 32, no. 7, (2006), pp. 881-901. ノモスに引き付けて解釈する他の例としては、以下のものも加えることができよう。Jeremy Waldron, Arendt's Constitutional Politics, in Dana Villa (ed.), *The Cambridge Companion to Hannah Arendt*, Cambridge University Press,

2001; 毛利透「アレント理論における法」（『理想』、第六九〇号、二〇一三年、一〇五―一一八頁）。この三者は法学者である点で共通している。

（13）Hannah Arendt, *Was ist Politik?*, Ursula Ladz（hrsg.）, Piper, 2003, S. 122（佐藤和夫訳『政治とは何か』、岩波書店、二〇〇四年、一〇三頁）［以下、*WiP*］。

（14）Lindahl, *op.cit.*, p. 881.

（15）F・M・コーンフォード、廣川洋一訳『宗教から哲学へ――ヨーロッパ的思惟の起源の研究』、東海大学出版会、一九八七年、四四頁

（16）同上、四五頁。

（17）*WiP*, S. 114（九七頁）。

（18）Lindahl, *op.cit.*, pp. 883-884.

（19）主だったものとしては次のものが挙げられる。Volk, *supra* note 5; Peg Birmingham, On Action: The appearance of the Law, in Anna Yeatman, Phillip Hansen, Magdalena Zolkos and Charles Barbour（eds.）, *Action and Appearance: Ethics and the Politics of Writing in Hannah Arendt*, Continuum, 2011, pp. 103-116. アーレントの著作のうちに古代ギリシアへの依拠を見出す一般的解釈の流れに抗し、アーレントの反-古代ギリシアの要素を丹念に追ったR・ツァオの研究をここに含ましめることも可能であろう。Roy Tsao, Arendt Against Athenes: Rereading *The Human Condition, in Political Theory*, Vol. 30, No. 1,（2002）, pp. 97-123.

（20）Jacques Taminiaux, Athenes and Rome, in Dana Villa, *op.cit.*

（21）*HC*, p. 7（二〇頁）。

（22）Taminiaux, *op.cit.*, p. 176.

（23）*Ibid.*, p. 176.

（24）*HC*, p. 195（三一四―三一五頁）。

（25）*Ibid.*,（三一五頁）。

（26）Taminiaux, *op.cit.*, p. 172.

（27）*HC*, p. 236（三七五頁）。

（28）*Ibid.*, p. 243（三八〇頁）。

（29）正確には、K・ピーパーによって一九五五年秋に打診され、一九五六年九月契約締結以降に着手され、一九六〇年十月の契約破棄までの間に執筆されたと判断される。ウルズラ・ルッツ「編者の評註」（*WiP* 所収、S. 137（一一七頁））。また、この草稿自体の執筆時期は、アーレントの著作目録においては、一九五八―一九五九年ごろと推定されている（Hannah Arendt, *Ich will verstehen*, Piper, 1996, S. 329）。

（30）「ロックフェラー財団への提案書（一九五九年十二月）」（*WiP* 所収 S. 200（一七一頁））。

（31）Birmingham, *op.cit.*, p. 105.

（32）エリザベス・ヤング゠ブルーエル、荒川幾男・原一子・本間直子・宮内寿子訳『ハンナ・アーレント伝』、晶文社、一九九九年、四四六頁。

（33）Taminiaux, *op.cit.*, p. 173.

（34）*WiP*, S. 89（七四―七五頁）.

（35）*Ebd.*, S. 90（七五頁）.

（36）*Ebd.*, S. 89（七四頁）.

（37）*Ebd.*, S. 105（八九頁）.

（38）*OR*, p. 3（一四頁）.

（39）*WiP*, S. 105（八八頁）.

（40）*Ebd.*, S. 106（九〇頁）.

（41）*Ebd.*, S. 108-109（九二頁）.

（42）*Ebd.*, S. 109（同上）.

（43）*Ebd.*,（同上）.

（44）*Ebd.*, S. 110（九三頁）.

（45）アーレントのこのようなレックス解釈の妥当性の検討は本稿の目的から外れるため行わないが、その解釈が法思想史上はいざ知らず、政治思想史上、特異なものであるという点は付言しておく。例えば、キケロはレックスを「自然本性（natura）に内在する最高の理性であり、なすべきことを命令し、その反対のことを禁止するもの」（キケロー、岡道男訳「法律について」（『キケロー選集８：哲学Ｉ』、岩波書店、一九九九年所収）一九三頁）と定義しており、またホッブズは『法の原理』のなかでやはり

jusとの差を強調しつつ、レックスを「制限」として理解している（ホッブズ、田中浩・重森臣民・新井明訳『法の原理』、岩波文庫、二〇一六年、一五五頁）。アーレントのレックス解釈には、彼女自身がしばしば参照しているTh・モムゼンの研究からの影響を認めることとできるように思われる。実際、アーレントがレックスを解釈する際にはモムゼンを直接参照することはないため、推測の域を出ないが、モムゼンは次のように述べている。「ローマ人の間では、我々が考えるように、法はまず第一に主権者から全共同体員に向けられた命令であるのではなく、何よりも構造上は国家の諸権力の間での発言と返答［対話］によって結ばれた協約なのである」（テオドール・モムゼン、長谷川博隆訳『ローマの歴史I―ローマの成立』、名古屋大学出版会、二〇〇五年、六六頁）。そして、その直後、モムゼンは「法（lex）、つまり結びつき・結合（legere［何かと結ぶ］と同系）は、よく知られているように、一般に契約・条約を表わす」（同上）と述べている。

（46）*Ebd*., S. 118（一〇〇頁）.
（47）*Ebd*., S. 120（一〇二頁）.
（48）*Ebd*., S. 119（一〇一頁）.
（49）*Ebd*., S. 118（一〇〇頁）.
（50）*Ebd*., S. 118-119（一〇〇―一〇一頁）.
（51）*Ebd*., S. 114（九六頁）.
（52）*Ebd*., S. 112（九五頁）.
（53）*Ebd*., S. 112-113（同上）.
（54）*Ebd*., S. 112（九四頁）.
（55）*Ebd*., S. 113（九六頁）.
（56）*Ebd*., S. 119（一〇一頁）.
（57）*Ebd*., S. 120（一〇二頁）.
（58）*Ebd*., S. 119（一〇一頁）.
（59）*Ebd*.（同上）.
（60）そこに積極的な意義を見出す解釈もある。上野成利（「暴力論批判の再構成のために―ベンヤミン／アーレントを手がかりにして」（政治思想学会編『政治思想研究』、第一九号、二〇一九年、六二―九三頁））はアーレントの法論が抱えるアポリアを、ベンヤミンの暴力論との比較考証を通じて指摘したうえで、しかし、そこにむしろ「政治の可能性の条件」、「純粋目的の政治」を見出し得ると説いている。アーレントの法論とベンヤミンの暴力論批判の相同性は、P・バーミンガムも指摘するところである。Peg Birmingham, *op.cit.*, pp. 105-109.

（61）*WiP*, S. 122-123（一〇三―一〇四頁）.

（62）Lindahl, *op.cit.*, p. 883.

（63）Keith Breen, Law beyond Command? An Evaluation of Arendt's Understanding of Law, in Goldoni and McCorkindale, *op.cit.*, p. 24.

（64）*CR*, p. 83（七六頁）.

（65）*OR*, p. 143（二三七頁）. このJ・ウィルソンやハミルトンらにみられる表現について、アーレントは、モンテスキューから借りられたものである、とそこで指摘しているが、それはトクヴィルの次の一文を想起させもする。「厳密には国民的とも連邦的とも言えない政府の形態」に対して「新しい事態を表現すべき新しい言葉がまだ存在しないのである」（トクヴィル、松本礼二訳『アメリカのデモクラシー 第一巻（上）』、岩波文庫、二〇〇五年、二五六頁）。

（66）アーレントの著作におけるモンテスキューの影響関係ならびにその解釈については次を参照。Anne Amiel, Hannah Arendt lectrice de Montesquieu, dans *Revue Montesquieu*, Vol. 2, (1998), pp. 119-138. また、近年、アーレントに対するモンテスキューの影響を強調しつつ、その「原理」への着目は、アーレント的自由ではなく、「責任」へと向かわせると解釈するS・ナストロムと、「責任への原理」を謳うその解釈が、アーレント自身が直面した「実質的な政治的平等の制度化」の問題を回避している、と批判するL・ケーンによる論争が展開された。Sofia Näsström, The Right to Have Rights: Democratic, Not Political, in *Political Theory*, Vol. 42, No. 5, (2014), pp. 543-568; Lucy Cane, Arendt on Principles, the Right to Have Rights, and Democracy: Response to Näsström, in *Political Theory*, Vol. 43, No. 2, (2015), pp. 242-248.

　一方で、アーレントの「原理」への着目は、彼女の古くからの知己であった神学者P・ティリッヒによる影響である、という指摘もある。千葉は、ティリッヒにとって「原理」とは「事物の歴史的力動性を正しく把握しようとする」ものであり、それを彼は「概念的に把握された歴史的現実の力」（千葉、前掲書、八―九頁）と定義していると、指摘している。

（67）*HC*, pp. 190-191 note 17（三八九頁）.

（68）*Ibid.*, p. 190（三〇九頁）.

(69) Volk, *supra* note 6, p. 179. フォルクが言う「脱実体化」とは、「法」を命令や強制から成る実体としてではなく、人びとを相互に結びつけるものとして捉えんとする視座のことである。

(70) モンテスキュー、野田良之・稲本洋之助・上原行雄・田中治男・三辺博之・横田地弘訳『法の精神 上』、岩波文庫、一九八九年、七〇頁。

(71) Hannah Arendt, *The Promise of Politics*, Jerome Kohn (ed.), Schocken, 2005, p. 63（高橋勇夫訳『政治の約束』、筑摩書房、二〇〇八年、九三頁）[以下、*PP*].「本性」による説明を一顧だにしないように映ずるも、アーレントは『全体主義の起原3 全体主義』の第二版で付された「イデオロギーとテロル」(1953) において、全体主義の「本性」をテロル、ついでに言えば、「原理」をイデオロギーと特徴づけていることは指摘しておいてもいいかもしれない。

(72) *Ibid*., p. 64（九三―九四頁）.

(73) *Ibid*., p. 63（九三頁）.

(74) *Ibid*.,（同上）.

(75) モンテスキュー、前掲書、七一頁。

(76) *PP*, p. 66（九六頁）.

(77) 以下で、アーレントのフランス革命、アメリカ革命の理解に沿って議論を展開する。しかし、彼女のそれらの歴史的事実の理解の偏り、不十分さは夙に指摘されてきている。日本でも、指摘されたばかりである。中野勝郎「『革命について』とアメリカ革命史研究」（川崎修・萩原能久・出岡直也編『アーレントと二〇世紀の経験』、慶應義塾大学出版会、二〇一七年所収）: 松本礼二「アーレント革命論への疑問」（同上）。

(78) *OR*, pp. 175-176（二九七頁）.

(79) *Ibid*., p. 176（二九八頁）.

(80) *Ibid*.,（同上）.

(81) *Ibid*.,（二九九頁）.

(82) *Ibid*., p. 154（二五二頁）.

(83) *Ibid*.,（二五三頁）.

(84) *Ibid*., p. 116（一九一頁）.

(85) *Ibid.*, p. 174（二九六頁）.
(86) *Ibid.*, p. 148（二四四頁）.
(87) *Ibid.*, p. 196（三二六—三二七頁）.
(88) *Ibid.*, p. 193（三二一頁）.
(89) Hannah Arendt, *Between Past and Future: Six Exercises in Political Thought*, Penguin Books, 2006, p. 123（引田隆也・齋藤純一訳『過去と未来の間—政治思想への8試論』、みすず書房、一九九四年、一六八頁）.
(90) *OR*, p. 194（三三三頁）.
(91) *Ibid.*（同上）.
(92) *Ibid.*, p. 205（三三八—三三九頁）.
(93) 森川は「アルケイン-プラッテイン構造」という語を用いて、このような「はじまり」の原理を解き明かしている。森川輝一「アーレントの「活動」概念の解明に向けて—『人間の条件』第二四—二七節の注解」、『聖学院大学総合研究所紀要』、第五〇巻、第三号、二〇一三年、一三一—四九頁。
(94) *HC*, p. 189（三〇六頁）.
(95) *CR*, p. 143（一三三頁）.
(96) *HC*, p. 8（二一頁）.
(97) *Ibid.*, pp. 175-176（二八六頁）.
(98) *Ibid.*, p. 175（同上）.
(99) よく知られたテーマであるが、アメリカ独立宣言においてですら、「行為遂行的構造structure performative」と「事実確認的構造structure constative」の間の決定不可能性indécidabilitéに貫かれていると指摘するJ・デリダ（宮崎裕助訳「アメリカ独立宣言」（『思想』、第一〇八八号、二〇一四年十一月号、五二—六三頁））に対し、B・ホニッグは、アーレントは事実確認的構造を閑却し、「純粋な行為遂行的発話行為」のみに焦点をあてることによって、その基礎づけの曖昧さを回避し得たとみる。すなわち、「行為遂行的発話行為は必ずや人びとがともにいるところで生じ、その成功の目撃者を必要とする。つまり、それらの行為が、それ以前には存在しなかった何かをもたらしたのであるとするならば、その行為遂行的発話行為は目撃され、判断され、そして記憶されなければならない」（Honig, *op.cit.*, pp. 101-102）点に、ホニッグはその優位性を認める。そして、D・イングラムは、アメリカの法が、普遍的原理に依拠するのではなく、「超越的倫理的原理transcendent echical principleと偶発的な政治的活動の調停を前提にした法の成長legal progress」を為し得る点を、デリダよりもアーレントの方が首尾よく説き明かしたと指摘している。David Ingram, Novus Ordo Seclorum: The Trial of (Post) Modernity or the Tale of Two Revolutions, in Larry May and Jerome Kohn (eds.), *Hannah Arendt: Twenty Years Later*, The MIT Press, 1996, p. 245.

（100）*OR*, p. 10（二四頁）.

（101）ギリシアのポリスもローマのキウィタスも支配のパラダイムから自由ではなかったと説くP・リクールは、アーレントが権力論の歴史上の範とするのは、それらギリシアでもローマでもなく、むしろ、アメリカであると強調している。Paul Ricœur, Pouvoir et Violence, dans Miguel Abensour, Christine Buci-Glucksmann, Barbara Cassin, Françoise Collin et Myriam Renault d'Allonnes (dir.), *Ontologie et Politique: Actes du Colloque Hannah Arendt*, Éditions Tierce, 1989, p. 144. リクールは、さらにそこからアーレントは歩を進めて、労働者評議会、ソヴィエト、ハンガリー革命、プラハの春にみられた「現代の民衆の権力pouvoir populaireの突発irruption」を真のモデルとしている、とも指摘している。しかし、のちにみるように、アーレントの法は、権力の空間を囲むと同時にその権力の生成を促すという意味では、アメリカモデルの権力のみならず「突発」モデルの権力をも念頭においていると言えるだろう。

（102）*OR*, p. 9（二二頁）.

（103）*Ibid*., p. 121（一九九頁）.

（104）*Ibid*., p. 206（三四〇頁）.

（105）*Ibid*.,（三四一頁）.

（106）*Ibid*.,（三四〇―三四一頁）.

（107）Revault d'Allonnes, *op.cit*., p. 264.

（108）*OR*, pp. 194-195（三二四頁）.

（109）*Ibid*., p. 117（一九三頁）.

（110）*Ibid*., p. 148（二四四頁）.

（111）*Ibid*., p. 117（一九三頁）.

（112）*Ibid*.,（同上）.

(113) *Ibid.*, p. 231（三八五頁）.
(114) *Ibid.*, p. 230（三八四頁）.
(115) *CR*, p. 102（九五頁）.

〔謝辞〕本稿は、二〇一九年度第二六回政治思想学会研究大会（学習院大学）での自由論題報告の内容を元に、執筆いたしました。当日、早朝より来場され、コメントをくださった一般の方々、先生方にお礼申し上げます。また、査読を務められた二名の先生方からは、本稿を仕上げる際に、多くのご指摘、ご助言を賜りました。この場を借りて、感謝申し上げます。

［政治思想学会研究奨励賞受賞論文］

「平等な承認」はリベラルな多文化主義を救えるのか

――アラン・パッテンの批判的検討を手がかりに

河村真実

一　序論

近年、一時労働者や難民の増加等に伴い文化集団の形が多様化するにつれて、国内に併存する文化集団に対してどのように対応すべきなのかという政治的課題の重要性が高まっている。こうした問題については、長きにわたってリベラリズム、コミュニタリアニズム、ナショナリズムなど多様な観点から議論が展開されてきた。そうした議論の中でも、最も重要な貢献をなしてきたのが、現在多くの国家が採用する自由民主主義の枠組みと整合的な形で、文化的少数派の承認や彼らに対する特権付与などの支援の正当化を試みる、リベラルな多文化主義の議論であり、リベラルな多文化主義の意義や限界に関する諸論争は、今日政治哲学の最も中心的な論点の一つと言っても過言ではない(1)。

従来、リベラルな多文化主義において最も代表的な立場とされてきたのが、文化的問題に関する無関心な態度を続けてきたそれまでのリベラリズムを批判して、独自の文化的権利理論を提示した、ウィル・キムリッカの議論である。キムリッカは、宗教戦争における政教分離を文化的対立にも応用して、国家による文化集団への擁護を一切禁止する、それまでの中立主義的なリベラリズムの態度を批判して、リベラリズムの中心的価値である個人の自由にとって文化が不可欠な存在であることを指摘した。その上で彼は、文化的多数派と少数派間に残存する不平等の解消を目指して、主として先住民や正規の滞在資格を有する長期定住型移民などを権利主体として想定しつつ、むしろ文化的諸権利の積極的擁護こそがリベラリズムの中心的課題だと主張する、リベラルな権利理論を提示したのである。

しかし、こうしたリベラルな多文化主義の権利理論に対しては、近年多様な批判が提起されている。たとえば、ジョセフ・カレンズは、キムリッカ以降の文化的権利論の考察対象が先住民と長期定住型移民という少数の集団だけに過度に関心を集中していることを問題視し、一時労働者、難民、不法滞在者等の非定住型移民に対しても、一定の権利付与が必要であると主張する(2)。また、スーザン・オキンは、キムリッカ以来の既存の集合的権利論が、内部少数派と呼ばれる文化集団内部の女性や子どもの人権を無視し、彼女たちに対する暴力や抑圧行為を助長する可能性を指摘し、内部少数派の保護を主張する(3)。このように、集合的権利のあり方をめぐる考察は、今日新たな局面を迎えている。

こうした問題に新たな視点を与えるのが、アラン・パッテンにより近年提示された、「平等な承認」論である。この議論では、言語の共有や集住等の制度的特質の共有によって、文化擁護政策の対象となる集団の範囲を極めて厳格に定義したキムリッカを批判して、非制度的な社会化過程を共有してより緩やかに結合する、より多様な文化集団を文化擁護政策の対象として想定する。その上で、そうした多様な文化集団の全てに対して国家が平等に文化的保護政策を提供することこそが、むしろリベラリズムに要請される中立性の要求を満たすとする。パッテンは、新たな中立性概念を提示することにより、従来のリベラルな多文化主義が直面した諸問題を解消しうる可能性を示している。

そこで本稿では以下の手順で、平等な承認論の意義と問題点を明らかにし、平等な承認概念がリベラルな多文化主義にどのように貢献しうるか考察する。二では、リベラルの伝統的理解とされてきた寛容に基づくリベラルの主張に対するキムリッカの批判を考察すると同時に、キムリッカの主張に残された問題点を分析する。三では、パッテンの新たな文化概念や中立性を含む、平等な承認という構想について、その具体例としての言語権擁護の可能性を含めて考察する。四では、平等な承認論に対する、予想されうる批判と応酬の可能性を検討する。

二　キムリッカ理論の意義と限界

1　キムリッカの「好意的無視」批判

伝統的なリベラリズムにおいては、他者からの介入を回避することにより個人の自由を確保する寛容をリベラリズムの核心的な価値とする議論が主流であった。それゆえ、多様な文化集団の取り扱いに関しても、その国家からの介入を最小限に留めるべきだという理解が、伝統的にリベラリズムの内部を支配し続けてきた。すなわち、いかなる文化に対しても支援や抑圧を行わないこと、換言すれば、国家による文化的承認の否定こそが、リベラリズムと文化集団との適切な関係性であると考えられてきたのである[4]。そこで逆に、リベラリズムの内部において多文化主義を正当化しようとする試みに際しては、まず第一にリベラルな寛容概念について再検討する必要がある。そして実際、リベラルの中で、多文化主義に関して最初に体系的な議論を開始した論者の一人であるウィル・キムリッカは、寛容に基づくリベラルが、文化的多数派と少数派間の重大な不平等を看過していると指摘した。そこで二では、後年のパッテンの承認理論の展開をキムリッカがどのように準備していたかを考察するという観点から、キムリッカの寛容主義的なリベラルに対する批判の具体的内容と、そうした批判の限界点を考察する。

キムリッカによれば、既存のリベラリズムの第一の問題点は、それが自由の実現に際して文化が果たす役割を全く無視している点にある[5]。すなわち、既存のリベラリズムは文化という存在を単に人間の自由を拘束する要因とのみ把握してきたが、人間の自由の本質を考えれば、人間は自らに与えられる様々な選択肢の中から自分自身で選択し、選択した結果についていつでも疑問を抱き修正できる場合に最も十分に自由を実現できる。そして、こうした自由の実現過程において、むしろ文化は、個人の生き方に必要な選択肢を与える選択の文脈として、不可欠で決定的な役割を果たしている。そこでキムリッカは、こうした自由の実現に不可欠の役割を果たし、「一定の地域にまとまって存在し、共有された言語に基づく傾向にある制度化された」文化を「社会構成的文化」と定義し、こうした文化の擁護を自らのリベラリズムの第一義的な課題と設定する（PV: 25／邦訳、五二頁）[6]。この社会構成的文化は、個人の自由にとって不可欠な存在であり、そうした文化の不可欠の役割を無視し続けてきた従来のリベラリズムは、大きな問題を抱えているのである。

個人の自由に必要な文化は、選択肢を与える社会構成的文化であれば、自分自身の社会構成的文化でなくともよいわけではない。キムリッカは、個人が属する文化を変更することは理論上可能だが、変更するには個人が言語習得をはじめとして莫大な負担を引き受けることになると主張する（MC: 85-86／邦訳、一二七頁）。このようにキムリッカは、既存のリベラリズムが文化を軽視してきたことの不当性を一貫して批判しつつ、文化的少数派が自らの社会構成的文化を享受できることこそが、リベラリズムの真の目標であると主張する。(7)

その上で、キムリッカは、既存のリベラリズムの第二の問題点として、その寛容主義的な性格を批判する。その際に、キムリッカが、既存のリベラリズムの問題性を要約する概念として提示するのが、リベラルな国家はいかなる社会構成的文化にも与しないことによってその中立性を維持すべきだとする「好意的無視」という議論である。(8) 好意的無視を採用する国家は、いかなる社会構成的文化も支援してはならないため、文化集団に対する承認や支援は、多数派に対するものであれ少数派に対するものであれ、リベラルな中立性と矛盾することになる。

しかしキムリッカは、こうした好意的無視という戦略は、国家が多数派を含む全ての文化との関係を一律に遮断することが可能な宗教の場合には有効であっても、政治、法、公教育などに際し、全体社会で一つの共通文化を共有することが不可欠な言語については、国家がいずれかの社会構成的文化を共通文化として選択せざるを得ないと指摘する。その際、政府がある言語を採用すれば、その言語と結びついた伝統を次世代に伝えることを保障することとなり、逆に少数派言語を支援しないことが、少数派言語を周縁に追いやることとなる（MC: 111／邦訳、一六七頁）。換言すれば、政府が公に用いる言語を選択しなければならない以上、「政府がエスニック集団と民族集団に関して中立であることが可能だという考えが誤りであることは歴然としている」のである（MC: 110-111／邦訳、一六六頁）。このようにキムリッカは、そもそも多文化の文脈において好意的無視を実現すること自体が不可能であることを主張する。そして「問題はもはや、好意的無視という規範からの逸脱をどうやって正当化するかではなく、多数派による国民建設が少数派に不正をもたらすかどうか」だとして、文化的少数派に対する承認や特権付与がリベラルからの要求であることを主張するのである（CPP: 347／邦訳、五〇一頁）。

2 キムリッカ理論の問題点

このようにキムリッカは、これまで国家による積極的な文化保護と相容れないと理解されてきたリベラリズムの立場から、文化が個人の自由にとって不可欠なものであることを主張し、少数派文化保護政策の正当化を試みた。この点において、キムリッカは後のリベラルな多文化主義理論の礎を築き、議論の発展に多大な貢献をした。しかし、こうしたキムリッカの主張にも、いくつか重大な問題点が残されていた。本稿では、その中から主要な二問題を採り上げたい。

第一に、文化的保護の対象となる文化集団の狭隘性の問題である。キムリッカは、保護の対象となる文化集団の条件として集住や共通言語等の制度的な諸条件を重視するため、その主要な考察対象は既存の国家に編入される以前に自分たちの歴史的領土に十全な社会を作り上げていたナショナル・マイノリティや（PV: 54／邦訳、七八頁）、各地に点在してより緩やかな文化的紐帯を維持する定住型正規移民としてのポリエスニック集団といった一部の文化集団に限定している（MC: 9／邦訳、一五頁）。そしてキムリッカは、移民が自発的に自らの文化を捨て、受入国への統合を希望するという前提を採り、ポリエスニック集団に対する権利を制約している。ところが、近年の多文化主義において争点となる文化的権利の主体は、必ずしもナショナル・マイノリティやポリエスニック集団に分類されるとは限らない。キムリッカは、ナショナル・マイノリティやポリエスニック集団に分類されないような、短期労働者や非合法な移民や難民など、独自の社会構成的文化を共有しない文化集団の権利については、逸脱事例として個別に処理することで暫定的な対応を試みるのである（PV: 58／邦訳、八三頁）。

第二に、内部少数派をめぐる問題である。キムリッカの提示する集合的権利論は、権利主体である文化集団の成員が自らの自覚的な選択に基づき当該集団に所属するという前提から、集団内部の一定の同質性を前提としている。しかしながら、キムリッカに代表される同質的な文化概念に依拠した集合的権利論に対しては、文化集団内部の少数派である女性や子どもなどを抑圧行為から保護することを主張する、いわゆる内部少数派論者から批判が向けられている。たとえば、フェミニストであるスーザン・オキンは、キムリッカに代表される同質的な文化概念に依拠した集合的権利論が、集団内で意見が反映されにくい女性や子ども等に対する抑圧の温床となる可能性を指摘する。オキンは、児童婚、強制婚、一夫多妻制などの女性の意思決定を阻害する結婚制度を含む抑圧的な文化が、集合的権利の創設によって変革を阻まれたまま温存され、女性に対する抑圧行為を助長することになると主張する。(9) オキンによれば、文化集団の指導者が、女性の意思を無視する結婚制度の他にも、家庭内暴力や陰唇割礼のような身体的虐待、教育の阻害やパルダ、家庭内分業、女性に不利な離婚制度など自由を阻害する慣習を擁護することにより、女性の人権を侵害している。(10) 文化集団を同質的な集団として扱う集合的権利論が、こうした文化集団内部における権力の差異や性別間の差異が存在するという事実を無視しているというのである。(11) これに対してキムリッカは、「集団の伝統的権威や慣習を疑問視したり修正したりする成員の権利を制限する対内的制約を拒否すべきである」と、内部少数派保護の必要性を示唆するものの、これに関する彼自身の議論は抽象的な懸念に留まっており、内部少数派保護のための具体策は提示されぬまま放置されている(MC: 37／邦訳、五三頁)。

以上のように、キムリッカの理論が、少数派文化の権利理論確立の過程で不可欠の貢献を成したことは疑いないが、それが多数の難点を抱えていたこともまた事実である。これに対して、アラン・パッテンは新たな文化概念と中立性概念を中心とする平等な承認概念を提示することにより、キムリッカ理論の問題点の克服を試みる。パッテンは、こうした問題点をどのように克服しようとするのだろうか。三では、そうしたパッテンの平等な承認概念の基本的構想について考察する。

三 「平等な承認」による克服

前述のように、キムリッカ以前のリベラリズムは、文化的少数派に対する擁護政策を中立性概念から正当化することができなかった。これに対してパッテンは、新たな文化概念と新たな中立性概念を提示することにより、少数派文化集団の擁護、すなわち文化的承認が、リベラリズムの根本原則である中立性原理と矛盾しないだけでなく、むしろ中立性原理から必然的に要請されると主張する。三では、こうしたパッテンの文化概念と中立性理解を踏まえた上で、平等な承認概念がキムリッカ理論の問題点をどのように克服するか考察する。

1 「社会連結説」に基づく文化概念

パッテンはまず、キムリッカ以来の既存の多文化主義理論における権利主体の狭隘性問題を克服するために、その本質主義的な文化概念の克服を試みる。パッテンによれば、キムリッカの文化概念は、集住や共通の制度等の画一的な判断基準を設定し、極めて同質性の高い人々のみから構成される文化集団を想定したという意味において、本質主義的である。[12] これに対して、パッテンは人々の文化的・社会的特質をより緩やかに規定する、より動的な社会化過程の共有に着目し、擁護政策の対象となる文化集団を特定する。彼は、「人々が他者に課されたものとは異なる一連の形成条件からの影響という事実を共有しており、かつそうした影響を共有する限りにおいて」、その人々を文化的擁護政策の対象となる文化集団と規定する、「社会連結説」を用いて文化を定義する（ER: 51）。そして彼は、この定義における「形成条件」とは、共同体内部の人々が特定の制度や慣習により社会化される過程である、と補足する（ER: 52）。パッテンは、ある集団の成員が共有する文化的・社会的制度の共通性ではなく、人々の文化的特質を決定するより流動的で動的な人格形成過程の共通性に着目しているのである。そのため、個人が同時に複数の文化集団に属することも可能である。こうした社会連結説に基づく文化概念は、社会構成的文化のように集住や制度化を条件としないため、ナショナル・マイノリティとポリエスニック集団だけでなく、一時労働者や難民、不法滞在者に対する擁護政策をも正当化することが可能である。

こうしたパッテンの文化概念は、文化の本質を定義しないため、文化の具体的特徴や内容が変化しても、世代間に文化の伝達過程が維持されている場合には、当該文化の同一性が維持されていると見なすことができる。[13] たとえば、キムリッカの社会構成的文化は、同一の制度を維持することが存続の条件とされるため、一八〇〇年代のフランス文化と一八〇〇年代のフランス系カナダ文化はどちらも、一六〇〇年代のフランス文化以来の継続性を有しているという事実を説明することができなかった。これに対して、パッテンの社会連結説を採る場合、文化集団内に伝達過程が維持されていれば、時代とともに制度の内容が変化したとしても、当該文化の継続性を説明できる。たとえば、一八〇〇年代のフランス文化と一八〇〇年代のフランス系カナダ文化が、それぞれ一六〇〇年代のフランス文化から伝達過程を維持していることから、その両方に継続性を認めることが可能となる。このようにパッテンは、文化を流動的なものと捉え、当該文化集団内の伝達過程の有無により文化の同一性を判断し、キムリッカの制度論的な文化概念の克服を目指そうとするのである(14)。

2 「処遇の中立性」と「平等な承認」

以上のように、パッテンは、既存のリベラルな多文化主義の問題点の一つとして、その文化概念の問題点を指摘するが、その上でパッテンはさらに、既存のリベラリズムの中立性概念にも根本的な批判を加えている。すなわちパッテンによれば、キムリッカ以降のリベラルな多文化主義は、伝統的な好意的無視論批判を通じて、リベラリズムの根本原理の一つである中立性原則そのものに否定的な見解を示してきた。しかしながら、こうした既存の多文化主義の戦略は、リベラリズムの根本的原理の一つである中立性原則を安易に放棄し、外在的に文化集団を擁護する点で、文化的擁護の基礎付けを弱めるという根本的な誤りを犯している。

これに対して、パッテンは、リベラリズムの伝統に内在したより適切な中立性概念に基づけば、むしろ文化的諸集団に対する保護政策、しかもあらゆる集団に対する保護政策こそが、リベラリズムの真の要請であると主張する。国家が「ある基準線に即して、他の善の概念」と同等に「ある善の概念に協調的である」範囲内で文化の積極的擁護が可能だとする中立性原理を「処遇の中立性」と定義する(ER: 115)(15)。すなわち処遇の中立性に基づけば、国家は、あらゆる文化集団に対して、当該集団が文化を維持するために必要な最低水準を下回らない程度に各集団を擁護することが不可欠であり、かつ、この基準を満たす限りリベラルな中立性の要求に反しない。そして、パッテンは、あらゆる集団を平等に支援することにより中立性を満たそうとする自らの構想を、「平等な承認」と名付け、そうした積極的な文化の承認こそがリベラリズムの真の要請であると主張するのである。

このように、パッテンは自らの平等な承認概念を極めて抽象的に規定した上で、さらにいくつかの重要な点について敷衍する。まず第一に、彼は、平等な承認概念の骨格をなす承認概念をさらに敷衍して、それはあらゆる文化に対して全く同一的な政策を機械的に適用することを意味しておらず、国家が「善の概念のアイデンティティに関する要素のカスタマイズされた形として」、特定の「善の概念をより繁栄させると予想されうる政策を採る」ことであると説明する（ER: 115, 158）。たとえば、公休日における平等な承認とは、官公庁がキリスト教の教義に合わせて日曜日を休日とするのであれば、イスラム教徒が自身の宗教の休日である金曜日に仕事を休むことを許容するということを意味している。このように平等な承認とは、あらゆる文化に対して全く同一的な政策を機械的に適用することを意味する概念ではなく、そこにおける具体的な政策の内容は、各文化集団に合わせて多様な差異を含みうる。[16]

第二に、パッテンは、平等な承認概念が、リベラリズムの伝統から大きく乖離するものと見なされ、それゆえに拒絶されてしまう懸念にも予備的に応答する。そのことを示すのが、処遇の中立性概念の定義に含まれる、文化の維持に必要な最低基準という概念である。パッテンによれば、この概念は、ロールズの手続き主義的正義の議論を延長した概念である。すなわち、ロールズの手続き主義的正義論においては、諸個人に対する最低限の保障として、基本的諸自由、経済・市民社会における差別からの自由、ソーシャル・ミニマム、公平な機会均等の保証という四つの要素が挙げられている（ER: 150）。これに対しパッテンは、これらに「平等な承認」を加えた五つの要素が満たされて初めて、最低限の基準が満たされているといえるのであり、その意味で、多様な文化に対する平等な承認は、まさにリベラリズムの伝統からも最も基本的な要請となると主張する（ER: 152）。

3 「平等な承認」の言語への適用

以上のように、パッテンは、自らの平等な承認構想をまず最も抽象的な形で提示したのちに、そのより具体的な政策的帰結に関して、最も典型的な文化政策の一つである言語政策を素材としてさらに説明を加えている。

パッテンによれば、言語権は、寛容権、受容権、促進権の三種に分類される。第一の寛容権とは、私的な場面で使用する言語について、国家介入からの自由を保証する権利である（ER: 188）。第二の受容権とは、人権の急迫な侵害があり得る場合に、法廷での通訳など人権保障のために少数派言語の使用を保証する権利である（ER: 190）。第三の促進権とは、個人が少数派言語を、議会、公立学校、公的サービス、その他の公的文脈において使用する権利である（ER: 189）。現代において自由民主主義を採用する国家は、基本的に寛容権と受容権を既に多くの少数派文化に対して認めている。そこで問題となるのは促進権だが、パッテンは促進権こそが平等な承認によって要求される必要不可欠な権利であることを主張する。

それでは、こうした促進権は、平等な承認からどのように正当化されるのであろうか。パッテンは、言語を単なるコミュニケーションツールとしてではなく、特定の選択肢へのアクセスを可能にし、個人のアイデンティティに密接に関わるものとみなしている（ER: 202）。なぜなら、言語は文化集団の中で中心的な役割を果たしており、言語の消滅が少数派文化の存続の可否に大きく影響すると想定されるからである。前述のように平等な承認は、アイデンティティに関する善の概念を保護することを目的としている。すなわち言語はアイデンティティに密接に関わっているため、少数派言語話者は、主流派言語を話すことができるかどうかにかかわらず、促進権を享受することができるというのである。こうしてパッテンは、アイデンティティ擁護の観点から、キムリッカがポリエスニック集団に対して否定した、公的サービスを母語で受ける権利の必要性を主張するのである。

ただし、こうしたサービスを提供することは、結果として少数派文化が永続的に存続するという具体的な結果の達成まで保証することを意味しない。パッテンによれば、人々はアイデンティティに関する重要な利益を持っているが、こうした利益の実現をもたらすことは公的機関だけの責任ではない。公的機関の責任は、公平な枠組みを確立することであり、この枠組みをもとにアイデンティティに不可欠な善の概念を選択するのは、アイデンティティの担い手としての個人である（ER: 220）。すなわち平等な承認モデルが公平な枠組みを確立する限りは、アイデンティティに関する利益への対応は十分だといえる。そのため、前提条件が整っている場合になお生じた言語の衰退や消滅に関する責任は個人にあり、そうした場合の消滅は不正とは言えないのである。

以上、三で見てきたように、パッテンは既存のリベラリズムの限界を踏まえつつ、新しい文化概念と中立性理解を基礎として、平等な承認という新たな構想を提示する。このパッテンの構想については、あらゆる文化集団に対して国家がより積極的な擁護政策を提供しうる点において、彼以前のリベラルな多文化主義理論の限界を打破することが期待できる。しかし、平等な承認概念は従来のリベラルとは大きく異なる文化概念や中立性概念を採用するが故に、新たに様々な問題が生じる可能性も予想されうる。そこで四では、パッテンの平等な承認概念に対する予想される批判を検討したい。

四　「平等な承認」に対する予想され得る批判

パッテンは、キムリッカの社会構成的文化では救済されなかった文化的少数派を視野に入れながら、それら文化集団の総体に対して一律に文化的な承認を与えることこそが、正義の要求に合致すると指摘する。しかしながら、パッテンの平等な承認論は、キムリッカ以降の多文化主義において提示された諸論点に対する明示的で体系的な解答という形では進行しない。そこで、多文化主義の先行理論と対比し、平等な承認論の意義と限界を明らかにするという本稿の目的を達成するためには、さらにこうした多文化主義の先行理論に対する典型的批判や平等な承認論が新たに生み出しうる諸批判への対応可能性の観点から平等な承認論と先行理論を比較し、両者の理論的優劣を検討する作業が不可欠となる。そこで、こうした検討が必要な批判として、ここでは、新しく権利主体となった文化的少数派をめぐる批判、キムリッカ理論から既に権利主体であった文化的少数派をめぐる批判、内部少数派抑圧をめぐる批判という主要な三つの批判を想定し、それらに対する応答の観点から平等な承認論の評価を試みたい。

1　新しく権利主体となった文化的少数派をめぐる批判

まず第一に、平等な承認論により、新たに権利主体として認められた人々、すなわち一時労働者や難民等の非定住型外国人に対する取り扱いをめぐる問題を検討しよう。平等な承認は、キムリッカ理論よりもはるかに多くの人々を文化的権利の主体として認めるが、それゆえに、平等な承認論は、自らの文化維持を希望せず、文化集団として実在性の乏しい集団にまで文化的権利を認めてしまう可能性がある。また仮に実在性があったとしても、そうしたいわば短期の滞在者に対して文化的権利が本当に必要かという疑問も生じる。そこで、ここでは、「平等な承認」による権利主体拡大が、文化的保護の必要のない集団に対してまで過剰な保護を行う可能性について検討したい。

そこで、新しい権利主体の取り扱いをめぐる第一の論点として、平等な承認が、自らの文化の維持を希望しない、実在性の乏しい文化集団をも承認の対象としてしまう可能性について検討する。新たに権利主体となった少数派の中には、統合を希望し、自らの固有文化の維持を希望しない人々も一定数存在すると考えられる。短期的な居住者は、数年後には母国に帰国することを想定して生活するため、受入国で自らの文化を維持することに強い関心を持っていない可能性も十分に考えられる。その場合、そうした新類型の少数派は実在性に乏しく、彼らに向けた権利論も無意味に終わってしまう。それどころか、文化的少数派の構成員が自らの文化を維持することを希望しないのであれば、国家が当該文化を強制的に存続させることになり得る。すなわち、キムリッカが軽視していた短期居住の外国人は文化集団としての実在性に乏しいため、強制的な文化維持が、文化的少数派の構成員の主流派社会への統合を否定し、彼らの自由な選択を侵害する危険性もあるのである。

こうした問題について、パッテンはどのように応答できるのだろうか。結論を先取りすれば、パッテンは文化的少数派が主流派社会へ統合されることや、その結果として少数派文化が消滅することを一定程度許容しているので、少数派文化の構成員に対して、その意思に反して、彼ら自身の文化の維持を強制することはない。なぜなら、平等な承認の最終的な目的は、適切な範囲の選択肢を確保することにより、個人の選択の自由を保障することだからであり、文化集団の擁護は、あくまでもこの自由が維持可能な範囲内でのみ許容される。平等な承認により、自らの文化を維持することが保障されているにもかかわらず、少数派文化の構成員が自らの文化的権利を放棄し、敢えて多数派文化への統合を選択する場合、その選択は尊重されるべきなのである（ER: 284）。

そこで以下では、平等な承認論のこうした性格を端的に示す具体的議論として、文化的少数派による主流派文化への同化に関するパッテンの議論を検討しよう。主流派への統合に関するパッテンの議論は、キムリッカのそれと比して、極めて複雑で、かつ慎重な考慮が伴っている。パッテンは、少数派文化の多数派への統合意思を、制度的な帰属という形式的な基準で判断するキムリッカとは異なり、各個人の背景的な差異や受入国の承認政策の水準などについて考慮し、個別的に判断する。なぜなら、形式的な判断は、ナショナル・マイノリティ以外の移住者を一律に自発的な入国と見なし、彼らの文化的権利の放棄が自らの自由な選択によるものと判断してしまうからである。文化的少数派の構成員の意思が誤って解釈される場合、文化的擁護を熱望する構成員の真意とは裏腹に、国家が当該文化集団を承認の対象から除外するといった不当な政策が正当化される懸念が生じてしまう。たとえば、定住型か非定住型にかかわらず移民は、母国における貧困などの経済環境等を理由として、移住を余儀なくされているという場合が少なからずある。こうした切迫した状況下で、自らの文化的権利を放棄して移民という地位を得るか、あるいは文化的権利のために移民の地位を断念するか、どちらかを選択するように強制されれば、彼らが移民の地位と引き換えに自らの文化的権利を放棄することを選ぶことは想像に難くない。こうした政策の可能性に対し、パッテン自身は、切迫した状況下で選択を強いることは、不当な取引であり、切迫した状況下で交わされた約束に責任は生じないとし、それが正義の要請に反することを明確に指摘する（ER: 279-281）。

そこでパッテンは、同化に関して形式的で画一的な判断に終始するキムリッカとは明確に異なった、自らのより慎重な判断をより具体化する議論として、文化的権利の放棄が当事者の真正な意思によるものかを判断する、二つの条件を挙げている。第一に、「少なくとも二つ以上の実行可能な選択肢がなければならず、選択する人はその選択肢を知らされていなければならず、自分の有意なメリットについて確かな情報に基づく判断をする能力を持っていなければならない」という条件である（ER: 275）。この条件に基づけば、幼少期や出生前に親と共に移住した移民や、母国での貧困を理由に移住を決意した移民は、自発的に文化的権利を放棄したとは認められない。さらにパッテンは、特定の権利を放棄することが、移民にとって、どの程度の負担となるかが問題となると主張し、そうした負担が耐えうる程度である必要があると主張する（ER: 281）。パッテンは、これらの条件を満たした上で文化的権利の放棄を要求する受入国の主張がどのくらい強力かということを問題にし、受入国の要求を移民が拒否する余地のない場合は、形式的に文化的権利の放棄への同意があっても、それが無効であるとの見解を示す（ER: 281）。

他方、パッテンが第二に挙げる、文化的権利の放棄が真正なものと認められるための条件とは、受入国が少数派に対して相当程度寛容であり、「適切な範囲の選択肢へのアクセス」が保障されていることである（ER: 283）。そのため、定住型あるいは非定住型移民が受入国の言語を学び、基本的な生活様式を習得することができ、なおかつ受入国が寛容をもって彼らを受け入れようとすれば、そうした移民が新たな社会構成的文化の中で、自由であるために必要となる範囲の選択肢を見つけることが可能となる。パッテンは、受入国がこうした条件を満たしている場合には、文化的権利を移民が放棄しても、移民は受入国の主流派文化の中で新たな生活を送ることが十分可能であり、道徳的な問題は発生しないと主張する（ER: 284）。このように、パッテンは、同化意思の有無を安易に判断するキムリッカとは明確に異なって、真の同化意思の有無を極めて慎重に判断した上で、それでもなお同化意思を有していることが確認出来た人々に対しては、文化的権利を放棄できる可能性を認めているのである。

次に、新しい権利主体の取り扱いをめぐる第二の論点として、短期居住の外国人に、文化集団としての実在性があったとしても、彼らに対する文化保護政策が本当に必要なのかという問題を検討しよう。先住民等のナショナル・マイノリティや永住希望の定住型外国人は、基本的に当該国家に永住する。これに対し、一時労働者や難民など非定住型の外国人は、短期の居住を前提としている場合がほとんどである。こうした居住期間の差異にかかわらず、あらゆる類型の少数派に全く同一の文化的権利を付与することは、非定住型移民に対して過剰な保護を与えることになるのではないかという疑問がわいてくる。

実際、こうした集団類型の差異に応じた取扱いの差別化、特に居住期間の差異に応じた差別化の必要性は、国境開放をめぐる近年の論争の過程で重要な論点の一つとなってきた。たとえば、移動の自由を究極の理想とし、国境管理政策の恣意性を主張するカレンズは、永住権を持つ移民、一時労働者、非正規移民、難民などの多様な少数派類型の諸権利を、市民のそれと可能な限り近づけるべきだと主張する。[17] カレンズは、「国家の領域境界線内で生活することが、人を社会の構成員にし、こうした社会的メンバーシップが、政治的共同体との関係における道徳的要求を生じさせ、こうした要求は時間をかけて深まる」ものだという想定のもと、受入国の領域内に居住する外国人は、市民と同様の権利を付与されるべきだと主張する。[18] そうした議論の中でカレンズは、一時労働者について、その一時的な居住を根拠として、市民に与えられるよりも少ない権利を厭わずに受け入れることを求めるよりも、「一時労働者を社会の一時的な構成員と見なす方が道徳的に望ましい」として、居住期間中は市民と同等の権利を享受できると主張する。[19]

こうしたカレンズの理論に対して、サラ・ソングは、外国人に対する権利があらゆる場合に完全な権利である必要がないことを主張する。ソングによれば、「人々が生活する場所、関係性を発展させる場は」、カレンズの想定するような「社会的集団や地域共同体ではなく、政治的共同体」そのものである。[20] こうした政治的共同体の特徴は、「協働的枠組みに参加する全ての人々が、その利益に対する資格を持ち、その枠組みの負担に耐えなければならない」という「フェアプレイ」の概念にある。[21] 永住権を持つ移民は、税金の支払い、軍務、近隣地域や地域共同体への貢献など、様々な方法で協働的枠組みの負担を負っている。フェアプレイの概念を踏まえれば、永住者のこれらの行為は全て、公的制度や公共財の維持に役立っているため、永住者は市民と同等の権利を享受できる。[22] 他方、一時労働者について、ソングは、「彼らの滞在が本当に一時的であれば、市民権の完全な権利ではなく、基本的な権利の保護を認めることが、正当化可能である」として、部分的な権利のみを享受することになると主張する。[23] このようにソングは、負っている義務や負担の程度の違いから、居住期間の差を権利の内容に反映させる必要があることを主張している。

それでは、こうした国境管理を巡る諸議論を前提として、パッテンの立場はどのように位置づけることができるのだろうか。既に述べたように、パッテンは、全ての文化集団に対して最低限の文化的権利を平等に保障することを主張しており、短期滞在者に対する権利の切り下げを唱えるソング的な立場を採用しない。そのような立場を採用する理由について、パッテン自身は明示的に語っていないが、ここではソングとパッテンが重視する権利の具体的内容の差異に着目すべきである。すなわち、短期的滞在者の権利擁護に消極的なソングの場合、主要な関心は経済的権利の保障にあり、それは短期滞在者には必要性が乏しいと見なしている。これに対し、パッテンの想定する文化的権利は、アイデンティティの保護に直結しており、滞在期間の長短を問わず平等に保障されることが不可欠な権利である。たとえば、平等な承認が要求する保護政策の具体的な内容は、宗教上の理由により国家が定める公休日とは別の日に仕事を休むことができる権利や、公的サービスにおける通訳など言語的補助のような諸権利であり、それらは滞在期間の長短を問わず平等に必要となる。こうした諸権利が長期居住者に対しては既に保障されている場合に、居住期間が短いことを理由として、非定住型移民にのみ、その権利の享受を認めないことは正義に反する。このように、パッテン理論は、文化的権利の擁護を第一義的な課題とするからこそ、居住期間の長短を考慮した権利の差別化よりも、あらゆる集団に対する平等な権利付与という立場を選択していると考えられるのである。

2　既存の文化集団の取り扱いをめぐる批判

第二に、「平等な承認」が、キムリッカが主要な権利主体として想定してきたナショナル・マイノリティの取り扱いや、社会内の多数派側の重要な関心事である国家全体の統合維持の問題に対して与える影響について検討したい。平等な承認が、あらゆる文化集団に対して同一の権利を保障することにより、これまで歴史的経緯への配慮から、ナショナル・マイノリティに認められてきた特権的地位が与えられなくなるのではないかという懸念が生じうる。また、平等な承認が権利主体を拡大することにより、あまりに小規模な集団まで承認の対象とし、国家が断片化する可能性が高まるという懸念もある。ここでは、これら二つの問題について考察したい。

第一に、ナショナル・マイノリティとその他の文化的少数派が享受できる権利を一律にする場合、歴史的不正義を受けてきた人々は、約束された特別の権利を受けられなくなってしまう危険が存在するという問題を検討したい。キムリッカ理論においては、文化的少数派の受入国への編入が自発的な決定によるかという点に依拠し、権利の割当が決定される。キムリッカは、この定義に則り、ナショナル・マイノリティは、基本的に併合や侵略等により、非自発的に多数派社会に組み込まれたと考え、彼らに対しては、いかなる場合も文化や言語に関する要求を尊重するべきであると主張した。他方、ポリエスニック集団については、自ら選択して自国の文化から去っていると見なし、彼らが受入国への統合を切望していると解釈する。このようにキムリッカは、歴史的な経緯からナショナル・マイノリティに対して、ポリエスニック集団よりも手厚い保護が必要となることを主張する（MC: 95-96／邦訳、一四四―一四五頁）。これに対して、平等な承認においては、全ての文化集団の権利を一律の基準に合わせるため、歴史的経緯を無効化し、不本意に統合されたナショナル・マイノリティに対する特権を認めない危険性が存在する。平等な承認において、ナショナル・マイノリティは歴史的不正義の補償としての特別の権利を受けることはできないのだろうか。

この問題を検討する際に、まず、平等な承認が常にナショナル・マイノリティと移民の取扱いを無条件に画一的に同一にすることを要求するわけではないことを確認したい。平等な承認論の下では、二つの少数派文化が存在した場合、両者に対して最低限の基本的条件を満たす保護が与えられれば、それ以降、国家が両集団の置かれた多様な状況や事情を勘案して、二つの集団に異なったレベルの文化的保護を行うことはなお十分に許容可能である。たとえばナショナル・マイノリティと自発的移民の間に生じる取り扱いの差異は、前述の文化的権利の放棄可能性に関する議論などを考慮すれば、以下のように説明可能であると予想される。

すなわち、一方において自発的移民は、既述のように、入国前に受入国の環境や移民政策など一定の情報を得ることが可能であり、そうした情報をもとに実際に移住するか決定することができる。そのため、移民の中には受入国への移住が自発的であり、積極的に統合を望む人々も一定数存在することが想定される。移民の文化的権利の放棄に関する意思が真正なものと見なされれば、彼らはそうした諸権利を放棄することができるのである。すなわち、移民に文化的権利放棄に関する自己決定の機会が設けられている場合は、文化的権利の放棄が可能となる。そのため、文化的権利を放棄した移民については、文化保護政策を行わないということも想定されているのである。

これに対して、ナショナル・マイノリティには、自らの意思とは無関係に併合あるいは統治されたという歴史的経緯がある。すなわち、ナショナル・マイノリティには、文化的権利の放棄に関する自己決定の機会が与えられなかったため、いかなる場合についても文化的権利の放棄に関する自発性が認められるとは言えないのである。そのため、平等な承認においても、自発的に文化的権利を放棄した移民とは異なった、極めて手厚い文化的保護が常に要請されることが予想される。

このような観点から、ナショナル・マイノリティの取り扱いに関するパッテンの具体的な議論を確認すれば、彼らに対するより手厚い保護の可能性に関して、パッテン自身は、それが文化集団間の条件の不平等を是正するための一時的な措置に留まれば、十分に平等な承認の立場からも是認されると指摘する。すなわち、彼によれば、歴史的経緯に端を発するナショナル・マイノリティへの差別や中傷を補償するために導入される積極的是正措置は、特定の集団を優遇する政策であり、一見する限り、あらゆる文化集団に同一の権利を保障する平等な承認から逸脱してしまう可能性がある。しかしながら、こうした積極的是正措置についてパッテンは、両集団に平等な同一の措置を講ずべしとする原則からの「逸脱は一時的なもの」であり、「歴史的に恵まれてきた集団に属する現在の構成員に過度なコストを課さないように調整」されれば問題は生じないと主張する（ER: 215）。特にナショナル・マイノリティの場合には、彼らが受けてきた不正義の歴史的効果は長く残存するため、結果としてナショナル・マイノリティの保護は一時的といっても実質的には極めて長期間に及ぶ場合が多いと予想される。平等な承認の本来の目的は、全ての文化集団に対する条件の平等化であり、その目的のために必要な積極的是正措置であれば認められるのである。このように、パッテンは、一律の基準を基本的には維持しながら、歴史的不正義についても配慮し、ナショナル・マイノリティに対する特権を正当化する。

次に、既存文化集団の取り扱いをめぐる第二の論点として、平等な承認が、あまりに小規模な文化集団をも権利主体とするために、国家の断片化を招来する可能性について検討する。多文化主義により多数の少数派文化が承認された結果、全体社会の統合が困難になるという懸念は、主にリベラル・ナショナリズムにより、キムリッカから既存の多文化主義論者の議論に向けられてきた。たとえば、デイヴィッド・ミラーは、「人々が多様なアイデンティティや、下位国家あるいは超国家的アイデンティティを次第に持つようになり、そしてこの効果が存続するナショナル・アイデンティティの重要性を弱める」ことになると、文化的少数派保護の問題点を指摘する。[24] こうしたリベラル・ナショナリズムの観点からすれば、平等な承認による過剰な文化保護は、国家の一層の断片化を招くため、少数派文化保護は最低限にとどめるべきだという批判が想定され得る。

こうしたリベラル・ナショナリズムから予想されうる批判に対し、パッテン自身は、少数派の文化的アイデンティティと全体社会の統合の関係に関して、二つの重要な事実を考慮する必要性を主張する。第一にパッテンが着目するのが、文化帰属の複数性という事実である。すなわち、パッテンによれば、「平等な承認」が基礎を置く「社会連結説」においては、個人は必ずしも一つの文化集団に属するのではなく、個人が社会化の影響を受けたすべての文化集団に同時に帰属することができる。たとえば、ナショナル・マイノリティのような少数派は、自らの少数派言語を話しつつ、多数派言語も同時に話すことが可能であり、リベラル・ナショナリズムの想定とは異なって、少数派文化のメンバーが自己の文化と多数派文化の双方に同時に帰属意識を持つことも十分に可能である。加えてパッテンが第二に指摘する重要な事実とは、「下位国家に強い文化的愛着を持つ人々は、特に自らの下位国家への愛着が公平に扱われているときは、総じて政治的共同体にも強い愛着を感じる」ことができる、という事実である（ER: 175）。つまり、少数派文化への帰属意識が多数派文化への帰属を阻害するというリベラル・ナショナリズムの想定とは逆に、これら二つの文化帰属は相互に強化しあう可能性が高い。その結果として、ナショナル・マイノリティの成員は、母言語の保護政策を行う国家にも一定の愛着を持ち、一定の忠誠を尽くすと予想される。

付言すれば、こうした議論は、社会構成的文化を持たない、一時労働者のような非定住型外国人の統合についても適用可能である。実際に、文化的少数派の多くは、適切な範囲の選択肢を得るにはあまりに小規模であり、そのため一見したところ、社会構成的文化を持たない少数派の構成員は、主流派文化に統合される必要があるように考えられる。しかし、平等な承認によれば、個人は同時に複数の文化に帰属することが可能であるため、自らの文化から得られない選択肢を、主流派の文化により補完する必要がある。主流派文化が提供する選択肢を利用するためには、主流派の言語を習得することが不可欠となるが、彼らもまたナショナル・マイノリティと同様に、母言語の保護と同時に主流派言語の習得の支援をうけることができる。そのため、平等な承認は、社会構成的文化を持たない非定住型の外国人の主流派言語による統合を妨げるものでもない。

このように、平等な承認においては、少数派文化の構成員が自らの文化を享受することと、国家内での共通の枠組みを共有することとが両立可能である。パッテンは、むしろ国家の統合を目指す際に、少数派文化に対する承認を否定することは逆効果であり、そうした承認の拒否は共通の枠組みへの統合を不完全なものにしてしまうと指摘する（ER: 175）。パッテンによれば、「共通のアイデンティティを促進する最善の方法は、時折、差異を繁栄させ、差異の承認を、国民の忠誠を惹きつける政治的共同体の特徴にさせる」ことである（ER: 175）。すなわち、平等な承認は、リベラル・ナショナリズムや既存の多文化主義の前提とは逆に、差異を認めることが、むしろ統合を促進するという前提に立って、可能な限り多くの文化を承認政策の対象とするのである。

3　内部少数派をめぐる問題

第三に、平等な承認が、文化的少数派内の女性や子どものような内部少数派と呼ばれる人々に対する抑圧を助長するかという問題を検討しよう。平等な承認のように、文化的少数派の擁護をより強化した政策を採用した場合の一つの大きな問題は、その影響が、文化集団間に留まらず、文化集団内部の社会的弱者にも及び得る可能性である。ここでは、内部少数派問題に関する以下の二つの論点を検討することにより、パッテンの「平等な承認」が内部少数派問題に対して、どのように応答可能か考察する。

第一に、まずパッテンの文化理解の特質から予想される抽象的な歯止めの可能性を指摘したい。内部少数派問題の批判者によれば、文化的権利が内部少数派に対する抑圧を助長し得る原因は、それが多くの場合、権利主体たる文化集団に関する本質主義的な理解と結合している点にある。たとえば、アン・フィリップスは、従来の文化的権利論の大半は、「集団内のより権力を持つ成員が、通常、何が慣習を変え論争となるかについて成文化することを許し、それゆえ、彼らが集団の成員に順守させるために使う権威ある解釈を確立してしまう」と、こうした既存の文化的権利論の本質主義的な傾向性を指摘する。[25] 本質主義的な理解に基づき、文化集団を国家が承認するという行為は、少数派文化集団のエリートが支持する法律や慣習を保護することになる。[26] こうした懸念は制度の共有という形式的な基準により、集団の成員の選択や思考を画一的なものと見なし、それゆえ文化集団の成員が同質的だと理解する傾向の強いキムリッカの本質主義的な文化概念の場合、最も典型的に妥当する。文化集団を同質的な集団として扱うキムリッカ理論は、文化集団内部に権力の差異や性別間の差異が存在するという事実を無視し、集団内のエリートに有利な文化的規範だけを保護する諸権利を安易に是認してしまう。そのため、キムリッカの本質主義的な文化概念に基づけば、文化的権利が文化集団内部で発言権の弱い内部少数派を抑圧する懸念が極めて高まってしまう。

こうした問題を、パッテンの平等な承認論も内包しているのだろうか。ここでは、パッテンがキムリッカとは異なる文化概念を採用していることに着目したい。既述の通り、平等な承認論における文化概念は、社会化過程を共有する集団を権利主体と規定することにより、本質主義的な定義を回避する。パッテンの非本質主義的な文化概念は、固定的な制度の共有を権利主体となる文化集団の条件とせず、社会化過程の共有のみを条件とするため、文化集団内部の人々の多様性や、彼らが支持する具体的な文化の内容の多様性を常に視野に入れ、単一の文化規範のみを集団全体に強制する危険性に対してより敏感なはずである。さらに、こうした社会化過程の共有さえ維持されていれば、社会制度など文化の内容が変化することも許容される。そのため、文化の中に内部少数派を抑圧するような要素があったとしても、エリートの抑圧的行為に対する批判的問題意識が文化集団構成員一般に相当程度浸透する可能性がある。そのような可能性が現実化すれば、文化集団構成員の意思を基礎として文化集団の同一性を維持しつつ、そこにおける文化規範の具体的な内容を変えるような意思決定を許容することもできるのである。このように、平等な承認論は、まずその基礎となる文化概念の次元において、内部少数派が権利主体の一部として認識され、抑圧的な慣習を修正したり廃止したりする可能性に対してより柔軟な文化概念を採用していると言うことが可能である。

第二に、パッテンの議論は、内部少数派問題へのより具体的な対応に関連して、二つの可能性を示唆している。第一の可能性は、内部少数派を抑圧する非自由主義的な文化、特にそのエリートが、そうした文化のあり方を自ら変革していく可能性である。こうした可能性の存在自体は、キムリッカの議論においても既に認められていた。キムリッカは、「自由主義化が最も永続的な形をとるのは、それが内部からの改革によって生じた時である」と、非自由主義的な文化集団の内的な変革の可能性について言及している（MC: 168／邦訳、二五一頁）。だが、キムリッカの議論の場合に問題なのは、そうした変革が起きる可能性を抽象的に示唆していただけで、そのための具体策については、何ら明示的な言及を行っていなかったことである。彼は、この問題について、「反自由主義的文化に属する内部の自由主義的改革者は、自分たちの信ずる自由主義原理が理性や実例を通して実現されていくように努めるべきである」と述べるに留めているのである（MC: 168／邦訳、二五一頁）。

これに対し、パッテンの議論は、非自由主義的な文化に対して、その文化的規範を再考させるための比較的具体的な戦略を示している。それは、内部少数派を抑圧する非自由主義的な文化に関しては、リベラルな国家が基本的には各文化に対して平等に行う文化的な承認政策を撤回し、その対象から外すことで圧力をかける可能性である。すなわちパッテンによれば、平等な承認理論においては、多様な善のうち、他者の善の追求を阻害する非寛容的で非自由主義的な善の概念を持つ文化は承認の対象外とすることが可能である。パッテンは、こうした非自由主義的な善の概念を「価値のない」善の概念（worthless conceptions of the good）と呼び、他者の持つ善の概念を否定するような善の概念に対して、彼らの善の概念を保証する必要はないと主張する（ER: 109）。つまりパッテンは、こうした他者の善の追求を尊重しない集団は、平等な承認論が国家の補償対象とする対等な集団の一つとは認められず、従って、それに対しては文化的な補償を撤回できると主張する。[27] このように、平等な承認論は、キムリッカからの既存理論と比して、国家がより多くの少数派文化集団に対して、より手厚い補償を行うことを想定しているが故に、ひとたびその下で国家が抑圧的な文化を持つ少数派文化集団に対して、そうした手厚い補償の撤回という制裁措置を背景として、その抑圧的な文化の再考を促すことは、集団に対する極めて大きな圧力となることは確実である。

他方、パッテン理論が示唆している第二の可能性とは、内部少数派の抑圧が現実に生じてしまった場合には、むしろ抑圧対象となった人々の保護を国家が優先し、文化的承認政策をあえて中止する戦略の可能性である。こうした戦略は、既に多文化主義の論争の中では、キムリッカから多文化主義の初期の議論の段階から、脱出権の問題として議論されてきた。たとえば、キムリッカ自身は、自らの集合的権利論に対して、文化的帰属の擁護は文化集団内部の抑圧強化を帰結し、むしろ自由や文化多元主義を擁護するために、文化擁護よりも文化からの諸個人の脱出権確保が不可欠だと主張するクカサスとの論争の中で、脱出権の意義それ自体については非常に抽象的な形で一定程度承認するに至った[28]。しかし、キムリッカの議論は、そうした内部少数派の脱出権を確保するために、文化保護政策の中止までをも容認するものではなかった。

こうした観点から見れば、パッテンの場合、そもそも文化概念自体を流動的なものと理解していることも影響してか、脱出権という具体的政策そのものについては、明示的な議論を行っていない。しかし、パッテンは、こうした抑圧回避のために既存の文化擁護政策を敢えて撤回する戦略をより大規模で集合的に行い得る可能性として、抑圧を受けた少数派文化集団の多数派社会からの分離独立の可能性に言及する。すなわち、パッテン自身は、ある集団が、国家が原因で不当な犠牲となってきたことが明白である場合には、集団は分離する権利を持つというブキャナンの理論を引用しつつ、分離独立の可能性に支持を与える（ER: 233）。ブキャナンの理論の示す不当な犠牲とは、人権侵害、不当な併合、自律的な合意の侵害である。パッテンは、こうしたブキャナンの提示する、不当な犠牲を示す項目に、「承認の失敗」という項目を追加する。承認の失敗とは、「国家がナショナル・マイノリティに対して承認を与える枠組みを確立することができない」状態である（ER: 235）。これら四つの状況については、例外的に離脱の権利が認められる。もっとも、パッテンによれば、集団からの離脱を認めることは、離脱主義者の増殖や、離脱に起因する紛争を引き起こす可能性があり、その正当化に際しては、少数派を抑圧から守る熟議等の代替案と離脱との比較が不可欠であるという（ER: 232）。そのため、離脱が許容されるのは、人権侵害など急迫した状況下にある人々を救済することが、離脱以外の方法では不可能な場合だけに限定される。だが、そうした強い条件付きの場合に限定されるにせよ、平等な承認が失敗した場合には、国家は抑圧対象となった人々の物理的な生存保護を第一目的として、あえて文化擁護政策を中止することが認められている。そして、そうした目的のためには、抑圧対象の母文化からの離脱を国家が援助し奨励することを認めるのである。

このように、パッテンの提起する平等な承認という戦略は、必ずしも人々の生存を犠牲にして、小集団の文化擁護と、それを通じた社会統合を画一的に目指す戦略ではない。確かにこうした分離独立論は、脱出権そのものの議論とは、いくつかの具体的な側面で明確に差異を有している。たとえば、離脱は自治権の回復を目指して主流派社会から独立することであり、居住地を移動させる必要はないのに対して、脱出権を行使する場合、身体的あるいは精神的な抑圧行為から逃れるために、共同体の領域外に物理的に移動する必要がある。そのため、パッテンの離脱に関する議論を脱出権の議論と安易に重ねることはできないが、内部少数派の保護というより重要な政策的目標が争点化した場合、文化保護政策の撤回をあえて認めるという点では、両者の議論に明らかな連続性があることを確認しておくことは重要である。

付言すれば、こうしたパッテンの議論の特色は、既存の脱出権論に対する批判への対応という観点からも極めて重要である。何故なら、キムリッカに代表される既存の脱出権論の最大の問題点は、それが脱出権そのものの重要性は指摘するが、それを確保するためにどのような具体策があるかを明言していない点に存していたからである。こうした、具体策を伴わない脱出権が形骸化してしまう危険に関して、たとえばダニエル・ワインシュトックは、個人が非自由主義的な扱いを受けているのに、脱出権を行使しない場合、抑圧的な文化規範の「継続的な厳守が抑圧行為に対する同意のサインとして捉えられ」る、と明確に指摘している。[29] あるいは、マーガレット・ムーアも、脱出権を単に形式的に擁護しても、その現実化の具体策が伴わない場合、「抑圧的な社会から出ていくことは、はるかに困難」であり、仮に脱出できたとしても「どこか行く先があるわけではないかもしれない」と指摘する。[30] そのため、脱出権を非自由主義的文化への対応策として構想する場合は、脱出権を確保する具体策に関する議論が重要となるのである。[31] そして、そうした脱出権現実化のための具体策について、たとえばジェフ・スピナー - ハレブは、脱出権を現実的な選択肢とするためには、「身体的虐待からの自由、適切な健康管理と栄養状態、他者と交流する能力、最低限の教育」などが必要だと主張する。[32] これに対し、パッテンは、抑圧解消のために抑圧行為を行う文化集団に対してその文化保護政策をあえて中止することを明示的に認めた。[33] こうした保護政策の中止というより強制的な手段を採用する点において、パッテンの議論は脱出権確保のためのより確実な具体策を備えていた。すなわち、保護政策の中止という対応策は、内部少数派が自らの文化集団から出ていくことなく、自らの文化を享受しながら、抑圧行為から解放される。この点において、パッテンの対応策は、これまでの内部少数派に対する対応策と大きく異なっている。

五　結論

本稿では、パッテンの平等な承認が、キムリッカ以来のリベラルな多文化主義理論の限界をどのように打破しうるのかということについて、両者の比較を通して検討してきた。ナショナル・マイノリティやポリエスニック集団といった制度化された凝集性の高い文化集団のみに着目し、彼らの権利要求を画一的に判断したキムリッカに対して、パッテンは、より流動的で極めて多様な文化集団に関して、その多様な権利要求について柔軟に国家が個別的な判断を下すことが不可欠だと主張する。その結果として、パッテンの平等な承認は、こうした多次元的な考慮により、個人の自由な意思決定の前提条件を確保することに一定程度成功した。

こうした本稿で確認したパッテン理論の特色を踏まえれば、最後に以下の二つの残された問いを確認しておくことが重要だろう。第一に、文化集団の要求に対する慎重な考慮を目指す平等な承認論では、文化政策に関する国家の裁量的判断の余地が拡大し、文化集団に対する過度な国家介入を許容してしまう恐れがある。[34] そうした可能性を予知してか、パッテンは平等な承認が卓越主義と一線を画していることを強調している。卓越主義を採る場合、個人は国家が適切だと見なす文化集団のみが存続を許されるため、国家が価値を認めない文化をアイデンティティとして持つ人々は、自らが必要とする文化という選択肢にアクセスできない（ER: 132）。これに対して、平等な承認においては、他者の自己決定の機会を侵害する非リベラルな文化を除いた、いかなる善の概念に基礎を置く文化集団も国家的な承認の対象となる（ER: 109）。このように、平等な承認は、卓越主義と比して、国家に与えられた文化的な価値判断のための権限は極めて限定的であり、より多くの文化集団の成員について、個人の文化帰属に関する自己決定の自由を確保することができる。しかし、平等な承認も、非リベラルな文化を承認の対象外とするという点においては、キムリッカの多文化主義理論よりは国家による文化的価値判断の権限を明確に拡大してしまうこともまた事実である。それゆえに、パッテンの平等な承認構想においては、国家の文化に関する恣意的な判断を招来する危険性についてより自覚的な議論を展開することが求められる。

第二に、平等な承認論の下では、こうした国家の恣意的判断を回避する対応策について検討する必要がある。そうした対応策の一つとして注目に値するのが、文化政策の決定過程を多数派のみに独占させず、文化的少数派を含めた対話を要請する、多文化主義的な熟議の構想である。多文化主義的熟議の一般的な必要性については既に多数の指摘があり、たとえばフィリップスは、「多文化主義における難問の解決は、議論や対話を経て最も良く達成される。そこでは、異なる文化的背景の人々が、なぜ自分たちが特定の法律や慣習に賛成するのか互いに説明し、共存を可能とする交渉や妥協の技術を高める」と述べている。[35] あるいは、ソングも、「少数派集団の脆弱な構成員が文化的紛争の解決において発言権を持つことを保障する」ことが不可欠だとして熟議の必要性を力説する。[36] このように、国家内の文化的対立を解消するために、少数派成員が文化的な政策決定のために参加することの意義は一般的に大きいが、その必要性は、国家権力の拡大が懸念される平等な承認構想の下では極めて大きくなる。そして、本稿のこれまでの検討を通じて明らかにされた平等な承認論の構想は、熟議の導入と何ら矛盾しないように思われるが、本稿では、こうした対応策としての熟議の一般的な意義を確認するに留め、平等な承認と両立する熟議の具体的な制度設計の詳細な議論は他日を期したい。

（1）こうした問題を扱う重要な研究として、石山文彦「多文化主義理論の法哲学的意義に関する一考察――ウィル・キムリッカを中心として（一～六）」、『國家學會雜誌』第一一三巻第一・二号、一―三三頁、第一一三巻第七・八号、六〇七―六四〇頁、第一一三巻一一・一二号、九八六―一〇二四頁、第一一四巻第三・四号、一―三七頁、第一一四巻第九・十号、六四五―六六八頁、第一一五巻第九・十号、七二一―一三二頁、二〇〇〇―二〇〇一年、飯田文雄「多文化社会におけるリベラリズム――ウィル・キムリカの場合（一〜五）」、『神戸法學雜誌』第四九巻第一号、八一―一一四頁、第五一巻第四号、四一―六三頁、第五二巻第一号、四五―五四頁、第五三巻第四号、九六―一一八頁、第五四巻第四号、一二一―一四五頁、一九九九―二〇〇五年、Anthony Simon Laden and David Owen, eds., *Multiculturalism and Political Theory*, Cambridge: Cambridge University Press, 2007、松元雅和『リベラルな多文化主義』、慶應義塾大学出版会、二〇〇七年、浦山聖子「グローバルな平等主義と移民・外国人の受け入れ（一〜五）」、『國家學會雜誌』第一二四巻第七・八号、六一二―六六一頁、第一二四巻第九・十号、七五八―八〇五頁、第一二四巻第一一・一二号、八五七―八八八頁、第一二五巻第一・二号、一―四〇頁、第一二五巻第三・四号、一二九―一五三頁、二〇一一―二〇一二年、白川俊介『ナショナリズムの力――多文化共生世界の構想』、勁草書房、二〇一二年、David Miller, *Strangers in Our Midst: The Political Philosophy of Immigration*, Cambridge, MA: Harvard University Press, 2016、を参照。

（2）Joseph Carens, *The Ethics of Immigration*, New York: Oxford University Press, 2013.

（3）Susan Moller Okin, Is Multiculturalism Bad for Women?, in Joshua Cohen, Matthew Howard, and Martha C. Nussbaum, eds., *Is Multiculturalism Bad for Women?*, Princeton: Princeton University Press, 1999, pp. 7-24.

（4）たとえば、チャンドラン・クカサスは、特定の文化集団に対する支援を国家が行うことは、ある文化が存続するか消滅するかについて国家が判断することにつながるとして、国家による文化的少数派の保護を否定する。Cf. Chandran Kukathas, *The Liberal Archipelago: A Theory of Diversity and Freedom*, Oxford: Oxford University Press, 2003, pp. 213, 250.

（5）寛容に基づくリベラルの論者の一人であるブライアン・バリーは、文化集団が何らかの権利主体となり得るとしても、その根拠は文化を共有していることではなく、利益が一致していることによると主張し、常に文化集団を権利主体として見なすことに懐疑的である。Cf. Brian Barry, *Culture and Equality: An Egalitarian Critique of Multiculturalism*, Cambridge, MA: Harvard University Press, 2001, p. 67.

（6）本文および注で使用するキムリッカとパッテンの文献を以下のように略記した。本稿の邦訳引用部分は一部修正しているため、誤訳等がある場合は本稿の責任である。

MC: Will Kymlicka, *Multicultural Citizenship*, Oxford: Oxford University Press, 1995（角田猛之・石山文彦・山崎康仕監訳『多文化時代の市民権――マイノリティの権利と自由主義』、晃洋書房、一九九八年）.

PV: Will Kymlicka, *Politics in the Vernacular: Nationalism, Multiculturalism and Citizenship*, New York: Oxford University

Press, 2001（岡崎晴輝・施光恒・竹島博之・栗田佳泰・森敦嗣・白川俊介訳『土着語の政治』、法政大学出版局、二〇一二年）.

CPP: Will Kymlicka, *Contemporary Political Philosophy: an Introduction*, New York: Oxford University Press, 2002（千葉眞・岡崎晴輝訳者代表『新版　現代政治理論』、日本経済評論社、二〇一〇年）.

ER: Alan Patten, *Equal Recognition: The Moral Foundations of Minority Rights*, Princeton: Princeton University Press, 2014.

（7）こうしたキムリッカ理論とは対照的に、クカサスは文化集団を私的結社と見なし、文化集団への出入りが比較的容易だと想定している。そのため彼は、消滅の危機に瀕している少数派の文化集団を、単に需要のない文化と見なす。Cf. Chandran Kukathas, Are There Any Cultural Rights?, in *Political Theory*, Vol. 20, No. 1（1992）p. 116.

（8）キムリッカは、好意的無視論を支持する現代のリベラリズム論者が、少数派に対する権利付与に対して原理的に反対しなかった中世リベラリズムの解釈を正しく継承せず、普遍的な個人権のみを認めるという新たな規範を追加することにより、その規範に即して少数派の権利に反対していると批判する（MC: 68／邦訳、一〇〇頁）。

（9）Okin, Is Multiculturalism Bad for Women?, p. 17.

（10）Ibid.

（11）Ibid., p. 20.

（12）Alan Patten, Rethinking Culture: The Social Lineage Account, in *American Political Science Review*, Vol. 105, No. 4（2011）p. 736.

（13）Ibid., p. 738.

（14）パッテンの文化概念は、具体的で明確な制度の共有を文化集団成立の要件としないため、権利主体を無制限に拡大する可能性や、文化保護が自己目的化されることにより文化が固定化される可能性がある。こうした問題については、拙稿「リベラルな多文化主義における新しい文化概念――アラン・パッテンを手がかりに」、『六甲台論集法学政治学篇』第六五巻二号、二〇一九年、一―二〇頁にて、より詳細な検討を行った。

（15）パッテンの提示する処遇の中立性に対しては、様々な批判が向けられている。たとえば、リッパート-ラスムッセンは、最低基準に関するパッテンの議論が不十分であると指摘し、処遇の中立性という新たな中立性概念ではなく、運の平等主義によって少数派の権利を正当化することが可能であると主張する。Cf. Kasper Lippert-Rasmussen, Dispositional Neutrality and Minority Rights, in *Critical Review of International Social and Political Philosophy*, Vol. 20, No. 1（2017）pp. 49-62.

（16）ラボルデは、平等な承認論では、宗教に関する善の概念と非宗教的な善の概念が区別されていないことを批判する。具体的にラボルデは、パッテンが自らの処遇の中立性の主張において、ムスリム対キリスト教、クリケット対サッカーなど同種の文化が平等に扱われることのみ言及しているが、ある土地にモスクを建設するかあるいはクリケットの施設を建設するかというような、他種の文化がどのように扱われるべきかという問題を想定していないと指摘する。Cf. Cécile Laborde, The Evanescence of Neutrality, in *Political Theory*, Vol. 46, No. 1（2018）p. 102.

（17）Carens, *The Ethics of Immigration*, 2013, pp. 158-159.

（18）Ibid., p. 158.

（19）Ibid., p. 159.

（20）Sarah Song, *Immigration and Democracy*, New York: Oxford University Press, 2019, p. 176.

（21）Ibid., p. 177.

（22）Ibid.

（23）Ibid., p. 175.

（24）David Miller, *On Nationality*, Oxford: Oxford University Press, 1995, p. 158.

（25）Anne Phillips, *Multiculturalism without Culture*, Princeton: Princeton University Press, 2007, p. 18.

（26）Anne Phillips, Dilemmas of Gender and Culture, in Avigail Eisenberg and Jeff Spinner-Halev, eds., *Minorities within Minorities: Equality, Rights and Diversity*, Cambridge: Cambridge University Press, 2005, pp. 118-119.

（27）こうしたパッテンの主張は、彼の以前の著作から判断して、相互承認を自由の根源と考えるヘーゲル的な自由観に基づくと想定されるが、この点に関する検討は稿を改めて述べたい。Cf. Alan Patten, *Hegel's Idea of Freedom*, New York: Oxford University Press, 2002.

（28）Will Kymlicka, The Rights of Minority Cultures: Reply to Kukathas, in *Political Theory*, Vol. 20, No. 1（1992）p. 143.

（29）Daniel Weinstock, Liberalism, Multiculturalism, and Internal Minorities, in Anthony Simon Laden and David Owen, eds., *Multiculturalism and Political Theory*, Cambridge: Cambridge University Press, 2007, p. 247.

（30）Margaret Moore, Internal Minorities and Indigenous Self-determination, in Avigail Eisenberg and Jeff Spinner-Halev, eds., *Minorities within Minorities*, Cambridge: Cambridge University Press, 2005, p. 289.

（31）脱出権については、どの国に入国するか自由に選択することができる権利まで保障するものではないという見解もある。Cf. Song, *Immigration and Democracy*, 2018, p. 105.

（32）Jeff Spinner-Halev, Autonomy, Association and Pluralism, in Avigail Eisenberg and Jeff Spinner-Halev, eds., *Minorities within Minorities*, Cambridge: Cambridge University Press, 2005, p. 160.

（33）ここでの文化保護政策の中止は、抑圧行為が改善されるまでの一時的な中止を意味し、一度抑圧的な文化と見なされた文化集団が今後一切、保護政策を受けることができないということを意味しない。一時的に保護政策を打ち切られた文化集団も、抑圧問題が解決されれば、再度文化保護政策を受けることができるため、パッテンは簡単に文化保護政策を放棄するわけではない。

（34）サラジリックは、パッテンの主張する処遇の中立性においては、少数派文化保護に関する機会や制度が整っていても、実際には、少数派の意思決定が国家権力による明示的あるいは暗示的な圧力に影響されることが大いに想定され得ると指摘する。Cf. Elder Sarajlić, Neutrality, Autonomy, and Power, in *Critical Review of International Social and Political Philosophy*, Vol. 20, No. 1 (2017) pp. 34-35.

（35）Phillips, *Multiculturalism without Culture*, 2007, p. 180.

（36）Sarah Song, *Justice, Gender, and the Politics of Multiculturalism*, Cambridge: Cambridge University Press, 2007, p. 82.

〔謝辞〕

本稿の執筆に際し、飯田文雄先生、苅田真司先生、早川誠先生、西山隆行先生、辻康夫先生、網谷龍介先生、増井志津代先生、三牧聖子先生、アラン・パッテン先生、アン・フィリップス先生、チャンドラン・クカサス先生、二名の匿名査読者の方々には、貴重なコメントを頂いた。心より御礼申し上げたい。なお本稿は、日本学術振興会科学研究費（17J02463）の助成を受けた研究成果の一部である。

［政治思想学会研究奨励賞受賞論文］

ロトクラシー
――籤に基づく代表制民主主義の検討

山口晃人

近年、「代議制の危機」が叫ばれ、一人一票の平等選挙で代表者を選ぶ選挙民主主義の機能不全が指摘されている。その中で、選挙民主主義に代わる制度構想として英米圏を中心に注目されているのが「ロトクラシー（lottocracy）」である。ロトクラシーとは、選挙によってではなく一般市民からの無作為抽出によって代表者を選ぶ代表制民主主義構想である。本稿では、選挙民主主義との比較を通じて、ロトクラシーが選挙民主主義の代替案たりうる有望な構想といえるのかを検討する。

本稿では、選挙民主主義とロトクラシーを、それぞれのシステムが持つ「道具的価値（instrumental value）」の観点で比較する。道具的価値とは、意思決定手続きそれ自体の価値ではなく、意思決定手続きがもたらす結果の価値である(1)。つまり、本稿では、選挙民主主義あるいはロトクラシーを意思決定手続きとして用いることで、どれだけ良い帰結がもたらされるかという観点で両者を比較していく。

一　方法論

マレソンが「選挙との比較を含む抽選制研究の多くには、ありのままのアメリカの選挙システムの今の経験的現実と、抽選制の将来の理想を比較するという深刻な方法論的欠陥がある(2)」と指摘するように、ロトクラシー研究には、選挙民主主義を厳しく批判する一方で、自身の構想を理想化しすぎる傾向がある。例えば、レイブルックは選挙民主主義の問題点の例として、ベルギーなどでの連立政権成立の難航や、国家主導の巨大プロジェクトの頓挫を挙げているが、[3]これらは特定の選挙制度（比例代表制）や、選挙制度以外の要因（政府外のアクターの存在）が原因であり、抽選制を導入することでなぜこれらの問題が解決されるかは明らかでない。また、抽選制の問題点については全くと言ってよいほど検討しておらず、抽選制の導入で「腐敗のリスクは低下し、選挙熱は下がり、公共の利益への関心が高まる」[4]と楽観視している。また、ゲレーロやザカラスはロトクラシーの問題点を一応検討しているが、[5]第三節の2で示すように、その検討は不十分である。他方、選挙民主主義擁護論者は、代替案としてのロトクラシーをほとんど考慮していない。ロトクラシーに批判的に言及している論文であっても、しばしば単純な批判のみでそれを片付けてしまっている。例えば、ブレナンは、ロトクラシーが全体主義的な共産主義政党やネオナチに権力を握る機会を与えてしまうと批判するが、[6]第三節の2で示すように、それは現実的にはありえない想定である。したがって、ロトクラシーを擁護する立場も批判する立場も、適切な比較や生産的な議論をしていない。

1　方法論（1）——理想的な条件と非理想的な条件

本稿は、このような先行研究の現状に鑑み、選挙民主主義とロトクラシーのできる限り適切な比較を目指す。そのために、本稿は以下のような方法論を取る。

まず、本稿では、理想的な条件と非理想的な条件を定め、それぞれの条件下において、選挙民主主義とロトクラシーを比較する。理想・非理想の区別は、ロールズの『正義論』における「理想理論（ideal theory）」と「非理想理論（non-ideal theory）」の区別に由来する。[7]理想理論は「人びとが人間社会の一般的事実をふまえて導かれた正義原理を厳格に遵守しうる好ましい情況——歴史的偶然性や奴隷制といった極端な不正義に対処する必要のない情況——を前提に成立する正義論」であり、他方の非理想理論は「正義原理の部分的遵守や非遵守」が存在する「不正義が避けられない情況で問われる正義論」である。[8]本稿では、この理想理論と非理想理論の区別に対応して、以下のように理想的な条件と非理想的な条件を定める。

理想的な条件：人々は、その可能な範囲において、当該政治制度を最善に機能させるべく行為する。

非理想的な条件：現実の社会において人々がそうであるように、必ずしも人々が当該政治制度を最善に機能させるべく行為しない。

つまり、理想的な条件は人々が制度を機能させるために各々の役割を厳格に遵守する情況を規定し、非理想的な条件は人々が制度を機能させるために各々の役割を部分的にしか遵守しない情況を規定する。各条件の詳細は、第二節と第三節でそれぞれ示す。

理想的な条件と非理想的な条件に分けて比較する理由は以下の二つである。

第一に、場合分けによって、不適切な比較を回避する。既存のロトクラシー研究は選挙民主主義の現実とロトクラシーの理想を比較するという不適切な比較に陥っていた。理想的な条件と非理想的な条件を意識的に分けることで、このような失敗を避け、等しい条件の下で二つの政治制度を比較することができる。

第二に、本稿における二つの条件下での議論は、ロールズ正義論における二つの理論と対応している。ロールズにおいて、理想理論は社会正義の理想を示し、非理想理論はその理想を実現する道筋を示す[9]。他方、本稿の理想的な条件下での議論は、システムが最良に働く条件下で評価することで、それが支持するに値する優れたシステムであるかを判定し、非理想的な条件下での議論は、現実の社会においてシステムがどの程度機能するかを明らかにし、理想に近づくための道筋を示す。つまり、二つの条件下での検討は、制度の理想像と現実の働きを明らかにすることで、現実の社会でその制度をどのように改善すべきかを明らかにするものである。

第二節では、理想的な条件下での検討を行い、選挙民主主義とロトクラシーが追求するに値する優れたシステムであるかを評価する。第三節では、非理想的な条件下での検討によって、選挙民主主義とロトクラシーの現実の社会での評価を明らかにする。第四節では、現実の社会でそれぞれの政治制度を改善する方策を示す。

2 方法論（2）――評価基準

本稿では、道具的価値、すなわちその制度がどれだけ良い帰結をもたらすかに基づいて制度評価を試みるが、その道具的価値を測る基準としては、制度が人々にもたらす広い意味での利益（人民の利益）を採用する。なぜなら、人々が政治体に所属するのは、それが安全や自由の保障などを含めた広い意味での利益を彼らにもたらすからであり、個々の政策や統治全体の目的は、政治体に所属する人民の利益の増進にあると考えられるからである。ただし、ここで言う人民の利益とは、単なる諸個人の利益の総計ではなく、共通善に裏打ちされた諸個人の利益である。人民の利益を実現するためには「社会の各成員を平等に考慮する仕方で、各成員の諸利益に注意を払うことが要求される」[10]。一部の人々を犠牲にして他の人々の利益ばかりを増進する統治は、人民の利益に適うとは言えない。なぜなら、そのような統治は、犠牲にされる人々がその政治体に属する理由を失わせるものだからである。人民の利益を増進するためには、政治体を構成する諸個人の利益を平等に考慮しなくてはならない[11]。この想定が正しければ、人民の利益をどれだけ促進しているかが制度の道具的価値を評価する究極的な基準となる。

しかしながら、人民の利益をより具体的に特定することは難しく、制度がどの程度人民の利益を促進しているかを直接に評価することは現実的ではない。そこで本稿では、人民の利益を直接に計測する代わりに、人民の利益を促進する蓋然性を高める二つの手法に着目し、そこから人民の利益を促進する蓋然性を評価する二つの基準を導く。

ここで、実際に人民の利益を促進するのではなく、人民の利益を促進する蓋然性を高めると述べるのは、これらの手法を取っても、個々のケースにおいて人民の利益が促進されない可能性が常に存在するからである。二つの手法は、人民の利益を促進する法や政策が生み出される蓋然性を高めるが、人民の利益の促進を必ずしも保証しない。しかしながら、たとえ蓋然的でしかなくとも、認識的に見て優れた帰結をもたらす信頼度の高い意思決定手続きはそれ自体で優れたものである。人々が法に従う道徳的理由は、個々の法の正しさではなく、意思決定手続きの信頼性から生じる[12]。

人民の利益を促進する蓋然性を高める第一の手法は、人民の意志を平等に反映することで、人民の利益を促進する蓋然性を高めるというものである。この典型例は、ルソーの一般意志論に見出される。一般意志とは共同の利益であり[13]、共同の利益を発見する現実的な方法は市民による多数決である[14]。この手法から、以下の測定基準が導かれる。

平等な意志反映の基準：立法が人民の意志を平等に反映する仕方で行われるほど、人民の利益になる法が作られる蓋然性は高まる

つまり、この基準は、制度が人民の意志を平等に反映するほど望ましいと判定する。この基準では直接民主主義が最も高く評価され、それに近いほど評価は高くなる[15]。

第二の手法は、より有能な立法者を選ぶことで、人民の利益が増進される蓋然性を高めるというものである。この典型例は、プラトンの哲人王の議論に見出される。プラトンによれば、少数の知者による統治が最良の統治であり[16]、それから離れるほど政治体制の評価は下がる[17]。この手法からは、以下のような基準が導出される。

能力の基準：法を作る立法者の能力が高いほど（立法者が法の作成や安定した政治運営に必要な知識や能力を持つほど）、人民の利益になる法が作られる蓋然性は高まる

つまり、この基準は、立法者の能力が高いほど望ましいと判定する。この基準では「智者政（epistocracy）」が最も高く評価される。智者政とは、万人が平等に政治参加するのではなく、十分な知識を持った賢明な人々のみが統治する制度構想である。

これら二つの測定基準は政治制度に対して異なる評価を与える。例えば、平等な意志反映の基準で理想視される直接民主主義は、能力の基準では低く評価される。なぜなら、直接民主主義では万人が意思決定に対する平等な影響力を持

つため、知識を持つ人々の意見が意思決定に十分に反映されない恐れがあるからである。他方、智者政は、平等な意志反映の基準では低く評価される。なぜなら、智者政は少数に権力を集中させ、人民の意志を平等に反映しないからである。つまり、より知識を持たない人々への参政権拡大は、平等な意志反映の基準からは肯定的に評価される一方、能力の基準からは否定的に評価される。

また、これら二つの手法のどちらをどれだけ重視すべきかは定かではないので、二つの基準の重みづけは人によって大きく異なる。智者政の支持者は平等な意志反映は無価値であると考えるだろうし、直接民主主義の支持者は能力の基準を重視しないだろう。

とはいえ、どちらの手法がどれだけ人民の利益増進につながる蓋然性が高いかは明らかではないにせよ、どちらの手法も最低限の妥当性を持つとは言えそうである。他の条件が等しければ、立法が人民の意志を平等に反映する方が、あるいは立法者の能力が高い方が、より人民の利益を増進する政策を生み出す蓋然性が高いと考えられる。本稿では、どちらの手法も一定の妥当性を持ち、したがってそれらから導かれる二つの基準もまた、立法システムを評価する有用な基準であるという仮定の下、議論を進める。

以下では、この二つの基準にしたがって、代表制民主主義の二つの形態、すなわち、選挙民主主義とロトクラシーが、どのように評価されるかを検討していく[18]。

二　理想的条件下での比較

ここでは、理想的な条件下で、選挙民主主義とロトクラシーを、平等な意志反映の基準と能力の基準から評価する。理想的な条件とは、人々が、その可能な範囲において、当該政治制度を最善に機能させるべく行為するような条件であり、それぞれの政治制度が最も良く機能するような社会条件である。具体的には以下の条件が設定される。

第一に、人々は自分自身の利益が何であるかをおおよそ理解している。第二に、人々は他者との対話を通じて、その他者にとっての利益が何であるかをおおよそ理解できる。第三に、人々はある利益を達成する妥当な方法が何であるかをおおよそ判断できる。第四に、人々は他者の意見がより妥当であると考えられる場合には、自身の判断を改めることを厭わない。第五に、人々は自身の利益に基づいてではなく、各人が人民の利益を増進するために最善と考える判断に基づいて、政治的な意思決定を行う。第六に、人々は各人の政治的な意思決定を行う際に、情報を収集したり他者と議論したりするなどして、自身の判断の正確性を高めるべく、最善の努力をする。

これら六つの条件は、人々がある政治目的を実現する手段を判別する能力を持ち、人民の利益を増進するためにその能力を用いるという条件を具体化したものである(19)。

以上のような条件の下で、選挙民主主義とロトクラシーを評価していく。

1 理想的な条件下での選挙民主主義

理想的な条件下での選挙民主主義は以下のように機能する。有権者は候補者の情報を収集し、候補者や他の有権者との対話を通じて、人民の利益を増進しそうな候補者を選ぶ。代表者は他の代表者などとの対話を通じて、人民の利益を増進する政策を追求する。

(1) 平等な意志反映の基準

選挙民主主義は、代表者選出過程と立法過程に分かれる。平等な意志反映の基準は二つの過程にそれぞれ適用されるため、以下の二つの基準に細分化される。

投票の平等性基準：広く一般市民が平等に投票しているほど、人民の意志が平等に公職者の任命に反映されるので、選ばれた公職者を通して人民の意志が立法に反映される蓋然性は高まる

公職分配の平等性基準：広く一般市民に公職に就く実質的な機会が与えられているほど、人民の意志が平等に立法

に反映される蓋然性は高まる

投票の平等性基準から見ると、理想的な条件下での選挙民主主義は高い評価を得られると考えられる。なぜなら、広く一般市民が平等に投票するため、人民の意志が平等に公職者の任命に反映されるからである。

公職分配の平等性基準では、理想的な条件下での選挙民主主義には代表者の構成に偏りが生じるという問題がある。人々は等しい確率では選挙に立候補せず、候補者の当選確率も平等ではない。なぜなら、人々は自身が代表者に相応しいと考える場合のみ立候補し、人民の利益を増進しそうな候補者に投票するからである。[20] 有権者から見てより魅力的な候補者が選抜される選挙の「貴族政的効果（aristocratic effect）」により、公職に就く機会は一部の人に偏る。[21]

上記の二基準を総合した平等な意志反映の基準では、理想的な条件下での選挙民主主義は高い評価を得られる。なぜなら、公職分配の偏りは平等な投票の結果であり、代表者が一般市民の意見を適切に代表する限りにおいて、その偏りは大きな問題にはならないからである。選挙民主主義は、平等な意志反映の基準から見て優れた政治制度であり、人民の利益を増進する政策を実現する蓋然性の高いシステムであると考えられる。

(2) 能力の基準

能力の基準から見ると、理想的な条件下での選挙民主主義は、かなり高く評価される。なぜなら、選挙を通してより優れた人材が代表者に選ばれる可能性が高いため、立法者の能力は高いと考えられるからである。また、一人の人物が複数回にわたって代表者に選ばれるとすれば、その人物は政治経験を積むことで、政治的な能力を高められる。

(3) 小括

平等な意志反映の基準からは、選挙民主主義は高い評価を得られると考えられる。なぜなら、平等な投票を通じて適切な代表者が選ばれ、代表者は人民の利益を代表するように行動するからである。能力の基準でも、選挙民主主義はかなり高い評価を得られると考えられる。なぜなら選挙の貴族政的効果により、より有能な代表者が選挙で選ばれるからである。したがって、理想的な条件下での選挙民主主義は、人民の利益を増進する蓋然性を測定する二つの基準のどちらから見ても優れたシステムであるといえる。

2 理想的な条件下でのロトクラシー

理想的な条件下でのロトクラシーは、以下のように機能する。まず、代表者の任命は一般市民からの無作為抽出によって行われる。次に、無作為抽出された代表者は、他の代表者や利害関係者等と対話することを通じて、人民の利益を増進する政策を追求する。

ただ、これだけではロトクラシーが実際にどのように機能するのかは想像しにくい。そこで本稿では、以下のようなロトクラシーを前提に議論を進める。まず、立法機能は、三年任期の二五〇〇人の無作為抽出された成人市民からなる一院制抽選制議会が担う[22]。人々は選ばれても法的に代表を務める義務はないが、十分な報酬を用意される。議会では、審議の最初に、適切な主題についての様々な専門家からレクチャーを受ける[23]。

（1） 平等な意志反映の基準

ロトクラシーには投票過程が存在しないため、平等な意志反映の度合は公職分配の平等性から評価される。そして公職分配の平等性から見ると、理想的な条件下でのロトクラシーはかなり高い評価を得られる。なぜなら、全成人市民に公職に就く平等な機会が与えられるので、人民の意志が平等に立法に反映される蓋然性が高いからである。無作為抽出によって、ロトクラシーは、人民の縮図、ピトキンの言う「記述的代表（descriptive representation）」を実現する[24]。これにより、どのような集団もその集団が人口に占める割合に応じて代表される。例えばアメリカでは、籤代表の半数は女性、一三％は黒人であり、別の一三％はヒスパニック、四～五％はゲイ、約一一％は貧困層から選ばれる[25]。重要なのは、無作為抽出はこれらの既知の属性だけでなく、未知のものも含めたあらゆる属性について、統計的な記述的代表を実現するということである。[26] 例えば、全人民が熟慮するとX％が賛成するような政策について、無作為抽出された人々が熟慮すると、おおよそX％賛成することが期待できる。したがって、公職分配の平等性が確保されるので、理想的な条件下でのロトクラシーは、平等な意志反映の基準で高く評価できる。

(2) 能力の基準

能力の基準から見ると、理想的な条件下でのロトクラシーはそれほど高くは評価できない。なぜなら、代表者が市民から無作為に選ばれるので、立法者の能力の平均値は市民の能力の平均値と同程度にとどまるからである。勿論、法案ごとに専門家の意見を聞くなどして知識不足を補えることを考慮すれば、籤代表は一般市民よりは優れているかもしれない。しかしながら、選挙民主主義と比較すれば、代表者の能力は相対的に低い。

ただし、個々の籤代表の能力が低くとも、籤代表の議会は、それが多様性を持った集団であることによって、高いパフォーマンスを発揮する可能性がある。ペイジによれば、①問題が難しく、②全てのメンバーがある程度の能力を持ち、③多様性があり、④大きな母集団からある程度の人数が選ばれるという四つの条件が満たされるとき、無作為に選ばれた集団は最高の力を持つ集団よりも良いパフォーマンスを発揮する。[27] これは、無作為に選ばれた人々からなる集団は、多様な観点やヒューリスティックスを持つことによって、問題をよりよく解決できる可能性が高いと考えられるからである。つまり、無作為抽出によって保証される「認知的多様性（cognitive diversity）」によって、個々の代表者の能力は低くとも、集団としては優れた成果をもたらす可能性がある。[28]

(3) 小括

平等な意志反映の基準から見ると、統計的にではあれ人民の縮図を実現するロトクラシーは高く評価される。他方、能力の基準から見ると、代表者の能力が平均的な市民の能力とほぼ同程度にとどまるため、ロトクラシーはあまり評価できない。したがって、理想的な条件下でのロトクラシーは、平等な意志反映の基準では優れているが、能力の基準ではあまり評価できない立法システムであるといえる。

3　理想的な条件下での比較

第一に、平等な意志反映の基準では、二つの政治制度の評価はそれほど変わらない。選挙民主主義は、公職分配に偏りは生じるものの、投票の平等性が高いことによって、その弊害は十分に補完される。他方、ロトクラシーも平等な意志反映の観点で優れたシステムである。なぜなら、ロトクラシーは、統計的にではあれ人民の記述的代表を実現するからである。したがって、平等な意志反映の基準から、理想的な条件下での選挙民主主義とロトクラシーのどちらがより優れているかを決定することはできない。

第二に、能力の基準では、選挙民主主義がロトクラシーよりも優れている。なぜなら、ロトクラシーでは代表者が一般市民から無作為に選ばれるため、立法者の能力の平均値が市民の能力の平均値と同程度にとどまるのに対し、選挙民主主義では選挙を通してより優れた代表者が選ばれるからである。ただし、「認知的な多様性」の観点では、ロトクラシーの方が優れているので、両者の差はそこまで大きなものにはならないかもしれない。

したがって、理想的な条件下において、人民の利益を増進する蓋然性がより高いのは選挙民主主義である。とはいえ、ロトクラシーも平等な意志反映の観点では高い評価を受けており、原理レベルで排除されるほど劣った立法システムではない。

三　非理想的な条件下での比較

ここでは、非理想的な条件下で、選挙民主主義とロトクラシーを比較する。非理想的な条件は、現実の社会を想定し、必ずしも人々が当該政治制度を最善に機能させるべく行為しないことを規定した条件である。具体的には、以下のような条件の下で評価する。

第一に、人々は自分自身の利益が何であるかをしばしば理解していない。第二に、人々は他者との対話を通しても、その他者にとっての利益が何であるかをしばしば理解することができない。第三に、人々はある利益を達成する妥当な方法が何であるかをしばしば判断することができない。第四に、人々は他者の意見がより妥当であると考えられる場合にも、自身の判断を改めないことが少なくない。第五に、人々は利己的であり、しばしば公益よりも自己利益を優先する。第六に、人々は政治に対して比較的無関心であり、多くの政治的な問題について十分な知識を持たず、持とうと努力することも少ない。

これら六つの条件は全て、人々がある政治目的を実現する手段を判別する能力を十分には持たず、仮に能力があっても、人民の利益を増進するという目的のためにその能力を用いない場合があるという条件を具体化したものである。これらの条件の下で、選挙民主主義とロトクラシーについて、それぞれが各基準をどの程度満たすかを見ていく。

1　非理想的な条件下での選挙民主主義

非理想的な条件下での選挙民主主義は、現実の選挙民主主義とほぼ同義である。有権者は政治にしばしば無関心であり、投票に行かないか、投票に行く場合でも十分に考慮した上で投票していなかったり、個人的な利害関心から投票したりする。選ばれた代表者は、必ずしも全体の利益を考慮せず、時に個人的な利益を優先する。

(1)　平等な意志反映の基準

平等な意志反映の二つの基準から、非理想的な条件下での選挙民主主義を検討する。

投票の平等性基準から見ると、非理想的な条件下での選挙民主主義は、理想的な条件下の場合ほどは評価できない。投票権は広く平等に認められているが、全有権者が投票することはない。そして、投票者は全有権者の縮図ではなく、一定の偏りを持つ[(29)]。したがって、投票を通した意志反映は、その偏りの分、減じられることになる。

更に問題なのは、利己的な投票者の存在である。非理想的な条件下では、人々は公共善に基づいてではなく、しばしば自己の利害関心に基づいて投票する。少数派が強い利害関心を持っている事柄であっても、多数派がそれとは反対の利害関心を持つ場合には、多数派の意見が優先されるかもしれない。特に選挙において、少数派が代表を持てない恐れがある。その場合、平等な意志反映は行われず、少数意見は無視される。

公職分配の平等性基準から見ると、非理想的な条件下での選挙民主主義の評価はかなり低いものになると考えられる。広く一般市民に立候補の機会は認められているが、現実に公職に就く機会は平等ではなく、代表者の構成に偏りが生じる。

特に懸念されるのが、選挙において裕福な人々の利益が過剰に代表されることである。

第一に、富裕層は富のおかげで名声を得たり、演説力を鍛えたりするチャンスに恵まれるため、自身が選挙に出馬する際に他の候補者よりも有利である[30]。これは、理想的な条件下での選挙民主主義でも触れた貴族政的効果が、富裕層に有利に働くことを意味する。裕福な候補者は、有権者から見てより魅力的に見えるので、当選しやすい。

第二に、富裕層は自ら選挙に出馬せずとも、候補者に対し資金提供する見返りとして、自身が望む政策を実現するように圧力をかけられる[31]。これは、選挙の貴族政的効果と区別して、「寡頭政的効果（oligarchic effect）」と呼ぶことができる。

この寡頭政的効果は、有権者が政治に関してしばしば無関心であることによって、強化される。なぜなら、候補者は政治に無関心な有権者にアピールするために選挙資金等を確保する必要があり、そのために利益団体に政策を売り込む必要があるからである[32]。

以上のような選挙の貴族政的効果と寡頭政的効果により、代表者の構成は全体の人口構成から乖離する。実際、アメリカでは、四四％の議員は一〇〇万ドル以上の資産を持ち、八二％は男性で、八六％は白人、半数以上は弁護士か銀行家である[33]。したがって、公職分配の平等性基準から見て、選挙民主主義の評価はかなり低いものになる。

非理想的な条件下での選挙民主主義は、投票の平等性基準、公職分配の平等性基準の双方で問題を抱えている。特に深刻なのは、貴族政的効果と寡頭政的効果により、過剰に富裕層が代表されることである。このような状態では、立法システムは人民全体の利益を増進せず、富裕層の利益のみに奉仕する恐れがある。実際、アメリカの立法システムは富裕層に過剰に応答的である。ギレンズによれば、貧困層（下位一〇％）と富裕層（上位一〇％）の選好が対立する場合、政策決定者は富裕層に対して応答的である。また、貧困層と中産階級の選好が概ね一致し、それら二つの階級の選好と富裕層の選好が対立する場合でも、政策決定者は富裕層に対して応答的である。つまり、多数派（貧困層と中産階級）の選好よりも、富裕層の選好が優先されているのである。[34]

（2）能力の基準

能力の基準から見ると、非理想的な条件下での選挙民主主義は、理想的な条件下と比べて評価が下がる。なぜなら、貴族政的効果によって有権者から見てより魅力的な人物が選ばれるとしても、それが優れた人材であるとは限らないからである。例えば、有権者は、候補者の能力ではなく、肌の色やルックスに基づいて投票するかもしれない。[35]多くの投票者はそのような馬鹿げた基準を取らないだろうが、理想的な条件下と比べれば、人々の政治的関心は下がるため、より有能な候補者が選ばれる蓋然性も下がる。

更に、代表者が公益よりも自己利益を優先する可能性がある非理想的な条件下では、代表者が常に公益を目指す理想的な条件下と異なり、代表者の能力が必ずしも人民の利益に適う仕方で用いられない可能性がある。ゲレーロによれば、選挙代表システムが機能するのは「意義ある説明責任」が成り立つ場合であり、意義ある説明責任が成り立つのは「情報に基づく監視と評価」が機能する場合である。[36]しかしながら、非理想的な条件下では有権者の政治的関心は乏しく、コストをかけてまで代表者の行動を監視しない。有権者が監視しなければ、代表者は有権者を無視して私益を追求するかもしれない。代表者の能力が高くても、それが公益に適う仕方で用いられなければ意味がない。

また、有権者が選挙代表を監視していても、完全にコントロールするのは困難である。なぜなら、選挙代表は有権者の生活に大きく影響する無数の決定を行うのに対し、有権者ができるのは、選挙で候補者に投票することだけだからである。[37]有権者は、代表者の行動や政策の一つ一つに対して影響力を及ぼすことはできず、代表者の業績を総合的に評価することしかできない。代表者に望ましくない点があっても、総合的に見てライバルたちよりも優れている限り、彼に投票せざるを得ない。候補者の適切な選択肢が存在しない状況では、選挙による代表者コントロールは有効に機能しないのである。

(3) 小括

平等な意志反映の基準から見ると、非理想的な条件下での選挙民主主義はあまり評価できない。まず、代表者の選出段階では、有権者と投票者のずれから、投票の平等性基準での評価が、理想的な条件の場合と比べるとやや減じられる。それに加えて、公職分配の平等性基準が、貴族政的効果と寡頭政的効果によって著しく損なわれる。

能力の基準から見ると、選挙民主主義の評価は、理想的な条件の場合と比べるとかなり下がる。まず、人々の政治的関心が薄れることにより、より有能な候補者が選ばれる蓋然性は、理想的な条件の場合に比べると下がってしまう。それ以上に問題なのは、選挙代表が公益ではなく、私益のために行為する可能性があることである。選挙代表の能力がいくら高くても、それが公益のために用いられない場合には意味がない。

したがって、非理想的な条件下での選挙民主主義は、理想的な条件の場合と比べると、かなり不十分なシステムである。特に、平等な意志反映の基準では大きな問題がある。

2 非理想的な条件下でのロトクラシー

非理想的な条件下でのロトクラシーは、以下のように機能する。代表者は一般市民から無作為抽出され、無作為抽出された代表者は、他の代表者や利害関係者等との対話を通じて政策を生み出す。ただし、代表者は必ずしも公益を追求しない場合がある。

（1）平等な意志反映の基準

非理想的な条件下でのロトクラシーを平等な意志反映の基準から評価するためには、幾つかのロトクラシーへの批判を考慮する必要がある。

第一に、極端な人々の選出リスクの問題がある。これは、無作為抽出の結果、極端な人々ばかりが選ばれる恐れがあるという問題である。例えば、ブレナンは、全体主義の共産主義政党やネオナチが権力を握るような恐ろしい帰結をもたらしうるとして、ロトクラシーを退けている。(38)

この問題についてランデモアは、悲観的なシナリオの下でも、極端な人々が代表の多数派を占める可能性は極めて低いと応答する。ランデモアが想定するのは、人口の二五％を白人至上主義者が占める社会で、五〇人の代表者からなる議会を選ぶという状況である。このような状況でも、白人至上主義者が多数派を占める確率は〇・〇〇三八％に過ぎない。四年ごとに代表者を選ぶとして、一度でも白人至上主義者が多数派を占める確率が五〇％を超えるのは、七二九二四年後である。一〇％でも一一〇八八年かかり、一％でさえ一〇六〇年を要する。選挙民主主義は、より短期間に遥かに悪い議会を生み出すので、極端な人々の選出は、理論上考えられるものの、現実的なリスクではない。(39)

第二に、籤代表に辞退を認めた場合、代表の構成に偏りが生じる。この問題には辞退を認めないことで対応できる。しかしながら、長期の拘束を考えれば、強制は困難かもしれない。実際、ロトクラシー論者の多くは辞退を認めつつ、できるだけ多くの人に参加してもらえるように、様々なインセンティブ付与や補助制度を提示している。(40)確かに、十分な保障さえあれば、それほど重大なサンプリングバイアスは生じないかもしれない。その上でも、特定の階層の人々が籤代表を辞退することでバイアスが発生する可能性は残る。例えば、幼い子どもを持つ母親や企業のＣＥＯなどは過剰に高い割合で辞退しうる。対策として考えられるのは、交代の人員を辞退者と人口統計上の特性が同一であると考えられる市民のプールから再び無作為抽出するというものである。(41)とはいえ、これらの処置を取ったとしても、辞退を認めた場合には、ある程度のサンプリングバイアスが避けられないかもしれない。その場合、サンプリングバイアスが生じる分だけ、平等な意志反映は棄損されることになる。

第三に、籤代表が利益団体によって操作されるリスクがある。このことは選挙民主主義における寡頭政的効果の問題が、ロトクラシーにおいても発生しうることを意味する。しかしながら、籤代表では買収が起こる可能性は低いと考えられる理由がある。第一に、籤代表は選挙運動を行わないため、選挙支援の見返りに便宜をはかる必要もなければ、再選のための資金を確保する必要もない[42]。第二に、利益団体等が合法的に籤代表を買収するルートが存在しない。選挙代表であれば、政治献金や選挙協力など、様々な形で合法的に利益団体が影響力を及ぼすことができる。他方、籤代表については、それらを容認する合理性が存在しないため、金銭等を通じた影響力行使は法的に禁止され、違反した場合には罰せられる。第三に、籤代表に十分な給与を支給することで、リスクを冒してまで金銭を得ようとする可能性を低くできる[43]。第四に、費用対効果の観点から、籤代表の買収が行われる可能性は低い。なぜなら、籤代表の人数は多いため、買収にかかるコストが大きい上に、せっかく買収しても任期は短いからである。

他方で、籤代表の方が利益団体によって操作されやすいと考えられる理由もある。第一に、籤代表と最終任期の選挙代表は類似している。最終任期を迎えた選挙代表は、再選するために有権者にアピールする必要がないため、投票者と異なる政策選好を持って公約から逸脱したり、私益を追求したりする場合がある[44]。同様に、籤代表は再選の可能性がない以上、利益団体に買収されやすいかもしれない。第二に、専門知識を持たない籤代表は、ロビイストに情報を依存せざるを得ない[45]。そのため、籤代表は知らず知らずのうちに操作されてしまうかもしれない。したがって、ロトクラシーでは選挙民主主義よりも利益団体による操作が生じにくいとは言えない。

第四に、非理想的な条件下でのロトクラシーには、選挙民主主義同様、多数者の専制の問題がある。非理想的な条件下では、人々は他者の利益を十分に理解できなかったり、全体の利益が何であるかを知っている場合でも私益を追求してしまったりする。その結果、少数派が強い利害関心を持つ事柄であっても、多数派の意見が押し通されてしまうかもしれない。ラフォントは、ミニ・パブリックスの判断が多数派の「固定したコンセンサス（settled consensus）」を反映してしまう可能性を指摘する[46]。多数派の利害ばかりが優先されるならば、ロトクラシーは平等な意志反映を実現するとは言えない。

以上見てきた通り、非理想的な条件下でのロトクラシーには、平等な意志反映の観点で幾つかの問題がある。極端な人々の選出リスクは現実的な問題ではないが、辞退によるサンプリングバイアスと利益団体による操作、多数者の専制は深刻である。籤代表の辞退を認めた場合に偏りが生じる可能性は否定できない。そのため、籤代表の辞退は原則禁止すべきである。もし辞退を認めるならば、対策を行った上で、ある程度のサンプリングバイアスについては甘受する他ない。それ以上に問題なのは、利益団体による操作である。籤代表もまた、選挙代表と同様に利益団体の影響力を受けやすいかもしれない。多数者の専制の問題も、平等な意志反映を棄損する点で問題がある。籤代表の決定が多数派の意志をなぞるだけのものならば、それは平等な意志反映をもたらさない。

したがって、平等な意志反映の基準での非理想的な条件下のロトクラシーの評価は、理想的な条件下に比べるとかなり低くならざるを得ない。

(2) 能力の基準

能力の基準では、非理想的な条件下でのロトクラシーは、理想的な条件下よりも低く評価される。まず、代表者が一般市民から無作為に選ばれるので、立法者の能力は平均的な市民の能力と同程度にとどまる。それに加えて、非理想的な条件の場合には、籤代表の能力や意欲が低いため、人民の利益が増進される蓋然性はその分だけ低くなる。[47]ただ、非理想的な条件下でのロトクラシーの問題はそれだけに留まらないかもしれない。以下ではロトクラシーに生じうる三つの問題を取り上げる。

第一に、籤代表は市民から無作為に選ばれるため、能力の低い人間が任命される可能性が高い。その結果、非常に質の低い意思決定が行われる恐れがある。[48]

この問題に関してはいくつかの応答が可能である。第一に、公教育の改善によって、市民の政治的知識・能力は向上しうる。[49]第二に、一般市民と選挙代表の能力差はそれほど大きくないかもしれない。技術的な政策領域については、選挙代表もほとんど知識を持っていない。[50]ただし、選挙代表が長年の政治経験で培った経験や能力の観点でより優れていることは否定しがたい[51]。第三に、一般市民の意見は選挙民主主義でも重要な役割を担う[52]。国会審議はニュースで盛んに報道されるが、それに対する市民の反応は世論調査などを通じて国会にフィードバックされ、時に法案の成否を左右する。しかしながら、そのような世論調査に表れる市民の賛否はしばしば表面的かつ流動的なもので、必ずしも妥当な根拠に基づくものではない。その意味では、より知識に基づいた市民の意見を反映できるロトクラシーの方が優れているかもしれない。第四に、籤代表の能力への疑念は実証研究から反証できる。ブリティッシュコロンビア州市民集会や、フィシュキンの熟議世論調査の結果は、籤代表が有効に機能することを示唆している[53]。したがって、籤代表の能力は選挙代表に劣るにせよ、即座にロトクラシーを退けられるほど致命的なものではない。

第二に、投票による教育効果の問題がある。ロトクラシーを導入して選挙を廃止した場合、籤代表に選ばれない大半の市民は政治に参加する機会を失う。選挙に備えて多少なりとも政治に関する情報を収集する機会が奪われることで、一般市民の政治に関する知識量はますます少なくなる。一般市民の政治的な知識量が少なくなれば、彼らが籤代表に選ばれたときに能力を発揮することはより困難になる。

第三に、政党の不在の問題がある。現状の選挙民主主義において政党は重要な位置を占めているが、ロトクラシーでは選挙が存在しない以上、他の利益団体とは区別される公的な政党もなくなる。その結果、選挙民主主義において政党が担っている幾つかの機能が、ロトクラシーでは果たされなくなると考えられる。ここでは特に、意見集約機能、議題設定機能、対立する意見を代表する機能の三つに着目する[54]。

まず、政党は有権者からの陳情や利害関係者との交渉を通じて、社会全体の意見を取りまとめる意見集約機能を持つ。ただし、この機能は政党のないロトクラシーでも対応しうる。例えば、政府機関によるアンケート調査、市民による請願や陳情などを通じて、市民の意見はある程度集約できるかもしれない。また、現状の選挙民主主義でも、メディアや利益団体等のアクターが意見集約に寄与していること、法案作成の大部分を官僚が行っていることを考えれば、政党なしでも意見集約は可能だろう。

ただし、多くの一般市民は社会問題について確固とした意見を持っているわけではないという点に注意する必要がある。人々の意見を集約し、人民の意志に基づいた意思決定を行うためには、まず人々が確固とした意見を持つ必要がある。[55] 選挙民主主義であれば、この問題は解決できる。なぜなら、有権者の判断は、政党や政治運動などの力を借りて、選挙を中心とした代表プロセス全体を通じて醸成されるからである。[56] 政党が世論を喚起することで人々は社会問題について意見形成するが、ロトクラシーには選挙も政党も存在しない。一般市民がそもそも社会問題について意見を持っていないのであれば、意見集約は不可能である。したがって、選挙を欠いたロトクラシーにおいて、人民の利益を実現する意思決定が行えるかは不明瞭である。

次に、政党には議題設定機能がある。社会に存在する無数の問題をすべて議会で論じるのは不可能であり、それらから重要なものを選定する必要がある。そして政党はその議題設定において中核的な役割を果たしている。[57] そのため、政党がなくなれば適切な議題設定は困難になる。特に、籤代表は無作為抽出によって受動的に選ばれるにすぎないので、リーダーシップや創造力は期待できない。[58] 籤代表に立法に必要な創造力が欠けているとすれば、官僚や専門家などに議題設定を任せざるを得ない。

最後に、政党には対立する意見を代表する機能がある。ローゼンブルムは、熟議の際には対立する主張がそれぞれの主張を熱心に擁護する人々によって主張されることが重要であると指摘する。[59] なぜなら、意思決定のための情報提示が一者によって行われるならば、意思決定の結果はその人の意見に大きく左右されてしまうからである。ロトクラシーにおいて、官僚が意思決定のための情報提示を行うとすれば、最終的な意思決定は官僚の意向を反映したものになる可能性が高い。官僚は効率よく法案を成立させるために重要な反対論を無視するかもしれないし、人民の利益ではなく組織的利益を追求するかもしれない。しかしながら、それを指摘する反対派はいないため、籤代表は官僚の書いた筋書き通りに意思決定を下すことになる。

このように、政党なきロトクラシーは、適切な意思決定を行う仕組みを欠いており、それを補完するために官僚や専門家に依存せざるを得ない。その結果、官僚支配・専門家支配を招き、平等な意志反映は有名無実化するかもしれない。[60] 待鳥が指摘するように、政党の特筆すべき点は、それらが選挙を通じて一定の社会的承認を得ていることにある。

公的な政党がなければ、民主的な正統性を持たない利益団体などが意思決定を実質的に支配することになるかもしれない[61]。

(3) 小括

非理想的な条件下でのロトクラシーは、特に能力の基準で多くの問題を抱えている。第一に、籤代表の能力は、選挙代表に比べて低いことが予想される。両者の差はそこまで大きくないかもしれないが、差があることは否定できず、それゆえに望ましい意思決定が行われる蓋然性もより低いと考えられる。第二に、ロトクラシーでは、一般市民が選挙での投票を通じて政治参加する機会がないため、一般市民が政治に関わる知識や能力を十分に身につけなくなる恐れがある。これにより、籤代表の能力が低下することが懸念される。第三に、ロトクラシーでは、公的に承認された政党が存在する余地がない。そのため、政党が果たしていた意見集約、議題設定、対立する意見の代表の機能が果たされなくなる恐れがある。その結果、まともな意思決定が行われなくなったり、官僚支配を招いたりするかもしれない。これら三つの問題点は、ロトクラシーでの意思決定が人民の利益をもたらさないどころか、破滅的な帰結をもたらす可能性を示す点で深刻である。したがって、非理想的な条件下でのロトクラシーの評価はかなり低いものとなる。

3 非理想的な条件下での比較

(1) 平等な意志反映の基準

平等な意志反映の基準での選挙民主主義の問題点は、富裕層が過剰に代表されることであった。富裕層は名声を得たり演説力を陶冶したりする機会に恵まれるため、選挙に有利である(貴族政的効果)。また、富裕層は選挙代表を買収することで自身に有利な政策を実現させることができる(寡頭政的効果)。そして、富裕層の過剰な代表は、有権者の政治的無関心や選挙がコントロール手段として不十分であることによって強化される。他方、ロトクラシーでは、サンプリングバイアスと利益団体による操作が問題である。籤代表の辞退を認める場合、代表議会の構成は何らかの仕方で偏るかもしれない。また、選挙代表と同様に、籤代表も利益団体による操作に脆弱であるかもしれない。

それでは、どちらが平等な意志反映の基準で優れているだろうか。まず、両システムに共通する富裕層・利益団体による操作の問題と多数者の専制の問題は、どちらも同程度に発生する可能性があると判断して考慮から除外する。その上で、選挙民主主義における富裕層有利の貴族政的効果と、ロトクラシーにおけるサンプリングバイアスを比較した場合、平等な意志反映の観点から見てより重大なのは、選挙民主主義における貴族政的効果であると思われる。なぜなら、サンプリングバイアスが重大な悪影響を及ぼすリスクは小さく、偏りの方向性もまちまちであり、かつ辞退禁止によって回避可能なのに対し、選挙民主主義の貴族政的効果は一定の傾向性を持って作用し続けるからである。

したがって、平等な意志反映の基準では、ロトクラシーがより優れている。

(2) 能力の基準

能力の基準での選挙民主主義の問題は二つある。第一に、有権者の政治的関心が低いので、有能な代表者が選ばれる蓋然性も低い。第二に、代表者がその能力を私益の追求に使う恐れがある。第二の問題は、有権者が政治に無関心であるため代表者を十分監視しないことや、選挙がコントロール手段として不十分であることによって増幅される。

他方、能力の基準でのロトクラシーの問題は三つある。第一に、代表者の能力が低いので、誤った結論が導かれる可能性が高い。第二に、選挙がなくなり投票の機会が奪われることで、人々が政治的知識を身につけなくなり、結果として籤代表の能力が下がる。第三に、公的な政党が存在しないため、政党が担っている機能が果たされなくなる。

立法者としての能力では、選挙代表の方が籤代表よりも平均的に見て優れている。これは、選挙代表がより多くの政治経験を有するからである。また、ロトクラシーでは選挙がなくなることで一般市民の政治的知識が減少するため、両者の差は大きくなりうる。

更に、残りの問題点の比較においても、選挙民主主義はロトクラシーよりも優れていると考えられる。選挙代表が誠実に働かない可能性はあるが、再選するためには有権者の支持を集めなくてはならないため、逸脱はある程度抑制される。無論、有権者の監視不足の問題があるため、それは十分ではない。ただし、有権者の監視不足を補う仕組みが選挙民主主義には存在する。それは反対党とメディアによる監視である。[62] 有権者があまり注意深くない非理想的な条件下においても、これらの監視装置のおかげで、不完全ではあれ選挙代表の応答性を確保できる。他方、ロトクラシーの問題はかなり致命的である。政党が存在しないので、そもそもまともな意思決定が行えるのかが定かではない。また、官僚や専門家への依存度の高さから、専門家支配につながる懸念もある。専門家の暴走は、反対党やメディア等の監視装置が十分に機能せず、また選挙のような応答性を担保する仕組みもないため、選挙代表の暴走よりも重大なものとなりうる。

したがって、能力の基準では、選挙民主主義がより優れている。

非理想的な条件下においては、二つの基準の間で優劣の評価が分かれる。すなわち、平等な意志反映の基準ではロトクラシーがより優れていて、能力の基準では選挙民主主義がより優れている。したがって、非理想的な条件下においては、二つの基準のどちらをどのくらい重視するかによって、取るべき政治制度も変わることになる。

四　改善策の検討

非理想的な条件下では、選挙民主主義とロトクラシーはどちらも問題を抱えており、理想的な条件下と比べて、平等な意志反映の基準と能力の基準での評価が下がっている。ここでは、選挙民主主義とロトクラシーのそれぞれについて、非理想的な条件下における問題点を解消して二基準での評価を高める改善策を検討する。

1　選挙民主主義の改善

非理想的な条件下での選挙民主主義の問題は、富裕層が過剰に代表されているため、平等な意志反映が行われていないことである。現実の選挙民主主義を理想的なものへと近づけていくためには、より平等な意志反映を可能にする制度変革を行う必要がある。

より平等な意志反映を実現する第一の方策は、選挙資金規制の実施である。選挙援助の制限や公的な選挙資金の導入は、選挙民主主義のエリートバイアスを緩和する。[63]

しかしながら、選挙資金規制等により、寡頭政的効果の問題が仮に解消したとしても、平等な意志反映が可能となるかは定かではない。なぜなら、これらの対策を取ったとしても、富裕層に有利に働く貴族政的効果の問題は依然として発生すると考えられるからである。富裕層は名声を得たり演説力を陶冶したりする機会に恵まれるため、公職の分配が富裕層に偏ることになる。したがって、選挙資金規制だけでは十分とは言えない。

そこで、より平等な意志反映を実現する第二の方策として、立法府に無作為抽出された市民からなる助言機関を設置することが考えられる。これにより、選挙代表のエリートバイアスを一定程度補正できるかもしれない。

上記の改善策を施した選挙民主主義は、二基準からどのように評価されるだろうか。

まず、二つの改善策によって、能力の基準での評価が改善される。第一に、選挙資金規制は、選挙が資金力の多寡によって決まることを防ぐことで、選挙代表が当人の能力に基づいて選ばれる可能性を増す。第二に、助言機関の導入も、立法者の能力にプラスに働くかもしれない。なぜなら、ペイジの議論が正しければ、助言機関が認知的多様性を実現することで、良い立法が生み出される蓋然性が高まるからである。[64]

次に、平等な意志反映の基準を見てみよう。公職分配の平等性は、選挙資金規制によって改善が見込まれる。とはいえ、先述の通り、寡頭政的効果が仮に完全に解消されたとしても、富裕層に有利に働く貴族政的効果の問題は依然として残る。そこで、第二の提案、無作為抽出された一般市民からなる助言機関による意見注入が重要な意味を持つ。市民の意見が立法過程に反映されることで、平等な意志反映の基準が改善される。意思決定権は、富裕層が過剰に代表されている議会にあるため、常に助言機関の意見が政策に反映されるわけではないが、公職分配の不平等性をある程度是正できるかもしれない。

2 ロトクラシーの改善

非理想的な条件下でのロトクラシーの問題は、それが能力の基準を十分に満たせないことであった。特に深刻なのが、ロトクラシーには公的に承認された政党が存在しないため、立法機能がそもそも正常に働くかどうかがわからないという点である。

改善策は、選挙民主主義の改善策で無作為抽出された市民からなる助言機関を設置したように、選挙で選ばれる助言機関を設置することである[65]。

具体的には、選挙で選ばれる助言機関を伴うロトクラシーは以下のような形態をとる。第一に、この立法システムは、選挙制議会（選挙院）と、抽選制議会（籤院）で構成される。ただし、選挙院には選挙資金規制が徹底される。第二に、籤院議員は一般有権者から無作為に抽出される。第三に、籤院議員は法案提出権を持たず、選挙院で提案された法案のみを審議する。第四に、籤院議員は自分たちで議論するのではなく、専門家や選挙院議員などからの説明を受け、それに基づいて投票のみを行う[66]（そのため、籤院議員は国会に集まる必要がない。籤院議員は自らの自治体の一室などに設置されたモニター越しに参加し[67]、選挙院議員や利害関係者とは直接接触しない）。

上記の立法システムは、選挙代表も立法権を分有するため、純粋なロトクラシーではなく、選挙民主主義とロトクラシーが協働する一種の混合システムであるといえる。

では、この混合システムは、ロトクラシーの問題点を解決することができるだろうか。

第三節の2（2）で指摘した三つの問題を見ていきたい。第一に、籤代表の能力不足は、純粋なロトクラシーに比べて籤代表の業務負担が減ることで、ある程度解消される。籤院では、籤代表が政策を一から作ることは要求されない。籤代表に求められるのは、専門家や選挙院議員の説明を受けた上で、既に選挙院を通過した法案を可決するか否決するかを決めるだけである。つまり、このシステムにおいて、籤代表は能動的な立法者ではなく、拒否権保持者として観念される。熟議世論調査やブリティッシュコロンビア州市民集会などの結果を鑑みれば、一般市民には提示された法案について賛否を表明する能力は十分にあると考えてよいと思われる。第二に、投票機会の問題は、法案提出機能を担う選挙院の選挙があるため、改善策においては発生しない。第三に、政党がなくなるという問題についても同様に解決できる。なぜなら、この改善策では選挙は廃止されず、したがって政党もなくならないからである。政党による利益集約、議題設定、対立する意見の代表の各機能は選挙院によって達成されるため、政党の不在にともなう問題は生じない。したがって、能力の基準での問題は改善策を取ることで解決される。

また、この改善策は、平等な意志反映の基準でのロトクラシーの問題点にも効果的であると考えられる。平等な意志反映の観点でのロトクラシーの主な問題点は、辞退によるサンプリングバイアスと利益団体による操作の二つであった。まず、辞退の問題は、業務内容の軽減で、ある程度緩和されると考えられる[68]。第一に、多少の制限はあるにせよ今までの生活を維持できるので、辞退の禁止はより受容可能なものになる。モニター越しの参加であれば自宅近くで仕事ができるので、引っ越しの必要がない。籤代表と並行して今までの仕事を続けることもできるかもしれない。第二に、辞退を認める場合でも、実質的な負担が減れば辞退者は減る。例えば、幼児の母親も、少しの時間だけ子どもを預けて籤代表の仕事ができる。次に、利益団体による操作の問題は、籤代表が利害関係者などと直接会う必要性がなくなる分、改善が見込まれるかもしれない。また、利益団体が自身の望む法案を確実に成立させるためには、選挙院と籤院の過半数を買収する必要があるため、そのコストは非常に高いものとなる。したがって、平等な意志反映の二つの問題点は、改善策をとることで緩和される。

ただし、選挙院に法案提出機能を委ね籤代表の権能を拒否権に限定することで、平等な意志反映が弱まる懸念もある。議題設定権が選挙院にあるので、籤院は選挙院の決定を追認するだけの存在になってしまう。この懸念には、籤代表に最終的な決定権がある以上、エリートバイアスに歪められた選挙院提案は籤院で否決されると応答できる。市民から見て明らかに妥当性を欠く法案は成立しない。ただし、議題設定権を選挙院が握る限り、人民の平等を目指す積極的な提案は行われない。この問題を解決するために、籤代表経験者からなる、選挙院とは別の法案提案機関を設置することが考えられる。これにより、選挙院への権限集中に伴うエリートバイアスの問題はある程度緩和される。

3 小括

非理想的な条件下で、選挙民主主義とロトクラシーを改善する方策を検討した。その結果、選挙民主主義は選挙資金規制と無作為抽出された市民からなる助言機関の導入によって、ロトクラシーは法案提出機能を担う選挙院の導入によって、それぞれの問題点が改善されることが示唆された。平等な意志反映と立法者の能力が人民の利益を促進する蓋然性を高める上で重要であるという本稿の想定が正しければ、望ましい代表制民主主義システムは、選挙と籤、両方の要素を兼ね備えたシステムであると考えられる。(69)

五 結論

本稿は、選挙民主主義とロトクラシーという二つの代表制民主主義構想を、理想的な条件と非理想的な条件、平等な意志反映の基準と能力の基準を用いて比較した。その結果明らかになったのは、ロトクラシーは、先行研究が謳うほどには理想的ではないものの、非現実的と簡単に退けていいほど不合理なシステムではないということである。

まず、第二節では、理想的な条件下において、選挙民主主義とロトクラシーを比較し、以下のことを示した。選挙民主主義は、投票の平等性を確保することで平等な意志反映を可能にするとともに、選挙を通じて有能な代表者が選ばれる優れたシステムである。他方、ロトクラシーは、公職分配の平等性によって平等な意志反映を可能にするものの、籤代表は一般市民と同程度の能力しか持たない。したがって、能力の基準で選挙民主主義が優れているため、政治制度の最大値は選挙民主主義の方が大きい。とはいえ、ロトクラシーは平等な意志反映の観点では優れたシステムであり、それが最善に機能した場合には、人民の利益を十分に促進しうるシステムであると考えられる。

第三節では、非理想的な条件下において、選挙民主主義とロトクラシーを比較し、二つの基準のどちらを重視するかによって、選挙民主主義とロトクラシーのどちらをより優れていると判断するかが変わることを示した。つまり、能力の基準では選挙民主主義がより優れているが、平等な意志反映の基準ではロトクラシーの方がより優れている。

しかしながら、非理想的な条件下においては、選挙民主主義もロトクラシーも重大な欠陥を抱えており、そのままでは人民の利益を十分に促進することができない。選挙民主主義の問題点は、富裕層の過剰な代表によって平等な意志反映ができていないことにある。他方、ロトクラシーは、籤代表の能力不足や政党の不在など、能力の基準で致命的な欠陥を幾つか抱えている。したがって、二つの立法システムが人民の利益を十分に促進するようなシステムになるためには、これらの問題点を改善する必要がある。

第四節では、第三節で見た非理想的な条件下での選挙民主主義とロトクラシーの問題点を改善し、それぞれのシステムの理想に近づける方策が検討された。その結果、選挙民主主義には、選挙資金規制を通じて富裕層の過剰な影響力を排除するとともに、無作為抽出された市民からなる助言機関を設置することが、ロトクラシーには、選挙で選ばれる法案提出機関(選挙院)を設置して籤代表の能力不足を補完することが、改善策として示された。つまり、非理想的な条件下で平等な意志反映と能力の両方の基準を満たすためには、選挙と籤、両方の要素を兼ね備えたシステムが要請される。

以上の議論から、選挙で選ばれる助言機関を付与されたロトクラシーは、現状の選挙民主主義よりも望ましい可能性があると示された。一般市民の意見を選挙民主主義よりも良く代表できるシステムとして、ロトクラシーは魅力的な制度構想たりうる。

【謝辞】

本稿の元となった修士論文の草稿は、森政稔先生と井上彰先生のゼミで報告させていただき、両先生をはじめ、参加者の方々から多くの有益なコメントをいただいた。森先生、井上先生、阿部崇史さん、發田颯虎さんには、個別にもコメントをいただいた。本稿の草稿は、政治と理論研究会で報告させていただき、主催者の松尾隆佑先生や、岡﨑晴輝先生をはじめとする参加者の方々から貴重なコメントをいただいた。そして、二人の匿名査読者の先生方には、本稿の改善に資する重要なご指摘をいただいた。本稿を執筆する上でお世話になった全ての方々に心より御礼申し上げる。

※本稿は日本学術振興会科学研究費（19J22485）の成果の一部である。

（1）本稿の立場は、政治制度の評価は道具的価値のみに基づくべきというものではなく、道具的価値も考慮されるべきというものである。道具的価値が考慮されるべきなのは、それなしでは、コイントスによる政策決定のような、公正だが不安定な手続きを排除できないからである（小林卓人「政治的決定手続きの価値――非道具主義・道具主義・両立主義の再構成と吟味」、『政治思想研究』第一九号、二〇一九年、二四八頁）。

（2）T. Malleson, Should Democracy Work Through Elections or Sortition?, in *Legislature by Lot: Transformative Designs for Deliberative Governance*, edited by J. Gastil and E. O. Wright, Verso, 2019, p. 170.

（3）ダーヴィッド・ヴァン・レイブルック著、岡﨑晴輝／ディミトリ・ヴァンオーヴェルベーク訳『選挙制を疑う』、法政大学出版局、二〇一九年、一一二～一四頁。

（4）Ibid. 一六二頁。

（5）A. A. Guerrero, Against Elections: The Lottocratic Alternative, in *Philosophy and Public Affairs*, Vol. 42, No. 2, 2014, pp. 135-78. A. Zakaras, Lot and Democratic Representation: A Modest Proposal, in *Constellations*, Vol. 17, No. 3, 2010, pp. 455-71.

（6）J. Brennan, Does the Demographic Objection to Epistocracy Succeed?, in *Res Publica*, Vol. 24, 2018, p. 63. ただし、ブレナンは智者政を擁護している。

（7）J. Rawls, *A Theory of Justice Revised Edition*. Oxford University Press, 1999（川本隆史／福間聡／神島裕子訳『正義論 改訂版』、紀伊國屋書店、二〇一〇年）.

（8）井上彰「企業の社会的責任とロールズ正義論」、井上彰編『ロールズを読む』、ナカニシヤ出版、二〇一八年、三一三頁。

（9）J. Simmons, *Boundaries of Authority*. Oxford University Press, 2016, pp. 43-4.

（10）J. Cohen, *Rousseau: A Free Community of Equals*. Oxford University Press, 2010, pp. 41-2.

（11）具体的には、利益誘導政策（pork barrel）や少数派抑圧政策が排除される。これらの政策は共通善に基づいていないので、その利益は人民の利益には算入されない。

（12）個々の民主的な決定が拘束力と正統性を持つのは、その決定が正しいからではなく、それが正しい決定をもたらす傾向を持つ手続きによって生み出されるからである。民主主義は無謬ではないがランダムより優れており、政治的正統性が要求する仕方で一般に受容可能な手続きの中で、認識的に最良である（D. M. Estlund, *Democratic Authority: A Philosophical Framework.* Princeton University Press, 2008, p. 8）。

（13）土橋貴『ルソーの政治哲学——宗教・倫理・政治の三層構造』、青峰社、一九八八年、二二〇頁。

（14）ジャン゠ジャック・ルソー著、中山元訳『社会契約論』、光文社古典新訳文庫、二〇〇八年、二一四～五頁。

（15）ただし、非理想的な条件下では、直接民主主義は高い評価を得られないかもしれない（Cf. D. Plotke, Representation is Democracy, in *Constellations*, Vol. 4, No. 1, 1997, pp. 19-34. T. Christiano, *The Constitution of Equality: Democratic Authority and its Limits*. Oxford University Press, 2008, p. 105）。

（16）プラトン著、藤沢令夫訳『国家（下）』、岩波文庫、一九七九年、六三～四頁。

（17）Ibid. 第八～九巻。

（18）本稿では、選挙制度間の差異は括弧に入れ、一括して選挙民主主義として扱う。これは本稿の主眼が選挙と籤の比較評価にあるからである。また、本稿で扱う選挙民主主義の特徴は、選挙民主主義一般に当てはまるものである。したがって、選挙制度の違いによって二つの基準での評価が変動するとしても、選挙民主主義とロトクラシーの比較評価という本稿の目的において、支障をきたすことはないと考えられる。

（19）ただし、理想的な条件下においても、個人間の能力差は存在する。また、政治的意思決定に直接関係しない社会条件（貧富の格差など）は、現実世界と変わらない。

（20）代表者として相応しいかどうかは、周囲の他者との比較で相対的に決定される。周囲により相応しい人間がいるとき、人々は代表者に立候補しない。他方、人民の利益促進の観点から、個々の投票者に要請されるのは、より悪い候補者よりも高い確率で、より望ましい候補者に投票することだけである（Cf. R. E. Goodin and K. Spiekermann, *An Epistemic Theory of Democracy*. Oxford University Press, 2018, Part 1）。理想的な条件下では、人々は十分な情報収集を行い、高い確率でより良い候補者に投票できるので、棄権することはない。したがって、投票者の構成は偏らず、代表者の構成のみが偏る。

（21）B. Manin, *The Principle of Representative Government*. Cambridge University Press, 1997, pp. 135-8.

（22）二五〇〇人の代表サンプルがいれば、全体の人口との誤差は九五%信頼区間で±二%程度にとどまる。無作為抽出された二五〇〇人のうち一二五〇人が賛成の場合、人口全体の賛成率は九五%信頼区間で四八～五二%である（L. Carson and B. Martin,

Random Selection in Politics. Praeger, 1999, pp. 25-6)。

(23) この構想は、ゲレーロのＳＩＬＬ（single-issue lottery-selected legislature）を元にしている。ただし、ＳＩＬＬは、教育や農業など、分野ごとに設置され、各ＳＩＬＬの定数は三〇〇人という違いがある（Guerrero, Against Elections, pp. 155-6）。

(24) H. F. Pitkin, *The Concept of Representation*. University of California Press, 1967, chap. 4（早川誠訳『代表の概念』、名古屋大学出版会、二〇一七年、第四章）.

(25) Zakaras, Lot and Democratic Representation, p. 461.

(26) P. Stone, *The Luck of the Draw: The Role of Lotteries in Decision Making*. Oxford University Press, 2011, pp. 135-6. この点において、無作為抽出は、ある顕示的な特性を持つ集団にその数に比例した議席を与える集団代表制とは異なる。

(27) S. Page, *The Differences: How the Power of Diversity Creates Better Groups, Firms, Schools, and Societies*. Princeton University Press, 2008, pp. 158-65（水谷淳訳『「多様な意見」はなぜ正しいのか――衆愚が集合知に変わるとき』、日経ＢＰ社、二〇〇九年、二〇六～一四頁）.

(28) ただし、ペイジの議論の妥当性には批判もある（Cf. A. Thompson, Does Diversity Trump Ability: An Example of the Misuse of Mathematics in the Social Sciences, in *Notices of the AMS*, Vol. 61, No. 9, 2014, pp. 1024-30）。

(29) Brennan, Does the Demographic Objection to Epistocracy Succeed? p. 58.

(30) J. P. McCormick, *Machiavellian Democracy*. Cambridge University Press, 2011, p. 91.

(31) Ibid. p. 91.

(32) B. Manin, A. Przeworski, and S. C. Stokes, Election and Representation, in *Democracy, Accountability, and Representation*, edited by A. Przeworski, S. C. Stokes and B. Manin, Cambridge University Press, 1999, p. 34.

(33) Guerrero, Against Elections, p. 167.

(34) M. Gilens, *Affluence & Influence: Economic Inequality and Political Power in America*. Princeton University Press, 2012, pp. 83-4.

(35) Manin, *The Principle of Representative Government*, p. 138.

(36) Guerrero, Against Elections, p. 139.

(37) Manin, Przeworski and Stokes, Election and Representation, p. 49.

(38) Brennan, Does the Demographic Objection to Epistocracy Succeed?, p. 63.

(39) H. Landemore, *Democratic Reason: Politics, Collective Intelligence, and the Rule of the Many*. Princeton University Press, 2013, pp. 115-6.

(40) 例えば、マコーミックは、任期中の給与保障、職場への復帰保証に加え、子どもの大学の学費免除、任期中の税金免除などのインセンティブを設けることを提案している（McCormick, *Machiavellian Democracy*, p. 183）。

(41) Zakaras, Lot and Democratic Representation, p. 459.

(42) Ibid. pp. 467-8.

(43) Guerrero, Against Elections, p. 174.

(44) Manin, Przeworski and Stokes, Election and Representation, p. 34.

(45) L. M. Umbers, Against Lottocracy, in *European Journal of Political Theory*, 2018, p. 17.

(46) C. Lafont, Deliberation, Participation, and Democratic Legitimacy: Should Deliberative Mini-Publics Shape Public Policy?, in *The Journal of Political Philosophy*, Vol. 23, No. 1, 2015, p. 57.

(47) そのため、多様性が集団の能力を向上させるというペイジの定理が正しいとしても、非理想的な条件下では使えないかもしれない。ブレナンも、現実の一般市民の能力が低すぎるためにペイジの定理を民主主義擁護に利用することはできないと指摘する（J. Brennan, *Against Democracy*. Princeton University Press, 2016, pp. 183-4）。

(48) J. Mansbridge, Should Blacks Represent Blacks and Women Represent Women? A Contingent 'Yes', in *Journal of Politics*, Vol. 61, No. 3, 1999, pp. 631-2.

(49) Guerrero, Against Elections, p. 172.

(50) Ibid. p. 173.

(51) R. A. Dahl, *After the Revolution?: Authority in a Good Society*. Yale University Press, 1970, p. 151.

(52) Guerrero, Against Elections, p. 173.

(53) Ibid. p. 174. Cf. レイブルック『選挙制を疑う』、一二四〜四〇頁。J. Fishkin, *When the People Speak: Deliberative Democracy and Public Consultation*. Oxford University Press, 2009（曽根泰教監訳、岩城貴子訳『人々の声が響き合うとき――熟議空間と民主主義』、早川書房、二〇一一年）.

（54）政党は選挙制の最重要の要素であり、抽選制との本質的差異である。本稿での検討は部分的かつ素描的なものにとどまるので、より詳細な検討は別の機会に試みたい。

（55）早川誠「代表制民主主義におけるつながりと切断」、宇野重規編『政治の発見④ つながる 社会的紐帯と政治学』、風行社、二〇一〇年、一七七～八頁。

（56）N. Urbinati, Representative democracy and its critics, in *The Future of Representative Democracy*, edited by S. Alonso, J. Keane and W. Merkel, Cambridge University Press, 2011, pp. 25-6.

（57）N. L. Rosenblum, *On the Side of the Angels: An Appreciation of Parties and Partisanship*. Princeton University Press, 2008, p. 307.

（58）Pitkin, *The Concept of Representation*, p. 90（早川訳『代表の概念』、一二〇頁）.

（59）Rosenblum, *On the Side of the Angels*, p. 306.

（60）ダールも、ロトクラシーでは、官僚の影響力が大きく増大するのではないかと懸念している（Dahl, *After the Revolution?* p. 151）。

（61）待鳥聡史『セミナー・知を究める3 民主主義にとって政党とは何か――対立軸なき時代を考える』、ミネルヴァ書房、二〇一八年、二一六～七頁。

（62）Manin, Przeworski and Stokes, Election and Representation, pp. 48-9.

（63）Umbers, Against Lottocracy, p. 16.

（64）Page, *The Differences*.

（65）ロトクラシー論者の多くは、抽選制と選挙制の二院制モデルを提案している（レイブルック『選挙制を疑う』、一四一頁）。

（66）籤代表自らが熟議をしないのは、意思決定においては熟慮のみで十分であると考えられるからである（Cf. R. E. Goodin, *Innovating Democracy*. Oxford University Press, 2008, chap. 3. 今井亮佑「熟慮と熟議――効果の比較検証」、田中愛治編『熟議の効用、熟慮の効果――政治哲学を実証する』、勁草書房、二〇一八年、一七七頁）。

（67）岡﨑晴輝「選挙制と抽選制」、『憲法研究』第五号、二〇一九年、九四頁。

（68）業務負担が減る分、籤代表の熟練の必要も少なくなる。したがって、籤代表の任期は準備期間も含めて一年程度でも問題ないと思われる。

(69) 改善された選挙民主主義と改善されたロトクラシーは、選挙代表と籤代表のどちらが決定権を持つかという点で異なる。能力の観点では、政治的により有能な選挙代表に決定権を認める改善された選挙民主主義がより優れており、平等な意志反映の観点では、人民の縮図である籤代表に決定権を認めるロトクラシーがより優れている。

ISBN978-4-906502-85-1
2018年9月30日発行

2017-18 Spinozana 16

スピノザーナ
スピノザ協会年報 16

本体2,200円＋税

発行　スピノザ協会
発売　学樹書院

151-0071
渋谷区本町1-4-3
Tel.: 03-5333-3473
Fax: 03-3375-2356
http://www.gakuju.com
contact@gakuju.com

◆書評

「フィルマー」という「敗者」？

●――木村俊道

古田拓也『ロバート・フィルマーの政治思想――ロックが否定した王権神授説』(岩波書店、二〇一九年)

近代の政治思想がロックに始まるという「神話」が批判されて久しい。しかし、そのロックによって「敗者」となったフィルマーは、前近代的な絶対主義や王権神授説、家父長主義、専制君主のイデオローグというレッテルを貼られたままであった。とりわけ、戦後の日本において、「フィルマー主義」は、克服すべき伝統社会の病理の象徴とされてきた。しかし、そうしたフィルマーを装いも新たに甦らせ、「単なるドグマティストではない、苦闘する一人の思想家」(三頁)を描いたのが本書の第一部である。

フィルマーの『パトリアーカ』は、一七世紀後半の排斥法危機から名誉革命に至る激動の時期ではなく、内乱前の、チャールズ一世の統治が比較的安定していた時期に執筆された。このような同時代のコンテクストを適切に踏まえつつ、本書は、『パトリアーカ』における絶対主義のロジックを丹念に解き明かしてゆく。それは、カトリックのスアレスやベラルミーノらを主な論敵とした統治の起源や抵抗権をめぐる論争の中で、人民の自然的な自由を否定するために展開された議論であった。しかも、チャールズ本人によって出版が許可されなかったことにも示されているように、それはまた、ボダンの主権論やジェイムズ六世・一世による「立憲的」な王権論と比べても異彩を放っている。すなわち、フィルマーは、最高権力を有している王を、それだけで、「アダムの権利」を継承した正当な王と見なす「摂理主義的」な王権神授説を提示したのである。

もっとも、このような所与の秩序や「アダムの権利」を前提とする理論の構造は、著者によれば、内乱の発生とともにフィルマーを「苦境」に追い込み、「悲劇的」な「選択」を迫ることになる(五五頁)。彼はまず、一六四八年の『アナーキー』において、議会派とされるハントンの制限王制・混合王制論がアナーキーをもたらすことを警告する。しかも、そのうえでフィルマーは、チャールズによる「一九箇条への回答」や穏健的な王党派、そして自身の『パトリアーカ』とも異なり、「暴君」というカテゴリーそのものを否定し、絶対的かつ恣意的な君主制を支持することになる。ところが、チャールズの処刑によって共和国が新たに成立することでフィルマーの「理論的困難」は「頂点」に達する(一〇一頁)。その結果、共和制における秩序の維持か、亡命中のチャールズ二世への忠誠かという選択を迫られるなかで彼は、一六五二年の『アリストテレス論考』において、ホッブズ的な代表制論を採用することなく、アダムの権利を継承する政体を君主制のみに限定するに至ったのである。

このように、本書の意義は何よりもまず、フィルマーを近代の「藁人形」にすることなく、デ・ファクト的な「アダムの権利」のロジックの展開や、彼の論法が陥った「正当性と絶対権力のパラドックス」（二一三頁）を鋭敏な感覚で見抜き、「不安定な世界のなかで、選択を繰り返しながら」（四頁）生きた思想家の等身大の姿を巧みに描写したことである。

もっとも、「フィルマー」は死後も繰り返し蘇った。本書の第二部の射程は（本書のタイトルを超えて？）、フィルマーを批判したロックの再評価や、さらには、近代日本におけるフィルマーの受容にまで及ぶ。とりわけ、ロックの『統治二論』をフィルマーによる「合理的」な契約説批判に対する応答として理解するだけでなく、抵抗を認めることで逆にアナーキーを抑え、よって議会派と王党派の所説を「うまく統合したもの」（一六四頁）として捉えた点は見逃せない。また、「フィルマー」というレッテルが、穂積八束や戸水寛人、高橋粲三、美濃部達吉と上杉慎吉、そして丸山眞男らの議論において「独り歩き」する様は、政治における象徴の作用といった観点からも興味深い。

このように「フィルマーから日本への道」を辿ったうえで、本書は最後に、現代の「われわれ」に対するフィルマーやロックの政治理論的な意義を考察する。一見して対極的な両者の理論はともに、アナーキーや統治の不在を前提とし、それらの危険を抑えるために構築された「一枚のコインの両面」（二一三頁）であった。ところが、ロックによるフィルマー批判と契約説の再構築は、あくまでも神と自然法に支えられていた。それゆえ、「思考のなかで神を取り去り、すべてが崩壊したところから政治を構想せねばならない今日」において、フィルマーに応答することは「われわれの仕事」なのである（二一七頁）。

とはいえ、この仕事はおそらく容易ではない。かつてのロックや「われわれ」のように「フィルマー」を「藁人形」にすることは、もはやできない。少なくとも『パトリアーカ』は決して荒唐無稽なプロパガンダではなく、聖書解釈に加え、ローマ史や制定法、そしてアリストテレスなどを論拠とする「合理的」なテクストである。しかも、王権や君主をめぐる言説はそもそも、ロジックを超えて、人間の感情に深く訴える。フィルマーの背後に見え隠れするのは、マキァヴェッリやボダン、ジェイムズ六世・一世、ホッブズ、ボシュエなども広く含めた、初期近代における王権論・君主論の脈々とした連なりと、その思想的な強靭さである。

著者はフィルマーを「敗者とし続ける」（vii、一〇頁）ことが必要だと述べる。しかし、そのためには逆説的に、彼を「敗者」として再び封印するのではなく、彼を含む「君主神授権説の近世的意義」（堀豊彦）を日の下に明らかにし続ける作業が必要になるであろう。一七世紀のイングランドと近代の日本、そして政治思想史と現代政治理論をつなぐ本書は、「われわれの仕事」が「まだ終わっていない」（八頁）ことを教えてくれる。

◆書評

批判哲学の政治学

●――杉田孝夫

網谷壮介『共和制の理念――イマヌエル・カントと一八世紀末プロイセンの「理論と実践」論争』(法政大学出版局、二〇一八年)

カントは自然哲学者として若き日のキャリアを重ね、一七八一年に『純粋理性批判』が出版された時、すでに五七歳になっていた。『実践理性批判』が刊行されたのは、フランス革命が勃発する前年の一七八八年であり、その二年後の一七九〇年に『判断力批判』が刊行される。すでに六六歳である。あたかもそこでカントの哲学者としての人生が完成したかのような印象を与えるが、カントの重要な法政治的著作が刊行されるのはそのあとである。一七九三年の「理論では正しいかもしれないが実践の役には立たない、という俗言について」(以下「俗言」論文)と一七九五年の『永遠平和のために』そして一七九七年の『人倫の形而上学』「法論」の部(以下『法論』)である。一七九〇年代の仕事は、一七八〇年代の壮大な批判哲学の体系の完成に比すれば晩年になってからの「補足」的な仕事と見られがちである。しかも著者も指摘するように、カントの法政治的テクストは批判哲学の革新的な語彙を用いて書かれていたために、かえって政治的なものとしては読まれなかったのである。その時点ですでに「非政治的な哲学者カント」という通念ができてしまったといえよう。

本書は、まさにそのような思い込みの皮膜に覆われたカント政治哲学の実相を明らかにすることを目的に書かれた挑戦作である。だがその挑戦には、やはり相応の戦略と戦術が必要である。著者は、カントの一七九〇年代の一連の政治的著作のもつ「政治性」に着目し、ここを通念打破のための突破口と定める。「俗言」論文と『永遠平和のために』、そして『法論』を考察の中心とするが、著者は、まず「俗言」論文と『永遠平和のために』は、直接的に雑誌『ベルリン月報』を舞台とする論争の「プロイセンの政治的・言語的コンテクスト」に応答し、介入しようとする言語行為として位置づける。そのうえで、著者は一七九八年の『諸学部の争い』もその延長線上におかれるべきものと見なし、カントが「俗言」論文から『諸学部の争い』に至るまで、一貫して理性法の理論がそれ自体で実践的でなければならず、政治の場面においても絶対的に遵守されるべき規範性をもつと主張し続けたことを強調する。

しかしカントの法政治的テクストが、カントのテクスト全体のなかで、けっして周辺的なものでも補足的なものでもなく、むしろカントの哲学的営みの中心に据えられるものであり、しかもすぐれて実践的な性格をもつ理論的考察であることが論証されるためには、カントの他のテクストとの内在的な意味連関の分析が不可欠である。当然一七八〇年代の思索との連関が問題になるが、著者はカントの歴史論が、公共圏を通じて、市民を政治的に啓蒙することと同時に、統治者に対しても統治が進むべき道筋を指し示すことを企図したものであると捉え、一七八四年の「啓蒙とは何か」はもとよりのことやはり同年の「世界市民という視点からみた普遍史の理念」や一七八六年の「人類の歴史の憶測的な起源」はそうしたコンテクストを構成するテクストであると診断する。「理論と実践」論争のコンテクストは、こうして一七八〇年代まで拡張されることになる。

　ここからテクストの内在的な分析が始まる。著者は、カントの規範理論が伝統からの批判的離脱を遂行するものであり、そのこと自体が「理論と実践」論争のコンテクストの支えとなっていることを読み取る。上記の著作群とは色合いが若干異なるのが『法論』であるが、著者は『法論』を、ひとまず一七九〇年代の「理論と実践」コンテクストから外して純理論的なテクストとして捉え、むしろ批判哲学のコンテクスト上に連結する。カントの法と国家の規範的理論が検討され、共和制の諸構想が詳細に考察され、さらにそれを踏まえてカントがいかなる「政治」を構想していたかが検討される。それはつぎのような図式のなかで、象徴的に示される。「理念の国家＝叡智的公共体」＝「純粋共和制」と「現象の国家＝現象的公共体」とが対置され、さらに「現象の国家」は〈共和主義的体制〉と〈非共和主義的体制＝専制〉とに区分される。〈共和主義的体制〉は〈統治様式による共和主義的体制＝（君主による）共和主義的統治〉と〈国家形式による共和主義的体制＝真の共和制〉と〈設立された共和制〉とに区分される。理念上のものである「純粋共和制」に対して、経験的な複数の「共和制」が対置される。こうして「根源的契約」の理念に規定されて、理念に向かって漸進的に改革を進める経験世界の政治の可能性が提示される。

　この図式の裏にあるのは、カントの「共和制」モデルがドイツ自然法学の伝統に立つ統治の学における政治概念に対する批判にほかならない。「人民の幸福」を目的とする経験的な統治は、必然的にパターナリズム＝専制に陥るものであるとして批判の対象となる。それに対して各人の自由が法によって保障されるという、根源契約の理念に適った体制（「真の共和制」）の樹立そのものが「公共体の福祉」であるとされる。それはヴォルフ哲学に依拠したドイツ官房学の政治に対するカントの理性法的立場からの実践的な修正要求である。『法論』が、ホッブズ以来の自然法論的契約説の学説史という「過去に属する」「より長い」コンテクストに対置されるとき、カントの理性法は、伝統的な自然法論的契約論からの離脱の宣言となる。

　こうして「理論と実践」論争のコンテクストが、実は一七八〇年代の「公論」と「自由」のコンテクストの延長線上に位置づけられるものであり、しかも規範理論としての『法論』の構図が、一七八〇年代に遂行される批判哲学の認識論的枠組みに根ざすものであることが明らかになる。かくして一七九〇年代のテクストは批判哲学の補足であるどころか、批判哲学という認識論的土台に根ざす実践的先端の位置を獲得する。カントは批判哲学の政治学を実践的に遂行していたのである。

◆書評

「近代」の相対化
――半澤思想史学の軌跡

●――川出良枝

半澤孝麿『回想のケンブリッジ――政治思想史の方法とバーク、コールリッジ、カント、トクヴィル、ニューマン』（みすず書房、二〇一九年）

本書は、長年にわたり思想史研究に邁進され、今も貪欲に新たな課題を開拓される著者による、まさに半澤思想史学と呼び得る体系の全体像を見事に凝集した一冊である。

二一世紀に入り、著者はヨーロッパ思想史の見直しを迫る著作を立て続けに刊行された。『ヨーロッパ思想史における〈政治〉の位相』、および『ヨーロッパ思想史のなかの自由』である。政治思想史における「非政治」、「自由」概念にとってのカトリック的伝統といった原理的問いが投じられ、教科書的な西洋政治思想史の描く平板な「近代」像に先鋭な批判が提起される。なるほど手法は歴史的であっても、著者の哲学的な関心が起点に据えられ、巨視的な観点から理念の継承が追跡される優れた業績である。

他方で、著者は、スキナーをはじめとする「ケンブリッジ学派」のコンテクスト主義的な方法論を積極的に紹介したことでも知られている。実際、一九八〇年代には、佐々木毅・佐藤正志・藤原保信等によるスキナー方法論に対する批判に対し、著者と著者を囲む若い研究者（塚田富治・関口正司等）が続々とスキナー擁護に回り、熱気をはらんだ学問方法論争が展開した。

だが、冒頭であげた著者の近年の著作はスキナー的なコンテクスト主義とはかなり異質である。著者において、学問方法論と実際の学術的成果とはいかなる関係に立つのだろうか。本書はこうした書評者の素朴な疑問に明確な回答を示してくれる。

本書の内、方法論に関わる論考は、序章（「回想の『ケンブリッジ学派』」）と第三章（「政治思想史叙述のいくつかの型について」）であり、他方、個別思想家の分析は、著者が自家薬籠中のものとする英国思想（「思想家としてのエドマンド・バーク」「コールリッジにおける政治哲学の形成」「思想家ニューマン研究序説」）のみならず、ドイツ哲学（「自由意志論思想史上のカント」）やフランス思想（「キリスト教思想家トクヴィル」）にも及ぶ。一九六五年に刊行されたバーク論から、書き下ろしの最新作であるニューマン論まで、著者の学問の軌跡を示すものとなっている。

二〇一七年に発表された論文を元にした序章は、若き日の著者が様々な出会いを通して成長する様を描く自伝的エッセイである。ケンブリッジ学派の方法論を論じつつ、一九五七年に研究者の道を歩み始めた著者が身をもって経験し、また格闘した日本の西洋政治思想史研究の固有の問題性があぶり出される仕組みである。著者によれば、スキナーやダンを支えていたものは、超時間的真理とみなされたものが特殊な歴史と社会構造の産物にすぎないという、西洋の伝統そのものに対する懐疑である。だが、著者の出発点は、彼らとはやや異なる。それは、「戦後日本社会科学の世界に特有と思われる『近代』信仰」(三二頁)への不信と批判であった。いわゆる「丸山・福田パラダイム」を批判するために、ケンブリッジ学派の方法論はかつての著者には有用であったが、現時点での著者はスキナーの方法論における狭量さには批判的である。古典の中に現代的意義を求める、いわゆる「政治理論史」的アプローチは、軽々に歴史研究と呼ぶべきではないが、それ自体には独自の意義があるというのである。スキナーとダンの共通点と相違点(著者は圧倒的にダンに共感を抱く)が明らかにされたのも興味深い。また、方法論では真っ向から対立していた藤原保信と著者は、「近代」への懐疑という点では存外近しい関係に立っていたことも明らかになり、感慨深いものがある。

ただし、これは著者が現時点から自らの過去を解釈したものである点には、注意深くあるべきだろう。果たしてそれぞれの時代における著者が回顧されたものと同様に考え、また執筆していたのだろうか。現在の著者にとって、方法論争はすでに歴史的過去であるとされるが、八〇年代の論争をどう評価するかはそれとは別の話である(第三章は過渡的な位置にある論考と言える)。

次に、個別思想家の分析からなる諸章を検討しよう。ここでも著者の問題関心と対象へのアプローチの手法の変遷の軌跡をたどることができる。最初期のバーク論は、「保守主義」というレッテル貼りを極力回避し、「認識者としてのバーク」に着目する。スキナーとの邂逅以前にすでに著者が理念史に批判的であったことが良くわかる。コールリッジ論は、最もケンブリッジ学派的な方法論に接近した時期の論考で、そもそも既存の政治思想史がこの詩人思想家を正当に評価できなかった点が批判の俎上にのせられる。なかでも伝記的諸事実の軽視が厳しく批判され、実際にそれらを織り交ぜつつ、カントやルソーの影響を受け、急進主義的立場をとったコールリッジが、バークを彷彿とさせる国民国家論を展開するにいたる過程が説得的に描き出される。

カント論とトクヴィル論は、近年の著者の関心を強く反映する。前者は、カントが自由意志説を借りながら、「その論理進行を、神から人間へ、ではなく人間から神へ」(一七五頁)と逆転させたという仮説を、後者は、トクヴィルの政治思想には、「実質的なキリスト教的、それもカトリック的意味が込められていた」(一八九頁)という仮説を提起する。いずれも大胆な仮説である。だが、カトリシズムであれ、プロテスタンティズムであれ、あるいは一見世俗主義とみえる思潮であれ、その教義も教会組織も、相互に影響しあいつつ、多種・多様に分化し、変容している点にも注目する必要があるのではないか。宗教の歴史性にまで踏み込んだらさらなる検証作業が期待される。

最終章は、著者が既存の政治思想史の枠組みから自由に、アングリカンからカトリックに改宗し、枢機卿に任叙された一九世紀の思想家ニューマンの知的遍歴を詳細に追う。こうした成果を組み込んだ新しい政治思想史の誕生を予感させるもので、密度の濃い本書の末尾を飾るにふさわしい充実した一章である。

◆書評

ウィッグ的「妥協の政治」の射程

●――平石　耕

遠山隆淑『妥協の政治学――イギリス議会政治の思想空間』（風行社、二〇一七年）

本書は、一九世紀イギリスのウィッグの知識人による議会政治論に注目し、同時代のラディカルの政治思想と適宜対比させながら、「妥協の政治学」というその忘れられた理念を掘り起こそうとする試みである。そこには、学術的な関心だけでなく現実への批判も控えている。「妥協の政治学」は、多数決を決定原理とするがゆえに「『異質な他者』を理解し言葉を交わそうとする意志も見られない」現代デモクラシーの思考枠組を相対化しうるからである。

ウィッグが「妥協」を高く評価した裏には「自由な統治」という彼らの政治理念があった。フランス革命とその後の混乱とをまのあたりにした彼らは、イギリスが政治的秩序を維持しつつ「世界の工場」として空前の社会的繁栄を達成した鍵を、自国の国制における「自由な統治」に見た。「妥協」は、それを可能にする「唯一無二の決定のあり方」と理解された。本書は、この「妥協」をウィッグ的政治文化の中核と捉え、ウィッグがその文化の成立条件をいかに理解したかを政治過程の階梯に沿って検討している。

第一章では、「自由な統治」の国民的条件が検討される。ウィッグによれば、感受性が強いが衝動の自制が困難なフランスの国民性に対して、「活力」と「鈍さ」とをあわせもつイギリスの国民性こそが自由や多様性を含みこんだ自律的な秩序形成を可能にする。こうした国民性とイギリス国制との間には互いを補強しあう相補的関係が想定されていたが、他方で、未熟練労働者やトーリー支持者層はこうした国民性を持たないと理解されていた。

第二章では世論の適切な表出をめぐる選挙制度論が扱われる。ウィッグは、均質的な世論ないし数の専制に陥る普通選挙制度や非妥協的な特殊利益集団を生む比例代表制度を批判し、第一次選挙法改正以前の地域社会別選挙区制を支持した。この制度であれば、多様でありつつ一個の総体でもある伝統的な地域社会の「信従」関係から、自然に醸成されつつも「公的」な性質をもった世論が表出されるとみられたからである。ここではまた、「信従心」から私利の追求が抑えられる一方で、地域社会の理性的な意見だけでなく非合理的な情念も汲み取られると考えられた。

第三章では、選挙で表出された多様な政治的意見が合意に向けて集約されていく制度としての政党・議会・内閣に関するウィッグの議論が検討される。ラディカルとは異なり、政治的リーダー（議員）に対してフォロワー（有権者）がもつ「信従心」の非合理的性質を重くみたウィッグは、大衆政党化のなかで民衆と政党・コーカスとの一体化が進むのをみて、議員が民意に呑み込まれずに独立と穏健さとを維持することを求めた。それは、有権者の意向から議会が独立し、議会と内閣とが一体となって「自由な統治」を実現できるよう、内閣の機能を強化する主張にもつながった。

第四章では、独立と自由とを許された政治家同士の多様な意見を合意に至らせる鍵となる「妥協」の概念がいよいよ検討される。ウィッグ的「妥協」には国制の維持という最大の目的があったが、そこで重視されたのは国制を構成する多様な政治的要素の存続であった。したがって、「妥協」は決断それ自体よりも更新・継続に重点をおき、その主体には「中庸」や「穏健さ」が求められた。このことは一方で、「ア・プリオリ」な原理からの合理的推論を是とするラディカルを、感情を排し論理一辺倒の非妥協性に陥った立場とみる批判につながった。他方では、「庶民」「被治者」との「共通感覚」や過去からの「習慣」、さらには進むべき未来に関する方向感覚の共有の重視につながった。終章では、こうした「妥協の政治学」がつねに「共通感覚」の妥当性に注意を払い、その点で、現状墨守の態度とは全く異なることが強調される。

以上が評者のみる本書の概略である。同時代のラディカルに比べて日本ではウィッグの政治思想研究は稀少である。選書にもかかわらず、数多くのウィッグの言説を紹介しながらその思想的エッセンスの抽出を試みた本書の挑戦には敬意を表したい。本書はまた、本書の主対象から外れる二〇世紀のイギリス思想史研究にも示唆を与える。例えば、「自由な統治」に関する議論は、A・D・リンゼイやE・バーカーの民主主義論、さらにはM・オークショットの政治的合理主義批判の文脈の理解を深めると思われる。

他方で、いくつかの疑問も残った。

第一に、本書はウィッグ的政治文化の検討と現代批判とどちらに重心を置いているのか。後者ならば鍵概念は「妥協」になろう。だが前者ならば、それはむしろ「自由な統治」ではないか。なぜ「妥協」がタイトルに選ばれ、かつ第三章までの議論があるのか。

第二に、政治的リーダー・フォロワーをめぐる議論にもう一歩踏込んだ分析が欲しい。ウィッグが「信従心」の非合理性を考慮して民意からの議員の独立を求めたとすれば、「庶民」との「共通感覚」とは何か。その「庶民」に国民性からはじかれた未熟練労働者は含まれるのか。結局、ある種の他者感覚（一五三頁）が重視されるとはいえ「共通感覚」は体制側の秩序感覚なのか。

ウィッグの選挙制度論にも疑問が残る。産業化が進み、インド等で本国による直接の植民地支配が進む中で、新興産業都市におけるリーダー・フォロワー関係はいかに理解され、植民地の「庶民」の利害の代表はいかに考えられたのか。従来の地域社会別選挙区制でこれらの問題は対処可能とされたのか。帝国への言及もある（一二二、一三五頁）だけに、気になるところである。

最後に、「妥協の政治学」は第一次世界大戦後「突如」失われたのか（二一一、一六八頁）。「自由な統治」とはいえ、全体戦争の経験が寡頭政治の言説を吹き飛ばしたのは当然ではないか。そう考えると、B・クリックへの言及も含め、本書の「妥協」を現代デモクラシー批判に適用する際には慎重さが求められよう。それはまずウィッグ的政治文化の一部として理解されるべきだからである。

◆書評

法と統治の間
――「政治の規範化」について

●――齋藤純一

大竹弘二『公開性の根源――秘密政治の系譜学』（太田出版、二〇一八年）

本書の魅力は、「公開性」の規範的役割というよりも、それから絶えず逸脱していく「統治の秘密」の諸形態を辿ったところにある。著者によれば、近代国家には、統治が主権や法に先行し、それらに対して実質的に優位を占めていく「一貫した傾向」が見られる。I・カントやJ・ハーバーマスらが「統治の秘密」に抗して「法の支配」を成り立たせる公開性の原理を重視したとすれば、本書はむしろ、公開性の光を遮り、法の支配を逃れていくものに焦点を合わせる。

実際、本書の論述のかなりの部分は、副題のいう「秘密政治の系譜学」を描くことにあてられている。内務官僚制、植民地行政、警察や探偵による治安、そして諜報活動などが、法の支配を超えていくものという一つのパースペクティヴからとらえ直される。F・カフカが職業として携わった社会保険の実務には法治国家が社会国家によって凌駕されていくさまが看取され、また、B・ブレヒトの戯曲には法による正当化を要しない緊急行動が、C・シュミットのいう「措置」と重なるものとして読み取られる。

このように近代国家における統治は「法の支配」ないし法を制定する権力たる主権の全面的なコントロールのもとにはなかった。本書が繰り返し指摘するのは、次のことである。統治は法を忠実に執行する単純な権力ではない。それは、法を（再）解釈し、法を具体的事例に合わせて適用することを通じて、法を必ずや「不純化し」、それを塗り替えていく。

法権力の裏面をなす生権力に着目したM・フーコーの系譜学の影響もあって、政治思想（史）の研究対象も、法を制定する主権的な権力だけではなく、法を執行し、変化する状況に適用する統治的な権力にも及んできている。主権や法に対する統治の実質的優位が近代国家の成立以来、その歴史の一貫した基調としてあったことを強調する本書の議論もそのラインに沿っている。とはいえ、本書の議論は、「政治の技術化」とそれへのリアクションとしての「政治の劇場化」にどう対処しうるのか、その際「政治の規範化」はどれだけの力をもちうるのか、というよりアクチュアルな問いにも導かれている。

著者は「政治の規範化」というプログラムに対する懐疑を隠さない。「政治の規範化」とは、主権者（法の共同起草者）たる市民が、法の制定および法の支配を通じて、統治に対して民主的統制を及ぼしていくという問題の立て方である。おそらく著者の念頭にあるのは、立憲デモクラシーないし民主的法治国家に内在する規範的直観を再構成するJ・ロールズやJ・ハーバーマスやそれに連なる議論――公共的正当化論や熟議デモクラシー論――だと思われる。

そうした、熟議を通じた法の民主的正統化、民主的統制を実効化する公開性の原理の徹底化をはかる議論は、「法の解釈と執行によって支配された世界」にあって、つまり解釈ないし再解釈によって法を絶えず「不純化し」、例外状態を常態化していく統治の世界にあって、どれだけの有効性をもちうるのか。もちろん、著者はそうした議論を無効なものとしてみなして直ちに退けるわけではない。また、「政治の規範化」を見限り、「人間を単なる生理的・物理的反応の複合体」に還元したうえで、ビッグデータに集積された情報を解析しつつ、人々の「リアルな」欲望に沿った統治をはかる「政治のテクノロジー化」に与するわけでもない。

本書の末尾で、著者は、W・ベンヤミンに示唆を得ながら、執行や適用によって不純化されない法そのもの、逆に法の執行や適用に対して中断をもたらしうるような法の理解（四九二頁）、そして「主体として行為できない無能さ」（五四三頁）に「政治的なもの」の新たな可能性を探ろうとしている。この議論がこれからどう展開されていくかが待たれるが、「政治的なもの」が統治の外部に探られているのは確かであるように見える。

本書の議論には、「政治の規範化」をごく限定的に、つまり「統治を法規範のコードのうちで根拠づける主権論」（二一六頁）としてそれを理解する傾きが見られるように思う。統治が主権から自立化していく傾向を否定できないとすれば、主権（立法権）を市民の手に取り戻すことにどれだけの意味があるのか、という疑念がそれに重なる（四八八頁）。

だが、「政治の規範化」は、もっと「不純なもの」、もっと分散したものとして理解することもできる。それにとって重要なのは、公共的な事柄一般について、正当化理由を引きだし、それについて検討することである。理由の検討（民主的熟議）は法の正当化に限られるわけではない。法を執行・適用する際に法の解釈、その解釈の変更が行われるとすればその理由を問うことも、現行法の正当性／正しさそれ自体に疑問を呈することも、そして今後の統治が依拠するであろう統計的な機械学習の「学習」に反省が加えられているかを問うことも「政治の規範化」の射程に含まれるはずである。「政治的なもの」を統治の外部に位置づけ、それに対してラディカルな批判を与える審級としてとらえるのではなく、それを統治に内在的な「政治の規範化」に接続する途はなおも開かれているように思われる。

一点付記するならば、「公開性」についても、正当化理由を引きだし、それを問う批判的公開性、あるいは栄光や権威などをスペクタクルのうちに示す代表的公共性だけではなく、それとは別様の「公知性」――人々が何を受容可能なものとして支持し、逆に何を受容不可能なものとして拒んでいるかが互いの間で知られていること――も、「政治の規範化」の観点からは重要である。

若干の疑問を記したが、扱われる多彩なテクストにおいてもその犀利《さいり》な解釈においても魅力に富む本書は、法規範と統治の関係を考えるとき、今後長く参照されるものとなるだろう。

◆書評

民主主義のための「文化論」の探求

●──辻　康夫

越智敏夫『政治にとって文化とは何か──国家・民族・市民』（ミネルヴァ書房、二〇一八年）

本書は政治理論が「文化」を論じることの意味を、主としてアメリカ政治学を題材に論じるものであるが、本書をつらぬく問題関心は、批判精神を伴った民主政治の実現にある。第一章は、二十世紀中葉に展開された「政治文化論」の意義を論じる。大衆民主主義の出現以来、アメリカ政治学は民主的政治制度を機能させる人間の性向に関心を向けたが、二十世紀中葉の「政治文化論」の特徴は、ファシズムや共産主義の脅威に直面して、民主主義の擁護を課題に掲げ、そのモデルを英米にもとめた点にある。「政治文化」の概念の狭さに加えて、ナショナルな単位の自明視や、アメリカの民主主義の卓越性の想定など、アメリカ政治学の問題性も現れている。

第二章は、「市民」の概念の持つ排除性を、移民・難民について議論する。著者はギルロイやアガンベンを引きつつ、国民国家の構造的問題を指摘し、国家による統治の独占の克服、政治社会の多層化を通じた少数者の包摂を主張する。

第三章は、リベラル・ナショナリズム論を批判的に検討する。D・ミラーは、ナショナルなレベルの公共文化が、開かれた討論から生じる可能性を主張する。しかし、著者によれば、「よいナショナリズム」と「悪いナショナリズム」を分けるこのような発想は、現存するナショナリズムを真に改善する努力よりも、それの安易な正当化につながる危険が大きい。著者はスピヴァクやサイードを参照しつつ、むしろ、ナショナリズムに対抗する、別類の想像力を涵養することを提唱する。

第四章は、多文化主義をめぐる議論をとりあげ、とくに多文化主義を拒否するウォルツァーの議論を批判的に検討する。ウォルツァーによれば、アメリカの諸集団は入国に際して、自文化の維持の保障を放棄したのであり、文化闘争を受容する責任を負うとされる。しかしながら、著者によれば、現実には諸集団は平等な条件のもとで競争する関係にはなく、特定の人々が常にマイノリティとして構成される。著者は、こうした支配構造を解明し、他者との間の相互批判の関係を築く必要を強調する。

第五章、第六章は、民主的な「市民文化」の観念が、現行の政治制度を正当化し、批判を封じる機能をもつことを明らかにする。ウォルツァーの「市民宗教」論や、エツィオーニのコミュニタリアニズムは、いずれもアメリカ人が特定の文化を共有するという想定に立ち、異質な声の表出を妨げる危険がある。このような傾向は、「同時多発テロ」後にいっそう強まる。著者は、著名な知識人たちがブッシュ政権の戦争遂行を支持した公開書簡「われわれは何のために戦っているか」の特異な論理構造に注目する。この書簡は、アメリカの政治体制が信奉する自由民主主義の普遍的価値を列挙したうえで、国際社会におけるアメリカの過去の行動を擁護し、ここから、現在の戦争遂行の正しさを主張する。アメリカを攻撃する者は、普遍的価値を拒む人々として非難される。しかし著者の指摘するように、実際には、アメリカはしばしばこれらの普遍的理念に反する形で軍事力・経済力を行使してきたのであり、これがアメリカへの敵意を生んでいるのである。著者は「民主的な市民文化」や「アメリカらしさ」のシンボルに抗して、差異の民主的な表出の必要を指摘する。

第七章は、アメリカにおいてラディカルな批判を困難にする事情を分析する。アメリカには政府不信の伝統があり、特定の政権や政策への批判は頻繁に行われるが、これがラディカルな体制批判に結びつきにくい。著者はこの例証として、R・ローティの議論を取り上げる。ローティによれば、二十世紀前半から中葉までのアメリカの左翼は、現実主義的に社会改良をおし進めたが、一九六〇年代以降、この姿勢は失われ、マルクス主義、革命主義が左翼の主流になる。社会主義の退潮ののちには、アイデンティティ・ポリティックスが運動の主流になるが、ローティによれば、これらはもはや有効な政治実践とはいえない。彼は左翼が抽象的理論ではなく具体的な社会改良をめざすこと、アメリカ国民としての誇りをもって、その民主制度を通じた改革をめざすことなどを提唱する。しかし著者によれば、このようなローティの態度は、アメリカの体制を所与のものとして、原理的な挑戦を避ける伝統的な思潮の中にあり、危険をはらんでいるとされる。

以上のように本書においては、「民主的」な「政治文化」「市民文化」、「開放的」な「共通文化」「市民宗教」など、民主政治に親和性が高いように見える「文化」の観念が、容易に、民主的実践の障害に転化しうるパラドクスが示されている。近年、文化やアイデンティティをめぐる議論は多いが、これらを批判的デモクラシーの実践、それを支援する政治学のあり方に結びつけてまとめあげたところが本書の独創性であり、ここに紹介した以外にも、随所で豊かな洞察が示されている。このように視座を定めるにあたり、著者が重視する思想家のひとりが、S・ウォーリンである。ウォーリンは、建国期のフェデラリストから、二十世紀の多元主義論をへて今日にいたるまで、アメリカの政治システムの民主的正統性を問う議論が不十分であった理由を分析し、多様なレベルにおける政治参加の活性化によってこれを克服することを提唱する。第二に著者は、戦後日本の民主主義思想の継承をめざしている。本書の第八章は、著者の師である高畠通敏の学問的・政治的模索を、丸山真男や鶴見俊輔との関係を軸に考察している。本書が鮮やかに描きだしたのは、批判的視点をもって、民主政治を実践することは、日本のみならずアメリカにおいても、困難な課題であり続けてきたこと、またその中で政治学・政治学者の役割が不断に問われるべきことである。民主主義の将来が予断を許さないなかで、本書のアクチュアリティは極めて高い。

◆書評

導きとしてのシュトラウス政治哲学

●――布施　哲

松尾哲也『神々の闘争と政治哲学の再生――シュトラウスの政治哲学』(風行社、二〇一八年)

ある哲学者の思想傾向を把握しようとする際、鍵になると思しき他の人物のテクストを参照することがしばしば非常に有益であるのは言を俟たないだろう。たとえば中世初期スコラ学からルネサンス期にいたるまでの西欧思想史にあって大きな足跡を残したユダヤ系、イスラム系の学者たちを、おおよそ同時代の他の誰よりもレオ・シュトラウスは深く敬愛していた。なかでもモーシェ・ベン=マイモーンは彼にとって別格であった。一九六三年、シカゴ大学出版より上梓された改訳『迷える者たちのための導き』第一巻序文で、シュトラウスはこの大著の成り立ち、構成、読解方法について、五〇頁近くにもおよぶ紙面を割いて詳述している。本書の論評に先立ち、まずはマイモーンとシュトラウスとの繋がりを一瞥してみよう。

聖書の釈義にギリシア的理性を導入したマイモーンの仕事は、ヨーロッパを堕落に導いたとシュトラウスが考えるキリスト教神学の発展に期せずして助力することになったが、マイモーン自身は当然ながら宗教の領域内に留まりつつ、圧倒的な明証性、客観性を携えた哲学／科学の大波に信仰が呑み込まれぬための堡塁を設えようとしていた。すなわち、そこで彼が究めようとしたのは、啓示と理性との神学的融合や単なる和解などではなく、両者の関係の再分節化、より端的には、神への「従属的愛」を一層強固なものとするまさにそのためにこそ、真正な信仰者はいかにして哲学／科学と折り合いをつけ得るかに関する、厳密な定式化であったのだ。強力無比な「アテナイ」の原理に対峙する慧眼のラビ――。哲学者レオ・シュトラウスがマイモーンの「導き」をして自らの思索の道標たらしめ続けた所以がここにある。マイモーンの遺業は、ヨーロッパ文明の両輪たる宗教と哲学／科学とのあいだの相克――中世以来失効してしまったとされる、あの和解不能性がもたらす相克――の直中で聳立する金字塔であり、消えゆく古典時代から後世に伝え残すべき、あるいはむしろ、時代が遠ざかってヨーロッパが頽落を重ねれば重ねるほど、宗教者にとっても哲学者にとっても切迫度と煌めきを増す、そんな知性の光であるとシュトラウスは信じた。

マイモーンは一部の「イエルサレム」の民――哲学／科学の抗いがたい魅力と威力を感得するほんの一握りの信仰者たち――に、あえてギリシア哲学を教示した。ユダヤ人であることを終生引き受けながらも「アテナイ」の生き方を選択したシュトラウスは、そんなマイモーンに自らの哲学的洞察と、なにより生のかたちを重ね合わせていた。ヘブライ語交じりのアラビア語で書かれた晦渋な文章に加え、章ごとの論理矛盾や非一貫性に満ちた『導き』は、はじめからその真意を汲み取るに十分な知性を備えた信仰者たちのみが読者として想定されていたが、これはシュトラウスの〝秘義的〟著述法と相似形をなしている。誰もが哲学的／科学的素養を有しているわけではなく、ましてや二つの相反する原理を内奥に抱え持つ者の真意など、一般人はおろか凡百の学者たちにさえ理解されるべくもない――。マイモーンにも共通して見られるこうした知的孤立感は、大衆社会に向けられるシュトラウスの冷たく乾いた視線の基底をなすのみならず、哲学者、宗教者をとりまく政治的現実の不条理に対するある種の諦念をも暗示していた。さらにマイモーンの徹底した多神教批判、偶像崇拝批判もまた、西側諸国で称揚される〝多様性〟を無条件に寿《ことほ》ぐことができない彼の時代認識に通底していたといえるだろう。晩年の講演で顕著にみられるように、シュトラウスは近現代市民社会における色とりどりの物神崇拝《フェティシズム》が、人々の生の低俗な均質化、日々の生活を通じた体制順応主義と表裏一体であることについて、ときに苛立ちとともに論及したのであった。

迫害、流浪、移住先の「都市」にあってもついてまわる隔絶の意識、生き方をめぐる二つの相異なる原理の共存と葛藤といった諸要素は、シュトラウスの哲学を語るうえで外すことはできない。では、哲学の分科《branch》とされる彼の〝政治哲学〟はどうか。本書はシュトラウスの〝政治哲学〟に焦点を絞る一方、彼の哲学の核心部にある暗さをほぼ議論の埒外に置いている。シュトラウスが哲学と〝政治哲学〟とのあいだに引いた境界線の意味の掘りさげ、そしてなにより、政治社会を眺める彼の屈託に関する言及が手薄である結果、「生活世界」なるものから拾いあげる蒼生の政治的「意見」を「知識」に置き換える〝明るく前向きな政治哲学者〟としてのシュトラウス像が、いくぶん楽観的な論調でもって描かれるのみであるかのような印象を読者に与えもするだろう。「これでは周回遅れの〝草の根民主主義〟、もしくは素朴な啓蒙思想の亜種ではないか」「〝置き換え《replacement》〟のうちに看取すべきは、むしろ、ソクラテス的ともいえる彼の政治的アイロニーではなかったか」――等々。

この種の衒学的な論難は、しかし実のところ、本書の主題を不当に歪めることになるだろう。政治を可視的、即物的な力関係のみで語る稚拙な〝リアリズム〟とその悪しき伴侶たる決断主義、ニヒリズム、そして昨今、分が悪くなる一方のリベラリズム等、本書の所々で触れられる話題は、現在、不吉な現実味を帯び続けているものばかりであるが、それらはいずれも若かりし頃からシュトラウス自身が危機感を抱いてきたものでもある。本書は、一筋縄ではゆかぬこの難物哲学者の〝政治哲学〟をどうにか「導き」にしようという明瞭な意図によって裏書きされている。政治的現実への醒めた視線を通過してなお、シュトラウスが〝政治哲学〟を手放さなかったという事実を直視した本書のアプローチは、誤りであるともシュトラウスの意にそぐわぬものであるとも思われない。アリストテレスを語るマイモーン同様、政治を語るシュトラウスは、アイロニカルではあってもシニカルではなかったのだから。

◆書評

フーコーを「使う」のではなく「読む」

●——安藤裕介

重田園江『統治の抗争史——フーコー講義1978-79』(勁草書房、二〇一八年)

二〇年ほど前、評者がまだ学部生だった頃に、重田園江氏(以下、著者)の論文「ミシェル・フーコーの統治性研究」(『思想』第八七〇号)を読む機会があった。著者が述べるように、まさにフーコーの議論に触れると「あったのに見えていなかった世界が眼前に展開しはじめる」ので、評者もご多分に漏れず心底ワクワクしたのを憶えている。当時はまだ「講義のカセットテープを聴くこと」でしか統治性研究に迫れなかったという著者が、二〇〇〇年代の相次ぐ講義録刊行後、あらためてフーコーの講義(一九七八—七九年)と格闘した成果が本書である。

本書の大きな魅力と貢献は、なんと言ってもフーコー以後の研究蓄積を網羅的かつ仔細に参照し、彼の遺した知的共有財産をさらに豊かにした点であろう。統治性をめぐるフーコーの壮大な仕事に立ち向かい、それらを首尾よく咀嚼し整理した著者の力量には感服する。著者はフーコーの講義を近年の研究動向によって注釈的に補い、その可能性を存分に引き出す一方、実際に彼が何を語って何を語らなかったのかを明らかにしている。これは、著者の言葉を借りるなら、しばしば「使う」ことに主眼が置かれがちなフーコーの講義を徹底的に「読む」試みだと言えよう。

本書は全体で一六章から成る大著であり、とても一つひとつの章に踏み込んだ内容紹介ができないため、各部の構成のみを簡単に見ておく。

第Ⅰ部では、国家の保全と増強をめざす国家理性論の系譜が扱われる。一七世紀における諸国家の競合状況という認識のもと、一方で外交・軍事装置の発展が、もう一方でポリスと呼ばれる統治技術の展開が見られた。とくに後者は、人間生活の細部にまで規制や管理を及ぼす知と権力の結合として論じられる。

第Ⅱ部では、人口を対象とした一七—一八世紀の様々な統治実践が検討される。種々雑多な人々が群れ集う都市という空間、人口密集地で懸念される伝染病の予防や隔離、公衆衛生に対する関心の増大、出生率や死亡率といった人口変動に関わる確率・統計の問題がここでは扱われる。

第Ⅲ部では、統治とエコノミーの関係が思想史的に辿られる。一八世紀後半における穀物取引の自由化論争に焦点が当てられ、そのなかでポリスの統治から自由主義の統治への転換が生じたこと、エコノミーの語義の変遷、ホモ・エコノミクスの人間像が統治のあり方に大きなインパクトをもたらしたことが主に取り上げられる。

これら各部に登場するキーワードや議論の筋道は、いずれもフーコーの統治性研究を構成する主軸であると同時に、フーコーをある程度読んだことのある読者にはお馴染みのものであろう。もとの講義では必ずしも歴史的順序に沿っていない各回の主題を著者の手で整理し直し、一九七八―七九年の時点ではフーコーが知り得なかった研究文献をも加えながら、統治性研究をさらに読み深めようとの意図が伝わってくる。また折に触れて、『狂気の歴史』や『監獄の誕生』などフーコーの他作品との関連性も検討されている。

だが、本書のねらいが結局のところ何にあるのか判然としない部分もある。本書は、①フーコーの講義を丹念に辿ってその意図を明らかにしようとしているのか、それとも②フーコーの統治性論に連なる研究や言説を包括的に整理・再構成しようとしているのか、はたまた③フーコーの講義に触発された著者自身のものの見方を大胆に提示しようとしているのか、よく分からないところがある。いくつか例を挙げるならば、第一〇章の確率論にはフーコーがほとんど触れていないにもかかわらず、多くの紙面が割かれている。また、「市民社会」概念を扱った第一六章では戦後日本の文脈にも寄り道する議論をしており、いったいフーコーを「読む」のか「使う」のか、読者を混乱させる場面に多々遭遇するのである。著者自身が本書の冒頭で掲げた問題設定にもかかわらず、フーコーの思想を「使う」のか、それとも「読む」のかが未分化なまま所々で錯綜している印象を受けた。

他方で、本書の整理によって鮮やかになった景色、今回あらためて気づかされた点も多い。たとえば、ボダンの統治論の軽視やドラマールの宗教論の素通りなど、フーコーが自らのストーリーに都合よくテクストの選別や恣意的利用をおこなっていた点である。講義においてボダンはもっぱら主権論の観点からしか扱われず、モンクレティアンの『政治経済論』へと発展する統治論の要素がすっかり捨象されている。また、ドラマールにとって「身体の善」と同じく「魂の善」もポリスの重要な目標であったにもかかわらず、講義では宗教ポリスへの言及はほとんど見られない。つまりフーコーは、あらかじめ自分が設定した読解の道筋ありきで、この統治性講義をおこなっていたことになる。

だが、そうだとすると、なおさら一九七九年四月四日の最終回講義で扱われた「市民社会」概念の位置づけは不可解である。フーコーはなぜアダム・ファーガスンという極めて微妙な思想家にこの概念の語り手を代表させたのか、なぜアダム・スミスではいけなかったのだろうか。ファーガスンに関して言えば、生活様式の四段階論という点でも不十分であり、また商業社会や文明社会の擁護論としても位置づけの難しい存在である。対してスミスには、社会的存在としての人間論も、生活様式の四段階論も、政治や経済と区別された社会観も十分にあったはずである。実際のところ、どのような意図がフーコーにファーガスンを選ばせたのか。フーコーを「読む」営みにはまだまだ議論の尽きない課題がありそうである。

◆書評

「日本の本来性」をめぐる偽装と暴露のせめぎ合い

●――眞壁　仁

齋藤公太『「神国」の正統論――『神皇正統記』受容の近世・近代』（ぺりかん社、二〇一九年）

北畠親房の『神皇正統記』（以下『正統記』）において特有の意味をもつ「《正統》の論理」は、近世・近代日本の読者にどのように受容されたのか。『正統記』を扱う既存の厖大な研究を踏まえつつ本書が対象とするのは、井上毅の「しらす」論に至る、「正統」をめぐる思想的系譜である。井上は宣長の『古事記伝』を参照しているが、彼の「正統の皇孫」による統治の観念は、宣長とは異なる『正統記』の系譜に依拠しており、親房以降の室町期から明治国学に至る受容と論争がここでの問題となる。

本書の最大の特色は、「日本思想史における歴史概念としての「正統」」を、「本来性」（authenticity）という位相のもとで捉えようとする点にある。著者によれば、日本思想史における「正統」概念を「O正統」と「L正統」の分析概念とその交錯によって捉えようとした丸山眞男は、出自の異なる諸概念のなかで「議論の循環構造」に陥っている。むしろ井上の「正統」論が示唆するように、「「伝統」に基づく日本という国家の「本来」のあり方」と結びつけて理解すべきであるという。『正統記』受容をもとに本書が扱うのは、「日本の本来性」を規定するとされた「皇統」「神器」「神道」の解釈とその変遷である。

著者はまず、『正統記』の「《正統》の論理」を、①血統相続に基づく統治と、②神仏や「正理」などの超越的審級に基づく徳治主義との接合として整理する。とりわけ後者は、神器が君徳を象徴し、統治者としての倫理性を天皇自身に要求する「規範的な政治倫理」として機能した。

本書が描く『正統記』の受容史によれば、論理②の「《正統》における倫理による政治権力の規制という側面」は、室町期に「日本固有の政治倫理」という意味をもつに至った「神道」概念の普及に伴い、羅山、素行、闇斎、垂加派の神器正統観、潜鋒へと引き継がれるが、次第に弱まっていく。

その劃期となるのは、一七世紀末から一八世紀前半以降に隆盛した「考証主義的な視点」だった。それは先行研究で指摘された「合理性」の有無ではなく、「古典」の記述のみに典拠を求める文献考証主義という解釈方法である。その流れは、政治倫理としての「神道」が古代日本に存在したと考えない白石や『先代旧事本紀』を偽書とする光圀の『正統記』受容だけでなく、宣長に先行し、「神書をあるがままに読み」古言と古事に関心をむけた垂加派の『古事記』研究にも窺える。「神道」解釈では、徂徠学派、特に春台による「「神道」なるものの歴史的構築性」の暴露により「本来的規範としての「神道」という概念」が揺らぎ始め、『正統記』には「本来的な「神道」」がないとの認識が広まっていく。

『正統記』の復権は、幽谷が「日本の本来的な国家制度」＝「国体」像の典拠として再発見したことによる。だが、これ以降の《正統》理解は力点を変え、論理②の血統と君徳の結びつきは当然視されて、もはや天皇と倫理の乖離は想定されない。むしろ「社会統合」のために、「「神道」に由来しつつもそれと分離された本来的規範」が求められていく。明治期には、「近代的な世俗主義」と合致する形で、「神道の信仰」や「宗教的記述」も不要とされる。そして、宣長、後期水戸学、そして井上毅の着想に繋がる明治国学に至るまで、論理①「天皇統治の無窮性」という「日本の本来性」が強調されていく。

このように、『正統記』解釈で「日本の本来性」を志向する多様な諸言説に迫り、一つの筋道立った思想史研究にまとめ上げたことは、本書の大きな達成である。史的展開のなかでテクストの内容や概念は、もとの文脈から引き剥がされて変質し、「本来性」を偽装して新たな機能が付与される。他方、後代に構築された「本来性」は、古典文献の考証によりその恣意性が批判され、再解釈を求められる。評者は、著者が分析視角を補強するために引照するアントニー・D・スミスや柳父圀近の議論（一一―三頁）に反して、本書の論旨を「本来性」をめぐる偽装と暴露のせめぎ合いの解釈史と理解した。その核心は、「正統」思想とは、「自己言及的な本来性なるもの」の志向に発し、その「内実は空虚で茫漠としている」という点にある（三三五頁）。

本書に示唆されつつも、評者には未だ「本来性」の追究が不徹底と思われるのは、テクスト解釈における「歴史的視点」と「主観的解釈」の関係である。それが顕著になるのは、考証主義に依拠しつつもそれから「逸脱」したとされる事例である（観瀾の「王教」の「本質」理解一八〇頁、宣長の「矛盾」二五一頁、正志斎の神器の「古義」理解二七五頁、明治国学者の宣長・篤胤解釈による「規制」三〇八頁）。著者は「古典」に規範的な「道」や「倫理」を読み込むこと自体に無理があり、むしろ「古典の不可解な記述」については「判断を保留する」立場に考証主義の徹底をみている（二八七、三〇八―九、三三六―七頁）。しかし、考証学には「古典に確かな根拠を持つ」か否かに先立ち、どの史料や文献を考証基準の「古典」に選定するのかという「主観的」な判断がある。著者はそれを不問に付して、「古典」（古事記・日本書紀・古語拾遺）と中世になって形成された「神典」とを区別し（二七五頁）、前者を自明の「古典」とみなしているようである。

「古典」で仮構された「本来性」を問わなければ、『正統記』解釈において、考証主義の進展により、倫理的規範としての「神道」概念が否定され、象徴としての「神器」が形式的なものとなり、「日本の本来性」が、「古典」の「天壌無窮の神勅によって表わされた皇統の無窮性」にだけ求められるのは当然の帰結だろう。だが、歴史「内在的」を理由に、著者の分析もこのフィクショナルな「本来性」の円環に留まり続けてよいのか。著者の真意を探りつつ、深読みを重ねなければ、本書の核心に至り得ないことが惜しまれる。

◆書評

第一次世界大戦終了百年後から改めてデモクラシーの本義を問う

●——大川　真

今野元『吉野作造と上杉愼吉——日独戦争から大正デモクラシーへ』（名古屋大学出版会、二〇一八年）
田澤晴子『吉野作造と柳田国男——大正デモクラシーが生んだ「在野の精神」』（ミネルヴァ書房、二〇一八年）

令和元年の二〇一九年は、天皇の代替わりを中心としたニュースで一色となった。一方で、この年が第一次世界大戦の講和条約であるヴェルサイユ条約の締結百周年、またそれに連動して起こった三一運動、五四運動の百周年であったことは、国民のみならず学界でもほとんどスルーされていたように思われる。第一次世界大戦は前年の一九一八年の十一月に終結するが、日本国内では同年の八月にシベリア出兵、米騒動が起こっている。対象著作の主人公である吉野作造、上杉愼吉、柳田国男はこの時期は四十歳代の初めにあたる（一九一八年、吉野・上杉は四十歳、柳田は四十三歳）。「民本主義」を提唱して論壇のスターにのし上がっていた吉野作造に、ドイツ国法学に精通し独自の国家論を形成していた東大同僚の上杉愼吉が激しくぶつかっていた。農務省の高級官僚であった柳田は、それ以前から農村の研究会を組織し、『遠野物語』（一九一〇年）などの成果を得ていたが、一民間研究者の立場から民俗学を樹立していこうとする決意が強まっていく時期にあたる。国内外で国家・社会の在り方が大きく変動・再編されていく中にあって、吉野らはどのように言論・研究活動によって時代と対峙したのか。今野と田澤の仕事はその問いに見事に応えている。

今野著は、ベビーフェイス＝吉野、ヒール＝上杉という従来の見方に対してドラスチックな修正を迫るものである。優等生としてのイメージが強い吉野であるが、今野はヨーロッパ留学、特にドイツ滞在時の言動を詳細に調査する。その結果分かったのは、実は吉野は語学力不足のために、ハイデルベルク大での授業をほとんど理解できなかったためにサボっていた「落ちこぼれ」（一二二頁）であったという。一方、豪放磊落で武勇伝も多い上杉は、ドイツ留学で、イェリネックに内弟子のような形で師事して心から敬慕し、イェリネックの授業への参加はもちろん、図書館にも毎日通う学問漬けの日々を送っていた。圭角の強い上杉であるが、地元の人たちとも馴染み、アーデルスハイムでは村長になるよう勧められ、また地元婦人連の人気者であったという（八八頁）。上杉は女性にモテたが、女性の権利擁護にも熱心であった。参政権は認めなかったものの、廃娼運動や女工の待遇改善等に強い賛同の意を示し、女性の高潔さや結婚の永遠性を主張していた（この点は吉野も同じである）。同じ一八七八年生まれのこの二人、リングを降りれば意外と仲良しであったことは吉野研究者等にはよく知られている事実であるが、今野は思想面でも、対立構図で簡単に見るべきでないと主張している。だからといって両者の共通項の幾つかを列挙すれば事足れりとはしない。「ちなみに吉野作造がドイツ観念論哲学から出発し、上杉愼吉が実験主義的社会学から始めたことは、二人の軌跡を踏まえると意義深い。吉野の政治思想はヘーゲルのように人類の知的発展を念頭に置き、上杉の政治思想は人間の相互依存の実態を強調したからである。」（六四～六五頁）。極めて含蓄に富む見方である。上杉は、スペンサー社会学や社会契約説に若い時から強い関心を持っていたが、今野によれば「上杉の問題関心は、多数の個人が如何にして集合体を為し得るのかという点にあ」ったからである（四七頁）。一般的にはあまり知られていないことであるが、上杉は当初は反対していた男性普通選挙の施行にも、大戦後には肩入れしていくようになる。参政権の拡大が、「臣民」による皇室への「翼賛」に繋がると考えたからである（二八一～二八二頁）。同じ普選論者でも吉野には、人民が議会を、議会は政府を監視する（一八〇頁）というモニタリング・デモクラシーの要素が強く見られる。今野は従来の研究者が見落としてきたこうした事実を次々と惜しげもなく明らかにし、従来の吉野・上杉観に修正を迫っていく。

吉野作造研究、上杉愼吉研究の双方において、今野著は間違い無く必読の「古典」となるだろう。膨大な量の第一次、二次文献の博捜のほかに、今野著の迫力は、専門とするドイツ史、ドイツ思想史の圧倒的な知識に裏付けされている。吉野、上杉研究という枠を外しても、近年まれに見る労作であるが、上杉への正当な評価を求めるあまり、バランスを書いた記述が散見し得る。その一つは一九二〇年に起きた森戸事件への対応をめぐる両者の記述である。森戸事件は、学問の自由、言論活動と教員の身分保障を考える上で、今でも、というより今だからこそ、重要な事件であるが、森戸を休職にまで結果として追い込んだのが、上杉の強い思想的影響を受けて東大内に組織された興国同志会である。吉野は森戸の特別弁護人として法廷に立つ一方、東京朝日新聞の誌上では、森戸との個人的な親疎は別にして、クロポトキン思想が内包している豊かな可能性を国民に開示することによって森戸を擁護しようとした（大川真「大正デモクラシーにおける共同（協働）性の再編」、『文芸研究』一八三、二〇一七年）。この両者の対応の違いを今野はどのように評するのであろうか。また上杉研究のパイオニアである長尾龍一の研究に対する評価には首肯しがたい。正確を期すために、少し長くなるが今野著から引用する。

とはいえ上杉愼吉研究は難航した。多くの論者は、美濃部憲法学の上杉憲法学への勝利という筋書きの踏襲で満足し、また上杉＝法学者という固定観念も非法学著作の等閑視を招いた。この流れの中で画期的だったのが、法哲学者の長尾龍一（東京大学教養学部教授：一九三八年―）である。長尾は上杉家文書を一部活用して鮮烈な「上杉愼吉伝」を描き、さらに穂積八束、筧克彦なども発掘した。だがその長尾ですら、「戦後民主主義の擁護」を掲げ、米進駐軍の善意を確信しつつ、上杉を奇人として描く傾向にあった。長尾は宮澤俊義の「神権学派」論の延長線上で、絶対的安心を求めて已まぬhomo religiousとして上杉を描き、非合理的天皇信仰を上杉思想の中心に据えた。また長尾は上杉が酒色に溺れ、法学界から落伍したことを強調した。（三四二頁）

長尾は『日本憲法思想史』（講談社、一九九六年）に所収された「上杉慎吉伝」において、明治から戦後まで非欧米的要素の撲滅にばかり注力し、アジアを真摯に顧みて来なかった日本の憲法学史において、西欧帝国主義に公然と立ち向かった上杉の姿勢を評価する。しかし欧米に対する矛先がやがてアジアの侵略へと向かうことを上杉が予知できなかったことが躓きであったと長尾は述べ、維新における「国士」的な気風を上杉に見ている。上杉の人物像が戯画化されているかどうかはさて置き、Anti-Western sentimentがなぜアジア侵略へと転化していくのかという問題は、今野も継承すべきではなかったか。

続いて田澤著を評する。吉野と柳田の思想は、「都市と農村、「文明」と土着、輸入学問と日本固有の学問、普遍性とナショナリズム、個人主義と共同体主義、アカデミズムと反アカデミズムなど、ことごとく対称的な思想とみなされてきた」（三頁）が、田澤は、キリスト教、「帝国」日本、歴史という三つのテーマから、両者を「大正デモクラット」として、共通点と相違点を分かりやすく整理して述べている。吉野が政治・社会思想、文明観の基礎としたのがキリスト教であったことは周知の事実である。柳田も母子信仰などでキリスト教から示唆を受けつつも、西欧諸国による植民地支配を支える機能を果たしていると批判する。吉野は朝鮮半島や中国への配慮をもとに「帝国」秩序を再編し、やがて植民地支配をも否定していく。柳田は植民地支配そのものを否定しなかったが、異民族の文化を尊重し、多文化主義に基づく「帝国」秩序の改造を試みた。そして結論を「将来の構想や原理から現代の課題を論じる吉野に対し、過去の事例から現代の解決策を導こうとする柳田の方法は、未来の理想によって民衆を導くか、あるいは民衆のなかに未来に資する智恵を見出し形にするかという、民衆に対する戦後知識人の二つの型が表れているともいえよう。両者を対比することにより、現代の思考や思索の原点が見えてくる」と結ぶ（二三六頁）。

田澤著は総じて分かりやすく親切である。しかしだからこそ物足りなさがあり、あるいは史料の誤読も見受けられる。二点ほど指摘する。田澤が指摘する通り、柳田は平田国学を「真の神道」とは異なるものとして批判する。しかしすでに芳賀登が論じている通り、『霊之真柱』等で展開されたコスモロジーは柳田に強い影響を与えており、柳田の幽冥界研究は平田国学を発展させたものとも言い得る（芳賀登『柳田国男と平田篤胤』、皓星社、一九九七年）。柳田と篤胤は分断された系譜とは単純に見做せない。また柳田における氏神信仰と軍神信仰との関係について論じた田澤の記述は誤読が見られる。正確を期すために引用する。

「この信仰が生きてゐるならば日本には軍神に続いていくらでも喜んで死んで行く人が出て来るであらう。今は不安の時期である。この吾々の底知れない不安を幾分なりとも慰めるためにもなるであらう。この仕事は実に弾丸作り、弾丸みがきと同じく銃後後援の仕事である。その考へ方生き方は新らしく展開すると考へねばならぬ。その展開をする為には、新たなる道をひらいてやらねばならぬが指導者は少い」。

文章の前半部分では、氏神調査を兵士が信仰を後ろ盾に「喜んで」戦死するための銃後後援としている。それは疎開児童を「勇士烈士」とするよう地元女性に協力をもとめた「特攻精神をはぐくむ者」（一九四五年三月）と同じ論理である。しかし、その次の部分では、そうした考え方や生き方に「新たなる道」をひらく必要があり、そのための指導者が必要であるとする。柳田の氏神信仰研究には、戦闘中の加護を期待しての信仰の高揚という氏神信仰の変容に対し、農村における本来的な信仰を解明し、戦時下の軍神信仰とは異なる新たな生き方を示すことが含意されていた。（一六〇頁）

田澤が引用した一九四三年に行われた柳田の講演録である「氏神篇調査に関する柳田国男先生講演の概要」（『柳田国男全集』三一）の趣旨は以下の通りである。すなわち、都心ではすでに氏神信仰は廃れているが、農村ではまだ見られ、とりわけ死線を何度も越えて戦地から無事に帰ってきた兵士には氏神信仰が強く見られるようになっている。氏神信仰があることで兵士達は死後の不安が取り除かれ喜んで軍神となるものが出てくる。氏神信仰に裏付けられて軍神信仰があるのだ。従来の「敬神」中心の国家神道ではなく、「祭り」を中心にした氏神信仰を昂揚させねばならない。そのためには農村部での氏神調査を大々的に行い、頭屋制度を復活して、氏神信仰に国民全体が自発的・主体的に関わるようにしなくてはならない、と。つまり柳田が主張したのは、軍神信仰とは異なる新たな氏神信仰ではない。軍神信仰を下支えするためにも、「上」から敬神信仰を押しつけるのではなく、祭り中心の信仰に切り替え、また頭屋制度を復活させ「下」から主体的に氏神信仰を昂揚させようという趣旨である（ここで問題となるのは靖国思想と氏神信仰の関係である）。

最後に今野著、田澤著を通読して改めて強く感じたのは、吉野らの天皇観の難物さである。吉野は、尊王論を浅はかに説く当時の風潮を厳しく批判している（「明治維新の解釈」、一九二七年）。しかし河西秀哉らが指摘している通り、国民との一体化された情誼関係によって万世一系たり得たと強調し、民衆の意思の「顕表」として天皇を位置づけ民本主義との整合を図っている（河西秀哉『近代天皇制から象徴天皇制へ――「象徴」への道程――』、吉田書店、二〇一八年）。当時の知識人達の天皇観は盤根錯節である。近世知識人の天皇観の解明をメインに行ってきた評者も、結局どのように理解していけば良いのか分からなくなる。

二〇一九年度学会研究大会報告

◇二〇一九年度研究大会企画について

企画委員長　小田川大典（岡山大学）

第二六回（二〇一九年度）研究大会は、二〇一九年五月二五日、二六日に、学習院大学目白キャンパスにおいて開催された。統一テーマは「政治思想における知性と教養」である。企画委員は、鏑木政彦（九州大学）、中田喜万（学習院大学）、小田川がつとめた。まずは企画委員会を代表して、中田会員、古城毅会員をはじめとする開催校の学習院大学の方々と、報告、討論者、司会をお引き受け下さった方々、そして、参加してくださった会員・非会員の皆様に、この場を借りて感謝申し上げる。

「政治思想における知性と教養」という統一テーマの下で具体的にどのような企画を立案するかについてはかなりの時間をかけて検討を行なった（詳しくは会報四八号の「統一テーマによせて」をご覧いただきたい）。そもそも政治思想研究において、それぞれの時代において共通の前提とされている知性のありようや、個々の思想家の人格形成が、関心の対象から外されることはない。しかしながら、その一方で、知性や教養が、現在の政治思想研究のテーマとされることは、必ずしも多くはない。もちろん、たとえば大衆化が進み、知性や教養への敬意が失われた現代社会において、古典古代に起源を持つパイデイアの伝統やリベラル・アーツの復権を唱えている思想家は存在する。だが、デモクラシーの進展とともに、知性や教養の重要性を説くことに対する、ある種の躊躇いが――あえていえば、政治における知性や教養の役割を強調することで、ひとびとから「上から目線」の「エリート主義者」という誹りを招くのではないかという不安が――研究者の間に、じわじわと浸透しているように思われる。

この問題について、本学会員にとって馴染み深い議論は、日本社会にみられる、「理論や概念」から「フィクションとしての意味」を奪い、「一種の現実」として物神化する知識人の「理論信仰」と、インテリが愛でる「教養」の抽象性と暴力性に憤りつつ、生活の中の「豊穣な現実」を讃える「亜インテリゲンチャ」の「実感信仰」との「果てしない悪循環」という丸山眞男の分析であろう。だが、亜インテリ階級によって煽動された人びとの教養嫌悪と、教養知識人の孤立という現象は、日本だけのものではない。たとえばリチャード・ホフスタッターは、アメリカ史において、「知的な生き方およびそれを代表するとされる人びとに対する憤りと疑惑」が繰り返し現れたことを指摘し、そうした現象を反知性主義と呼んでいる。ホフスタッター自身は、反知性主義が、あくまでも福音主義の伝統に由来するアメリカ独自の反権威主義的エートスであり、人びとの「人間的で民主的な感情」を奮い立たせてきたと評価しているが、彼の描く反知性主義の風景は、ポピュリズムが席巻している現代の先進諸国のそれと地続きである。現下において知性と教養について考えるのであれば、こうした知性と教養が直面している歴史的な逆境を無視することはできない。

本委員会では、以上の問題意識を踏まえ、三つのシンポジウムを企画した。シンポジウムⅠ「二〇世紀における教養と政治」では、二〇世紀の教養主義論争の検討を行なった。歴史的世界から乖離しつつあった「抽象的で絶対的な概念としての教養」を政治生活の中で再生せんとするレイモンド・ウィリアムズや三木清の試みは、政治思想研究のみならず、すべての人文系の学問に携わる者にとって、示唆的である。報告は高山智樹会員（北九州市立大学）と大澤聡氏（近畿大学、非会員）に、討論者は苅部直会員（東京大学）にお願いし、司会は小田川が担当した。

シンポジウムⅡ「政治思想史における反知性主義」では、近現代の政治思想にみられる反知性主義を検討した。知識人を孤立させる一方で、「普通の人」（鶴見俊輔）や、様々な動機で「普通の人」の側に立つことを選んだ知識人を鼓舞してきた反知性主義は、様々な歴史的文脈の中でその両義性を顕にしてきた。その諸相を明らかにすべく、植村和秀会員（京都産業大学）には原理日本社の思想運動について、堀田新五郎会員（奈良県立大学）にはサルトルの決断主義について、宇野重規会員（東京大学）にはプラグマティズムについてご報告いただいた。討論者は田澤晴子会員（岐阜大学）にお願いし、司会は鏑木会員が担当した。

シンポジウムⅢの表題「啓蒙と公共圏」は、ハーバーマス『公共性の構造転換』が仏訳・英訳されて以降、啓蒙研究が公共圏に強い関心を示してきたことを踏まえたものである。公共圏についての歴史研究は啓蒙の複数性を明らかにしたが、公共圏の哲学は依然として啓蒙概念のインテグリティを手放していない。歴史学と哲学が交差するとき、政治思想研究は啓蒙をどう捉えればいいのか。この問題を考察すべく、壽里竜会員（慶應義塾大学）にスコットランド啓蒙研究の観点から、金慧会員（千葉大学）にカント研究の観点から、河野有理会員（首都大学東京）に日本政治思想史の観点（その射程は中井竹山から戸坂潤にまで及んだ）から、ご報告いただいた。討論者は永見瑞木会員（大阪府立大学）に、司会は安武真隆会員（関西大学）にお願いした。

また、今回も海外研究者をお招きし、国際シンポジウムを実施した。テーマは「帝国研究の新潮流」で、ダンカン・ベル氏（ケンブリッジ大学）による基調講演"Liberalism and Settler Colonialism"と、深貝保則会員（横浜国立大学）、佐藤空会員（東洋大学）、馬路智仁会員（東京大学）による討論が行なわれた。司会は川出良枝会員（東京大学）が担当した。

自由論題報告については、従来、大まかなテーマで分科会を設定し、三時間で三つか四つの報告・質疑応答をまとめて行なっていたが、報告テーマの多様化、報告時間の公平化、参加者の便宜等を考慮し、報告・質疑応答の時間を一報告あたり五〇分（＋休憩一〇分）で統一し、審査を経た合計一一の自由論題報告を、四つの分科会に配置した。概ね好評であったと思われる。今後もこの方針が踏襲されることを期待している。

【シンポジウムⅠ】

二〇世紀における教養と政治

司会　小田川大典（岡山大学）

イーグルトンの整理によれば、一九世紀の教養知識人の共通点は、「特定の階級の利害を超越し、客観的な立場から事物をありのままにみる公平無私《ディスインタレステッドネス》」の態度であった。だが、社会に介入する条件が「神性放棄《ケノーシス》」による「呪しき利害」の超越であるならば、教養知識人の手元には「個別的な主張を否定することによって、その都度にできあがる負の全体性」しか残らない。そして、階級的利害の衝突という現実に直面したとき、教養知識人は、普遍的利害の名の下での強権的な階級統合の道か、あるいは大衆への呪詛を吐きながら、公共圏を超越した高みに飛翔する絶望的な孤立の道かの、どちらかを選ばされる（『批評の機能』）。

こうした隘路から抜け出すことは可能なのだろうか。シンポジウムⅠ「二〇世紀における教養と政治」では、この問題と格闘した二〇世紀の教養知識人の政治思想を検討した。高山智樹会員（北九州市立大学）によるレイモンド・ウィリアムズについての報告「教養と無秩序と民主主義：「あたりまえのものordinary」としての「教養culture」」と、幅広い観点から近現代日本の教養主義を研究している大澤聡氏（近畿大学、非会員）の報告「昭和教養主義再考：三木清と河合栄治郎」の後、『移りゆく「教養」』で日本的な教養の来歴と展望を論じた苅部直会員（東京大学）のコメントを踏まえ、質疑応答を行なった。

高山報告によれば、ウィリアムズの出発点は、第二次大戦の従軍を終えて帰国した際に覚えた、カルチャーの新奇な用法への違和感である。当時の大衆文化論には、「ある特定の物事をカルチャーと呼び、それを公園の壁でも作るかのように、普通《オーディナリーな》の人びとや仕事から区別する」ことで労働者大衆をカルチャーの敵とみなす反動的な議論が展開されていた。そうした違和感に導かれて着手した概念史研究の成果『文化と社会』において、ウィリアムズは、カルチャーの意味が「耕作」から「人間的な成長」などを経て「決定的に反動的」な意味へと変化した経緯を明らかにした上で、反動的な教養主義に対抗して、古き善き「人間的な成長」としての教養《カルチャー》と労働者階級の生活の様式《カルチャー》の統合（「共通文化」）の必要性を説き、誰もがそのようなカルチャーを享受すべく「生活手段と生産手段の所有における不平等」を克服する必要があると述べている。

ところが高山会員によれば、中期以降のウィリアムズは、こうした共通文化の理念を規範的に論じる立場から離れていく。「高貴な人間」だけが「悲劇」を体現できると断言するジョージ・スタイナーの『悲劇の死』や、「都市の喧騒や野望、俗臭」を貶め、過去の「田舎の安寧と静寂」を賛美する英文学における「牧歌の約束事」などの分析を通じて、ウィリアムズは、カルチャーを定義することが、それを持つものと持たないものとの峻別でしかないことを確信する。そうした峻別は、カルチャーを一部のエリートの個人的経験に矮小化するだけでなく、「都市」や「田舎」の労働者の過酷な現実を歪め、彼らが一貫して行なってきた共同の抵抗と社会形成の歴史を不可視にしてしまう。必要なのはカルチャーの定義ではない。そもそもカルチャーはつねに開かれたものであり、その内容をあらかじめ定義することはできない。ウィリアムズによれば、むしろ求められているのは、生産手段としてのカルチャーの不平等な所有関係という現実を明らかにする文化唯物論と、カルチャーの平等な配分を可能にする「教育に基づく参加型の民主主義」なのである。

大澤報告によれば、昭和一〇年代の教養主義には、注目すべき二つの歴史的特徴がある。第一に、昭和教養主義には、①大正教養主義と、②昭和初年代のマルクス主義という二つの先行世代との関係において、①の強い影響下で②に批判的な河合栄治郎を中心とするA系統と、②の影響下で①に批判的な三木清を中心とするB系統が存在した。第二に、大正教養主義においては古典が直接読まれていたのに対し、昭和教養主義は、三木や河合といった、大正の明るい「小春日和」の教養主義を経験した世代が、暗い一九三〇年代の若者に、綜合雑誌や叢書を通じて、メタな視点から語りかける「教養論による教養主義」であった。

大澤氏によれば、大正教養主義の挫折を経験したからか、どちらの系統も、教養とはなにかを明確に示し、若者を指導することに熱心であり、河合編の『学生叢書』や三木ほか編の『続哲学叢書』などはその成果であった。政治的には、A系統が、大正教養主義と連続的な人格主義的教養によって、マルクス主義とファシズムの両方に対抗を試みていたのに対し、B系統は、マルクス主義の教養主義批判を踏まえた政治的教養の必要性を説き、その立場を先鋭化させていった。報告の後半では、三木がB系統の綜合雑誌や叢書の刊行において果たした役割について、未公刊史料を用いた分析が披露された（その詳細は、氏の「編集する三木清」（上・中・下）で読むことができる）。

苅部会員からは、両報告で扱われた教養と戦後日本の政治学が想定していた政治的教養の共通性についてのコメントの後、高山会員に対して、坂口安吾「文学のふるさと」に描かれているような知識人と農民との軋轢についてウィリアムズはどう考えていたのかという質問があった。高山会員は、ウィリアムズならば、農民がみせる偏狭さを農民固有の偏狭さと捉えることこそ大衆文化論の誤りだと答えただろうと応答した。大澤氏に対しては、昭和教養主義の世界性の評価について質問があった。大澤氏は、評価すべきであり、実際、三木は大正教養主義の世界市民主義を評価していたと応答した。

フロアからは、ウィリアムズのナショナリズムについて質問があり、高山会員は、ウェールズ問題との関連で今後の展望を述べた。大澤報告に対しては、二つの系統についてコメントがあり、たとえばシェストフ流行に対する評価については、大澤氏もそれが二つの系統を区別する目安になるだろうと応答した。

【シンポジウムⅡ】

政治思想史における反知性主義

司会　鏑木政彦（九州大学）

統一テーマである「政治思想における知性と教養」に対して、シンポジウムⅡは「政治思想史における反知性主義」を主題として設定した。知性と教養に対する否定的な態度を通して、政治思想における知性と教養の諸課題を抉り出そうとする意図が込められている。報告は、植村和秀会員（京都産業大学）による「近代日本の反知性主義——信仰・運動・屈折」、堀田新五郎会員（奈良県立大学）による「決断主義と反知性主義——サルトル『ユダヤ人』を中心に」、宇野重規会員（東京大学）による「プラグマティズムは反知性主義か」、の三つである。その後、田澤晴子会員（岐阜大学）によるコメントが提示され、フロアからの質問と共に充実したセッションとなった。

植村会員の報告は、アメリカの歴史家ホフスタッターの「反知性主義」概念を分析した上で、反知性主義の要点を「信仰と敵」「思想運動と勝利」「現実を直視しない屈折」「他者の否定」の四点に整理し、日本版反知性主義として原理日本社を取り上げて検討する。報告によれば、原理日本社の「信仰」は祖国日本を礼拝する国民宗教であり、その「敵」とは「原理日本への信を体験せず、信仰告白しない日本人」、その典型は帝国大学の法学部文学部の教員である。原理日本社の「思想運動」にとっての「勝利」は、彼ら知的エリートを公的生活から追放することであるが、それは「知性と権力の結びつきが日本の脅威になっている」とする「屈折」した認識から生じており、そこから帝国大学の学風を一新することによる、公共圏のヘゲモニー奪取が目指される。そして、この日本版反知性主義が構想する公共圏は、自己批判を通した同一の信仰告白によって生じる「他者否定」によって特徴づけられるとする。植村報告は、他者否定に通じる批評という点に日本版反知性主義の提起する問題を見定める。

堀田会員の報告は、「反知性主義」を「反知性というあり方」の意味に限定し、その典型としてサルトルによる「反ユダヤ主義者」における「反知性」論を挙げる。堀田会員はソクラテスを「知性の祖型」として取り上げ、そのロゴス的知の特質を、所有されず（「非property」）、人々の「間」において、「運動」し、真なるものに「更新」されるという四点にみる。他方で「反知性」のあり方はサルトルの「反ユダヤ主義」を手がかりに検討される。そこで知は先祖伝来の「property」であり、それに固執する「惰性体」であり、時間の流れに閉ざされた「閉域」の中で、疑問の余地なく出来上がった「完了形」として存在する。報告はこの「反知性」の問題のみならず、実存者の単独性を充分に組み入れていない「知性」がもつ暴力の可能性をも抉り出す。そして、知性がこの暴力を乗り越えるには「property マルゴト」の肯定としての愛に開かれなければならないが、この愛が「相対的世界での絶対的な原理」となるときに、反知性的な政治的決断主義に陥る危険性が生じるのだという。知性が反知性主義に陥らないためには、その愛の肯定が脱世界においてこそ果たされなければならず、そこでこそ知性は日常世界における耐久力を保持するのではないか。そのように堀田報告は問題提起をする。

宇野会員の報告は、一八七〇年代に生まれたプラグマティズムの反知性主義的側面を、知の特権階級化に対する反発と、超越論的な真理の支配に対する反発の両面から分析する。反知性主義を知性一般に対する批判ではなく、知性と権力の固定的な結びつきを批判する立場であると理解するならば、プラグマティズムは反知性主義的側面をもつとされる。その背景として、プラグマティズムを生み出したアメリカの歴史的な背景、すなわち開拓者として「自分たちこそがアメリカを支えている」という自負、「神の前にすべての人間は平等」であるというキリスト教的信念、そして「特定の個人の権威に従属するのではなく自分の理性を行使したい」と考える哲学的個人主義の伝統が探索される。また、プラグマティズムが「超越論的な真・善・美の追求を旨とする伝統的な哲学のあり方」を批判し、「一般の人々の日常的経験を通じた自己と社会の変革に期待を寄せる」という点においても、反知性主義の伝統につながることが指摘される。そして、ホフスタッターによるデューイの教育論の検討を通して、その反知性主義が「知的権威を否定する」という意味で民主的である一方、「民主社会の理念を掘り崩す危険性」をもっていたとしてその両義性が指摘される。宇野報告は反知性主義という側面からプラグマティズムを分析することで、それらの思想的に複雑なニュアンスを描き出した。

これら三つの報告に対して、討論者である田澤晴子会員は、(1)「反知性主義」とは何か、(2)「反知性主義」という視点から「知性」はどのように捉えられるのか、(3)知性への問題提起および知性と反知性の境界、という三点から要約した上で、三つの問いを提起した。まず、三人の報告者全員に対して、それぞれ原理日本社、反ユダヤ主義、プラグマティズムにおける「知性」・「反知性主義」の内容と、それらの政治体制・社会状況との関連はどのようなものであったのか。次に、特に植村報告、宇野報告に対して、反知性主義は公共圏の参入や平等の信念等において民主主義と関わりがあるとされているが、「反知性主義」と「知性」は「民主主義」とどのように関係しているといえるのか。最後に、主として堀田報告に対して、「知性」が「反知性主義」に転じうるとすれば、両者の境界をどのように考えればよいのか。

これらの問いは、政治思想史的な研究視座から反知性主義の検討をさらに深めるために重要な問いかけであった。討論者およびフロアとの討論を通して、反知性主義の多様な側面に照明が当てられただけでなく、議論は三報告の内容に関わる政治思想史的な諸課題と現代日本政治における「反知性主義」にも及び、活発な討論が展開された。

【シンポジウムⅢ】

啓蒙と公共圏

司会　安武真隆（関西大学）

「知性と教養」に対する「反知性主義」の逆風に直面し、「公共圏での熟議」によって「公共的理由」が「顕現する」とされる「啓蒙」に、「希望」を託すことは今なお妥当か？　第三シンポでは、一八世紀ブリテン思想史研究、カントの政治思想、日本政治思想史のそれぞれの観点から、啓蒙概念や啓蒙をめぐる問題設定の妥当性について、踏み込んだ検討を行った。

第一報告、壽里竜会員（慶應義塾大学）の「啓蒙の複数性と公共圏」は、英語圏における啓蒙思想研究について、様々な形容詞を伴って語られる啓蒙や、啓蒙の重層性・複数性などが提起され、歴史研究としての啓蒙理解の「拡散と融解」が進むと同時に、「啓蒙」の現代的意義を先祖返り的に追求する動きも進行していることが紹介された。その上で壽里会員は、啓蒙を明確かつ集合的なプロジェクトとして理解することには無理があるとしつつも、歴史的現象としての啓蒙を、自律的・合理的な議論に限定されず、猥雑なものや、反啓蒙主義をも包括した言説空間として捉えることで、多様性を包括しつつ救い出そうとする。その射程は、従来のキリスト教世界像の動揺後の文明化の段階から、啓蒙とフランス革命との因果関係が問題視されるようになった時期までをカバーする。かかる啓蒙の定式化は、現代においても（完全な再演ではないにしても）既視感のある知的現象への接近において有意な補助線となりうるとした。

第二報告、金慧会員（千葉大学）の「カントにおける啓蒙と公共性」は、『啓蒙とは何か』における「理性の公的使用」に基づく言論型の公共圏とは区別された、もう一つの公共圏の在り方として、公衆が表明する情動の展開をめぐる『諸学部の争い』の記述に着目し、感情や欲望に対する理性の優位を前提とし、公衆の情動がいかにして公共圏を構成するのかを解明する。フランス革命に対してドイツの公衆が危険を冒して公的に表明した共感や熱狂は、理念を思い浮かべる理性を基礎とするがゆえに、人々を卑屈な奴隷状態に適合させる迷信や狂信とは区別され、進歩の兆候であるとカントは捉えた。革命を新聞や雑誌を通じて知った読書する公衆は、それに共感を寄せることで観衆による公共圏をも構成する。その中で情動を狂信と区別し意味付与する診断者として哲学者を位置づける点で、カントはアレントと異なる。ここで言論と情動は相互に排他的ではなく、観衆が集合的に示す情動は非合理的なものとして切り捨てられないのである。

第三報告、河野有理会員（首都大学東京）の「『啓蒙思想』語りの終わらせかたについて」では、何が「啓蒙」でないかが明確でない以上、「啓蒙」という言葉で日本政治思想史上の思想家群を記述することや、歴史を援用した規範語りはやめたほうが良い、プロジェクトとしての「啓蒙」を主唱する者は、思想史研究者というよりも、研究の対象ではないか、と提起した。事前の配布原稿では、中井竹山、大西祝、戸坂潤に着目し、「啓蒙」の定義次第でそれぞれを「啓蒙」思想家と形容できることを論証することで、「啓蒙」概念の融通無碍さが明らかにされた。これに対し実際の報告では、配布原稿の背景説明として、現行の日本政治思想史における「啓蒙」の言葉の使用は、「明治啓蒙」と「戦後啓蒙」に限定されるが、後者が市民権を得た経緯として、米原謙と杉山光信の研究に着目した。

特に杉山は、マルクス主義者とは緊張関係にある左派、市民社会派、近代主義者を「戦後啓蒙」と定義し、丸山が「明治啓蒙」の蹉跌を踏まえそれを意識的に再演したとする（「明治啓蒙」のアナロジーないしメタファーとしての「戦後啓蒙」）。そして、江戸期の徂徠、明治の福沢と明六社、戦後の丸山を、日本人が近代的意識を身に着け得た三回の「好機」として、パラレルな現象であったとする歴史叙述を展開するのである。かかる見立ては、丸山自身の意図の説明としてはさておき、歴史叙述の骨組みに採用した際には、三つの「好機」以外の時期が空白になってしまう点で問題が大きく（本報告で扱った三者がこれに対応）、近年の日本政治思想史研究の関心や充実した研究蓄積とも整合しない。

次に永見瑞木会員（大阪府立大学）からは、三報告に共通する論点として、啓蒙概念が、いつ、どの時代、どの地域まで適用可能なのか、啓蒙概念によって何が明らかになるのか、有効でないとすれば代替概念は何か、などが提起された。まず壽里報告について、啓蒙を包括的にとらえることの是非、一八世紀ヨーロッパの言説をとらえる他の枠組みがある中で「啓蒙」を敢えて使用することの意義、また、啓蒙と革命の関係を問うことは、フランスの場合同時代性を持つため、歴史概念と哲学概念を切り分けられないことになる、等の指摘があった。金報告については、観衆による公共圏と読書する公共圏との関係について、狂信と区別される真の熱狂という情動の両義性を考慮すると、両者がどこまで区別されるのか、理念を読み取る点で公衆・観衆の外に立つ識者・哲学者の存在は、永遠に必要か、カントの哲学者の役割が現代の社会に適用されるとすれば、反知性主義やポピュリズムとの関連で、どのような状況を想定すればよいのか、等が提起された。最後に、河野報告に対しては、言葉の問題として、外国語の啓蒙と翻訳語の啓蒙との切り離しの難しさはヨーロッパも同様の問題に直面しているとし、敢えて原語enlightenmentを用いる、西欧の受容の在り方や、なぜ啓蒙を語らずにはいられないのかを問う、明治啓蒙と戦後啓蒙という見方を相対化するために複数の啓蒙を敢えて提示する、グローバルヒストリーの観点からヨーロッパの「中心・本家」から概念が伝播するという図式や起源を問うという視点の相対化、といった手法の可能性が提起された。

〔自由論題　第1会場〕

司会　早川　誠（立正大学）

本分科会では、沼尾恵会員（慶應義塾大学）「多文化主義社会において「彼らがあまりに多すぎる」ことはありうるのか？――規範的観点からの一考察」、山田祥子会員（名古屋大学大学院）「実践依存的なグローバル正義論における文化慣習主義的アプローチの批判的検討――D・ミラーとM・ウォルツァーを中心に」、森達也会員（早稲田大学）「価値多元論と政治理論――政治的リアリズムおよび政治的リベラリズムを中心に」の三報告と質疑応答が行われた。なお、各報告直後にそれに関する質疑応答がなされ、その後休憩を挟んで次の報告と質疑応答を行う、という形式が取られた。

沼尾報告は、リベラルな多文化主義が実際には理想的な多様性の程度を想定しており、それを超えると多様性を否定的に見る視点が生じる、と論じる。キムリッカを例とする保護的多文化主義は、多様性を受け入れはするが歓迎しない。受け入れ可能な少数派には限度がある。また、オーストラリアの多文化主義政策を例とするポリグロットな多文化主義は、「選択の文脈」を拡げる多様性を歓迎するが、多数派の啓発に貢献しない少数派を望まない。これらに対して、報告では、多数派の視点にとらわれないコスモポリタンな多文化主義の可能性が示唆された。質疑応答では、報告の制度的含意や、コスモポリタンの立場を採用した場合に多文化主義の規範的意義をどう考えるか、等々が議論された。

山田報告は、グローバル正義論における実践依存理論の中で、まだ検討が不十分な文化慣習主義を、D・ミラーとM・ウォルツァーを例に取りつつ論じた。両者は、文化や共同体を連帯や社会的財の解釈が生じる場と見なし、グローバルな正義をミニマルに構想する点で、文化慣習主義者と位置づけられる。ただし、報告によれば、ナショナルな文化や財の社会的意味の解釈は、文化間の反省的関係や解釈の政治的側面への注目によって、変容の可能性に開かれる必要がある。その上で最後に、制度や文化に還元されない集合的エージェンシーによる実践への問題意識が述べられた。質疑では、文化と政治共同体の関係や、主権国家体制と集合的エージェンシーの関係などが論点となった。

森報告は、価値多元論を整理した上で、対応する政治理論の諸構想を比較検討し、全体の見取り図を描こうとする試みである。価値多元論を四種類に分類した後、その哲学的基礎としてポスト基礎づけ主義を中心に検討が行われた。さらに、価値に関する二階の言明である多元論が、規範理論に対していかなる概念的制約となるか、が論じられた。新バーリン主義、政治的リアリズム、政治的リベラリズム、社会的認識論のリベラリズムが分析対象となった。今後の課題としては、現代デモクラシー論と多元論との関係が挙げられた。質疑応答では、価値多元論と政治理論との親和性や、二階の言明としての価値多元論の妥当性が議論された。

独立した三つの報告ではあったが、内容には相互に関連する点もあり、会場からも多くの質問が寄せられた。充実した報告と活発な質疑応答に感謝するとともに、時間の制約で取りあげることができなかった質問を含めて、今後の討議の継続が望まれる。

〔自由論題　第2会場〕

司会　田村哲樹（名古屋大学）

本分科会では、金子聡会員（元東京都立大学大学院）による「『大衆国家』のメリトクラシー（能力原理）の苦悩から救済出来るか?――A・センのケイパビリティ・アプローチの熟議民主主義的展開」、辻悠佑会員（早稲田大学大学院）による「歴史的不正義論をめぐる批判的検討――賠償説から関係説へ」、そして福島弦会員（早稲田大学大学院）による「政治的正統性の公共的正当化構想の検討――実際の受容構想および正しさ基底的正当化構想との比較を通じて」という、三つの報告が行われた。

金子報告は、「大衆国家」（松下圭一）におけるメリトクラシー（能力原理）がもたらす（少なくない人々への）「苦悩」からの救済はどのようにして可能かという問題について検討するものであった。この問題への解答として、その手がかりをアマルティア・センのケイパビリティ・アプローチに求め、それを熟議民主主義的に展開するという方向性が提起された。それは、「何の基本的ケイパビリティの不平等か」「何の機能の不平等か」という問題を、自尊感情の尊重を重視した公共的討議によって明らかにするという方向性である。

辻報告は、現在の状況を規定する過去の不正（植民地支配、奴隷制、侵略戦争など）から生じる「匡正」の要求に、どのように応答することができるかという問題に取り組むものであった。まず同報告は、過去の世代の不正ゆえに現在の世代が賠償請求権を有するとする考え方（賠償説）を批判的に検討し、賠償説は、現在世代の非同一性などの理論的困難を解決できないことを指摘した。その上で、同報告は、賠償説は最終的には現在世代内部の分配的正義の問題に回収できるとし、現在世代が過去世代の行為によって直接には損失を被っていなくてもなお匡正を請求できることを、ラフル・クマルの契約主義に依拠して論じた。

最後に福島報告は、国家はどのような場合に市民を「支配する権利」を保持するのかという問題（正統性の問題）に取り組むものであった。この問題について、同報告はまず、国家のこの権利に対する正当化論を、「公共的正当化」構想、「実際の受容」構想、そして「正しさ基底的正当化」構想の三つに整理する。その上で、同報告は、「実際の受容」構想および「正しさ基底的正当化」構想からの「公共的正当化」構想に対する諸批判（個別性批判とアドホック理想化批判）を取り上げ、それらに応答することで後者を擁護することを試みた。

どの報告に対しても、会場からは多くの質問・コメントが寄せられ、活発な議論が行われた。また、テーマやアプローチとの関係か、会場の参加者には、比較的若い世代が多いように見えたことが印象的であった。

〔自由論題　第3会場〕

司会　山岡龍一（放送大学）

本分科会では、李東宣会員（東京大学大学院）による「リチャード・フッカーの合意概念」、寺尾範野会員（早稲田大学）による「積極的自由とシティズンシップ――トマス・ヒル・グリーンにおける「社会の道徳化」構想」、松井陽征会員（明治大学）による「オークショット「保守主義」思想の知的触発源」の、三報告があった。

李報告では一六世紀イングランドにおける宗教論争の文脈の中で、フッカーの「合意（consent）」概念が検討された。しばしば社会契約論の系譜に解消されがちなフッカー思想の研究を、教会論をめぐる長老派と体制派の論争の中に置くことで、その思想史的な再考が迫られた。報告はフッカーの「全教会の合意」という概念を分析し、そこにトマス的な理性概念を読み込みつつ、歴史的に蓄積された知恵や慣習を重んじるという意味があることを明らかにした。その上で、長老派とローマ・カトリックに対抗するフッカーの思想が、単なる現状追認的なものにとどまらないことが主張され、その「合意」概念の思想史的再考の必要性が述べられた。

寺尾報告は、積極的自由論とシティズンシップ論をホブハウスらに代表されるニューリベラリズムの特徴とし、そこからグリーンの思想を検討するものであった。グリーンの自由論が、個人の具体的な場面における潜在能力の発揮に価値を置くものであったことを、彼の「欲求」概念の道徳性の分析を通じて明らかにしたうえで、報告はかかる具体的な場面の意味を、シティズンシップ論の分析により検討した。グリーンのシティズンシップ論が、基本的にはニューリベラリズム論者のそれと同様、有機的社会観に基づく市民と国家との権利・義務関係を論じる垂直的なものだとしながら、グリーンには重度の障害者も包摂するような、より道徳的で水平的なシティズンシップの構想があったことが指摘され、ここにグリーンの独自性があることが示された。

松井報告は、近年オークショット研究において歴史哲学への注目が高まってきていることの指摘から始めて、その保守主義の理解に再考を促した。オークショットの保守主義を伝統に依拠するものではなく、現在志向のものだと同定しつつ、歴史学の対象としての実践的過去を批判し、現在と過去を切断するオークショットの歴史哲学が、この非＝伝統型の保守主義とつながるという仮説を提示しながら、報告はその検討をオークショットではなくH・バターフィールドの議論によって行った。バターフィールドは近代の歴史学的意識を、宗教的動乱の中から生まれた不偏的な歴史的叙述への努力の生成に見出したのだとされ、かかる態度が、この報告の仮説を支持するものであることが主張された。

いずれの報告にも活発な質疑応答がなされた。例えば、李報告には理性と慣習の関係に関して、コモンロー思想との関係が問われ、寺尾報告には垂直的なシティズンシップと水平的なそれとの対立可能性や、障害者の包摂の理由の意味が問われ、松井報告には現在志向の保守主義の意味の内実についてが問われた。応答の議論をここに記す余裕はないが、いずれにおいても有意義な議論が交わされた。

〔自由論題　第4会場〕

司会　野口雅弘（成蹊大学）

本分科会では、和田昌也会員（同志社大学大学院）「ハンナ・アーレントの法概念」と松本彩花会員（日本学術振興会特別研究員PD／東京大学社会科学研究所）「ハンス・ケルゼンにおける民主主義と少数者保護の問題」の二つの報告が行われた。

和田会員の報告は、アーレントの法論を主題化するものだった。近年、アーレントに関する研究は数多く刊行されている。しかし彼女といえば「活動」（action, Handeln）の政治思想家として有名なので、これまでその法論はそれほど注目されてこなかった。和田会員はこの研究が手薄なテーマをあえてとりあげ、とても興味深い議論を展開した。

まず、アーレントに関する先行研究において、古代ギリシアの法概念ノモスと、古代ローマの法概念レックスのいずれかに引き付けてアーレントの法を解釈する傾向が指摘された。和田会員によると、アーレントはどちらの法概念も政治的自由を構成し得るものとして高く評価している。しかし、彼女は最終的に双方の限界についても論じており、「ノモス／レックスの二元論」的解釈では不十分であるという。

このうえで和田会員は、アーレントにおけるアメリカ革命とその憲法制定のプロセスをめぐる議論を取り上げて検討した。アーレントの見方によれば、この出来事は「新しい法概念を内蔵」しているものであった。このときの法概念はモンテスキューの「原理」に近接するもので、「はじまりの法」として定式化しうるというのが、本報告の結論であった。質疑応答も活発に行われた。とくに「はじまりが恣意性に陥らないと言えるのか」など、「はじまり」というキーワードに質問が集中した。

松本会員の報告は、少数者保護に関する議論を中心に、ケルゼンの民主主義論の成立過程を再構成しようとするものであった。松本会員は、カール・シュミットをテーマにした博士論文をまとめ、次のテーマとしてケルゼンに取り組んでいる。今回の報告はその成果を発表するものであった。

ハプスブルク帝政期以来ケルゼンが一貫して取り組んできた比例代表制論が主題として取り上げられた。そして選挙制度改革をめぐる具体的な政治状況のなかに、民主主義と少数者保護に関するケルゼンの思想的発展を位置付けることが試みられた。

報告では、ケルゼンが発表した選挙制度に関する論稿が順番に丁寧に検討された。そしてそれらの議論が、最終的にどのように『民主主義の本質と価値』へと結実したのかが論じられた。

近年、日本でも現行の選挙制度を再検討しようとする議論が盛り上がりつつある。こうした事情もあり、この報告にもたくさんの質問が寄せられた。少数者保護をめぐる議論と共和政初期の政治状況との具体的関係、G・マイヤーの比例代表制論からの影響関係、また多民族国家における少数者保護とナショナリズムの関係について質問が出された。また、ケルゼンによる単記移譲式比例代表制は選挙制度論の歴史に鑑みても特殊な方式ではないかという指摘もなされた。

執筆者紹介〔掲載順〕

馬路智仁
一九八三年生。東京大学大学院総合文化研究科国際社会科学専攻准教授。Ph.D.(Politics and International Studies).「コモンウェルスという神話——殖民・植民地主義、大ブリテン構想、ラウンド・テーブル運動をめぐる系譜学」(竹内真人編『ブリティッシュ・ワールド——帝国紐帯の諸相』日本経済評論社、二〇一九年)、*The International Thought of Alfred Zimmern: Classicism, Zionism and Commonwealth* (London: Palgrave Macmillan, forthcoming).

ダンカン・ベル Duncan Bell
一九七六年生。ケンブリッジ大学政治・国際関係学部教授。Ph.D.(ケンブリッジ大学). *Reordering the World: Essays on Liberalism and Empire* (Princeton University Press, 2016), *Empire, Race and Global Justice* (編著、Cambridge University Press, 2019).

高山智樹
一九七五年生。北九州市立大学文学部准教授。博士(社会学)。『レイモンド・ウィリアムズ——希望への手がかり』(彩流社、二〇一〇年)。

植村和秀
一九六六年生。京都産業大学法学部教授。『丸山眞男と平泉澄——昭和期日本の政治主義』(柏書房、二〇〇四年)、『「日本」への問いをめぐる闘争——京都学派と原理日本社』(柏書房、二〇〇七年)。

堀田新五郎
一九六五年生。奈良県立大学教員。『政治思想と文学』(編著、ナカニシヤ出版、二〇一七年)。

金　慧
一九八〇年生。千葉大学教育学部准教授。博士(政治学)。『カントの政治哲学——自律・言論・移行』(勁草書房、二〇一七年)、『逆光の政治哲学』(共著、法律文化社、二〇一六年)。

河野有理
一九七九年生。東京都立大学法学部教授。博士(法学)。『明六雑誌の政治思想』(東京大学出版会、二〇一一年)、『偽史の政治学』(白水社、二〇一七年)。

キ・ユジョン(奇柔呈〔기유정〕)
一九七五年生。ソウル大学韓国政治研究所研究員。博士(ソウル大学)。「日本帝国と帝国的主体のアイデンティティー——『緑旗』(『録人』)の中の森田芳夫の国体論とアイデンティティー分析を中心に」(『日本学』第三五巻、東国大学日本学研究所、二〇一二年)、「植民地対母国間の経済摩擦と在朝日本人社会の対応——一九二九~一九三六年〈鮮米擁護運動〉の政治学的意味に関する分析を中心に」(『歴史と社会』

第八二巻、韓国社会史学会、二〇〇九年)。
【翻訳者　李昤京(立教大学兼任講師)】

寺尾範野
一九八一年生。早稲田大学社会科学総合学術院准教授。Ph.D.(カーディフ大学). "Rights, Welfare and Morality: Reappraising L.T. Hobhouse's Theoretical Contribution to the British New Liberalism," *International Journal of Social Economics*, Vol. 43, No. 9 (2016).「初期イギリス社会学と「社会的なもの」——イギリス福祉国家思想史の一断面」(『社会思想史研究』第三八号、二〇一四年)。

松本彩花
一九八九年生。日本学術振興会特別研究員。博士(法学)。「カール・シュミットの民主主義論の成立過程——第二帝政末期からヴァイマル共和政中期まで」(『北大法学論集』第六八巻第六号~第六九巻第三号、二〇一八年)、「指導者・喝采概念と民主政——ヴェーバーとシュミットの思想史的関係」(『政治思想研究』第一八号、二〇一八年)。

田中将人
一九八二年生。早稲田大学政治経済学術院非常勤講師。博士(政治学)。『ロールズの政治哲学——差異の神義論=正義論』(風行社、二〇一七年)、「トマス・ネーゲルの政治理論——〈正義観念の限定用法〉とその規範理論的含意」(『政治思想研究』第一八号、二〇一八年)。

李　東宣
一九九二年生。東京大学総合文化研究科博士課程。

和田昌也
一九八七年生。同志社大学大学院グローバル・スタディーズ研究科博士後期課程。

河村真実
一九九一年生。神戸大学大学院法学研究科博士後期課程。「リベラルな多文化主義における新しい文化概念——アラン・パッテンを手がかりに」(『六甲台論集法学政治学篇』第六五巻第二号、二〇一九年)、"A New Notion of Culture in Liberal Multiculturalism: Alan Patten and His Critics," *Kobe University Law Review*, Vol. 52 (2020).

山口晃人
一九九五年生。東京大学大学院総合文化研究科博士課程・日本学術振興会特別研究員DC1。

木村俊道
一九七〇年生。九州大学大学院法学研究院教授。博士(政治学)。『顧問官の政治学——フランシス・ベイコンとルネサンス期イングランド』(木鐸社、二〇〇三年)、『文明の作法——初期近代イングランドにおける政治と社交』(ミネルヴァ書房、二〇一〇年)。

杉田孝夫
一九五一年生。お茶の水女子大学名誉教授。「シュトラウスにおける古典的自然権と近代的自然権」（石崎嘉彦・厚見恵一郎編著『レオ・シュトラウスの政治哲学――『自然権と歴史』を読み解く』ミネルヴァ書房、二〇一九年）、「平和の政治学としての『閉鎖商業国家論』」（『獨協法学』第百二号、二〇一七年）。

川出良枝
一九五九年生。東京大学大学院法学政治学研究科教授。博士（法学）。"Peace through Commerce or Jealousy of Commerce?" in *The Foundations of Political Economy and Social Reform*, R. Kuroki & Y. Ando (eds.), Routledge, 2018、「政治的寛容――ポリティーク派からピエール・ベールへ」（『思想』第一一四三号、岩波書店、二〇一九年）。

平石　耕
一九七二年生。成蹊大学法学部教授。博士（政治学）。『グレアム・ウォーラスの思想世界――来たるべき共同体論の構想』（未來社、二〇一三年）、「〈疎外〉・民主主義・キリスト教――〈危機の時代〉の思想家としてのA・D・リンゼイ（1）（2）」（『成蹊法学』第八八・八九号、二〇一八年）。

齋藤純一
一九五八年生。早稲田大学政治経済学術院教授。『政治と複数性――民主的な公共性にむけて』（岩波書店、二〇〇八年）、『不平等を考える――政治理論入門』（ちくま新書、二〇一七年）。

辻　康夫
一九六三年生。北海道大学大学院法学研究科教授。「後期近代におけるコミュニティ再建」（『北大法学論集』第六九巻第四号、二〇一八年）、「コミュニティ再建と行為主体性」（『北大法学論集』第六九巻第六号、二〇一九年）。

布施　哲
一九六四年生。名古屋大学大学院人文学研究科准教授。Ph.D.『希望の政治学――テロルか偽善か』（角川叢書、二〇〇八年）、『ポスト〈68年〉と私たち――「現代思想と政治」の現在』（共著、平凡社、二〇一七年）。

安藤裕介
一九七九年生。立教大学法学部准教授。博士（政治学）。『商業・専制・世論――フランス啓蒙の「政治経済学」と統治原理の転換』（創文社、二〇一四年）、*The Foundations of Political Economy and Social Reform: Economy and Society in Eighteenth Century France*（共編著、Routledge, 2018）.

眞壁　仁
一九六九年生。北海道大学大学院法学研究科教員。博士（政治学）。「書評　柳父圀近『日本的プロテスタンティズムの政治思想――無教会における国家と宗教』」（『内村鑑三研究』第五一号、二〇一八年）。

大川　真

一九七四年生。中央大学文学部教授。博士（文学）。『近世王権論と「正名」の転回史』（御茶の水書房、二〇一二年）、「吉野作造の中国論――対華二十一ヶ条からワシントン会議まで」（『吉野作造研究』第一四号、二〇一八年）。

●政治思想学会規約

第一条　本会は政治思想学会（Japanese Conference for the Study of Political Thought）と称する。

第二条　本会は、政治思想に関する研究を促進し、研究者相互の交流を図ることを目的とする。

第三条　本会は、前条の目的を達成するため、次の活動を行なう。

（1）研究者相互の連絡および協力の促進

（2）研究会・講演会などの開催

（3）国内および国外の関連諸学会との交流および協力

（4）その他、理事会において適当と認めた活動

第四条　本会の会員は、政治思想を研究する者で、会員二名の推薦を受け、理事会において入会を認められたものとする。

第五条　会員は理事会の定めた会費を納めなければならない。会費を滞納した者は、理事会において退会したものとみなすことができる。

第六条　本会の運営のため、以下の役員を置く。

（1）理事　若干名　内一名を代表理事とする。

（2）監事　二名

第七条　理事および監事は総会において選任し、代表理事は理事会において互選する。

第八条　代表理事、理事および監事の任期は二年とし、再任を妨げない。

第九条　代表理事は本会を代表する。

理事は理事会を組織し、会務を執行する。

理事会は理事の中から若干名を互選し、これに日常の会務の執行を委任することができる。

第十条　監事は会計および会務の執行を監査する。

第十一条　理事会は毎年少なくとも一回、総会を召集しなければならない。

理事会は、必要と認めたときは、臨時総会を招集することができる。

総会の招集に際しては、理事会は遅くとも一カ月前までに書面によって会員に通知しなければならない。

総会の議決は出席会員の多数決による。

第十二条　本規約は、総会においてその出席会員の三分の二以上の同意がなければ、変更することができない。

付則　本規約は一九九四年五月二八日より発効する。

【論文公募のお知らせ】

『政治思想研究』編集委員会では、第二一号の刊行（二〇二一年五月予定）にむけて準備を進めています。つきましては、それに掲載する論文を下記の要領で公募いたします。多数のご応募を期待します。

1　**投稿資格**

査読用原稿の提出の時点で、本会の会員であること。また原則として修士号を取得していること。ただし、『政治思想研究』本号に公募論文もしくは依頼論文（書評および学会要旨などは除く）が掲載された者は、次号には応募することができない。

2　**応募論文**

応募論文は未刊行のものに限る。ただし、インターネット上で他者のコメントを求めるために発表したものはこの限りではない。

3　**エントリー手続**

応募希望者は、二〇二〇年七月十五日までに、編集委員会宛（mcrikawa@law.kyoto-u.ac.jp）に、①応募論文のタイトル（仮題でも可）、②執筆者氏名、③メールアドレス、④現職（または在学先）を知らせること。ただし、やむを得ない事情があってこの手続きを踏んでいない場合でも、下記の締切までに応募した論文は受け付ける。

4　**審査用原稿の提出**

原則として、電子ファイルを電子メールに添付して提出すること。

締切　二〇二〇年八月三十一日

メールの「件名」に、「公募論文」と記すこと。

次の二つのアドレスの両方に、同一のファイルを送付すること。morikawa@law.kyoto-u.ac.jp

5　**提出するもの**：ファイルの形式は、原則として「Word」にすること。

（1）論文（審査用原稿）

審査における公平を期するために、著者を特定できないように配慮すること（「拙稿」などの表現や、特定大学の研究会や研究費への言及を避けること。また、電子ファイルのファイル情報（プロパティ欄など）の中に、作成者名などが残らないように注意すること）。

ファイル名には、論文の題名をつけること。題名が十五文字を超える場合には、簡略化すること（ファイル名には著者の名前を入れないこと）。

例：「社会契約説の理論史的ならびに現代的意義」→「社会契約説の意義.doc」

（2）論文の内容についてのA４用紙一枚程度のレジュメ

（3）以下の事項を記載した「応募用紙」

（「応募用紙」は本学会ホームページからダウンロードできるが、任意のA４用紙に以下の八項目を記入したものでもよい）。

①応募論文のタイトル、②執筆者氏名、③連絡先の住所とメールアドレス、④生年、⑤学部卒業年（西暦）月、⑥修士以上の学位（取得年・取得大学）をすべて、⑦現職（または在学先）、⑧主要業績（五点以内。書誌情報も明記のこと）。

6　**審査用原稿の様式**

（1）原稿の様式は、一行四〇字、一頁三〇行とし、注や図表等も含め、全体で二七頁以内とする（論文タイトルとサブタイトルを除く。また、この様式において、字数は、改行や章・節の変更にともなう余白も含め、三万二四〇〇字以内となる）。二七頁を超えた論文は受理しない。なお、欧文は半角入力とする。

（2）論文タイトルとサブタイトルのみを記載した「表紙」を付けること。

（3）本文及び注は、一行四〇字、一頁三〇行で、なるべく行間を広くとる。注は文末にまとめる。横組みでも縦組みでもよいが、A4用紙へのプリントアウトを想定して作成すること。詳しくは「執筆要領」に従うこと。

（4）図や表を使用する場合には、それが占めるスペースを字数に換算して、原稿に明記すること。使用料が必要なものは使用できない。また印刷方法や著作権の関係で掲載ができない場合もある。

7　**審査**

編集委員会において外部のレフェリーの評価も併せて審査した上で掲載の可否を決定する。応募者には十月下旬頃に結果を通知する。また編集委員会が原稿の手直しを求めることもある。

8　**最終原稿**

十二月初旬に提出する。編集委員会から修正要求がある場合には、それに対応することが求められるが、それ以外の点については、大幅な改稿は認めない。

9　**転載**

他の刊行物に転載する場合は、予め編集委員会に転載許可を求め、初出が本誌である旨を明記すること。

10　**ホームページ上での公開**

本誌に掲載された論文は、原則としてホームページ上でも公開される。

以上

【政治思想学会研究奨励賞】

本賞は『政治思想研究』に掲載を認められた応募論文に対して授与されるものである。

・ただし、応募時点で政治思想に関する研究歴が一五年程度までの政治思想学会会員に限る。
・受賞は一回限りとする。
・受賞者には賞状と賞金（金五万円）を授与する。
・政治思想学会懇親会で受賞者の紹介をおこない、その場に本人が出席している場合は、挨拶をしてもらう。

【執筆要領】

1　入稿はWord形式のファイルで行うこと。ただし特殊なソフトを使用しているためPDF形式でなければ不都合が生じる場合は、PDF形式も認める。

2　見出しは、大見出し（漢数字一、二……）、中見出し（アラビア数字1、2……）、小見出し（⑴、⑵……）を用い、必要な場合にはさらに小さな見出し（i、ii……）をつけることができるが、章、節、項などは使わないこと。

3　注は、文末に（1）、（2）……と付す。

4　引用・参考文献の示し方は以下の通りである。

①洋書単行本の場合

K. Marx, *Grundrisse der Kritik der politischen Ökonomie*, Diez Verlag, 1953, S. 75-6（高木監訳『経済学批判要綱』（一）、大月書店、一九五八年、七九頁）.

②洋雑誌掲載論文の場合

E. Tokei, Lukács and Hungarian Culture, in *The New Hungarian Quarterly*, Vol. 13, No. 47 (1972) p. 108.

③和書単行本の場合

丸山眞男『現代政治の思想と行動』第二版、未來社、一九六四年、一四〇頁。

④和雑誌掲載論文の場合

坂本慶一「プルードンの地域主義思想」、『現代思想』第五巻第八号、一九七七年、九八頁以下。

5　引用・参考文献として欧文文献を示す場合を除いて、原則として数字は漢数字を使う。

6　「、」や「。」、また「　」（　）等の括弧類は全角のものを使う。

7　校正は印刷上の誤り、不備の訂正のみにとどめ、校正段階での新たな加筆・訂正は認めない。

8　『政治思想研究』は縦組みであるが、本要領を遵守していれば横組み入力でも差し支えない。

9　「書評」および「学会研究会報告」は、一ページの字数が二九字×二四行×二段（すなわち二九字×四八行）という定型を採用するので、二九字×〇行という体裁で入力する。

10　その他、形式面については第六号以降の方式を踏襲する。

二〇一八―二〇一九年度理事および監事（二〇一九年五月二五日、総会において承認）

［代表理事］

川出良枝（東京大学）

［理事］

伊藤恭彦（名古屋市立大学）　井上彰（東京大学）

宇野重規（東京大学）　梅森直之（早稲田大学）

大久保健晴（慶應義塾大学）　大澤麦（東京都立大学）

岡野八代（同志社大学）　小田川大典（岡山大学）

重田園江（明治大学）　鹿子生浩輝（東北大学）

鏑木政彦（九州大学）　苅部直（東京大学）

木部尚志（国際基督教大学）　木村俊道（九州大学）

権左武志（北海道大学）　向山恭一（新潟大学）

菅原光（専修大学）　田村哲樹（名古屋大学）

辻康夫（北海道大学）　堤林剣（慶應義塾大学）

中田喜万（学習院大学）　長妻三佐雄（大阪商業大学）

野口雅弘（成蹊大学）　萩原能久（慶應義塾大学）

早川誠（立正大学）　松田宏一郎（立教大学）

森川輝一（京都大学）　安武真隆（関西大学）

山岡龍一（放送大学）

［監事］

犬塚元（法政大学）　梅田百合香（桃山学院大学）

【お詫びと訂正】

『政治思想研究』第19号の184ページに印刷ミスがありました。
9行目の引用部分、「〔…〕その一歩」の箇所にある囲み枠は、正しくは3行後の「學者の節操」にあるべきものです。お詫びして、左記の通り訂正いたします。

「ユネスコの社會科學者がかように語りかけたのに対して、日本の學者がただちにこれに應えることができるか〔…〕その一歩手前に、われわれとして反省せねばならないことがあるのじゃないか。私はそこに疑問をもつのです。各部會からの御報告を伺っておりますと、實に美しい言葉が語られ、立派な決意がのべられています。〔…〕われわれは簡単にこういう言葉を吐く資格があるかどうか」〔…〕

「學者の節操」〔枠部分が書込〕〔…〕

「そもそも學者は、たれに對して責任をもたなければならないものなのでしょうか」

日本の学者としての自己批判　及び日本と日本人の問題（cf p 68）P 49 田辺氏所感

政治思想における知性と教養（政治思想研究　第20号）

2020年5月1日　第1刷発行

編　者　政治思想学会（代表理事　川出良枝）
学会事務局　〒658-8501　兵庫県神戸市東灘区岡本8－9－1
甲南大学法学部　小畑俊太郎研究室内
E-mail：admin-jcspt@konan-u.ac.jp
学会ホームページ：http://www.jcspt.jp/
発行者　犬塚　満
発行所　株式会社 風行社
〒101－0064　東京都千代田区神田猿楽町1－3－2
Tel.・Fax. 03-6672-4001／振替 00190-1-537252
印刷／製本　中央精版印刷株式会社
装丁　古村奈々

ISBN978-4-86258-128-0　C3031　Printed in Japan